Hiltrud Bontrup/Jan Christian Metzler (Hg.)

Aus dem Verborgenen zur Avantgarde

Ausgewählte Beiträge zur feministischen Literaturwissenschaft der 80er Jahre

Argument Classics

Die Deutsche Bibliothek – CIP-Einheitsaufnahme

Ein Titeldatensatz für diese Publikation ist bei
Der Deutschen Bibliothek erhältlich

Alle Rechte dieser Ausgabe vorbehalten
© Argument Verlag 2000
Eppendorfer Weg 95a, 20259 Hamburg
Tel. 040/4018000 ☐ Fax 040/40180020
www.argument.de
Layout durch die Herausgeber
Druck: Alfa Druck, Göttingen
Gedruckt auf säure- und chlorfreiem Papier
Erste Auflage 2000
ISBN 3-88619-278-4

Inhaltsverzeichnis

Vorwort 5

I. Die verborgene Frau

Inge Stephan
»Bilder und immer wieder Bilder ...«
Überlegungen zur Untersuchung von Frauenbildern
in männlicher Literatur 13

Sigrid Weigel
Der schielende Blick
Thesen zur Geschichte weiblicher Schreibpraxis 35

II. Feministische Literaturwissenschaft

Inge Stephan
»Da werden Weiber zu Hyänen ...«
Amazonen und Amazonenmythen bei Schiller und Kleist 96

Gertrud Koch
Blickwechsel. Aspekte feministischer Kinotheorie 118

Sigrid Weigel
Frau und »Weiblichkeit«
Theoretische Überlegungen zur feministischen Literaturkritik 129

III. Frauen – Weiblichkeit – Schrift

Gisela Ecker
Poststrukturalismus und feministische Wissenschaft
Eine heimliche oder unheimliche Allianz? 143

Susan Winnett
Sich krank schreiben lassen
Dora und Ottilie in den Handlungen der Meister 158

Susanne Amrain
Der Androgyn. Das poetische Geschlecht und sein Aktus 177

IV. Weiblichkeit und Avantgarde

Genia Schulz
»Bin gar kein oder nur ein Mund«
Zu einem Aspekt des »Weiblichen« in Texten Heiner Müllers 191

Sigrid Weigel
Hans Bellmer Unica Zürn
Junggesellenmaschinen und die Magie des Imaginären 210

V. Frauen – Literatur – Politik

Marlene Müller
»Wir müssen uns erinnern, sonst wird sich alles wiederholen«
Anregungen zum Nachdenken über das Geschlechterverhältnis,
angeleitet von Jacques Lacan 257

Rike Felka
Das Labyrinth – eine Textfigur »weiblichen« Schreibens 265

Drucknachweise 270

Vorwort

> »Betrachtet man die intellektuelle und universitäre Kultur der westlichen kapitalistischen Demokratien, so haben sich der Feminismus und das postmoderne Denken zu den beiden führenden Gedankenströmungen unserer Zeit entwickelt.«
>
> (Seyla Benhabib)[1]

Der Feminismus und das postmoderne Denken haben mit ihrem Infragestellen der herrschenden kulturellen Ordnungen, der Konstruktionen von Identität, Subjektivität und nicht zuletzt der von Geschlecht wie kaum andere Diskurse zu einem Paradigmenwechsel in den Kulturwissenschaften geführt. Die Folge ist eine grundlegende Entmystifizierung des selbstidentischen und stets als männlich gedachten Subjekts.

Innerhalb der feministisch orientierten Wissenschaften hat die feministische Literaturwissenschaft neben der Philosophie häufig eine Vorreiterinnenrolle gespielt. Möglicherweise vor allem deshalb, weil sich Literatur zu Beginn der Frauenbewegung als Quellenmaterial anbot, da »zu jener Zeit noch sehr wenige historische Dokumente und Quellen erschlossen waren, die Einsicht in die Lebensrealität von Frauen geben konnten«[2]. Auch schien »der literarische Diskurs einer der wenigen zu sein, in denen das Weibliche stets eine auffällige und offensichtliche Rolle gespielt hat«[3]. Aber es spielte sie nur als Thema, wie Silvia Bovenschen in ihrer berühmten Studie *Die imaginierte Weiblichkeit* schon früh aufgezeigt hat. So ist zwar das Repertoire der Literatur an Bildern und Imaginationen von Weiblichkeit groß, doch »an der Produktion dieser Bilder war das weibliche Geschlecht in nur sehr geringem Maße beteiligt: einem großen und breiten Panoptikum imaginierter Frauenfiguren stehen nur wenige imaginierende Frauen gegenüber«[4]. Drei Erkenntnisinteressen dominierten daher zu Beginn die feministische Literaturwissenschaft: Die Rekonstruktion einer Geschichte der Literatur von Frauen, die Analyse einer weiblichen Ästhetik bzw. einer *écriture féminine* und die Kritik literarischer Frauenbilder. Im aktuellen Diskurs der Geschlechterforschung, der je nach Einschätzung die feministische Literaturwissenschaft fortführt oder abgelöst hat, wird die Kategorie 'Geschlecht' bzw. der geschlechtliche Körper als diskursiver Effekt von Signifikationsprozessen aufgefaßt, der erst durch den performativen Akt der Bezeichnung hervorbringt, was er als vorgängig bezeichnet.[5] Dieser Diskurs wendet sich damit gegen die Tendenzen, das Geschlecht und die Geschlechterdifferenz über den Rückgriff auf einen als vordiskursiv gesetzten biologischen Körper zu naturalisieren. Auch von daher erschließt sich wieder ein besonderer Stellenwert der feministischen Literaturwissenschaft, stellt sie doch als *Literatur*-Wissenschaft das Instrumentarium für die Analyse dieser performativen Bezeichnungsprozesse bereit. Sie etabliert sich damit innerhalb der feministischen Forschung als eine allgemeine Textwissenschaft.

Eine der wichtigsten Phasen der feministischen Literaturwissenschaft in der Bundesrepublik Deutschland waren die 80er Jahre. In dieser Zeit vollzog sich der Prozeß ihrer fachinternen und hochschulpolitischen Konsolidierung. »An die Stelle von studentisch organisierten Selbsterfahrungsseminaren nach dem Vorbild der amerikanischen *consciousness-raising groups* und 'von unten' eingerichteten Ringvorlesungen traten nun vermehrt Lehrangebote frisch ernannter Professorinnen und beamteter oder angestellter Vertreterinnen des Mittelbaus; feministische Literaturwissenschaft wurde sozusagen salonfähig.«[6] Gleichzeitig erfolgte auch eine thematische und theoretische Ausdifferenzierung. Vor allem aus der amerikanischen und französischen Theoriediskussion wurden spätestens gegen Ende der 80er Jahre Verfahrensweisen adaptiert, wie etwa dekonstruktivistische, psychoanalytisch-lacansche und diskursanalytische.

Maßgeblich mitgestaltet wurde diese Entwicklung von den »Frauen in der Literaturwissenschaft« und der Arbeitsstelle für feministische Literaturwissenschaft der Universität Hamburg, die verschiedene Tagungen und Vortragsreihen organisierten, den Rundbrief *Frauen in der Literaturwissenschaft* (1983-1997) herausgaben und damit eine Vernetzung der feministischen Literaturwissenschaft vornahmen.[7] Eine zentrale Rolle spielten in dieser Zeit vor allem Inge Stephan und Sigrid Weigel, daneben aber auch Renate Berger, Marianne Schuller, Annegret Pelz und Kerstin Wilhelms. Aus einer Reihe dieser von den »Frauen in der Literaturwissenschaft« organisierten Veranstaltungen – der erste Kongreß fand unter dem Titel »Zum Verhältnis von Frauenbildern und Frauenliteratur« 1983 in Hamburg statt – sind in den 80er Jahren mehrere Sammelbände hervorgegangen, die in der Reihe *Literatur im historischen Prozeß* des Argument Verlags erschienen sind.

Aus vier dieser Sammelbände, *Feministische Literaturwissenschaft, Frauen – Weiblichkeit – Schrift, Frauen – Literatur – Politik* und *Weiblichkeit und Avantgarde*[8] sowie dem Klassiker *Die verborgene Frau* von Inge Stephan und Sigrid Weigel[9] haben wir Beiträge ausgewählt, die den Stand der Diskussion innerhalb dieser Phase der feministischen Literaturwissenschaft in exemplarischer Weise dokumentieren. Damit sollen größtenteils vergriffene, aber noch immer nachgefragte und unvermindert lesenswerte Aufsätze erneut zugänglich gemacht werden. Waren schon die Sammelbände eine Auswahl aus den vielen jeweils gehaltenen Vorträgen, so mußte jetzt erneut – diesmal aus immerhin noch 54 Beiträgen – ausgewählt werden. Viele, auch sehr gute, Beiträge konnten wir aus Platzgründen leider nicht aufnehmen und haben uns daher auf einige exemplarische und eher theoretisch orientierte beschränkt.

Nicht unumstritten ist die Einschätzung des Stellenwerts und der Auswirkung der Sammelbände auf die Entwicklung der feministischen Literaturwissenschaft. So spricht Marlies Janz davon, daß »schon in den Titeln [der Bände 'Die verborgene Frau' und 'Feministische Literaturwissenschaft'] eine Universalisierung und Homogenisierung sowohl der Frauen als auch der feministischen Literaturwissenschaft betrieben [wird], aufgrund derer die Etablierung von Frauenforschung möglich wurde, freilich um den Preis der Verflachung ihres kritischen Potentials«[10]. Zu einem ähnlichen Urteil kommt auch Jutta Osinski, obwohl sie die Entwicklung in den 80er Jahren etwas differenzierter betrachtet. Ihrer Ansicht nach kam es in dieser Zeit zur »Herausbildung eines nivellierenden Einheitsjargons im Umgang mit Literatur und Literaturgeschichte«, »in dem unterschiedlichste Interessen und Ansätze [...] untergingen«[11]. Sigrid Weigel sieht hingegen zu Recht in den Tagungsbänden das »Dokument [...] einer Art Bestandsaufnahme, in der auch die Unterschiede deutlich wurden, und nicht, wie Janz suggeriert, Universalisierungsanspruch von Repräsentantinnen«[12].

Mit unserer erneuten Auswahl und Herausgabe haben wir versucht, wie schon die Herausgeberinnen der Bände vor uns, die Diskussion der feministischen Literaturwissenschaft in den 80er Jahren nachzuzeichnen, die sich, wie die Lektüre der Beiträge zeigt, alles andere als nivellierend oder aber verflachend gestaltete.[13] Die Autorinnen setzen sich vielmehr auf äußerst differenzierte und innovative Weise mit ihren Gegenständen auseinander und demonstrieren dabei die große methodische und inhaltliche Bandbreite feministischer Forschung in dieser Zeit. Heute sind zwar die Paradigmen der feministischen Literaturwissenschaft bzw. der *gender studies* aus der literaturwissenschaftlichen Arbeit nicht mehr wegzudenken, doch gestaltete sich dies in den 80er Jahren an den bundesdeutschen Hochschulen noch ganz anders. In dieser Zeit leisteten die Sammelbände der »Frauen in der Literaturwissenschaft« Pionierarbeit, nicht nur für die feministische Literaturwissenschaft, sondern gerade auch für die gesamte Disziplin, die sie nachhaltig prägten.

Die ausgewählten Beiträge markieren einen Übergang von der vorwiegend als Frauenforschung verstandenen feministischen Literaturwissenschaft der 70er und 80er Jahre zu den *gender studies* der 90er mit den sich an sie anschließenden *queer studies*. Von daher erschließt sich ihre historische Bedeutung für das Fach und die Motivation, diese Beiträge gerade einer jüngeren Generation von Wissenschaftlerinnen und Wissenschaftlern zugänglich zu machen, die heute vor allem Geschlechterforschung betreibt. Der neu zusammengestellte Band soll dazu dienen, sich kritisch mit der Entwicklung der feministischen Literaturwissenschaft auseinanderzusetzen.

»Was not tut, wäre die Reflexion der Paradigmen, Methoden und Denkfiguren wie der Verschiebungen und Veränderungen von Fragehorizonten und theoretischen Feldern, wäre zum Beispiel die Kritik am Repertoire weiblicher Typen, Mythen und Figuren, die der feministische Diskurs in den letzten zwanzig Jahren in einer ungeheuren Beschleunigung – im Gestus von Identifikation, Idealisierung und Verwerfung – verbraucht hat.«[14]

Einen ersten Ansatz dazu liefern sicherlich Lena Lindhoffs *Einführung in die feministische Literaturtheorie* und Jutta Osinskis *Einführung in die feministische Literaturwissenschaft*[15], die Mitte bzw. Ende der 90er Jahre erschienen sind. Während Jutta Osinski die historische Entwicklung der feministischen Literaturwissenschaft von den 70er bis in die 90er Jahren rekonstruiert, indem sie die Prozesse ihrer Institutionalisierung, Schulenbildung und Theoriediskussion nachzeichnet, legt Lena Lindhoff den Schwerpunkt auf eine Einführung in die Arbeiten verschiedener für die Entwicklung der feministischen Literaturwissenschaft bedeutender Theoretikerinnen und Theoretiker. Zusammen bieten sie nicht nur einen fundierten Überblick über die Geschichte und den Stand der Diskussionen, sondern dokumentieren dabei auch den Status, den die feministische Literaturwissenschaft heute hat. Einen Status, den sie nicht zuletzt aufgrund der hier wieder zugänglich gemachten Arbeiten aus den 80er Jahren erreichen konnte.

Wir danken allen Autorinnen für die freundliche Genehmigung des Wiederabdrucks ihrer Beiträge sowie Dr. Iris Konopik vom Argument Verlag für ihre beratende Unterstützung bei diesem Projekt.

Münster, im März 2000

Hiltrud Bontrup
Jan Christian Metzler

Anmerkungen

1 Seyla Benhabib: Feminismus und Postmoderne. Ein prekäres Bündnis. In: Seyla Benhabib, Judith Butler, Drucilla Cornell und Nancy Fraser: Der Streit um Differenz. Feminismus und Postmoderne in der Gegenwart. Frankfurt am Main 1993. S. 9-30. Hier: S. 9.
2 Renate Hof: Die Entwicklung der *Gender Studies*. In: Hadumod Bußmann und Renate Hof (Hg.): Genus. Zur Geschlechterdifferenz in den Kulturwissenschaften. Stuttgart 1995. S. 2-33. Hier: S. 8.
3 Silvia Bovenschen: Die imaginierte Weiblichkeit. Exemplarische Untersuchungen zu kulturgeschichtlichen Präsentationsformen des Weiblichen. Frankfurt am Main 1979. S. 11.
4 Ebd. S. 12.
5 Vgl. Judith Butler: Das Unbehagen der Geschlechter. Frankfurt am Main 1991.
6 Jutta Osinski: Einführung in die feministische Literaturwissenschaft. Berlin 1998. S. 88. (künftig zitiert: Osinski: Einführung.)
7 Zur Geschichte der Hamburger Arbeitsstelle für feministische Literaturwissenschaft vgl.: Ulrike Vedder: Innovation, Institution. Einsichten und Aussichten der Hamburger Arbeitsstelle für feministische Literaturwissenschaft. In: Zeitschrift für Germanistik. Neue Folge IX. H. 1. 1999. S. 125-130.
8 Inge Stephan und Sigrid Weigel (Hg.): Feministische Literaturwissenschaft. Dokumentation der Tagung in Hamburg vom Mai 1983. Berlin 1984; Renate Berger, Monika Hengsbach, Maria Kublitz, Inge Stephan und Sigrid Weigel (Hg.): Frauen – Weiblichkeit – Schrift. Dokumentation der Tagung in Bielefeld vom Juni 1984. Berlin 1985. (künftig zitiert: Berger: Frauen.); Inge Stephan und Sigrid Weigel (Hg.): Weiblichkeit und Avantgarde. Berlin und Hamburg 1987; Annegret Pelz, Marianne Schuller, Inge Stephan, Sigrid Weigel und Kerstin Wilhelms (Hg.): Frauen, Literatur, Politik. Dokumentation der Tagung in Hamburg im Mai 1986. Hamburg 1988.
9 Inge Stephan und Sigrid Weigel: Die verborgene Frau. Sechs Beiträge zu einer feministischen Literaturwissenschaft. Berlin 1983.
10 Marlies Janz: Höchste Zeit für Differenzierungen. Feministische Lektüren gegen den melting pot der feministischen Literaturwissenschaft. In: Frankfurter Rundschau. 20.4.1993. S. 11.
11 Osinski: Einführung. S. 90.
12 Sigrid Weigel: Querelles des Femmes in der Literaturwissenschaft. Eine Antwort auf Marlies Janz jenseits von Gründungsmythen und Verfallsgeschichten. In: Frankfurter Rundschau. 4.5.1993. S. 10. (künftig zitiert: Weigel: Querelles.)
13 So schreiben schon die Herausgeberinnen des Bandes *Frauen – Weiblichkeit – Schrift*, daß sie »einem über die Teilnehmerinnen [der Tagung] hinausgehenden Interessent(inn)enkreis Gelegenheit geben [wollen], sich einen Eindruck von der inhaltlichen Komplexität der Gegenstände und der methodischen Vielfalt und Reichweite feministisch-literaturwissenschaftlicher Forschung zu verschaffen«. Vorwort der Herausgeberinnen. In: Berger: Frauen. S. 5-7. Hier: S. 6.
14 Weigel: Querelles. S. 10.
15 Lena Lindhoff: Einführung in die feministische Literaturtheorie. Stuttgart und Weimar 1995. Und Osinski: Einführung.

I. Die verborgene Frau

Inge Stephan

»Bilder und immer wieder Bilder ...«
Überlegungen zur Untersuchung von Frauenbildern in männlicher Literatur[1]

I

Untersuchungen zum Bild der Frau in der älteren und neueren Literatur sind im Bereich der Literaturwissenschaft nichts Neues. Es hat schon früher Untersuchungen zum Frauenbild einzelner Autoren oder Epochen gegeben.[2] Häufig handelt es sich dabei sogar um Arbeiten, die von Frauen verfaßt sind, die sich der älteren Frauenbewegung verbunden fühlten, über diese erst den Mut zum Studium und zur wissenschaftlichen Arbeit gefunden hatten. Dennoch sind diese Arbeiten sehr unbefriedigend. Sie zeigen zwar ein noch weitgehend unbewußtes Interesse von Frauen, zu Themen zu arbeiten, die, wie man heute sagen würde, mit ihnen zu tun haben, aber sie verbleiben zumeist auf einer vorwiegend beschreibenden Ebene, sind analytisch unscharf und im ganzen gesehen affirmativ. In unserer Wissenschaft gelten sie als Arbeiten von unterdurchschnittlichem Niveau, mit der bescheidene Gemüter sich einen Doktortitel erschreiben konnten. Daß solche Einschätzungen nicht nur Vorurteile gegen Wissenschaftlerinnen und sogenannte Frauenthemen sind, kann jeder leicht nachprüfen, wenn er diese Arbeiten einmal zur Hand nimmt. Auch wenn man bedenkt, daß der Anspruch an wissenschaftliche Veröffentlichungen vor 60 oder 70 Jahren ungleich geringer als heute war, kann man doch die Dürftigkeit dieser Arbeiten nicht übersehen. Woran mag das liegen? Ich will dazu einige Hypothesen wagen:

1. Die bürgerliche Frauenbewegung war als politische Bewegung ambivalent, in ihren Emanzipationsvorstellungen zu zerstritten und widersprüchlich, als daß sie einen wirklichen Anregungscharakter für wissenschaftliche Arbeiten haben konnte. Patriarchalische Leitbilder der Frau wurden von der bürgerlichen Frauenbewegung zumeist übernommen, zum Teil geringfügig modifiziert und nur in Ausnahmefällen – wenn die Frauenfeindlichkeit unübersehbar war – abgelehnt, so daß für die Entwicklung einer kritischen Perspektive kaum eine Basis bestand.

2. Ein Bewußtsein für die Relevanz des Geschlechts bei der dichterischen Produktion bestand im allgemeinen in unserer Wissenschaft nicht, oder wenn, dann in einer explizit frauenfeindlichen Form. Erinnert sei hier nur an die Arbeiten von Möbius über den »physiologischen Schwachsinn

des Weibes«[3] oder von Weininger über »Geschlecht und Charakter«[4], nach der Weiblichkeit und Produktivität sich definitorisch ausschlossen. Sicher, das waren extreme Positionen. Der herrschenden Meinung nach galt dichterische Produktion als eine Tätigkeit, die sich gerade dadurch auszeichnete, daß Klasse, kultureller Zusammenhang und Geschlecht dabei angeblich keine Rolle spielten. In diesem Zusammenhang wichtig sind die Auffassungen vom androgynen Charakter der Kunst und des Künstlers[5], die aber trotz aller bedenkenswerter Momente[6] nicht darüber hinwegtäuschen können, daß hier – wie so oft – unter der Hand menschlich doch wieder mit männlich gleichgesetzt wurde und daß Schreiben über Jahrhunderte hinweg vor allem eine Domäne von Männern gewesen ist. Daß Männer aber nicht als über den Gattungen schwebende Vertreter einer idealisierten Menschheit schreiben, sondern daß sie als Autoren von ihrer Zeit und Umgebung, von ihrer Klasse *und* ihrem Geschlecht geprägt worden sind, galt in unserer Wissenschaft lange Zeit entweder als klassenkämpferische Position oder als schlichtweg unanständig und wird auch heute gern noch als marxistische oder feministische Sichtweise abqualifiziert.

3. Sozialgeschichtliche, ideologiekritische und psychoanalytische Fragestellungen wurden nur von Außenseitern und Einzelgängern in unserem Fach behandelt; sie gehörten nicht in den Kanon unserer Wissenschaft. Infolgedessen fehlte ein methodisches Instrumentarium zur Aufschlüsselung geschlechtsspezifischer Wahrnehmungs- und Schreibweisen so gut wie völlig.

4. Die Untersuchung von Frauenbildern fand auf der gleichen Ebene statt wie die Untersuchung von irgendwelchen x-beliebigen Motiven und kam bestenfalls über den Status einer guten Motivuntersuchung nicht hinaus.

Wir können also aus den älteren Arbeiten wenig lernen – vielleicht nur das, wie wir es nicht machen sollten. Fatal wird es – denke ich – überall dort, wo neuere Untersuchungen über Frauenbilder abgetan werden mit dem Hinweis darauf, daß man ja an den älteren Arbeiten schon sehen könne, wie unergiebig solche Fragestellungen seien. Notwendig in diesem Zusammenhang scheint mir zuerst einmal eine Definition dessen, was unter Frauenbild zu verstehen ist und zweitens eine Skizzierung des Untersuchungszusammenhangs, in dem die Beschäftigung mit Frauenbildern heute steht.

II

Als erstes will ich auf den neuen Problem- und Fragenzusammenhang eingehen, in dem Untersuchungen zu Frauenbildern heute stehen, um danach Definitionsvorschläge zum Terminus »Frauenbild« zu machen.

Die Untersuchung von Frauenbildern heute steht unter der stillschweigenden oder explizierten Voraussetzung, *daß Schreiben keine geschlechtsneutrale Tätigkeit ist*, sondern daß es Unterschiede zwischen männlicher und weiblicher Schreibweise gibt. Dabei ist definitorisch keineswegs festgelegt, was denn nun männliches oder weibliches Schreiben ist – das würde ja nur zur Reproduktion gängiger Vorurteile und Stereotypen führen –, sondern die Begriffe »männliches Schreiben« und »weibliches Schreiben« funktionieren als Koordinaten in einer Untersuchung, die diese Begriffe inhaltlich erst füllen und differenzieren muß. Die These, daß das Geschlecht des Autors bzw. der Autorin ebenso eine Rolle spiele wie der jeweilige lebensgeschichtliche, kulturelle, soziale und politische Zusammenhang einerseits und die herrschenden und tradierten ideologischen und literarischen Muster andererseits, bedarf der Überprüfung durch eine sehr genaue Analyse nicht nur eines Werkes oder eines Autors bzw. einer Autorin, sondern durch eine kritische Neubearbeitung der gesamten Literaturgeschichte. Erst dann wird die Basis geschaffen sein, auf der herausgefunden werden kann, ob und wie das Geschlecht eines Autors bzw. einer Autorin in dem jeweiligen Text zum Ausdruck gekommen ist.

Ich will hier nicht die Debatte über männliches und weibliches Schreiben in all ihren Einzelheiten und Problemen entfalten oder erste vorläufige Ergebnisse präsentieren, wie sie z.B. von den französischen Strukturalistinnen vorgelegt worden sind, sondern es geht mir allein darum, zu betonen, daß die hypothetische Unterscheidung zwischen männlichem und weiblichem Schreiben ebenso grundlegend für die Untersuchung von Frauenbildern in männlicher Literatur wie für die Analyse von Frauenliteratur ist, das heißt, daß sie ein unverzichtbares Moment einer jeden sich als feministisch verstehenden Literaturwissenschaft ist.

Eine weitere stillschweigende oder ausgesprochene Voraussetzung ist die These, *daß eine ökonomische und politische Definition von Gesellschaft nicht zureichend ist*, daß sie ergänzt werden muß durch eine Aussage darüber, was für Beziehungen zwischen den Geschlechtern bestehen. Das Stichwort ist Patriarchat und patriarchalische Strukturen. Auch hier kann es nicht darum gehen, die umfängliche und verzweigte Patriarchatsdebatte aufzurollen, sondern nur darum, den Herrschaftszusammenhang deutlich zu machen, in dem literarische Werke entstehen und in dem sie gewollt oder ungewollt eine Funktion einnehmen.

Aus diesen Voraussetzungen resultiert eine Haltung, die mit *Parteilichkeit* am besten umschrieben werden kann. Parteilich ist diese Haltung deshalb, weil sie den Erfahrungszusammenhang der Repression von Weiblichkeit im patriarchalischen System offensiv thematisiert und zu Gunsten einer freien Entwicklung beider Geschlechter aufzubrechen versucht.

Auf dem Hintergrund dieser Voraussetzungen haben sich vier Forschungsansätze zur Untersuchung von Frauenbildern in männlicher Literatur herausgebildet, die ich im folgenden kurz skizzieren möchte:

1. *Der erste Ansatz basiert auf einem ideologiekritischen Verfahren.* Exponierte Vertreterin dieses Verfahrens ist Silvia Bovenschen. In ihrem 1979 erschienenen Buch »Die imaginierte Weiblichkeit. Exemplarische Untersuchungen zu kulturgeschichtlichen und literarischen Präsentationsformen des Weiblichen«[7] hat sie die Produktion von Frauenbildern als eine Form von Ideologieproduktion beschrieben, die über die wahren Machtverhältnisse in der Gesellschaft hinwegtäuscht. Ihre These von der »Schattenexistenz« realer Frauen im politischen und kulturellen Leben und dem gleichzeitigen »Bilderreichtum« in der Literatur hat auf ein tatsächlich bestehendes Mißverhältnis aufmerksam gemacht, auf das Virginia Woolf bereits in ihrem Text »Ein Zimmer für sich allein« (1928) hingewiesen hat:

> »Ein höchst seltsames, gemischtes Wesen entsteht vor unserem Auge. Im Reich der Phantasie ist sie von höchster Bedeutung; praktisch ist sie völlig unbedeutend. Sie durchdringt die Dichtung von Buchdeckel zu Buchdeckel; sie ist alles andere als historisch abwesend. Sie beherrscht das Leben der Könige und Eroberer in der Fiction; in der Wirklichkeit war sie der Sklave eines jeden beliebigen Jungen, dessen Eltern ihr einen Ehering auf den Finger zwangen. Einige der inspiriertesten Worte, einige der tiefgründigsten Gedanken der Literatur kommen ihr über die Lippen; im wirklichen Leben konnte sie kaum lesen, kaum buchstabieren und war das Eigentum ihres Ehemannes.«[8]

Silvia Bovenschen hat nun sehr überzeugend herausgearbeitet, welchen ideologischen Mustern die Produktion von Frauenbildern folgt und auf welche gesellschaftliche Konstellation sie reagiert. Sie hat philosophische und kultursoziologische Theorien daraufhin befragt, welches Frauenbild sie vermitteln, und ist dabei auf ein Grundverständnis von Weiblichkeit gestoßen, das mit dem Begriff »Natureinheit« am besten umschrieben werden kann. »Die Frau ist als Verkörperung der Natureinheit das, was der Mann im Kunstwerk erst wiederherzustellen sucht.«[9] Im Rekurs auf die kulturkritischen Theorien von Horkheimer und Adorno hat Bovenschen insbesondere in ihrem Aufsatz über die »aktuelle Hexe, die historische Hexe und den Hexenmythos« die Ambivalenz solcher Vorstellungen entwickelt.[10] In der »Dialektik der Aufklärung« haben Horkheimer und Adorno den Prozeß der Zivilisation gekennzeichnet als einen Verlauf, in dem die äußere und innere Natur zunehmend zu Gunsten von Fortschritt und Aufklärung unterdrückt worden ist. Eines der zentralen Zitate, auf das sich Bovenschen immer wieder beruft, lautet:

> »Die Frau ist nicht Subjekt. Sie produziert nicht, sondern pflegt die Produzierenden, ein lebendiges Denkmal längst entschwundener Zeiten der geschlossenen Hauswirtschaft. Ihr war die vom Mann erzwungene Arbeitsteilung wenig günstig. Sie wurde zur Verkörperung der biologischen Funktion, zum Bild der Natur, in deren Unterdrückung der Ruhmestitel dieser Zivilisation bestand. Grenzenlos Natur zu beherrschen, den Kosmos in ein unendliches Jagdgebiet zu verwandeln, war der Wunschtraum der Jahrtausende. Darauf war die Idee des Menschen in der Männergesellschaft abgestimmt. Das war der Sinn der Vernunft, mit der er sich brüstete. Die Frau war kleiner und schwächer, zwischen ihr und dem Mann bestand ein Unterschied, den sie nicht überwinden konnte, ein von Natur gesetzter Unterschied, das Beschämendste, Erniedrigendste, was in der Männergesellschaft möglich ist. Wo Beherrschung der Natur das wahre Ziel ist, bleibt biologische Unterlegenheit das Stigma schlechthin, die von Natur geprägte Schwäche zur Gewalttat herausforderndes Mal.«[11]

Die Frau ist – ebenso wie der Mann – also Opfer eines Zivilisationsprozesses, den sie nur als verstümmelte und domestizierte Natur überleben kann. Die Vorstellungen vom Naturwesen Frau tragen ein Janusgesicht. Zum einen führen sie zum Ausschluß der Frau aus der kulturellen Sphäre und rechtfertigen diesen auch noch, weil Kultur und Natur im zivilisatorischen Prozeß zu unvereinbaren Gegensätzen geworden sind. Zum anderen sind in ihnen die Erinnerungen und Sehnsüchte an ein verlorenes Paradies von Naturhaftigkeit aufbewahrt. Die Frau wird zum diffusen Symbol all dieser Sehnsüchte. Aber auch dieses Symbol ist außerordentlich ambivalent. Es ist belastet mit der Erinnerung an den Prozeß der Zerstörung von äußerer und innerer Natur und ist daher Schreckbild und Wunschbild zugleich. In der Vorstellung vom Naturwesen Frau vermischen sich das Bewußtsein von Schuld, die Angst vor Rache und die Sehnsucht nach Harmonie.

Am Beispiel von Frank Wedekinds »Lulu« hat Bovenschen diese Ambivalenzen deutlich zu machen versucht. Das »schöne Tier« Lulu ist für sie ein Beispiel dafür, wie unterschiedliche Mythen von Weiblichkeit sich in einer Frauenfigur vermischen. Lulu ist einerseits Projektionsfigur, sie ist alles das, was die männlichen Figuren in ihr sehen. Andererseits ist sie »konstruiert als eine Gestalt, die diese Bilder immer wieder zerstört, indem sie die eine Imago abwirft, um eine neue anzunehmen«.[12]

Dabei unterscheidet Bovenschen strikt zwischen den imaginierten Bildern von Weiblichkeit und den »realen Frauen«. Die Texte geben nach ihrer Auffassung keinen Aufschluß über das Leben »wirklicher Frauen«, noch ermöglichen sie ein Verständnis jenseits der Bilder. Sie sind jedoch mächtig wie jede Form von Ideologieproduktion. Frauen nehmen die von ihnen entworfenen Bilder als eigene an, versuchen sich daran auszurichten und reproduzieren damit ein Verständnis von Weiblichkeit, das doch nur männliche Projektion ist.

> »Dem Diktat der Bilder folgend, versuchen sich die Frauen in ihrem Alltag den männlichen Wunschvorstellungen anzunähern, ohne mit diesen ... zu spielen. Da aber die Frauen sich in der Geschichte nicht selber präsentierten, da sie sich nicht artikulierten, sondern stumm blieben, kann sich das Weibliche immer nur in dieser 'irgendwie fremden Gestalt' ausdrücken. Daher greift auch der Rollenbegriff, der häufig auf die sogenannte Frauenfrage appliziert wird, zu kurz; man muß, um mit ihm sinnvoll operieren zu können, davon ausgehen, daß es hinter der Rolle noch etwas Eigenständiges gibt, da er sich andernfalls selbst relativiert. Jenseits der vorgegebenen Bilder – 'der Rollen'– steht indes nur noch die Hypostasierung eines Weiblichen 'an sich', das ohne Vermittlung mit den aus der Sicht der Männer eingeschliffenen oder favorisierten konkreten Ausprägungen so formal und allgemein bleibt, daß es sich jeder Vorstellung entzieht.«[13]

Elisabeth Lenk hat im Bild von der »sich selbst verdoppelnden Frau« das Wechselverhältnis von Projektion und Spiegelung zu fassen versucht:

> »Das Verhältnis der Frau zu sich läßt sich zeigen am Spiegel. Der Spiegel, das sind die Blicke der Anderen, die vorweggenommenen Blicke der Anderen. Und von Alters her befragt ihn die Frau mit der bangen Frage der Stiefmutter im Märchen: 'Spieglein, Spieglein an der Wand, wer ist die Schönste im ganzen Land?' Und auch wenn an die Stelle der vielen Anderen der eine Andere tritt, der Mann, der Geliebte, hört die bange Frage nicht auf. Es kommen die Schreckensmomente, wo die Frau sich im Spiegel sucht und nicht mehr findet. Das Spiegelbild ist irgendwohin verschwunden, der Blick des Mannes gibt es ihr nicht zurück.«[14]

2. Nicht so sehr die ideologischen als vielmehr *die psychischen Mechanismen stehen im Mittelpunkt des zweiten Forschungsansatzes*. Literatur wird hier nicht in erster Linie verstanden als eine Form der Ideologieproduktion, sondern als eine Form von Wunschproduktion, in der individuelle und kollektive Wünsche sich ausdrücken und scheinhaft befriedigt werden. Der von Klaus Theweleit geprägte Begriff der »Männerphantasie« signalisiert ein Verständnis von Geschlechterbeziehung, in dem Momente wie Verdrängung, Projektion, Entwirklichung, Affektabfuhr, Sexualisierung und Entsexualisierung, Entgrenzung und Territorialisierung eine zentrale Rolle spielen.[15] Die Begriffe verweisen alle auf einen psychoanalytischen Deu-

»Bilder und immer wieder Bilder«

tungszusammenhang, der sich mit dem Namen Freud, aber auch mit den Namen Foucault, Deleuze, Guattari und Dürr verbindet.

Die Bezugnahme auf die psychoanalytischen Theorien und Interpretationsverfahren ist innerhalb der neueren Frauenbewegung sehr umstritten, weil man in der Psychoanalyse ein patriarchalisches Verständnis von Weiblichkeit wiederzufinden glaubt. Entsprechend vorsichtig ist demzufolge die Bezugnahme auf psychoanalytische Theorie in der feministischen Literaturwissenschaft. Übernommen werden bestimmte Grundannahmen, wie z.B. die von der Triebstruktur des Menschen und der Rolle des Unbewußten, abgelehnt bzw. relativiert werden dagegen insbesondere Freuds Auffassungen über Weiblichkeit und weibliche Sexualität. So rekurriert Marianne Schuller in ihren Arbeiten auf den durch die Psychoanalyse vorgegebenen Zusammenhang von Sexualität und Sprache und auf das Verhältnis von Triebschicksal und kultureller Produktion, ohne dabei jedoch die Psychoanalyse als geschlossene Theorie zu Grunde zu legen.[16] Sie geht davon aus, daß der Ausschluß von Weiblichkeit konstitutiv für die Hervorbringung der kulturellen Ordnung ist – ein Gedanke, den wir bereits aus der Kritischen Theorie von Horkheimer und Adorno kennen. Diesen Ausschluß von Weiblichkeit sieht sie auf zwei Ebenen, einmal auf einer sehr realen, und einmal auf der Ebene der Fiktion. »Die Geburt des Bildes ist der Tod der Frau.«[17] Diesen auf den ersten Blick unverständlichen und verwirrenden Satz verdeutlicht sie in einer Interpretation von E.A. Poes Erzählung »Das ovale Porträt«. Poe erzählt darin von einem jungen Mädchen, das einen Maler liebt und schließlich seine Ehefrau wird. Das Begehren des Mannes ist jedoch in erster Linie auf die Kunst gerichtet, »er besaß in seiner Kunst schon eine Braut«.[19] Schließlich beginnt der Maler die eigene Frau zu malen. Diese sitzt ihm wochenlang Modell. Doch während das Bild auf der Leinwand immer lebensähnlicher wird, verfällt die junge Frau immer mehr und verliert zusehends an Lebenskraft. Als das Bild schließlich fertig ist, ist sie tot. Es heißt in der Erzählung:

> »Und als dann viele Wochen vorübergestrichen waren und wenig mehr zu tun blieb, noch ein Pinselstrich am Munde – ein Tupfen dort am Aug', da flackerte der Geist des Mädchens noch einmal auf wie die Flamme in der Leuchterhülse. Und dann war der Pinselstrich getan und der Farbtupfen angebracht; und einen Augenblick lang stand der Maler versunken vor dem Werk, das er geschaffen; im nächsten aber, während er noch starrte, befiel ein Zittern ihn und große Blässe, Entsetzen packt' ihn, und mit lauter Stimme rief er 'Wahrlich, das ist das Leben selbst!' und warf sich jählich herum, die Geliebte zu schaun: – Sie war tot!«[18]

Diese Geschichte versteht Marianne Schuller symbolisch. Kunstproduktion fordert Opfer nicht nur in der Realität, sondern auch in der Fiktion. So hält

Schuller es nicht für zufällig, daß Frauenfiguren in Texten von Männern so häufig sterben. Eine gute Frau ist eine tote Frau. Von einer solchen Auffassung gibt es vielfältige Verbindungslinien zu den Thesen von Klaus Theweleit.

Theweleits Buch ist ein großräumig angelegter Beitrag darüber, wie das Denken und Sprechen über Weiblichkeit und Frauen abhängig ist von den jeweiligen gesellschaftspolitischen Zusammenhängen und von der lebensgeschichtlichen Situation des Autors. Der Terminus »Männerphantasie« bedeutet, daß die in den Texten entworfenen Frauenfiguren keine Darstellung realer Frauen oder Geschlechterverhältnisse sind, sondern individuelle und kollektive Phantasien über das Wesen der Frauen beinhalten, mit denen Männer auf die Beschädigungen durch den zivilisatorischen Prozeß reagieren. Die »Entstehung des Panzers gegen die Frau«, die Spaltung der Frau in eine rote (sexualisierte) und in eine weiße (entsexualisierte) Frau, das dialektische Zusammenspiel von »Sexualisierung« und »Entsexualisierung« und die Rolle des Frauenopfers – all dies sind Gesichtspunkte, die in der Interpretation an einzelnen Texten verifiziert werden müssen.

3. Gegen einen solchen Ansatz, der den Entwurf von Frauenbildern in erster Linie als eine Form der Wunschproduktion begreift, steht ein dritter Ansatz, der weniger exponiert ist als die beiden bislang vorgestellten Ansätze, der aber doch vorhanden ist. Gemeint sind *sozialgeschichtlich orientierte Arbeiten,* die hinter aller Ideologiehaftigkeit und Phantasietätigkeit die Lebenswirklichkeit von Frauen aufzuspüren versuchen.[20] Bezugspunkt solcher Arbeiten ist ein Verständnis von Literatur, das auf dem Realismusgehalt poetischer Texte besteht. Ich will mich hier nicht auf die Realismusdebatte einlassen, glaube aber, daß solche Überlegungen insofern einen bedenkenswerten Kern haben, als das mimetische Prinzip von Literatur darin nicht völlig verloren geht. Mimesis heißt in diesem Zusammenhang nicht Abbildung realer Frauen oder realer Verhältnisse, sondern meint, daß Lebenswirklichkeit in den Texten aufbewahrt ist.

Ich will diesen Gedanken an einem Beispiel erläutern. Fontane schildert in seinem Roman »Effi Briest« das typische Schicksal einer Frau, die an den männlichen Normen zu Grunde geht, was Interpreten immer wieder dazu verführt hat, den Roman als einen »realistischen« Text zu lesen. Dafür sprechen in der Tat die vielen sozialkritischen Bezüge des Autors auf die damalige Zeit: Bürgerliche Ehemoral, antiquierte Ehrbegriffe, Duellunwesen, Sexualunterdrückung, Frauenfrage – das sind die entscheidenden Themen des Romans, und sie werden mit einer sympathetischen Anteilnahme des Autors für seine Heldin behandelt. Effi, Cécile, Mathilde – die Reihe ließe sich um weitere Namen ergänzen – sind Kunstfiguren und als solche auch Projektionen von Wünschen des Autors – wer wollte das bestreiten? – Sie sind aber zugleich auch Facetten von Weiblichkeit. Nicht in dem Sinne, so sind eben die Frauen, sondern, so sind sie hergerichtet worden. Nicht im Sinne des Ewig-Weiblichen, sondern im Sinne einer produzierten Weiblichkeit, in deren enge Muster reale Frauen hineingezwängt und in deren Maschen sie stranguliert wurden.

Flaubert, ein Zeitgenosse Fontanes, hat einmal gesagt, daß es Frauen gar nicht gäbe. »Die Frau ist ein Erzeugnis des Mannes. Gott hat das Weibchen geschaffen und der Mann die Frau. Sie ist das Resultat der Zivilisation, ein künstliches Werk.«[21] In einem solchen Gedankengang, dessen patriarchalischer Gestus wütend machen kann, steckt ein für unseren Zusammenhang dennoch wichtiger Gedanke, nämlich die Auffassung von der Frau als Schöpfung des Mannes und als künstliches Werk – und zwar im Hinblick auf die Realität und in Hinsicht auf die Fiktion.

4. Gegen diese drei Ansätze, die sich übrigens ergänzen und in der Textanalyse auch miteinander verbunden werden sollten, steht ein vierter Ansatz. Das Unbehagen, das die vorgestellten Ansätze zurücklassen, kann man in den provozierenden Fragen zusammenfassen: Und wo bleibt die Kraft und die Stärke von Frauen? Sind Frauen in männlichen Texten wirklich nur Projektionsfläche, Wunschterritorium oder Opfer patriarchalischer Zurichtung? Sind in den Texten nicht doch – trotz aller Ideologie- und Verdrängungsarbeit der Autoren – noch Spuren einer verschütteten Weiblichkeit verborgen, die in der Textanalyse rekonstruiert werden können? – Heide Göttner-Abendroth ist die profilierteste Vertreterin der Auffassung, *daß in der patriarchalischen Kultur und Literatur matriarchalische Restbestände zum Ausdruck kommen.*[22] Es geht ihr darum, »die Dimensionen unserer Weiblichkeit ohne die Verzerrungen der patriarchalischen Epoche wiederzuerkennen«[23], was in der Konsequenz nicht nur ein neues Verständnis von Weiblichkeit, sondern auch ein neues Verständnis von Männlichkeit bedeutet:

> »Und zur Ganzheit unserer eigenen Person gehört auch die Wiederentdeckung dessen, was Männlichkeit ohne die patriarchalen Verzerrungen gewesen ist. Denn es geht auch um das männliche Prinzip in uns, das 'Heroische' in jeder Frau, wenn wir nicht dem trügerischen Spiel der Konstruktion von Gegensätzen verfallen wollen, das für die patriarchale Geisteshaltung so typisch ist. Wir lösen den Knoten um die Wiedergewinnung unserer Weiblichkeit nicht, wenn wir heute zu den antagonistischen Gegensätzen nur die umgekehrte Wertung produzieren: das weibliche Prinzip verabsolutieren und das männliche Prinzip verneinen. So würden wir nur die uns aufgezwungene Denkweise des Patriarchats fortsetzen und uns zuletzt in ihrer Spiegelfechterei verlieren.«[24]

Inge Stephan

Heide Göttner-Abendroth wählt folgendes interpretatorisches Verfahren: In Märchen und Mythen – literarischen Formen, die in ihrem Entstehungskern in vorgeschichtliche Zeiträume zurückverweisen – versucht sie, Restbestände untergegangener matriarchaler Gesellschaften herauszuarbeiten. Voraussetzung dafür ist natürlich, daß es matriarchalische Gesellschaften, von denen die traditionelle Geschichtswissenschaft schweigt, überhaupt gegeben hat. Heide Göttner-Abendroth nimmt in der umstrittenen Matriarchatsdebatte eine sehr entschiedene Position ein, die ich wegen ihrer Eindeutigkeit hier zitieren will:

»Unumwunden bezeichne ich die frühsten Religionen der Menschheit als 'matriarchal'. Ich mache keinen Umweg über den blassen Terminus 'prä-patriarchal', von dem unklar ist, was er eigentlich heißen soll. Ich setze damit die Existenz von Matriarchaten voraus, und ich kritisiere die verkürzende Perspektive der Geschichte, welche diese Gesellschaftsform aus ihrem Bewußtsein verdrängt hat.«[25]

Ich muß gestehen, daß ich mit einem solchen Ansatz Schwierigkeiten habe. Die forsche Gleichsetzung von matriarchalen Religionen, die es ja unbestritten gegeben hat, mit matriarchalen Gesellschaftsformen, halte ich für problematisch. Mir sind die Ergebnisse der Matriarchatsdebatte zu wenig konkret, als daß ich mich auf einen Begriff wie Matriarchat und matriarchalische Kultur als Voraussetzung für die Textanalyse einlassen würde. Der Terminus prä-patriarchal ist zwar vager, entspricht aber dem Forschungsstand eher und macht überdies deutlich, daß damit nicht-patriarchalische Gesellschaftsformen gemeint sind. Ich halte es letztlich nur für ein von Heide Göttner-Abendroth zu Recht kritisiertes trügerisches Spiel mit Gegensätzen, wenn man zum bestehenden Patriarchat als Gegenpol ein vorzeitliches Matriarchat entwirft. Sicher drücken sich in den Texten Erinnerungen an eine »andere« Weiblichkeit aus, die ich aber mit Simone de Beauvoir als eine Form des Mythos verstehen möchte, in dem kollektive existentielle Erfahrungen wie Geburt und Tod, Fruchtbarkeit, Mangel und Überfluß, Schwäche und Stärke, Naturkräfte usw. verarbeitet worden sind. Ziel feministischer Textarbeit sollte meines Erachtens die kritische Aufarbeitung mythischer, nicht-patriarchalischer Reste in der patriarchalischen Kultur sein. Das ist ein Stück Entzauberungsarbeit, die sicherlich weh tut und traurig machen kann, die aber doch notwendig ist, wenn wir nicht einem neuen Mystizismus und Irrationalismus aufsitzen wollen. Voraussetzung dafür ist aber eine Trennung zwischen Mythos und matriarchalischer Kultur und Gesellschaft. Genau diese vermisse ich in den Arbeiten von Heide Göttner-Abendroth und anderen. Zwar wird in den neueren Arbeiten inzwischen unterschieden zwischen dem »Lebendigbleiben matriarchalisch-mythologischer Elemente« und dem »Verarbeiten solcher Elemente in männlichen Produkten der imaginierten Weiblichkeit«[26], aber diese Unterscheidung setzt immer noch die historische Existenz matriarchalischer Gesellschaftsformen voraus.

Ich will die Problematik dieses Ansatzes an einem Beispiel verdeutlichen. In einem kurzen resümierenden Aufsatz über das Undine-Motiv begreift Sabine Wellner die Gestalt der Wasserjungfrau Undine als eine Verkörperung ursprünglicher weiblicher Kraft, als einen Ausdruck der magischen und heroischen Kräfte von Frauen in matriarchalischer Zeit.[27] Sie stellt die Undine-Figur in den gleichen mythologischen Zusammenhang wie die Brünhild-Gestalt. In beiden Gestalten ist ihrer Meinung nach die noch undomestizierte Kraft matriarchalischer Weiblichkeit erinnernd aufbewahrt. Die literarische Geschichte des Undine-Motivs von Paracelsus' Elementargeister-Kosmologie über Fouqués Märchen bis hin zu Ingeborg Bachmanns Erzählung »Undine geht« versteht sie als einen Umbruchsprozeß von matristischer zu patristischer Gesellschaftsordnung.

In einer solchen Konstruktion sind meines Erachtens drei Fehler enthalten. Zum ersten die stillschweigende Voraussetzung matriarchalischer Kultur und Gesellschaft. Zum zweiten die Verbindung von Undine-Motiv mit Brünhild-Sage. Brünhild ist die körperlich starke, ungebändigte Jungfrau, die durch den Mann erst noch überwunden werden muß. Sie gehört in den Zusammenhang amazonischer Heldinnen, die durch Körperkraft und kämpferischen Mut das patriarchalische Bild von Weiblichkeit gleich Schwäche durchbrechen. Undine dagegen ist ein zartes, jungfräuliches Wesen, das erst durch die Verbindung zum Mann eine Seele erhält und zum menschlichen Wesen wird. Über das Motiv der Jungfräulichkeit und seine magische Kraft und über die Vorstellung von der Erlösungs- bzw. Überwindungsbedürftigkeit der Frauen sind natürlich Verbindungen zwischen beiden Sagenkreisen gegeben, im ganzen gesehen überwiegen jedoch die Unterschiede. Der dritte entscheidende Fehler hängt mit dem zweiten eng zusammen. Durch die Verbindung zwischen Brünhild-Gestalt und Undine-Figur geht die Spezifik der beiden Sagenkreise und die der beiden Protagonistinnen verloren.

Gerade an den literarischen Verarbeitungen des Undine-Motivs wird deutlich, daß Undine eine völlig andere Frauengestalt ist als z.B. Brünhild und die anderen in ihrer Tradition stehenden Kraftfrauen. So ist die Nixe Undine bei Fouqué eine androgyne Kindfrau, die den Mann erotisch in ihren Bann schlägt. Durch ihr Aussehen und durch ihre magischen Kräfte wird sie in einen assoziativen Zusammenhang mit Hexen und Sirenen gestellt und erhält dadurch eine Ambivalenz, die alle diesbezüglichen Vorstellungen vom Naturwesen Frau haben. Sie ist Wunschbild und Schreckbild zugleich: Sie ist einerseits rührendes Naturkind, zum anderen verschlingende dämonische Naturkraft. Ein weiterer Gesichtspunkt kommt hinzu. Als ein Stück Natur ist sie den seelenlosen Pflanzen und Tieren vergleichbar. Auch sie hat keine Seele, und durch ihren Fischschwanz wird sie gattungsmäßig eindeutig zugeordnet: Sie ist ein Wesen, dessen Menschwerdung noch nicht abgeschlossen ist. Damit wird sie aber zugleich zu einem Objekt der Formung durch den Mann. In ihrer Menschwerdung drückt sich der von Horkheimer und Adorno beschriebene Prozeß von Naturunterwerfung aus. Undine in ihren vielfältigen literarischen Gestaltungen ist Ausdruck männlicher Festschreibung der Frau auf einen geschichts- und subjektlosen Zustand, sie ist eine Form der imaginierten Weiblichkeit, in der sich der innerpatriarchalische Mythos von der Unterwerfung weiblicher Natur unter den männlichen Kulturwillen ausdrückt.

Ich hoffe, daß an diesem kurzen Beispiel deutlich geworden ist, daß die Rekonstruktion angeblicher matriarchalischer Restbestände in patriarchalischen Frauenbildern problematisch ist. Ich halte deshalb eine Abgrenzung von solchen Ansätzen für notwendig, damit wir uns nicht in haltlosen Spekulationen verlieren. Eine Abgrenzung ist wichtig auch in Hinsicht darauf, daß matristische Positionen inzwischen zu einer Modeerscheinung in der neueren Frauenliteratur geworden sind. Matriarchatsphantasien und Amazonengeschichten und damit verbunden die Konstruktion weiblicher Heldenfiguren gewinnen zunehmend an Bedeutung in der neueren Frauenliteratur.[28] Als utopische Entwürfe von Weiblichkeit und als polemische Kritik an einem verkürzten Verständnis von Weiblichkeit finde ich Matriarchats- und Amazonengeschichten außerordentlich produktiv, als vermeintliche historische Rekonstruktion matriarchalischer Gesellschaftsformen und als emphatische Rückbesinnung auf einen angeblich heroischen Zustand von Weiblichkeit finde ich sie ähnlich problematisch wie den Rekurs auf Biologie und Anthropologie für die Gewinnung einer Definition von »männlich« und »weiblich«.

Genau wie die Vorstellungen von Gleichheit und Freiheit nicht unmittelbar aus der Naturgeschichte des Menschen entwickelt werden konnten, sondern Ergebnis eines langen, zivilisatorischen Prozesses waren, kann auch die Vorstellung eines neuen Geschlechterverständnisses und -verhältnisses nicht naiv aus der Biologie oder Geschichte – auch nicht aus der Vorgeschichte – gewonnen werden. Das heißt nicht, daß gelebte Alternativen – sei es in anderen Kulturkreisen, wie sie z.B. M. Mead erforscht hat, sei es in vorpatriarchalischer Zeit – nicht berücksichtigt werden sollten. Ganz im Gegenteil. Aber sie dürfen keine Normen sein, sondern können meines Erachtens nur Anregungen geben beim Nachdenken darüber, wie ein Verständnis von Weiblichkeit und Männlichkeit ohne Geschlechterkampf, ohne Herrschaft, ohne Zerstörung, Unterwerfung und Unterdrükkung aussehen könnte.

III

Die vorgestellten vier Forschungsansätze, der *ideologiekritische*, der *sozialpsychologische* und *psychoanalytische*, der *sozialgeschichtliche* und der *matristisch-mythengeschichtliche*, unterscheiden sich nicht nur, wie bereits ausgeführt, in ihren methodischen Orientierungen und Verfahrensweisen, sondern auch in ihrer jeweiligen Definition des Begriffs »Frauenbild«. Für eine ideologiekritisch verfahrende Untersuchung beinhaltet der Begriff »Frauenbild« eine Form der Ideologieproduktion, die Silvia Bovenschen mit dem Terminus »imaginierte Weiblichkeit« wohl eher mißverständlich umschrieben hat. In einer sozialpsychologisch verfahrenden Deutung bedeutet »Frauenbild« eine Form von männlicher Projektionsarbeit, für die sich der von Klaus Theweleit geprägte Terminus »Männerphantasie« eingebürgert hat. Für sozialgeschichtlich verfahrende Deutungsansätze sind im Begriff »Frauenbild« neben ideologischen und sozialpsychologischen Elementen auch noch realistisch-mimetische Momente enthalten, die für eine kritische Rekonstruktionsarbeit von weiblicher Geschichte innerhalb des patriarchalischen Systems wichtig sind, während matristisch-mythengeschichtliche Deutungen mit dem Begriff »Frauenbild« die Aufarbeitung einer verdrängten und verschütteten matriarchalen Weiblichkeit verbinden. Wie schon angedeutet, halte ich die Verbindung der verschiedenen Forschungsansätze, unter Verzicht auf den engeren matristischen, aber unter Einbeziehung des weiteren mythengeschichtlichen, für sinnvoll. Alle vier Ansätze sind meines Erachtens notwendiger Bestandteil feministischer Forschung. Der Begriff »Frauenbild« sollte daher so erweitert werden, daß darin die ideologischen, sozialpsychologischen, sozialgeschichtlichen und mythengeschichtlichen Orientierungen gleichermaßen Platz haben.

Ich schlage vor, unter »Frauenbild« eine Form männlicher Wunsch- und Ideologieproduktion in literarischen Texten zu verstehen, in die reale Lebenszusammenhänge von Frauen und mythische Strukturen erinnernd eingegangen sind – wobei die verschiedenen Anteile in der literarischen Analyse sehr genau aufgearbeitet werden müssen. Dabei hat für mich der Begriff »Frauenbild« einen eingegrenzteren Bedeutungsgehalt als der Terminus »Weiblichkeitsbilder« (oder besser »Weiblichkeitsmuster«), der meines Erachtens die psychoanalytische, historische und mythologische Basis darstellt, auf der die Produktion und personale Konkretisierung von Frauenbildern in literarischen Texten erfolgt. Ich schlage deshalb vor, bei-

de Begriffe sowohl systematisch als auch vor allem in der Textanalyse zu trennen. [29]

Goya: Frau (Schlange) 1797/1799

Diese vorgeschlagenen Definitionen sind meines Erachtens weit genug, um den verschiedenen Forschungsinteressen Raum zur Entfaltung zu lassen, sie sind andererseits eng und präzise genug, um methodische Beliebigkeit zu verhindern. Im Rahmen solcher Definitionen ist die Akzentuierung unterschiedlicher Forschungsinteressen, seien sie realgeschichtlicher, ideologiekritischer, sozialpsychologischer oder mythengeschichtlicher Art, durchaus möglich und wünschenswert – nur der Zusammenhang darf nicht aus den Augen verloren werden, auch wenn er nicht in jeder einzelnen Arbeit präsent sein muß und kann. So kann ich mir durchaus mythengeschichtliche Arbeiten etwa zum Thema Amazonen oder Undinen vorstellen oder Arbeiten, die realgeschichtliche oder ideologiekritische Interessen z.B. am Thema Hexen verfolgen. Tatsächlich gibt es ja auch solche Arbeiten. Die Fülle der Fragestellungen und die Neugier sollten nicht vorschnell kanalisiert und reglementiert werden. Trotzdem halte ich gewisse minimale Verabredungen und Definitionen über den Gegenstand »Frauenbild« für unerläßlich, wenn feministische Literaturwissenschaft kooperativ verfahren will und produktiv werden möchte.

IV

Zum Schluß dieser Überlegungen will ich nicht mehr allgemein informierend und kritisierend über bestehende Forschungsrichtungen und -ansätze berichten, sondern ich will aus meiner eigenen Arbeit mit Frauenbildern in von Männern geschriebener Literatur erzählen. Als ich 1976 das Thema Frauenbilder vorbereitete, ahnte ich kaum, was da auf mich zukam. Natürlich wußte ich, daß ein solches Projekt nicht in einem Semester zu schaffen war, und ich kündigte es deshalb vorsorglich – und zu Recht, wie sich zeigen sollte – als mehrsemestrige Sequenz an. Literaturwissenschaftliche Forschungen, auf die ich mich hätte beziehen können, gab es damals überhaupt noch keine. Die Arbeiten von Bovenschen, Theweleit, Schuller und anderen sind alle erst später erschienen. Meine Fragestellungen waren daher am Anfang eher tastend und nicht so präzis, wie ich sie heute auf Grund der Forschungslage und natürlich auch auf Grund der Erfahrungen in meinen Seminaren formulieren könnte. Meine Ausgangsfragen waren unter anderem damals folgende:
- Welches Interesse (d.i. Wünsche, Phantasien, Verdrängungen, Projektionen etc.) haben männliche Autoren, Romane zu schreiben, in denen Frauen als Titelfiguren und Handlungsträgerinnen erscheinen?
- Auf welche gesellschaftliche Struktur und welches ideologische Interesse reagieren Autoren mit ihren Heldinnen? (Zusammenhang zwischen der Herausbildung der bürgerlichen Gesellschaft, der bürgerlichen Kleinfamilie und der Konzeption eines neuen Frauenbildes)
- Welchen Realitätsgehalt haben die von den Autoren entworfenen Frauenbilder? (Lage der Frau in der bürgerlichen Gesellschaft, Frauenbewegung)
- In welchem Verhältnis gehen Realitätsbezug, Interesse des Autors, objektive Strukturen der Gesellschaft und ideologischer Anspruch in die von Männern entworfenen Frauenbilder ein?

Inge Stephan

- Inwiefern unterscheidet sich die Konzeption der Heldin von der Konzeption des Helden im bürgerlichen Roman? (Aufspaltung des bürgerlichen Romans in einen empfindsamen Typus mit Heldin und in einen handlungsaktiven mit Helden)
- Gibt es einen Unterschied der Frauenbilder in den beiden Typen des bürgerlichen Romans?
- Gibt es Unterschiede in der Auffassung von weiblicher Identität, je nachdem, ob ein Mann oder eine Frau schreibt? (Problematik des sogenannten Frauenromans im 18. und 19. Jahrhundert)
- Auf welches Publikum (soziale Schicht/Geschlecht) beziehen sich die Autoren mit ihren Frauenbildern? Von welchem Publikum sind sie rezipiert worden?
- Inwiefern unterscheiden sich die Frauenbücher aus der »heroischen« Aufstiegsphase des Bürgertums im 18. Jahrhundert von denen der »resignativen« Krisenphase am Ende des 19. Jahrhunderts? Was hat sich in der psychischen Konstitution des Autors und in der gesellschaftlichen Realität verändert?

Den Zeitraum von ca. 1750 bis etwa 1900 hatte ich ausgewählt, weil ich davon ausging, daß sich in dieser Phase alle die literarischen Bilder von Frauen herausgebildet haben, deren ideologische Kraft, trotz aller Modifikationen, noch heute ungebrochen ist. Zugleich wollte ich damit einen zeitlichen Rahmen vorgeben, der überschaubar und ideologie- und sozialgeschichtlich relativ gut aufgearbeitet war. Einige Fragestellungen wurden im Verlauf der Sequenz entweder modifiziert oder aber, weil sie sich als zu schwierig erwiesen, erst einmal beiseite gestellt. So erweiterte sich das Spektrum der zu behandelnden Texte über den Roman hinaus auch auf andere Gattungen wie Drama und Erzählung, der angestrebte Vergleich zwischen Bildungsroman mit männlichem Helden und empfindsamem Roman mit weiblicher Heldin trat dadurch in seiner Bedeutung zurück. Zugleich mußte ich auch darauf verzichten, die Rezeptionsgeschichte der Frauenbildertexte aufzuarbeiten, weil sonst wichtige andere Fragestellungen zu kurz gekommen wären.

Die Sequenz wurde im Wintersemester 1978/79 eröffnet mit einem Seminar über zwei Romane von Fontane. Ich entschied mich für »Cécile« und »Effi Briest«, wobei es sich bei »Cécile« um einen relativ frühen, wenig bekannten, und bei »Effi Briest« um einen späten, sehr berühmten Roman Fontanes handelt. Natürlich ging es dabei auch um Kontinuität und Veränderung in den sogenannten Frauenromanen Fontanes. An beiden Texten versuchten wir eine Vielzahl von Fragen zu klären. Wir arbeiteten weibliche Sozialisation im späten 19. Jahrhundert auf, wir beschäftigten uns mit den Zielen und dem Verlauf der ersten deutschen Frauenbewegung, wir studierten die Lage der Frauen im Kaiserreich, wir lasen die Autobiographie von Fontane mit einem kritischen Blick daraufhin, was für Erfahrungen mit Weiblichkeit darin verborgen waren und was für Brüche und Beschädigungen in der Identitätsbildung des jungen Fontane sich darin zeigten. Und wir sahen uns zum Vergleich zu den Fontaneschen Romanen die Erzählung »Werde, die Du bist« (1894) von Hedwig Dohm an, um die Frage nach den Unterschieden zwischen männlichem und weiblichem Schreiben nicht auf einer allgemeinen Ebene zu belassen. All dies war natürlich viel zu viel, zumal wir uns bemühten, die beiden Romane nicht als sozial- und individualgeschichtliche Fallstudien zu nehmen, sondern sie als Phantasien eines Autors über Frauen und Weiblichkeit sehr genau zu lesen und zu interpretieren versuchten.

Klug geworden, reduzierten wir im nächsten Semester die Fragestellungen. Die Frage nach dem weiblichen Schreiben wurde ausgegliedert und in einer eigenen Sequenz »Schreibende Frauen« behandelt. Verbunden wurden beide Sequenzen durch ein Seminar, in dem der Zusammenhang zwischen Frauenliteratur und Frauenbildern systematisch und theorieorientiert aufgearbeitet wurde. Wir beschränkten uns wiederum auf die Texte eines Autors, diesmal war es Kleist, verzichteten aber darauf, den gesamten ideologie- und sozialgeschichtlichen Kontext aufzuarbeiten. Stattdessen konzentrierten wir uns – ausgehend von einer sehr genauen Interpretation der »Marquise von O ...« – auf einige wenige Themen wie die Beziehung der Geschlechter, die Macht und die Ohnmacht der Frauen, die Auffassung von Sexualität, den Zusammenhang von Liebe und Tod und Liebe und Gewalt, die Geschlechterdiffusion und die Tötungsphantasien Frauen gegenüber, um nur die wichtigsten der Vorstellungsbereiche zu nennen, die wir in der »Marquise« fanden und die wir an den beiden Frauenfiguren Penthesilea und Käthchen im lebens- und werkgeschichtlichen Zusammenhang Kleists weiter verfolgten. Dabei zeigten sich auf der Textebene zahlreiche Übereinstimmungen zwischen Kleist und Fontane, die sich stichwortartig folgendermaßen zusammenfassen lassen: Gespaltenes Frauenbild, gespaltenes Männerbild, unfreier Umgang mit Sexualität, latente Homosexualität und die Tendenz zur Entlebendigung der Frau. Beide Autoren reproduzieren in ihren Frauenbildern die gesellschaftlichen und ideologischen Strukturen, die sie zugleich vehement kritisieren. Daneben gab es aber auch charakteristische Unterschiede, die nicht nur individualgeschichtlich, sondern auch zeitgeschichtlich bedingt sind. Kleist ist in seinen Phantasien über Frauen und die Beziehungen der Geschlechter zueinander viel wilder und zügelloser. Fontane schafft in seinen Texten eine Ebene von Wohlanständigkeit, in der das Wichtige nur noch als Andeutung vorhanden ist und mühsam entschlüsselt werden muß. Kleist ist viel direkter, unmittelbar engagiert in seinen Texten. Man spürt, daß er über existentielle Probleme schreibt, die ihn gleichsam zerreißen. Zwar hat das Schreiben auch Fontane bis an den Rand des körperlichen und seelischen Zusammenbruchs geführt, die Texte müssen also auch ganz stark etwas mit ihm zu tun haben, aber seine verdeckte Schreibweise, seine Anspielungen, seine Ironie haben ihm immer wieder Möglichkeiten der Distanzierung, des Wegschiebens eröffnet, sie haben als Überlebensstrategien funktioniert. Fontane hat seine sogenannten Frauenromane als 70- bzw. 80jähriger geschrieben, aus der Distanz des Alters, zu einer Zeit also, in der die akute Bedrohung und Verunsicherung bereits überwunden war, aber doch immer noch nachklingt. Kleist schreibt als ein Mann, der all die Probleme, die in seinen Texten vorkommen, durchlebt und an ihnen schließlich zugrunde geht. Von hier aus ergab sich auch eine unterschiedlich starke sympathetische Beziehung zu den beiden Autoren in der gemeinsamen Textarbeit der Seminarteilnehmer, die natürlich nicht so sehr etwas über die beiden Autoren, sondern mehr über unsere eigenen Dispositionen und Wünsche als Leser und Interpreten aussagten. Kleist in seiner Wildheit und Expressivität war uns – ungeachtet aller Kritik an seinem Frauenbild – sehr viel näher als der distanziert-ironische, mühsam Haltung bewahrende Fontane.

Im darauffolgenden Seminar haben wir zusätzlich zur sozial- und ideologiekritischen Aufarbeitung auch noch auf die lebensgeschichtliche Rekonstruktionsarbeit verzichtet und einen anderen Zugang erprobt. In zentralen Motiven wie dem Bild der Schlange, der Puppe, der Automate, der Hexe, der Venus und der Undine haben wir versucht, das Fortleben biblischer, historischer und mythologischer Vorstellungen in konkreten Frauenfiguren herauszuarbeiten. Die Wichtigkeit solcher Vorstellungen war uns bereits in den vorangegangenen Seminaren deutlich geworden, als wir in der »Cécile« auf die Hexenthematik, in der »Effi Briest« auf das Undine-Motiv und in der »Penthesilea« auf den Amazonenmythos stießen und uns gezwungen sahen, das in diesen Vorstellungen enthaltene Verständnis von Weiblichkeit aufzuarbeiten. Textgrundlage in diesem dritten Seminar waren mehrere Erzählungen romantischer Autoren: »Der Sandmann« und »Der goldene Topf« von E.T.A. Hoffmann, der »Runenberg« von Tieck, »Das Marmorbild« von Eichendorff und »Undine« von Fouqué, wobei wir das Weiterleben dieser Motive durch das 19. Jahrhundert bis in die Trivialliteratur und in die pornographischen Phantasien eines Sacher-Masoch verfolgt haben.

Gezeigt hat sich dabei die Ambivalenz solcher Bilder, über die ich schon vorhin im Zusammenhang des Undine-Motivs gesprochen habe. Es sind Bilder, in denen eine große poetische Kraft und Macht steckt, in denen Erfahrungen und Erinnerungen, Wünsche, Phantasien und Ängste der Autoren erstmals freigesetzt, zugleich aber archetypisch gebannt werden. Die Freiheit ist nur eine scheinbare. Sie basiert auf einem sehr einseitigen Verständnis von Weiblichkeit als Quelle männlicher Lust, wobei immer die »Gefahr« besteht, daß aus der Quelle ein reißender Strom wird, der die Männer zu verschlingen droht. Die Mythologisierung des Weiblichen legt über die realen Geschlechterbeziehungen und die herrschenden Machtverhältnisse einen Schleier, der poetisch zwar reizvoll und verführerisch ist, der aber dennoch zerrissen werden muß, weil Frauen – wenn sie ihn akzeptieren und annehmen – darin gefangen und in ihren Entwicklungsmöglichkeiten gehemmt werden.

In dem nächsten Seminar haben wir wieder stärker sozialgeschichtlich und ideologiekritisch gearbeitet. Es ging um die Herausarbeitung der Geschlechterphilosophie in der Klassik und um typische Merkmale klassischer Frauenfiguren. Historischer Bezugspunkt war die Französische Revolution und die Emanzipationsbewegung der Frauen, die sich mit Namen wie Olympe de Gouges, Théroigne de Méricourt und Mary Wollstonecraft verbindet. Die Festschreibung männlicher und weiblicher Rollen, wie sie zum Beispiel in den programmatischen Gedichten »Würde des Mannes« und »Würde der Frauen« von Schiller zu finden ist, begriffen wir als eine Reaktion auf bestimmte Erscheinungsformen der Revolution und als einen Versuch, die tiefgreifende Verunsicherung in der Geschlechterbeziehung zu überwinden. Die Tragfähigkeit des Terminus »Frauenopfer«, der von Horkheimer und Adorno sinngemäß vorbereitet, von Theweleit im Zusammenhang seiner Untersuchung über Männerphantasien explizit als Kategorie eingeführt worden ist, haben wir an theoretischen Abhandlungen Schillers »Über die ästhetische Erziehung« und »Über Anmut und Würde« und an drei Dramentexten von Goethe und Schiller untersucht: An der »Iphigenie«, an der »Jungfrau von Orleans« und an der »Maria Stuart«. Alle drei Frauengestalten sind Opfer und nur als Opfer Heldinnen, dies nicht nur im übertragenen, sondern in einem sehr konkreten Sinne. Iphigenie wird schon als Kind geopfert und nimmt die ihr aufgezwungene Rolle als Repräsentantin reiner Menschlichkeit nach einigen Seelenkämpfen an, Johanna und Maria fallen der Idee der Reinheit zum Opfer, die Schiller, zum Teil gegen die historische Realität an ihnen vollstreckt. Iphigenie, Johanna und Maria sind nicht als lebendige Frauen konzipiert, sondern sie sind entweder zur entsexualisierten »schönen Seele« stilisiert oder aber sie sind dem Tode geweiht. An allen drei Frauenfiguren konnten wir die Dichotomisierung von männlich und weiblich, das dialektische Zusammenspiel von Sexualisierung und Entsexualisierung, den Prozeß der Entlebendigung, das schöne Sterben der Frauen und die Transformation realer oder mythologischer Frauenfiguren in Bilder gleichsam im status nascendi beobachten.

Über das letzte Seminar, in dem das Motiv der verführten Unschuld an ausgewählten Texten von Lessing und anderen Autoren behandelt werden soll, will ich nichts sagen, weil es sich noch im Stadium der Planung befindet. Ob sich der zeitliche und thematische Bogen, den ich von der Aufklärung bis zum Ende des 19. Jahrhunderts zu schlagen versucht habe, runden wird, muß sich erst noch zeigen. Trotzdem möchte ich einige Zwischenergebnisse genereller Art schon jetzt festhalten. Deutlich geworden ist mir, wie wichtig ein aufgefächertes methodisches Verfahren im Umgang mit den Texten ist. Nicht zufällig haben wir jedes Semester einen neuen Zugang ausprobiert und die grundlegenden Fragestellungen immer wieder in ihrer Relevanz überprüft und in ihrer Anwendung auf die Texte nuanciert und verfeinert. Das ist kein Plädoyer für methodische Beliebigkeit oder einen gedankenlosen Pluralismus, sondern ein Plädoyer für eine Offenheit und Experimentierfreudigkeit, die ich in neueren Arbeiten zur Frauenbildproblematik zum Teil vermisse. Dogmatische Verengung aber hilft uns nicht weiter. Wichtig erscheint mir auch ein Nachdenken darüber, wie sozialgeschichtliche Ansätze stärker in die Erforschung von Frauenbildern Eingang finden können und wie sie mit anderen Ansätzen zu vermitteln sind. Das heißt aber, daß feministische Literaturwissenschaft sich nicht von der Methodendiskussion in unserem Fach entfernen, sondern diese produktiv für ihre eigenen Interessen machen sollte.

Anmerkungen

1 Das Zitat stammt aus Fontanes »Cécile«. Vgl. Inge Stephan: »Das Natürliche hat es mir seit langem angetan« – Zum Verhältnis von Frau und Natur in Fontanes »Cécile«. In: Natur und Natürlichkeit. Hrsg. von Jost Hermand und Reinhold Grimm. Königstein/Ts. 1981, S. 118-149.
2 Vgl. Hinweise darauf bei Renate Möhrmann: Feministische Ansätze in der Germanistik seit 1945. In: Jahrbuch für Internationale Germanistik 11, H. 2 (1979), S. 63-84.
3 P.J. Möbius: Über den physiologischen Schwachsinn des Weibes. Neudruck München 1977.
4 Otto Weininger: Geschlecht und Charakter. Neudruck München 1980. Vgl. dazu Gisela Brude-Firnau: Wissenschaft von der Frau? Zum Einfluß von Otto Weiningers »Geschlecht und Charakter« auf den deutschen Roman. In: Die Frau als Heldin und Autorin. Hrsg. von Wolfgang Paulsen. Bern und München 1979, S. 136-149.
5 Vgl. Richard Exner: Die Heldin als Held und der Held als Heldin. Androgynie als Umgehung oder Lösung eines Konflikts. In: Die Frau als Heldin und Autorin, a.a.O., S. 17-54.
6 Siehe z.B. die Androgynitätsthesen bei Ricarda Huch und Virginia Woolf, die von großer Bedeutung für deren eigene Schreibpraxis waren. Zu Ricarda Huch vgl. Inge

Stephan: Ricarda Huch. In: Frauen. Porträts aus zwei Jahrhunderten. Stuttgart 1981, S. 198-211. – In der neueren feministischen Forschung stehen Thesen vom androgynen Charakter der Kunst gegen solche eines genuinen 'weiblichen Schreibens'. Exponierte Vertreterinnen solcher Auffassungen sind einerseits Elaine Showalter: A Literatur of Their Own. British Women Novelists from Brontë to Lessing, Princeton 1977, und andererseits Hélène Cixous: Weiblichkeit in der Schrift. Berlin 1980.
7 Silvia Bovenschen: Die imaginierte Weiblichkeit. Exemplarische Untersuchungen zu kulturgeschichtlichen und literarischen Präsentationsformen des Weiblichen. Frankfurt/M. 1979.
8 Virginia Woolf: Ein Zimmer für sich allein. Frankfurt/M. 1981, S. 51.
9 Silvia Bovenschen, a.a.O., S. 37.
10 Silvia Bovenschen: Die aktuelle Hexe, die historische Hexe und der Hexenmythos. In: Aus der Zeit der Verzweiflung. Zur Genese und Aktualität des Hexenbildes. Frankfurt/M. 1977, S. 259-312.
11 Max Horkheimer und Theodor W. Adorno: Dialektik der Aufklärung. Amsterdam 1947, S. 298.
12 Silvia Bovenschen: Die imaginierte Weiblichkeit, a.a.O., S. 48.
13 Ebd., S. 57.
14 Elisabeth Lenk: Die sich selbst verdoppelnde Frau. In: Ästhetik und Kommunikation 7, H. 25 (1976), S. 87.
15 Klaus Theweleit: Männerphantasien. Frankfurt/M. 1977, 2 Bde.
16 Marianne Schuller: Literarische Szenerien und ihre Schatten. Orte des 'Weiblichen' in literarischen Produktionen. In: Ringvorlesung »Frau und Wissenschaft«. Marburg 1979, S. 79-103.
17 Marianne Schuller, a.a.O., S. 83. In ihren Thesen berührt sich Schuller mit Susan Gubar und Sandra M. Gilbert: The Madwomen in the Attic. New Haven, Connecticut 1979, und deren These von »killing women into art«.
18 E.A. Poe: Das ovale Porträt. In: Das gesamte Werk in 10 Bänden. Zürich 1977, Bd. 2, S. 687.
19 E.A. Poe, a.a.O., S. 688.
20 Ich denke vor allem an Arbeiten von Claudia Honnegger und Bettina Heintz (Hrsg.): Listen der Ohnmacht. Zur Sozialgeschichte weiblicher Widerstandsformen. Frankfurt/M. 1981, und den Katalog: Frauenalltag und Frauenbewegung 1890-1980. Frankfurt/M. 1981. – Für den speziellen Bereich der Frauenbildproblematik stehen solche Arbeiten noch aus.
21 Gustave Flaubert: Briefe. Hrsg. und übers. von Helmut Scheffel. Zürich 1977, S. 240.
22 Heide Göttner-Abendroth: Die Göttin und ihr Heros. Die matriarchalen Religionen in Mythos, Märchen und Dichtung. München 1980. Göttner-Abendroth basiert übrigens über weite Strecken auf den Forschungen von Robert Ranke-Graves: Griechische Mythologie. Reinbek 1961, und: Die weiße Göttin. Berlin 1981 (Engl. Erstausgabe 1948). – Vgl. auch Uwe Wesel: Der Mythos vom Matriarchat. Frankfurt/M. 1980.
23 Heide Göttner-Abendroth, a.a.O., S. 8.
24 Heide Göttner-Abendroth, a.a.O., S. 8f.
25 Heide Göttner-Abendroth, a.a.O., S. 11.
26 Vgl. Ruth Großmaß und Christiane Schmerl (Hrsg.): Philosophische Beiträge zur Frauenforschung. Bochum 1981, S. 10.

27 Sabine Wellner: Betrachtung des Undine-Motivs unter dem Gesichtspunkt der Integrationsleistung für eine patriarchalisch strukturierte Kultur. In: Philosophische Beiträge zur Frauenforschung, a.a.O., S. 101-112.
28 Vgl. z.B. Marockh Lautenschlag: Der Wald. Erzählungen. Frankfurt/M. 1980 (Frauenbuchverlag). Dies.: Araquin. Frankfurt/M. 1981 (Medea). Sally Miller Gearhart: Das Wanderland. Geschichten von den Hügelfrauen. München 1982 (Frauenoffensive). Monique Wittig: Die Verschwörung der Balkis. München 1980 (Frauenoffensive).
29 In der literaturwissenschaftlichen Analyse unterscheide ich also zwischen »Frauenfigur« bzw. »Frauengestalt« – womit ich die konkrete Figur im Text meine –, »Frauenbild« und »Weiblichkeitsmuster«.

Sigrid Weigel

Der schielende Blick
Thesen zur Geschichte weiblicher Schreibpraxis

I

1. Die Geschichte des 'anderen Geschlechts' in der männlichen Ordnung

Feministische Literaturgeschichtsschreibung untersucht die Folgen, welche die patriarchalische Ordnung für die ästhetischen Ausdrucksformen des 'Weiblichen' in der von Männern geschriebenen Literatur (d.h. für die *'Frauenbilder'*) wie für die Möglichkeiten und Erscheinungen weiblicher Literatur (d.h. für die *'Frauenliteratur'*) hat. Diese Unterscheidung in 'Frauenbilder' und 'Frauenliteratur' ist eine begriffliche Hilfskonstruktion[1]; sie soll nicht zu einer schematischen Gegenüberstellung von 'männlicher' und 'weiblicher Kultur' führen, sondern eine genaue Untersuchung der Beziehungen zwischen beiden erst ermöglichen, so auch die Fragen danach,
– inwieweit die im männlichen Diskurs und in männlicher Poesie entworfenen Frauenbilder auf die gesellschaftliche und individuelle Realität von Frauen Rücksicht nehmen;
– und ob und wie die Literatur von Frauen diese Frauenbilder reproduziert bzw. sich daraus befreit.
Die in den letzten Jahren verstärkten Bemühungen, die *Kulturgeschichte der Frauen* zu rekonstruieren, sollten sich nicht länger damit begnügen, systematisch produzierte Defizite aufzuarbeiten, um die weißen Flecken auf der Landkarte literarischer Texte überall dort auszumalen, wo ein Frauenname »vergessen« wurde. Sie sollten sich nicht durch das Ziel eines Gegenbeweises gegen die angebliche Kultur- und Geschichtslosigkeit von Frauen leiten lassen und ein *Museum* weiblicher Vorbilder und Heldinnen – bzw. Opfer – errichten, in das dann alle »Schwestern von gestern« aufgenommen werden, die – männlichem Gerede zum Trotz – dennoch geschrieben, gedacht, gearbeitet, gefeiert oder gar politisiert haben.
Weil die so dürftige Überlieferung weiblicher Kultur nicht nur eine Folge geringerer kultureller Produktion von Frauen ist, sondern auch Ergebnis der männlichen Überlieferungsnormen und -verfahren, ist eine Aufarbeitung der weiblichen Geschichte notwendigerweise mit einer Kritik der bestehenden Literaturtheorie und -historie verbunden. Insofern sollten wir uns hüten, die mühsame Spurensuche nach Quellen zu trennen von der

Theorie- und Begriffsbildung. Ein »gewisser positivistischer Impetus«[2] scheint mir da eher zu schaden als eine problembewußte Spurensuche zu fördern. Allzuviele Heldinnen, deren biographische Porträts mehr vom Wunschdenken ihrer Verfasserinnen als von der Lebensgeschichte der Frau, über die sie berichten, geprägt sind, werden uns heute präsentiert. Daneben gibt es inzwischen eine Fülle theoretischer Beiträge über weibliche Ästhetik, Produktivität, Schreibweise und Kulturgeschichte, die zum größten Teil von den wirklichen Texten absehen und eher programmatischen Charakter tragen. Die Antizipation einer befreiten weiblichen Kultur in der feministischen Theorie gerät in Gefahr, normativ zu werden, wenn sie ihren Weg nicht über die Kritik vorhandener künstlerischer Ausdrucksformen von Frauen nimmt. So kann es geschehen, daß beispielsweise von Ida Hahn-Hahn immer noch das – in der männlichen Literaturhistorie entworfene – Bild einer skurrilen adligen Schriftstellerin existiert und daneben in der Theorie die Suche nach 'weiblichen Orten' um sich greift, ohne daß die Schreibstrategien Ida Hahn-Hahns, die um die Hervorbringung eben dieser Kategorie kreisen, beachtet worden wären.[3] Ihr durch einen 'male bias' (männlichen Untersuchungsblick) beeinflußtes Bild paßt nicht ins Bild feministischer Theorie. Diese Trennung von Theorie und positivistischer Quellenforschung ist für den deutschen Feminismus besonders kennzeichnend.

Die so oft beschworene *Parteilichkeit* feministischer Literaturhistorie darf aber nicht die Form von Aschenputtels (im Märchen aufgezwungener, hier selbsterwählter) Sortierarbeit annehmen: die guten ins (Frauenbewegungs-)Töpfchen, die schlechten werden den Netzen männlicher Geschichtschreibung überlassen; produktiv wird diese Parteilichkeit vielmehr, wenn die Texte und Lebensgeschichten historischer Frauen – ihre Widersprüchlichkeiten, Probleme, ihre Fehler und auch ihr Scheitern eingeschlossen – als *Lernmaterial für Frauen* gelesen und untersucht werden. Ein Text, den wir im Staub der Archive wiederentdecken, ist nicht allein deshalb gut und interessant, weil er einen weiblichen Autornamen hat, sondern weil er uns weitere Aufschlüsse über die Tradition weiblicher Literatur ermöglicht: Erkenntnisse darüber, *wie* eine Frau ihre soziale Situation, die Erwartungen hinsichtlich ihrer Frauenrolle, ihre Ängste, Wünsche und Phantasien literarisch bearbeitet und welche Strategien sie entwickelt hat, sich trotz des Privatheitsverdikts öffentlich zu äußern.

Die Frauen sind nicht geschichtslos, sie stehen nicht außerhalb der Geschichte. »Sie sind in ihr in einer spezifischen Situation der Ausgegrenztheit, in der sie ihre Erfahrungsweise, ihre Sicht der Dinge, ihre Kultur entwickelt haben.«[4] Diese zu rekonstruieren, erfordert vor allem eine neue (feministische) Analyse- und Interpretationsanstrengung. Die theoretischen und methodischen Schritte hierfür müssen von dem historischen Phänomen ausgehen, daß die Frauen als das *'andere Geschlecht'*[5] betrachtet werden und auch sich selbst als solches sehen, das 'andere' nicht im Sinne eines Vergleiches bzw. einer Nebenordnung verstanden, sondern als *Unter*ordnung: Die Männer sind das erste, das eigentliche Geschlecht. Die Frauen werden in ihren Eigenschaften, Verhaltensweisen etc. stets in Bezug auf die Männer definiert. In der männlichen Ordnung hat die Frau gelernt, sich selbst als untergeordnet, uneigentlich und unvollkommen zu betrachten.[6] Da die kulturelle Ordnung von Männern regiert wird, aber die Frauen ihr dennoch angehören, benutzen auch diese die Normen, deren Objekt sie selbst sind. D.h. die Frau in der männlichen Ordnung ist zugleich *beteiligt und ausgegrenzt*. Für das Selbstverständnis der Frau bedeutet das, daß sie sich selbst betrachtet, indem sie sieht, *daß* und *wie* sie betrachtet *wird*, – d.h. ihre Augen sehen durch die Brille des Mannes. (Die Metapher 'Brille' impliziert die Utopie eines befreiten, brillenlosen Blicks.) Während sie die Betrachtung der Außen-Welt dem weitschweifenden Blick des Mannes überlassen hat[7], ist sie fixiert auf eine im musternden Blick des Mannes gebrochene Selbst-Betrachtung. Ihr Selbstbildnis entsteht ihr so im Zerr-Spiegel des Patriarchats. Auf der Suche nach ihrem *eigenen Bild* muß sie den Spiegel von den durch männliche Hand aufgemalten *Frauenbildern* befreien.

Die Metapher des *'Spiegels'* – ebenso dessen Kehrseite und Ränder, seine Zerschlagung und 'Verdoppelung' – ist inzwischen durchaus geläufig zur Beschreibung weiblichen Selbstverständnisses unter der Kontrolle des männlichen Blicks. Noch immer aber ist der »Versuch einer Beweisführung ... an einzelnen konkreten Texten«, den Silvia Bovenschen in ihrem Beitrag »Über die Frage: gibt es eine 'weibliche' Ästhetik?« 1976 postulierte, nur zögernd und spärlich unternommen worden. Es gibt noch sehr wenige Ansätze, dieses Spiegelverhältnis in der weiblichen Literaturproduktion, in der Schreibpraxis von Frauen zu untersuchen – diesen »komplizierten Prozeß von Neu- oder Zurückeroberung, Aneignung und Aufarbeitung, sowie Vergessen und Subversion«.[8] Ich möchte deshalb im folgenden einige Beispiele historischer Frauenliteratur – in notwendigerweise etwas großen Schritten – unter dem Augenmerk betrachten, welche Beziehung die Autorinnen zu dem vorherrschenden Frauenbild eingenommen, welche Strategien sie im Umgang mit dem Spiegelbild entwickelt und wie sie sich zu ihrer Existenzweise als 'anderes' Geschlecht in der männlichen Ordnung verhalten haben. Doch zuvor noch einige Überlegungen zu methodischen Voraussetzungen eines solchen Verfahrens.

2. Frauenkultur und andere 'andere Kulturen'

Es gibt noch weitere 'andere Kulturen' außer die der Frauen; und so scheint es sinnvoll, zunächst zu überprüfen, ob von deren Erfahrungen, ob von deren Begriffen und der Analyse ihrer Erscheinungen zu lernen ist und ob methodische Voraussetzungen verfügbar und übertragbar sind.

So gibt es z.B. die Theorie der *'Zwei Kulturen'* (Lenin) zur Bestimmung der proletarischen im Gegensatz zur bürgerlichen Kultur; oder die Theorie der *'fremden Kultur'* zur Untersuchung nationaler oder ethnischer Andersartigkeit, überwiegend angewendet auf die Betrachtung der Lebensweise von Völkern der 'Dritten Welt'; oder die Kategorie der *'Subkultur'* als Bezeichnung für ausgegrenzte, unterdrückte Gruppen im zeitlichen und örtlichen Kontext einer herrschenden Kultur; oder auch den Begriff des *'Außenseiters'*.

Die Unbrauchbarkeit der Kategorie des 'Außenseiters' für die Beschreibung weiblicher Kultur ist allein durch die Zahl der Betroffenen plausibel. Insofern ist es nur konsequent ver-kehrt, wenn Hans Mayer in seiner Untersuchung[9], in welcher er Frauen, Homosexuelle und Juden unter diese Kategorie subsumiert, mehr Frauen*bilder* als Frauen behandelt, also vor allem mythische, kunstgeschichtliche und literarische Frauenfiguren vorführt, die er allerdings bedenkenlos mit Lebensgeschichten realer Frauen kombiniert.

Obwohl viele Äußerungsformen von Frauen ein ähnliches Schattendasein führen und die herrschende Kultur eine vergleichbare Abwehr gegen sie aufbaut wie gegen bestimmte Erscheinungen der 'Subkultur', sind sie auch mit diesem Begriff nicht beschreibbar, weil im krassen Gegensatz zur marginalen Existenz weiblicher Kultur ihre Bedeutung bei der Produktion und Reproduktion der materiellen und sozialen Existenz des Menschen steht. Diese Tatsache sowie die dialektische Beziehung zwischen den Geschlechtsrollen legt hinsichtlich der gleichfalls dialektischen Beziehung des Proletariats zur ihm entgegengesetzten Klasse[10] theoretische Bezüge zur marxistischen Klassenanalyse nahe – ebenso zu Marx' Idee von der Entwicklung einer Klasse an sich zum Proletariat als Klasse für sich. Im Widerspruch zur sozialen Dichotomie der Existenz von Mann und Frau als *Gesellschafts*wesen steht aber ihre Verbindung als *Geschlechts*wesen. Die Komplizenschaft der Frau mit einem Repräsentanten der herrschenden Kultur in der Zweierbeziehung ist ein wesentliches Moment der schicksalhaften Einbindung der Frau in die patriarchalische Ordnung, welche den Aufbau einer (zweiten?) weiblichen Kultur unterläuft.

Am meisten Bezüge scheinen zur Theorie der 'fremden Kultur', genauer noch zur Beziehung zwischen Kolonisator und Kolonisiertem, zu bestehen. Auch diese ist das Produkt eines historischen Prozesses, der den Charakter eines Zwangszusammenhanges trägt. Ähnlich wie die »Kolonisierung der Köpfe« (F. Fanon) die andere Kultur verändert und zerstört, ist im Mechanismus einer Patriarchalisierung der Gedanken die Frau der Gefahr einer Assimilierung ausgesetzt, sobald sie in die (und innerhalb der) männlichen Ordnung aufsteigt. Das Mißtrauen der feministischen Geschichtsschreibung gegenüber methodischen Anregungen durch die neue Ethnoanthropologie oder -psychologie kann jedoch nicht groß genug sein, sind doch deren Untersuchungen zum größten Teil verfaßt von Angehörigen der kolonisierenden Völker[11] und getragen von einer Faszination für die (Vor-)Kolonisierten, die an die Faszination der unzähligen männlichen Theoretiker des Diskurses über die »Bestimmung des Weibes« erinnert, welche alle verlorengegangenen, entfremdeten Fähigkeiten und Eigenschaften im anderen Geschlecht (bzw. im fremden Volk) zu entdecken glauben und die Frau so zum Naturwesen machen, deren einziger Kulturwert in ihrer angeblichen Natürlichkeit bestehe. Im Unterschied zu den Kolonisierten fehlt den Frauen die Widerstandsmöglichkeit der Erinnerung an ihre eigene, vorpatriarchalische Kultur. Sie haben keine Erinnerung an eine unabhängig vom Patriarchen/Kolonisator lebendige Existenzweise. Eine solche ist auch nur als irgendwie andersgeartete – nicht aber als gänzlich fehlende – Beziehung zum männlichen Geschlecht denkbar. Für die historische Existenz und Utopie eines gleichen, herrschaftsfreien Zusammenlebens von Mann und Frau gibt es wenig – vielleicht erst wenig *entdeckte* – Spuren.

Diese theoretischen Andeutungen zeigen, daß die feministische Wissenschaft von der besonderen Existenzweise der Frau – nämlich innerhalb der bestehenden Kultur als Teilhaberin dennoch ausgegrenzt und unterdrückt zu sein – ausgehen und gegenüber allen begrifflichen und methodischen Anleihen nicht-feministischer Herkunft ein gebührendes Mißtrauen aufbringen muß.

3. Von den Umwegen schreibender Frauen zur Frauenliteratur

Bei der Lektüre von Frauenliteratur ist das Phänomen der Existenzweise als 'anderes' Geschlecht als Problem der *Perspektive* (der Wahrnehmungs und Erzählweise der Autorin) zu berücksichtigen. Das im Text realisierte Frauenbild bzw. weibliche Selbstverständnis ist Ausdruck einer jeweils eingenommenen und gestalteten Beziehung zur männlichen Vorstellung von 'Weiblichkeit'. Bei der Interpretation von Frauenliteratur kann die Bearbeitung weiblicher Erfahrung nur unter Berücksichtigung dieses Umweges rekonstruiert werden.

Ihre Inhalte und Erzählformen sind nicht umstandslos als originäre weibliche Ausdrucksformen zu beschreiben, sondern als Bewegungsversuche innerhalb der männlichen Kultur und als Befreiungsschritte daraus. Die Anfänge einer weiblichen literarischen Tradition sind überwiegend uneigentliche Selbstäußerungen von Frauen im doppelten Sinne des Wortes: Äußerungen des uneigentlichen, anderen Geschlechts und un-eigentliche, d.h. nicht wirklich eigene Äußerungen. Das Ziel einer unverstellten Frauenliteratur ist dann erreicht, wenn es Frauen möglich sein wird, öffentlich »ich« zu sagen, ohne Bezug nehmen zu müssen auf männliche Bestimmungen ihrer Geschlechtsrolle. Insofern ist die Geschichte einer weiblichen literarischen Tradition zu beschreiben als schrittweise Befreiung des Schreibens aus männlicher Perspektive hin zu einer authentischen weiblichen Schrift und Sprache.

In wie vielen Gesprächen über die Frage, ob es eine spezifische *'weibliche Schreibweise'* gäbe, wurde nicht schon im Kreise und ohne Ergebnis diskutiert, weil frau sich keine Rechenschaft über die Verwendung der Worte 'Frau' und 'weiblich' ablegte und in einer Vermischung der *ideologischen, empirischen* und *utopischen* Bedeutung von 'weiblich', also in völlig ahistorischer Manier über kulturelle Ausdrucksformen von Frauen sprach. Daß Frauen 'anders' schreiben ist durch zahlreiche Beispiele zu belegen und durch viele Gegenbeispiele zu widerlegen.[12] Die Frage, ob diese Gegenbelege Ausnahmen sind, überhaupt die empirische Feststellung des anderen Schreibens, scheint mir an sich ohne Bedeutung. Viel wichtiger ist mir die Frage, ob Frauen dadurch, daß sie anders schreiben als Männer, ihren eigenen kulturellen Ort finden, ob sie eine ihren Wünschen und Erfahrungen angemessene Sprechweise entwickeln oder aber den Zwängen und Verführungen des männlichen Frauenbildes erliegen. Die empirische Beobachtung, daß Frauen anders schreiben, ist also nur Ausgangspunkt für die Frage, ob diese andere Schreibweise einer Erfüllung der im Diskurs über die »Bestimmung des Weibes« definierten Muster gleichkommt oder eine Utopie einer anderen, dann eigentlichen Weiblichkeit anstrebt. Natürlich beinhaltet dieses »oder« nur in der Formulierung der Frage eine klare Trennung, nicht aber im untersuchten Text selbst. Denn niemals wird ein Text – solange die Autorin im Patriarchat lebt – nur das herrschende Frauenbild oder nur die 'neue Frau' imaginieren. Literatur, welche die Lage der Frau als uneigentliches Geschlecht zur Sprache bringt, kann (noch) nicht vollkommen sein.

In der Geschichte haben einzelne Autorinnen auf die herrschenden Vorstellungen von der 'Frau' affirmativ, kritisch, protestierend oder auch mit einem Gegenentwurf reagiert. Diese Beobachtung hat dazu verleitet, die Literaturgeschichte von Frauen in *Phasen* einzuteilen. Elaine Showalter spricht z.B. erstens von der Imitation und Verinnerlichung männlicher Normen ('feminine' Phase), zweitens von der Phase des Protestes ('feminist') und drittens der Selbstverwirklichung ('female').[13] Auch wenn man diese Phasen nicht als historische Chronologie versteht[14], erweisen sie sich bei der Interpretation der meisten Texte als unzureichend, weil ein großer Teil der von Frauen geschriebenen Literatur hinsichtlich des darin ausgedrückten Frauenbildes äußerst *ambivalent* ist. Das Verhältnis von individueller Selbstverwirklichung und kultureller Selbstbehauptung von Frauen hat sich sehr widersprüchlich entwickelt und gestaltet. In dem, was Frauen seit dem 18. Jahrhundert geschrieben haben, lassen sich zahlreiche Ausdrucksformen dieses Widerspruchs entdecken, z.B. zwischen Öffentlichkeit und Befreiung, zwischen verschiedenen Gattungen des Schreibens, zwischen Emanzipationsprogramm und fiktionaler Phantasie, zwischen intellektueller Emanzipation und Liebesglück, zwischen äußerer Anpassung und subversivem Ausbruch ... Keiner der Frauen, aus deren Einzelbiographien wir uns heute die Geschichte der Frauen mosaikartig zusammenfügen (müssen), ist es gelungen, »Freiheit *und* Glück«[15] umfassend für sich zu verwirklichen – oder auch nur zu beanspruchen. Partielle Anpassung und Unterwerfung – als Strategie, als Schutz oder auch ganz unproblematisiert als verinnerlichte Verhaltensnorm – waren zumeist der Preis, der bezahlt wurde, um an einer oder mehreren Stellen aus der Rolle zu fallen. Entsagung und Aufbegehren, Selbständigkeit und Unterwerfung, Mut und Verzweiflung liegen häufig so nah beieinander, daß es notwendig ist, die darin verborgene Struktur weiblicher Ausdrucksmöglichkeiten in einer patriarchalischen Kultur zu entschlüsseln, bevor Bewertungen vorgenommen werden.[16] Diese Widersprüchlichkeit mag der Grund dafür sein, warum uns heute in verschiedenen Biographien so unterschiedliche Bilder ein und derselben Frau entworfen werden.

II

4. Aufbruch aus der Privatheit:
Vom Unterschied zwischen Schreiben und Veröffentlichen

Das Leben und die Briefe *Caroline Schlegel-Schellings* z.B., für die sich schon männliche Literaturhistoriker brennend interessierten, werden uns auch von vielen Frauen nahegebracht. Da erscheint Caroline bei Ricarda Huch (1901) als innerlich vollendete Persönlichkeit, deren Geist ihrer Leidenschaftlichkeit ebenbürtig sei, bei Helene Stöcker (1912) als Vorläuferin ihrer eigenen »neuen Ethik«, einer befreiten Sexualmoral, bei Gertrud Bäumer (1921) als intellektuell herausragende Frau, bei Sigrid Damm (1979, DDR) als Frau, die illusionslos ihre Lage historisch-politisch einschätzt und ihre Selbstverwirklichung als Partnerin »im Brecht'schen Sinne« sucht, und bei Gisela Dischner (1979, BRD) als »Zentrum jener frühromantischen Kulturrevolution«, die die Autorin als Vorstufe der APO und Alternativbewegung versteht.

Caroline selbst aber, als wollte sie solcher Verherrlichung und Verklärung vorbeugen, bat darum, man möge in ihr »nur eine gute Frau, und keine Heldin« sehen.[17] Sie hatte die *Öffentlichkeit* fürchten gelernt. Nachdem sie aus dem Muster eines sittsamen Witwenstandes ausgebrochen war und während der Mainzer Republik von einem Angehörigen des französischen Revolutionsheeres »ein Kind der Glut und Nacht«[18] empfangen hatte, und nachdem sie als Sympathisantin der Jakobiner verhaftet und eingekerkert worden war, formulierte sie ihre grundsätzliche Abneigung gegen Öffentlichkeit:

> »Ein Stück meines Lebens gäb ich jetzt darum, wenn ich nicht auf immer, wenigstens in Deutschland, aus der weiblichen Sphäre der Unbekanntheit gerissen wäre.«[19]

So hat sie denn auch darauf verzichtet, als Autorin eigene Texte zu veröffentlichen und sich derweil im Privattext des Briefes ausgedrückt oder aber Texte verfaßt und redigiert, die unter dem Namen ihres Mannes A.W. Schlegel erschienen sind – und hat die weitere Suche nach Unabhängigkeit, Freundschaft und Liebe *im Hause* erprobt. Selbst auf diesem Wege hat sie noch – wie so viele Frauen – Liebe und Intellekt trennen müssen. In der Ehe mit A.W. Schlegel war sie die geistige Partnerin, intellektuell und gesellschaftlich rege und angeregt, allerdings unter Verzicht auf eine sinnliche Beziehung; in der Liebe zu Schelling fand sie nach anfänglichen Verdrängungsversuchen[20] den Mann, den sie »mit (ihrem) ganzen Wesen«[21] liebte, dies aber um den Preis einer totalen Unterwerfung und Selbstaufgabe ihrer Eigenständigkeit. Ihre letzten Briefe lassen nichts mehr von dem erahnen, was ihr einst von F. Schlegel den Beinamen »selbständige Diotima« eingetragen hatte.

Solange es keine Ansätze einer weiblichen Gegenöffentlichkeit gibt, sind schreibende Frauen vor die Alternative gestellt, sich – von ihren eigenen Erfahrungen abstrahierend – männlichen ästhetischen Gepflogenheiten anzupassen oder aber im Schutze der Privatheit erst eine eigene Sprache zu erlernen, wollen sie sich nicht mit der Veröffentlichung eines *Textes* zugleich mit ihrer ganzen *Person* preisgeben. Die Scheu von Frauen, sich auf dem literarischen Markt zu präsentieren, ist durch die Erfahrungen im

Privaten geprägt. Ihre Ausschließung aus den Bereichen der Ökonomie, Politik und Kultur impliziert, daß authentische Literatur von Frauen zunächst »nur« ganz persönliche, subjektive Empfindungen und Themen zur Sprache bringen könnte. Die Veröffentlichung ihrer Subjektivität ist aber für die Frau nicht ohne weiteres Befreiung, hat sie doch (häufig unliebsame) Auswirkungen auf ihr privates Glück. Denn bei Frauen unterscheidet man nicht zwischen der *Schriftstellerin* und der *Person*. Der Wille von Frauen zur öffentlichen Einmischung und zur Gleichberechtigung im kulturellen Bereich ist daher durch das Motiv des eigenen Persönlichkeitsschutzes gebrochen. Den Wunsch nach Anerkennung aus der Abhängigkeit von *einem* Mann zu befreien, stößt auf die Vergesellschaftung der privaten Existenz der Frau. Über welchen männlichen Autor würde in einer wissenschaftlichen Monographie ähnliches kolportiert, wie es Ernst Behler in seinem Schlegel-Buch über *Sophie Mereau* tut:

> »... hatte Schlegel geantwortet: Aber doch eine reizende Kanaille, und Pölchaus Antwort: 'O sie ist eine bezaubernde Beischläferin'«?[22]

Nicht nur Caroline Schlegel hat sich für das Briefeschreiben entschieden. Ähnlich Rahel Levin (Varnhagen), die sich vor allem um die Authentizität weiblichen Schreibens sorgt, wenn sie sich gegen das Publizieren wendet:

> »Ganz in der Art dieser zu verwerfenden Schmeichelei scheint es mir, wenn eine Frau, indem sie schreibt, *für den Druck schreibt* – also dann ganz gewiß etwas Gedachtes aufzuzeichnen meint – sich noch immer als ganz untergeordnet gegen einen Mann oder gegen Männer stellt und *ver*stellt.« (Tagebucheintragung 1823)[23]

Dagegen empfiehlt sie ihrer Schwester in einem Brief 1819:

> »Geh an *Orte*, wo neue Gegenstände, Worte und Menschen dich berühren, dir Blut, Leben, Nerven und Gedanken *auffrischen*. Wir Frauen haben dies doppelt nötig.«[24]

Orte, an denen Rahel selbst lebendig sein konnte, schuf sie sich in ihrem Salon – und in ihren Briefen. Ihre mündlichen und schriftlichen Äußerungen richten sich darin an einzelne Personen oder an eine kleine Gruppe. Neben dem privaten Charakter entspricht der *Brief* als Genre ihrer bildlichen, assoziativen Sprache, in der Spontaneität und Reflexion sich nicht ausschließen. In ihm sind die Hierarchien des männlichen Diskurses und der normativen Gattungspoetik ohne Geltung, in ihm reicht die männliche Ordnung der Dinge, die Rangfolge von Bedeutungen und Wichtigkeiten nicht hinein. Hier kann »die Zeit nach dem Takt ihrer Füße«[25] gehen. »Daß die Briefe der Rahel nicht als Ausweis 'weiblicher Bescheidenheit' auf dem Felde der Kultur, sondern daß sie als widerständige Artikulationen gegen herrschende kulturelle Muster gelesen werden können oder gar müssen«, bestätigt Marianne Schuller in ihrer Untersuchung zur Schreibweise Rahel Varnhagens und belegt ihre These mit Rahels eigenen Worten:

> »Aber Schreiben ... kann ich doch nichts, was sie zum Druck gebrauchen könnten ... Ich bin doch ein Rebell ...«[26]

5. Im Schutze der Poesie zur weiblichen Utopie

Im 18. und 19. Jahrhundert sind viele veröffentlichte Texte von Frauen anonym oder unter einem (meist männlichen) Pseudonym erschienen. Solche Publikationswege sind *formale* Möglichkeiten, um den Widerspruch zwischen Selbstschutz- und Äußerungsmotiv zu bewältigen – als solche aber auch Scheinlösungen, vergleichbar mit der Funktion des Schleiers vor den Augen der Frau, der sie zwar schützt, aber gleichzeitig ihren Blick trübt. Eine wirkliche Lösung wäre erst auf der Grundlage einer veränderten Öffentlichkeit und Poesie erreicht, wenn diese den weiblichen Erfahrungen entsprächen. Auf dem langen und mühevollen Weg dorthin haben Frauen die vielfältigsten Strategien entwickelt, um *trotz* dieses Konfliktes zu sprechen und zu schreiben. Zunächst die Entfaltung im fiktionalen poetischen Text. Frauen veröffentlichten literarische Texte, bevor sie sich in philosophischer, journalistischer oder politischer Form über ihr Geschlecht äußerten. Vor der Revolution 1848 gibt es (in Deutschland) nur in Ausnahmefällen publizierte nicht-poetische Texte von Frauen. In den Revolutionsjahren und verstärkt dann seit den 60er Jahren des 19. Jahrhunderts wächst die Zahl der Erörterungen, Programmschriften und öffentlichen Briefe von Frauen über die Lage und Rolle der Frau. Auch Autobiographien, die als Gattung von der Veröffentlichung privater Erlebnisse leben, gibt es von Frauen erst seit der Mitte des 19. Jahrhunderts.[27]

Literarische Verschlüsselung wirkt als *Schutz* und zugleich als Möglichkeit, die Grenzen des Realen zu überschreiten und *Utopien* zu entwerfen: die Fiktion als Raum zum Laufenlernen, Phantasieren und Experimentieren, um aus der Spannung zwischen der »Beschränktheit der Strategien und der Unangemessenheit der Wünsche«[28] im realen Leben der Frau einen kreativen Aus-Weg zu eröffnen.

Insofern ist es literaturhistorisch plausibel, warum gerade zum Ende des 18. Jahrhunderts Frauen vermehrt zur Feder greifen: erklärbar auf Grund der Bewegung, die in die Entwicklung poetischer Möglichkeiten vor allem mit der romantischen Ästhetik kommt. Die Aufhebung des Nachahmungsprinzips, das Postulat des Fragmentarischen, die Auflösung des geschlossenen Werkes – überhaupt die Brüche in der Übereinstimmung von Wirklichkeits- und Erzählstruktur – öffnen den Frauen Türen, durch die sie in die Poesie eintreten können. Denn der *Rhythmus weiblicher Erfahrung* ist aus der gesellschaftlich sanktionierten Zeit- und Raumstruktur, aus der anerkannten Hierarchie von Themen und Empfindungen weitgehend ausgeschlossen. (Dies ist die Tatsache, weshalb der Begriff der 'männlichen Ordnung' für die Beschreibung der herrschenden, patriarchalischen Kultur angemessen ist.)

Erst eine Ästhetik, die sich bestimmt aus der Opposition zum »Naturschönen«, das eben nicht mehr schön, für Frauen häufig sogar ausgesprochen häßlich ist, läßt eine Entfaltung weiblicher Erfahrungssprache zu, ohne von ihr als Vorleistung eine Anpassung an die herrschenden Wahrnehmungs- und Redemuster zu verlangen. Nur dort, wo die widersprüchlichen Erfahrungen von Frauen gestaltet werden können, ohne daß sie noch im Rahmen des Textes/der Fabel in eine vernünftige, »realistische« Lösung überführt werden müssen, können die realen Beschränkungen des weiblichen Lebenszusammenhanges überwunden werden, kann *weiblicher Protest* entfesselt werden. Dies ist der Grund dafür, warum in der Frauenliteratur gerade in der Gattung des »Gesellschaftsromanes« die Übergänge zum affirmativen, trivialen Roman so fließend sind. Dies ist beispielhaft zu studieren an der Entwicklung des 'Frauenromanes' im 19. Jahrhundert.

Viele Romane im Vormärz erhalten ihren kritischen Charakter aus dem Widerstand gegen die »Konvenienzehe«, ihre epische Spannung lebt aus dem Motiv des Gegensatzes von Liebe und Ehe. Aber schon in diesen Texten taucht am Horizont hinter der Kritik an der »Konvenienzehe« die Ideologie von der wahren, innigen Liebe auf. In der zweiten Hälfte des 19. Jahrhunderts wächst dann die Fülle der Romane, die das Motiv der »Liebesheirat« positiv gestalten. In ihnen ist der Gegensatz harmonisiert, die Spannung ist verschwunden; an der Frauenrolle aber hat sich meist nichts geändert, nur daß die Heldin sich jetzt aus Liebe unterwirft. Trivial sind diese Romane nicht zuletzt deshalb, weil in ihnen die Klischees der Geschlechterrolle wieder ins vorgegebene Schema gerückt sind (vgl. These 9 zum Zusammenhang von Phantasie und Realität).

6. Maskierungen – Darstellungsprobleme von Schriftstellerinnen

Aber auch innerhalb der erzählenden Genres ist es für Frauen nicht ohne Doppelsinn (ästhetischen und geschlechtsspezifischen), wenn sie sich für eine bestimmte Darstellungsform und Schreibweise entscheiden. Vor allem in die Wahl der *Perspektive* geht das Problem ihrer Existenz als anderes Geschlecht mit Blick auf die beabsichtigte Veröffentlichung ein – nun allerdings nicht mehr als rein formales Problem. In der Erzählforschung ist die Perspektive (point of view) bisher vor allem auf den Ebenen der Zeit und des Raumes der erzählten Handlung behandelt worden. Eine geschlechtsspezifische Dimensionierung kann dem nun nicht einfach hinzugefügt werden, sondern muß zu einer neuen Deutung der Erzähltechnik beitragen. Die Beziehung, die zwischen dem(r) Erzähler(in), den Figuren und der Autorin im Text hergestellt wird, ist nicht allein als Realisierung ihres poetischen Konzeptes zu lesen, sondern auch als Funktion der Wahrnehmungs- und Erfahrungsstruktur der Frau als anderes Geschlecht.

Sophie Mereaus erster Roman z.B. erschien anonym. Doch des Versteckspiels nicht genug, verbarg die Autorin ihre Identität noch hinter einer *männlichen Maske.* Der Roman »Blütenalter der Empfindung« (1794) ist die Ich-Erzählung eines männlichen Helden. In seinen Betrachtungen nun werden Liebeswünsche der Verfasserin[29] – die sich auf Grund der Kenntnis von Brief- und Tagebuchaufzeichnungen Sophie Mereaus als autobiographische, subjektive Elemente entschlüsseln lassen – auf ein weibliches Liebesobjekt gerichtet. Um ihre Gefühle vor den Lesern zu verstecken, nimmt die Autorin im Schreibprozeß an sich selber eine *Geschlechtsumwandlung* vor; sie setzt eine männliche Brille auf. Diese Geschlechtsumwandlung bleibt dem Publikum verborgen, sie spielt sich im vor-publizistischen Raum ab. Erst später (z.B. in Virginia Woolfs »Orlando« und in Texten von Christa Wolf, Irmtraud Morgner und anderen DDR-Autorinnen) wird dies Motiv zum expliziten Thema fiktionaler Literatur von Frauen.[29a]

Die Geschlechtsdiskrepanz zwischen der Schreibe*rin* und dem Ich-Erzähler hat in Sophie Mereaus Roman Konsequenzen für die Darstellung, und zwar für die Fabel, die Charakterisierung der Figuren und die Syntax. Albert, der Ich-Erzähler, hat weiche, sensible Züge; er bleibt als Figur aber unkonturiert[30], während seine Empfindungen und Gedanken überzeugend und differenziert beschrieben werden. Sehr viel plastischer wird der Freund Alberts, Lorenzo, geschildert; und als Charakter gewinnt die weibliche Hauptfigur – Alberts Geliebte und Lorenzos Schwester – Nanette die positivsten Konturen. Sie ist die heimliche Heldin des Romans. Aber erst im Verlaufe der Handlung entsteht dieser Eindruck. Zunächst wird sie mit den Augen und Ohren Alberts in den Text eingeführt und wahrgenommen. Die erste Betrachtung Nanettes, nachdem Albert auf ihre Worte in der Unterhaltung mit einem anderen Mann aufmerksam geworden ist, kann eindeutig als ein Frauen*bild* gewertet werden, wenn auch im Unterschied zu üblichen männlichen Betrachtungen hier die Gesichtszüge der Frau im Mittelpunkt stehen:

> »Was ich hier sah, war mehr als Amor. Der ruhige sanfte Ausdruck ihres Gesichts, der geistvolle Zug, der um Mund und Auge schwebte, die zarte Frische ihrer Formen, die gefällige Anmut, die alle ihre Umrisse überfloß: Alles dies vollendete die Schönheit ihrer Augen. (...) Ich rief meinen vorigen Lieblingsbildern, aber keines wollte erscheinen. Wie auf einem verheerten Paradies schwebte das *Bild der schönen Fremden* einsam über den Trümmern meiner vollendetsten Schöpfungen. Zum ersten Mal war mir das Gefühl meiner Selbst zur Last.«[31]

Wesentlich ausführlicher und substantieller gerät dagegen die erste Beschreibung Lorenzos, mit der diese männliche Figur vorgestellt wird. Über drei Seiten werden seine Fähigkeiten und Schwächen, seine intellektuellen, sozialen und psychischen Züge und seine Anliegen und Enttäuschungen beschrieben. Zudem wird er nicht aus der Ferne, sondern in der konkreten Kommunikation mit dem Erzähler betrachtet.[32] Auch die syntaktische Struktur bestätigt die Differenz in der Perspektive. Lorenzo ist als »er« in der Beschreibung Subjekt der meisten Aussagesätze über ihn, während die Frau als Objekt der Betrachtung und Empfindung des männlichen Ichs fungiert – eben als Frauenbild.

Sophie Mereau hat sich in ihren folgenden Veröffentlichungen aus dieser Misere der männlichen Maskierung befreit. Ihr zweiter Roman »Amanda und Eduard« (1803) stellt eine Gleichberechtigung in der männlichen und weiblichen Erzählperspektive her. Es ist ein Text aus Briefen der Amanda (vorwiegend an ihre Freundin Julie) und des Eduard (vor allem an seinen Freund Burton), in welchem die Autorin ihre Erfahrungen aus dem Zusammenleben mit einem ungeliebten Ehemann und ihren Ausbruch in eine Liebesbeziehung bearbeitet. Viele Passagen des Romans sind aus ihrem Briefwechsel mit einem früheren Geliebten, dem Studenten Kipp, fast wörtlich übernommen.[33] Dennoch steht die Heldin, die sich begnügt mit einem »Seelenbund« mit dem Geliebten, hinter der Emanzipation ihrer Autorin zurück. Sophie Mereau war eine der ersten Schriftstellerinnen, die zeitweise ihren Lebensunterhalt für ihre Tochter und sich durch Veröffentlichungen bestreiten konnte. In ihrer kurzen Arbeitsphase – sie starb mit 36 Jahren – hat sie sich verschiedenster Genres bedient: sie schrieb Gedichte, Romane, Erzählungen und gab selbst Almanache heraus. Aber ihre persönlichsten Erlebnisse vertraute auch sie nur ihrem Tagebuch an. Ihr erster, noch nicht als Berufsschriftstellerin publizierter Text, »Das Blütenalter der Empfindung«, ist ihr subjektivster. Später allerdings verwendet sie auch Held*innen*, Frauenfiguren, in deren Gestaltung sie ihr eigenes Begehren verschlüsselt. »Ninon de Lenclos« beispielsweise ist eine Erzählung, in der sie – gegen den Strich der Überlieferung und der Legendenbildung über diese berüchtigte Hetäre – eine Frau beschreibt, die, »weil sie sich den Männern gleich rechnete«[34], für sich das Recht der freien Liebe beansprucht.

Die weibliche Heldin als Frauenbild (Titelkupfer im 2. Bd. von Sophie Mereaus Briefroman »Amanda und Eduard«, 1803)

Die Entscheidung einer Autorin für eine *weibliche Hauptfigur* und/oder *Erzählerin* ist auch in jüngeren Entwicklungsphasen der Frauenliteratur nicht selbstverständlich und nicht immer der gewählten Thematik und Fabel angemessen. Eher aber wählen Schriftstellerinnen eine Held*in*, als daß sie in der Erzählperspektive sich eindeutig als schreibende Frau zu erkennen geben. Viele auch, die aus einem Gefühl oder Bewußtsein für ihre Lage als 'anderes' Geschlecht schreiben, bringen dies zum Ausdruck, indem sie mit verschiedenen Kombinationen experimentieren. Daß dabei z.T.

Brüche in einen Text hineingeraten[35], ist nicht nur als Flüchtigkeit zu werten, sondern zeigt auch, wie schwer es Frauen z.T. fällt, die Tarnung durch eine scheinbar objektive, tatsächlich aber männliche, Instanz herkömmlicher Erzählhaltung durchzuhalten.

Auffällig ist, daß gerade dann, wenn als Hauptfigur eine Frau gestaltet ist, mit der sich die Autorin offensichtlich identifiziert, sehr oft eine erzählerische Distanzierung aufgebaut ist. Wenn Christa Wolf heute keine Schwierigkeiten mehr zu haben scheint, eine Ich-Erzähler*in* über Christa T. nachdenken zu lassen, so heißt das nicht, daß das hier skizzierte Darstellungsproblem für Frauen erledigt ist. Daß viele aktuelle Frauentexte – manchmal mit einer Kraftanstrengung, die man den Texten anmerkt – die Innenräume ihres Frauendaseins ausleuchten und daraus ihren Blickwinkel gewinnen, hat ihnen den Vorwurf falscher Innerlichkeit, weiblicher Engstirnigkeit u.ä. eingebracht. M.E. ist diese Schreibweise nur in ihrer historischen Bedeutung als Befreiung aus einer Geschichte der *Verstellungen*, *Maskierungen* und *Anpassungen* richtig zu verstehen.

7. Die Sehnsucht nach der Vollkommenheit

Viele Frauen, die schreiben, waren und sind durch ihr Ungenügen mit der Frauenrolle dazu motiviert. Sie haben versucht, sich bei oder mit dem Schreiben aus dem Geschlechtsschicksal der Unvollkommenheit zu retten.

> »Mir überwältigt diese immerwährende rastlose Begier nach Wirken oft die Seele und bin doch *nur* ein einfältig Mädchen, deren Bestimmung ganz *anders* ist«[36],

schreibt *Bettine v. Brentano* 1804 an ihre Schwester Gundula und deren Mann Savigny. Sie formuliert damit ihr Wissen über das 'Anders'-Sein und die Unvollkommenheit des weiblichen Geschlechts. Es gibt vielfältige Wege, die von Frauen erdacht und erträumt wurden, um aus dieser Lage herauszukommen: den Ausweg in die *Neutralität* des kindlichen »es«, die Vervollkommnung in der *Ergänzung* mit einer anderen Person oder auch das Schlüpfen in die *Männerrolle*, in die Haut sanktionierter Vollkommenheit und Eigentlichkeit. Dies alles sind individuelle Versuche, aus der Rolle zu brechen, Strategien zur Lösung – sprich Tilgung – der erlebten Widersprüche.

Den erstgenannten Weg geht die junge Bettine, indem sie in die Rolle schlüpft, die ihr frei zu sein scheint von den erlebten Zwängen: »Kein Mädchen und kein Bub«[37] will sie sein, sondern Bettine, das *Kind*. Später in der Freundschaft mit Karoline v. Günderrode phantasiert sie eine Vollkommenheit in der *Ergänzung* der zwei verschiedenen Frauen. Einen ähnlichen Gedanken formuliert *Rahel* 1818 in einem Brief an ihre Freundin Pauline Wiesel:

> »*Eine* hätte die Natur aus uns machen sollen. Solche wie Sie hätte mein Nachdenken, meine Vorsicht, meine Vernünftigkeit haben müssen! Solche wie ich Ihren Lebensmut und ihre Schönheit.«[38]

Im »Günderrode-Buch«, welches *Bettine* 34 Jahre nach dem Tod ihrer Freundin veröffentlicht, stilisiert sie die Beziehung zu einer solchen Vollkommenheit, komplementär zusammengesetzt aus der philosophischen Dichterin und ihr, dem natürlichen, spontanen Wesen. Eine männliche *Verkleidung* braucht dieses ideale *Paar* aus Bettines Phantasie nur dann, wenn es eine Reise macht:

> »Und im Frühjahr nähmen wir unsere Stecken und wanderten; denn wir wären als Einsiedler und sagten nicht, daß wir Mädchen wären. Du mußt Dir einen falschen Bart machen, weil Du groß bist; denn sonst glaubt's niemand, aber nur einen kleinen, der Dir gut steht, und weil ich klein bin, so bin ich als Dein kleiner Bruder, da muß ich mir aber die Haare abschneiden.«[39]

So haben sich Frauen tatsächlich in Männerkleidern Räume erschlossen, die ihnen ansonsten nicht zugänglich waren: Kleists Schwester Ulrike z.B. die Reise nach Paris mit ihrem Bruder, George Sand das Theaterparkett anstelle der Loge als angestammten Platz für die feineren (natürlich begleiteten) Damen; andere Frauen nahmen so an Vorlesungen der Universität teil. *Karoline v. Günderrode* selbst aber, die im Phantasie-Spiel Bettines derart als Paar-*Hälfte* vereinnahmt ist, vermochte ihre Zerrissenheit nur zu bewältigen, indem sie in die Richtung männlichen Vermögens schielte:

> »Warum ward ich kein Mann! Ich habe keinen Sinn für weibliche Tugenden, für Weiberglückseligkeit. Nur das Wilde, Große, Gänzende gefällt mir. Es ist ein unseliges, aber unverbesserliches Mißverhältnis in meiner Seele; und es wird und muß so bleiben, denn ich bin ein Weib und habe Begierden wie ein Mann, ohne Männerkraft. Darum bin ich so wechselnd und so uneins mit mir.«[40]

In ihrer Dichtung versucht sie, *männlichen Vorbildern* nachzueifern und unterwirft sich dafür strengsten ästhetischen *Form*gesetzen. Nur durch biographische Kenntnisse sind viele ihrer Texte als durchaus subjektive Entäußerungen ihres Lebens und Leidens zu entschlüsseln.

»... denn immer rein und lebendig ist die Sehnsucht in mir, mein Leben in einer *bleibenden Form* auszusprechen, in einer Gestalt, die würdig sei, zu den *Vortrefflichsten* hinzutreten, sie zu grüßen und Gemeinschaft mit ihnen zu haben.«[41]

So begründet sie 1804 ihren Wunsch, ihre Texte zu veröffentlichen, in einem Brief an Clemens v. Brentano.

Fanny Lewald hatte sogar den Ehrgeiz, man möge ihren Produkten deren weibliche Handschrift nicht anmerken:

»Alles, was ich für den *weiblichen Schriftsteller* fordere, ist, daß man von ihm absehen und sich an seine Leistung halten möge; mit einem Worte, daß man den weiblichen Schriftsteller dem männlichen gleichberechtigt an die Seite stelle, was noch lange nicht genug geschieht bei uns.«[42]

Dieser Anpassungs-Ehrgeiz fordert seinen Preis. Es wimmelt in ihren Texten von männlichen Erzählern und Frauenbildern, die der Männerliteratur entlehnt sind. Da gibt es das »reine Weib«, die Heilige, die als Mutter ihren einzigen Beruf erfüllt, dann die Schauspielerin, die Hure und die Frau, die sich ganz ihrem Mann/ihrem Gott hingibt und unterwirft – neben all den Frauengestalten, die Fanny Lewalds eigener bürgerlicher Lebenserfahrung entsprungen sind. Ihren Frauengestalten ist die Brille des Mannes teils derart auf die Nase gedrückt, daß sich das sogar auf ihr Gemüt auswirkt: »Ich *sehe* mit Deinen Augen, ich *empfinde* durch Dich«[43], läßt die Autorin Mathilde an Edmund schreiben.

Das Postulat der *Gleichberechtigung*, wenn dabei die tatsächliche Ungleichheit voluntaristisch übersprungen wird, ist nicht dazu angetan, Frauen zu einer eigenständigen Kultur zu verhelfen. Es ist das Gegenstück zur Rede über die Natürlichkeit des Weibes: hier die Beschränkung im gesellschaftlichen Schattendasein, dort die Zwangsjacke der schlechteren Alternative.

8. Entzauberung, Destruktion des Frauenbildes und die Geburt der neuen Heldin

Es gibt andere Schreibkonzepte, die diese Widersprüche in die Literatur *ein*beziehen: sie nicht tilgen oder ignorieren, sondern gestalten, um sie zu bearbeiten. Es gibt Texte, welche die *Suche* nach einer neuen Identität und Lebensmöglichkeit der Frau als *Befreiung* aus dem Leben im Muster der Frauenbilder entwerfen. Diese Befreiung scheint radikal nur möglich zu sein aus der Erkenntnis der Abhängigkeit. Die Frau als das 'andere' Geschlecht, die weiß, daß sie sich selbst als Spiegelung männlicher Wünsche und Reflexionen wahrnimmt, kann Selbstbewußtsein entwickeln, indem sie ihre Selbstbetrachtung als *Ent-Spiegelung* organisiert. Daß diese Ent-Spiegelung auch Entzauberung beinhaltet, hat seine Ursache darin, daß die männlichen Frauenbilder – im Unterschied zur sozialen Realität der Frau – diese nicht nur als unterprivilegiertes Geschlecht imaginieren, sondern sie auch überhöhen, daß diese Bilder nicht nur Demütigung, sondern auch Verehrung beinhalten, oder auch Furcht vor der angeblichen Allmacht der Frau. Der Weg der Entzauberung führt häufig durch die Erprobung und Durchquerung der Bilder erst zu ihrer Zerstörung bzw. Desillusionierung.

Emanzipation also auch als Entzauberung. Dies ist das unausgesprochene Motiv der ersten beiden Romane von *Louise Aston*. In der Vorbemerkung zu ihrem ersten Roman »Aus dem Leben einer Frau« (1847) verwahrt die Autorin sich gegen ästhetische Ansprüche und den Illusionsgehalt von Kunstprodukten:

> »Das Leben ist fragmentarisch; die Kunst soll ein Ganzes schaffen! Diese Blätter gehören in Dichtung und Wahrheit dem Leben an, und machen nicht Anspruch auf künstlerischen Werth! Darum sind sie fragmentarisch ... Wir schreiben flüchtige Zeilen, aber wir schreiben sie mit unsrem Herzblut! Findet dies Fragment Anklang, hat der Kern dieses Lebens und sein Schicksal eine allgemeine Bedeutung; so schließt sich vielleicht ein zweites Fragment daran, das manche Entwicklung weiter führt, und manche 'confessions' vollendet.«[44]

Männliche Literaten haben das Gefühl ihrer Zerrissenheit vielfach kompensiert in der Imagination von Frauenfiguren, die dem Mythos vom harmoniespendenden Naturwesen Frau entsprechen, die dies aber allzuoft mit ihrem Tode bezahlen mußten.[45] Der Lebensanspruch Louise Astons wird hier realistisch als *Verzicht auf poetische Einheit* formuliert, was sich im Text in der Doppelexistenz der Heldin im 'nicht mehr' und im 'noch nicht' ausdrückt. Die Handlung des Romans enthält eine Bearbeitung der Ehe- und Scheidungsgeschichte der Autorin, erzählt als Geschichte der Figur Johanna Oburn.[46] Im Buch wechseln Szenen, in denen sie vom Zauber der *»hohen Frau«* umgeben ist (z.B. »ein Engelsbild«), mit solchen, in welchen sie die *Erniedrigung als Objekt* der sexuellen Begierde und ökonomischen Kalkulation des Mannes erlebt (die Ehe wird z.B. als »ununterbrochenes Opferfest« bezeichnet). Als Johanna Oburn hinter dem geselligen Schein der Lebensweise ihres Mannes deren Wesen in der extremen Ausbeutung seiner Arbeiter und sich selbst als Komplizin dieses Mannes entdeckt, und als sie anläßlich seines Vorhabens, sie an einen Geldgeber zu verkuppeln, in ihrer eigenen körperlichen Ausbeutung ihren Status als Besitz erlebt, befreit sie sich in einem Schritt aus dieser doppelten Entwürdigung: »... und fuhr, ohne Abschied von Oburn zu nehmen, aus dem Hause.«[47]

Die Aufspaltung der Johanna Oburn in die überhöhte, verehrte Frau und in das Objekt gewaltsamer männlicher Begierde kommt auch in der Erzählweise zum Tragen. Die trivialen Festszenen, die Andeutungen und Beschreibungen männlicher Gewalt und die politischen Reflexionen ergeben einen erzählerisch sehr uneinheitlichen Roman. Die in die Sprache eingeflossene Gespaltenheit ist in den Kategorien konventioneller Literaturkritik nur als »Stilbruch« – und damit als Merkmal der schriftstellerischen Inferiorität der Frau – beschreibbar.

Diesem Roman waren schon zwei kleinere Veröffentlichungen vorausgegangen: eine Broschüre, in der Louise Aston 1846 gegen ihre Ausweisung aus Berlin protestiert. Sie hatte mit ihrer im Roman anklingenden Sympathie für sozialutopische Theorien Ernst gemacht und sich in Berlin den »Freien« angeschlossen. Im selben Jahr erschien ein Gedichtband, in dem sie – nach der Scheidung aus der Zwangsgemeinsamkeit befreit – ihre ambivalenten Empfindungen zwischen Autonomiestreben und Hingabewunsch ausdrückt. Als viertes Fragment aus der Feder der Autorin erscheint schließlich 1848 der Roman »Lydia«. In ihm gestaltet sie *zwei* Frauenfiguren: Lydia, das Bild des jungfräulichen, unschuldigen Weibes, und Alice, die emanzipierte Frau. Aus der gespaltenen Frau des ersten Romans ist das aufgespaltene Frauen-Paar des zweiten Romans geworden. Der Schritt von der Ambivalenz der Johanna-Figur zur getrennten Gestaltung der zwei Pole von 'Weiblichkeit' in Alice und Lydia, zu deren beider Darstellung die Autorin Stoff aus ihrem eigenen Leben schöpfen kann, beinhaltet für Louise Aston das Erlernen des schielenden Blicks (vgl. These 10). – Im Text wird Lydia unmißverständlich als Verkörperung eines Frauen*bildes* dargestellt. Sie ist Instrument im Plan des Mannes Landsfeld, der – auf Grund der Einsicht in seinen eigenen unmoralischen Charakter resigniert – in ihr ersatzweise erproben will, ob das Ideal des reinen Menschen, d.h. der unschuldigen Frau, realisierbar sei. Die patriarchalische Bedeutung des Unschuldsbegriffes in der Gleichsetzung von unschuldiger und nicht-wissender Frau wurde von der Autorin schon in ihren Gedichten thematisiert[48], hier wird sie gestaltet zum Zwecke der Entlarvung. Um seinen Plan in die Tat umzusetzen, heiratet Landsfeld Lydia, entsagt aber der körperlichen Liebe mit ihr. Sein Verzicht dient dem höheren Zweck, das Idealbild der Jungfrau sein nennen zu können. Die naive, unwissende Lydia wird wegen seiner nie auf den Punkt kommenden Umarmungen zunehmend verwirrt. Als sie als Opfer einer Intrige von einem anderen Mann vergewaltigt werden soll, gerade aber noch von Alice gerettet wird, und als sie wenig später von ihrem Mann überwältigt wird und so in der Parallele eheliche Liebe als Vergewaltigung erlebt, wird Lydia wahnsinnig. Sie erkennt, daß sie ihm »nichts als eine Puppe, mit der er gespielt, als ein Instrument« war. Sie erlebt den Augenblick als »vierfachen Mord: an ihrer Unschuld – ihrer Liebe – ihrem Stolz – ihrer Vernunft.«[49]

In diesem Mord wird aber nicht nur die *Figur* Lydia *getötet*, sondern auch das *Frauenbild* der Jungfrau *zerstört*, welches sie repräsentiert. Im gleichen Moment, in dem der Mann das Bild in Besitz nimmt, zerstört er es notwendigerweise. Was hinter dem Bild zum Vorschein kommt, ist die Frau ohne Bild. Im Roman Louise Astons vollzieht sich die Geburt der neuen Frau über den Tod des Mannes. Als Lydia ein Kind gebärt und das Kind stirbt, verzweifelt ihr Mann an den Folgen seiner Wünsche und begeht Selbstmord – einem Rat Alices folgend. Beim Anblick des toten Landsfeld kommt Lydia wieder zu Bewußtsein, gelangt aber als Person zu keiner (neuen) Kontur mehr. Beide Frauen fahren zusammen nach Italien.

In der Gegenfigur Alice sind die Leiden und Freuden der Emanzipation gestaltet. Diese äußerlich autonome Frau erlebt die subtileren Formen der Abhängigkeit: daß sie Zuwendung nur um den Preis der Unterwerfung erhält, daß ihre Freiheitswünsche mit ihrer eigenen Geborgenheitssehnsucht kollidieren – und vor allem, daß es keinen Mann gibt, der als Partner einer emanzipierten Frau taugt.[50]

Der *Entzauberung* im ersten Roman folgt also die *Destruktion* des *Frauenbildes* im zweiten Roman, hier auf dem Wege, daß der *Schöpfer des Frauenbildes* stirbt. Wohlgemerkt: nicht der Mann wird getötet, *sondern der Urheber des tödlichen Frauenbildes ebenso wie dieses selbst.*

Daß soviel Entzauberung, Ernüchterung und Desillusionierung nicht ganz ohne den Preis eines neuen Zaubers abgehen kann, zeigt der dritte Roman Louise Astons »Revolution und Conterrevolution« (1849). Schon in dem Lydia-Roman war Alice äußerst vorteilhaft ausgestattet die heimliche Heldin, nicht als Titel/Hauptfigur der Fabel, wohl aber als Zentralfigur der Handlung. In diesem Roman nun wird sie zur Figur stilisiert, mit der die Autorin weibliche Omnipotenzwünsche im Raum literarischer Fiktion realisiert. Dazu dient ihr eine sehr realistische Darstellung der Revolutionsereignisse in Berlin, Frankfurt/Main und Schleswig-Holstein. Während in Wirklichkeit die Revolution den Frauen nur sehr begrenzt Bewegungsräume erschlossen hat, schöpft Alice im Roman jede Handlungsebene der Revolution aktiv und offensiv aus: Sie ist Präsidentin eines konspirativen politischen Klubs, sie kämpft auf den Barrikaden, im Schleswig-Holstein-Krieg als führende Freischärlerin – und unterstützt diese Praxis durch geschickte Bündnispolitik im Salon, welche sie virtuos beherrscht, ohne jemals den Durchblick zu verlieren.

Diese strahlende *Heldin* entsteht erzähltechnisch aus der konsequenten Gestaltung einer weiblichen Hauptfigur auf allen Handlungsebenen des Textes. Sie nähert sich als Figur einem neuen Bild: der Superfrau. Die ist allerdings in diesem Roman aus realistischen Momenten zusammengefügt und insofern nicht Mythos, sondern konkrete Utopie. Vielleicht verkörpert sie die Idee vielfältigen weiblichen Vermögens, hier literarisch vereinigt in einer Figur, real denkbar auf viele Frauen verteilt. Immerhin leistet Alice nicht so Unmögliches wie etwa »Penthesilea« oder »Johanna von Orleans«.
– Solche *Heldinnen* wie bei Louise Aston sind in der Literatur von Frauen selten. Sie sind zu verstehen als Opposition gegen undankbarere Varianten: gegen den *Helden-Tod* der Frauenbilder einerseits und andererseits gegen die Heldinnen der Romane von Frauen, die als *Opfer* gestaltet sind, weil nur *dafür* Stoff genug aus den Erfahrungen ihrer Autorinnen geschöpft werden kann.

9. Von phantastischen Träumen und von Entsagungen

Die *Phantasieproduktion* von Schriftstellerinnen ist nicht unabhängig zu betrachten vom *weiblichen Lebenszusammenhang*. Die Ent-Fesselung weiblicher Phantasie scheint für bürgerliche Pädagogen schon immer eine bedrohliche Vorstellung gewesen zu sein. Im Alltag ist die Kreativität von Frauen mittels des begrenzten Erfahrungs- und Tätigkeitsfeldes Familie gebunden an die Nützlichkeit und Kleinlichkeit dieses Ghettos (das tendenziell konkrete, sinnvolle Arbeit ermöglicht, der Form nach aber die dort Tätige isoliert und gesellschaftlichen Sinnzusammenhängen entfremdet). Doch diese strukturelle Zurichtung wurde offenbar von den Verfassern der zahllosen Erziehungsbücher als nicht ausreichend sicher empfunden. Im 19. Jahrhundert sind diese Ratgeber für die Erziehung von Mädchen voller Ideen, Vorschläge und Pläne zur *Kanalisierung* weiblicher Phantasie: Grammatik als Ordnungsinstrument der Sprache und Gedanken, alle Arten von Handarbeiten, die durch ihre gleichförmige, Geduld erfordernde Arbeitsweise in die Normen bürgerlicher Arbeitsethik einüben (»ohne Fleiß kein Preis«) und die dazu angetan sind, kreative Lust in nutz- und gefahrlose, gefällige Produkte zu investieren, die darüber hinaus, wenn sie der Herstellung von Aussteuer dienen, die Gedanken ihrer Produzentinnen mit ihrer späteren Bestimmung als Ehefrau und Mutter beschäftigen.[51]

Der Stundenplan für *Fanny Lewald*, den sie in ihrer »Lebensgeschichte« referiert, ist ein beredtes Beispiel einer solchen Dressur.[52] Trotz solcher Brachialmaßnahmen gelingt es nicht, die Phantasie vollständig zu domestizieren. Sie schafft sich in märchenhaften, phantastischen *Tagträumen* ein

Ventil. In Träumen vom erlösenden Märchenprinzen oder anderen unrealistischen Begebenheiten. Daß in solchen Tagträumen die Konflikte mit einem Male von einem deus-ex-machina vom Tisch gefegt werden, liegt an der Funktion der Phantasie im weiblichen Lebenszusammenhang. Die Entwicklung *konkreter Utopie* setzte die Konfrontation von Wünschen, Bedürfnissen und Erfahrungen mit gesellschaftlichen Realitäten voraus. Auf Grund der Kanalisierung im Hause und der Abgeschlossenheit gegenüber gesellschaftlichen Auseinandersetzungen kann die Phantasie der Frau eigentlich nur in das Reich phantastischer Träume entweichen – ein Beitrag zur *Infantilisierung* der Frau.

Fanny Lewald hat einige Erzählungen geschrieben, die derart märchenhafte Züge tragen.[53] Den Heldinnen dieser Literatur wird durch Wesen aus einer anderen Welt geholfen. In ihren Gesellschaftsromanen, die Stichworte der zeitgenössischen sozialen Problematik aufgreifen (Konvenienzehe, Scheidung, Mischehe), ist die Phantasie der Autorin dagegen wieder in die Schranken geltender Lösungsstrategien bzw. ihres Vorstellungsvermögens über solche Möglichkeiten verwiesen. Und den Frauenfiguren dieser Romane bleibt wiederum nichts anderes übrig, als im Tag- oder Nachttraum die unterdrückten Sehnsüchte unterzubringen – genau wie die Autorin, die eben dafür ihre Literatur hat. Diese Struktur macht die eigentümliche *Ambivalenz* der Lewald'schen Romane aus.[54]

Z.B. Clementine aus dem gleichnamigen Roman (1843) trifft, nachdem sie gegen erhebliche innere Widerstände einen begüterten, älteren Mann geheiratet hat, ihren Jugendfreund wieder und verliebt sich erneut in ihn. Nach einer längeren Zeit der Spannung und des Versteckspiels zu dritt entdecken Clementine und der Jugendfreund Robert einander ihre Liebe – und entsagen. Als Clementine später ihrem Ehemann ihren phantasierten Ehebruch gesteht, verzeiht er ihr, und es folgt als Happyend eine friedliche Ehezeit. Dieses angepaßte Ende der Fabel paßt nicht zu den vehementen Ausbrüchen Clementines zu Beginn der Handlung, als sie ihre Verweigerung einer Eheschließung mit heftiger Kritik an der Institution Ehe verband: Ehe ohne Liebe sei verwerflicher als Prostitution. Die Handlungsentwicklung des Romans paßt sich den Erwartungen des anständigeren Publikums an – vor allem aber der Moral von Fanny Lewalds Vater, dem sie mit größter Mühe die Erlaubnis zu schreiben und zu publizieren abgerungen hat, der aber dennoch über die Texte der über 30jährigen Tochter wacht, unterstützt durch seinen Sohn, der weniger die ideologische als die grammatikalische Überprüfung übernimmt. Später wird die redaktionelle Hand des Ehemannes Adolf Stahr dergleichen Aufgaben ausführen.

Ein anderes Ende der Fabel hätte Fanny Lewald sich nicht zumuten können, weil sie es vor der Familie und Öffentlichkeit nicht hätte vertreten können. »Clementine« ist ihr erster Roman; in ihm sind die Widersprüche der Entsagungsideologie zu einer dennoch im Text ausgebreiteten Ausbruchsphantasie am deutlichsten. Man darf wohl davon ausgehen, daß die Leserinnen die Träume und die »zügellosen Schöpfungen der Phantasie und des Herzens« der Clementine[55] mit weit mehr Beteiligung gelesen haben als die entsagungsvolle Moral von der Geschichte. Schon 1838 hatte Fanny Lewald in ihr Tagebuch geschrieben:

> »Vor keinem Feinde sollte man sich so sehr fürchten, als vor der eigenen *Phantasie*. Jedem äußeren Feinde tritt man mit Härte und Energie entgegen. (...) Wer aber kämpft so ernstlich gegen sich selbst, als gegen einen anderen? – Wen schmerzt der Sieg nicht über das verzogene Kind des eigenen Wesens?«[56]

Die Phantasie wird im Laufe von Fanny Lewalds schriftstellerischer Entwicklung immer mehr den herrschenden Frauenbildern angepaßt, die Brüche werden geringer, die Darstellungsweise perfekter. Fanny Lewald wird zur schreibenden Gallionsfigur des preußischen Feminismus, der im letzten Drittel des 19. Jahrhunderts in der bürgerlichen Frauenbewegung viele Anhängerinnen fand.

Die Uneindeutigkeit in der Emanzipationsaussage vieler Romane von Frauen wird in der Sekundärliteratur meist nur hilflos oder abschätzig konstatiert.[57] M.E. beruht der Widerspruch zwischen weiblichem Aufbegehren und affirmativer Entscheidung der Frauengestalten im Text auf einer spezifischen epischen Spannung, die einer ambivalenten Haltung der Verfasserin entspricht. Im fiktiven Raum des Romangeschehens werden Ausbrüche phantasiert, wird Widerstand erprobt und Empörung formuliert. Aus der Verantwortung für die Gedanken und Taten ihrer Heldin stiehlt die Autorin sich aber durch deren Bestrafung oder einsichtsvollen Verzicht, ohne sich selbst die Lust am Phantasieren zu untersagen. – Und möglicherweise wird so auf subversivem Wege die Botschaft dennoch an die Frau gebracht. Ich vermute, daß zeitgenössische Leserinnen die Geschichten der Luise Mühlbach, Fanny Lewald und anderer Autorinnen derart gegen den Fabel-Strich gelesen haben. Wie sonst hätte diese Literatur in den Verruf kommen können, in der Tradition George Sands zu stehen, deren Name für die emanzipierte Frau schlechthin stand.

III

10. Feministisches Vermögen: der schielende Blick

Dies alles mag thematisch und begrifflich eng anmuten. Es dreht sich alles nur um – *das andere*, die Entwicklung weiblicher Kultur und Utopie, vor allem um die Beziehung zwischen Frauenbildern und weiblichem Selbstverständnis! Frauen sollten sich ruhig mit einem Auge diesen engen, konzentrierten Blick gönnen, um mit dem anderen Auge in die Fülle und Weite gesellschaftlicher Thematik zu schweifen. Um ihre spezifische Rolle als Frau in allen Bereichen und auf allen Ebenen durchschauen zu können, werden sie den starren Blick auf die sogenannte Frauenfrage wenigstens mit der Hälfte ihres Sehvermögens benötigen. Diesen *schielenden Blick* werden sie erst korrigieren können, wenn sich die Frauenproblematik als Thema erübrigt, nämlich erledigt hat – wenn die lebende und schreibende Frau ihre *Doppelexistenz* im Muster der herrschenden Bilder *und* in der Antizipation der befreiten Frau überwunden hat.

> »Und da Befreiung die Aufhebung der wirtschaftlichen Ungleichheit und der sozialen Ungerechtigkeit voraussetzt bzw. einschließt, hat der neue Feminismus sozusagen den doppelten, einen gespaltenen Blick.«[58]

Die Italienerin Lidia, die hier vom gespaltenen Blick spricht, meint damit die Unvereinbarkeit ihrer feministischen und ihrer politischen Biographie. Sie drückt damit die Erfahrung vieler Frauen aus, die überall dort, wo sie ihre Einsichten in Handlungen umsetzen wollen, auf Strukturen stoßen, denen sie sich partiell unterwerfen müssen, wollen sie etwas ausrichten. Anpassung oder Verweigerung (bzw. Verzicht) ist die bittere Alternative für Frauen, die das Ghetto weiblicher Aufgaben durchbrechen wollen – und dies bei jedem Schritt in männlich kontrollierte Räume (in Institutionen, etablierten Parteien ebenso wie in politischen Organisationen und auch Bürgerinitiativen).

> »Dies ist also der typische weibliche Gegensatz:
> *Konformismus/Überspanntheit*
> Übernahme der männlichen Werte/Ablehnung sämtlicher Werte.
> Welche Verhaltensweise die Frau auch wählte, sie überläßt sich doch immer dem *Schweigen* oder dem *Geschwätz*, solange sie keinen neuen Wert hervorbringen kann. – Wie können wir aus dieser Sackgasse herausfinden?«[59]

Es gibt zahlreiche Versuche, die Analyse der politischen Fragen und die der Geschlechterbeziehung im Verhältnis zueinander theoretisch zu fassen.

Die Haupt- und Nebenwiderspruchsdebatte ist eine der zähesten und unergiebigsten Varianten dieser Bemühungen. Die in letzter Zeit populär gewordene Parole »Das *Private* ist *politisch*« versucht den Gegensatz rhetorisch zu versöhnen. Das Motto ist insofern brisant, als es eine massenhaft bekundete Willensäußerung enthält, die bestehenden Trennungen nicht länger erdulden zu wollen, weil es als enttabuisierende Rede das eben nur zum Privaten deklarierte, die Gewaltverhältnisse im Innern des Hauses, veröffentlicht.

»Das Private ist politisch« enthält aber auch eine Täuschung, wenn es die politische Lösung privater Leiden verspricht. Nämlich eine politische – sprich organisierte, formale – Lösung des tatsächlich Privaten kann es nicht geben, zum Glück nicht, denn die bedeutete letztlich die Aufhebung individueller Selbstbestimmung. Liebe, Schmerz und Glück, Entgrenzungswünsche und Selbstbehauptung lassen sich nicht in Regeln gießen. Das würde die Abtötung menschlicher Beziehungen nach sich ziehen – wie auch literarische Utopien zeigen, die den Kampf zwischen Hingabewunsch und Autonomiestreben versöhnen wollen und dabei gleich dessen Triebfeder an seiner Wurzel, dem Begehren, ausrotten.[60] Solche Programme beruhen auf einem fundamentalen Mißverständnis. Sie verwechseln die leidvolle Koppelung von Liebe und Unterwerfung, die Überlagerung von Beziehungen durch patriarchalische Gewaltverhältnisse, in denen die Individuen sich als Träger von Geschlechtsrollen gegenübertreten, mit dem lebendigen Widerspruch zwischen Entgrenzung und Identität, den es in jeder intensiven menschlichen Bindung gibt und der auch in gleichgeschlechtlichen Liebesbeziehungen erfahren wird.

»Nur zu oft setzt sich die Macht des Gesellschaftskörpers an die Stelle der Energien der Sexualkörper.«[61]

Vor die Bewältigung des 'Privaten' werden Frauen sich noch oft und lange als Einzelne gestellt sehen. Überall dort, wo Frauen vereinzelt Erfahrungen machen, auch in beruflichen, sozialen, kulturellen und politischen Zusammenhängen, erleben sie einen Bruch. Der Faden zu dem, was sonst schon im Zusammensein und im Gespräch mit anderen Frauen erfahrbar und lebbar ist, scheint gerissen. Sie werden rückfällig. Dies nicht als individuelles Versagen, sondern als notwendigen Bruch, als nicht hier und jetzt harmonisierbare *Doppelexistenz* während des Überganges zu betrachten – auch dies schließt das Erlernen des *schielenden Blicks* als feministisches Vermögen ein.

Zurück zum Spiegelbild. Werden die Projektionen, die Bilder, vom Spiegel weggewischt, ist er zunächst leer; das Glas kann mit neuen Vorstellungen bemalt werden, aber auch das sind Bilder, und auch die Zer-

Sigrid Weigel

schlagung des Spiegels führt ins Nichts. Wie die befreite Frau aussehen wird, das ist heute mit Sicherheit und Vollkommenheit nicht vorstellbar, lebbar schon gar nicht. Um in diesem Zwischenraum, im *'nicht mehr'* und im *'noch nicht'* zu überleben, ohne verrückt oder toll zu werden, muß die Frau den schielenden Blick erlernen, d.h. die Widersprüche zum Sprechen bringen, sie sehen, begreifen und in ihnen, mit ihnen leben – und Kraft schöpfen aus der Rebellion gegen das Gestern und aus der Antizipation des Morgen.

Die Hysterikerin, die aus der Rolle fällt, und die Rasende, die gegen die männliche Ordnung anrennt, sie beide bringen mit ihrem Körper den Widerspruch zum Sprechen.

> »Raserei und Hysterie sind die beiden Seiten des weiblichen Wahnsinns, so wie er von Männern definiert (und übrigens auch hervorgerufen) wurde.«[62]

Die männliche Definition gegen den Strich lesend, wurde in letzter Zeit das rebellische Moment der Hysterie ins (feministische) Blickfeld gerückt.[63] – Doch die Ambivalenz bleibt auch bei dieser Lesart bestehen, weil die Hysterikerin und die Rasende, indem sie ihren Körper zum »Einsatz« bringen, diesen auch »verspielen« und sich damit auch gegen sich selbst richten.
Es ist schon ein Kunststück, in Anbetracht und im Wissen um die Verhältnisse nicht ver-rückt zu werden. *Elisabeth Lenk* hat in ihrer Metapher der »sich selbst verdoppelnden Frau«, welche »das neue Verhältnis zu sich nur über andere Frauen entwickeln« kann[64], auf das heilende Moment dieses Wahnsinns hingewiesen:

> »Oftmals glaubt die Frau, wenn sie zum ersten Mal in dieses neue Verhältnis zu sich selber tritt, oftmals glaubt die zum ersten Mal sich selbst verdoppelnde Frau, verrückt zu werden. Doch dieser scheinbare Wahnsinn ist gar kein Wahnsinn, sondern der erste Schritt zur Heilung.«[65]

Zur Heilung kann dieses Verhältnis – in welchem »die Frau ... der Frau zum lebendigen Spiegel (wird), in dem sie sich verliert und wiederfindet«[66] – m.E. aber nur dann werden, wenn die Frau in der anderen Frau kein Vor-Bild sucht, wenn sie bereit ist, in ihr wiederum das 'nicht mehr' und 'noch nicht', d.h. deren heutige Doppelexistenz, zu entdecken und zu akzeptieren. *Rahel* schon hat diese notwendige Doppelexistenz geahnt: (Ich habe) »die gewaltige Kraft, mich zu verdoppeln, ohne mich zu verwirren ... «[67] Sie meinte damit die Unversöhnbarkeit ihres inneren und äußeren Lebens. In der Selbst-Verdoppelung bewahrt sie sich das, was – nach außen getragen – zerstört worden wäre. Diesen bewußten Verzicht auf versöhnende Vorbilder und vollendete Utopien meint auch *Julia Kristeva*, wenn sie davon spricht, daß »eine weibliche Praxis negativ sein muß, um sagen zu können, daß es dieses nicht ist und daß dies noch nicht ist« oder: »Das Sagen des Nicht-Seins.«[68]

Die sich selbst verdoppelnde Frau
(Karikatur von Armand Rassenfosse, 1896)

Auch die Sprache, die wir erlernt haben, ist für eine solche *negative Praxis* ungeeignet, wie die Sprachlosigkeit (der ungeschriebenen Literatur von Frauen) und die Geschwätzigkeit (der in Massen von Frauen produzierten Trivialliteratur) bezeugen. Unsere Sprache ist gelernt von den Vätern – und Müttern. Die Institution 'Vater' aber und die Reproduktion der 'Mutter', wie sie seit über 200 Jahren von den Frühaufklärern bis zu den Ideologen einer bürgerlichen Familienpolitik in einem unendlichen Diskurs besprochen/beschworen werden, sind Grundfesten des Patriarchats. Für die *Sprache* gilt das gleiche wie für den Blick. Da es sie 'nicht mehr' und 'noch nicht' gibt, die 'weibliche Sprache' nämlich (nicht mehr die anmutige, tugendhafte und noch nicht die befreite, eigentliche), womit kein neues Vokabular gemeint ist, wie oftmals angenommen wird, werden wir uns darin üben müssen, die erlernte Sprache mit Genauigkeit und Wachsamkeit für ihre sichtbaren und verborgenen Fesseln zu benutzen, Wachsamkeit vor allem für die Bedeutung von Sprachmustern, literarischen Figuren und Gattungen.[69]

Schreiben/Literatur als Raum, sich über die Doppelexistenz auszudrücken, auszutauschen, um das Leben als Spiegelung männlicher Projektionen abzuarbeiten und Befreiung zu erproben, um eine Sprache zu finden für eigenes Begehren und Wünschen; dazu taugen die vorfindbaren Konzepte, vor allem die der großen Gattungen nicht, allerhöchstens in gebrochener, paradoxer Verwendung ihrer Muster.[70]

11. Weiblichkeit in der Schrift – und wo bleibt die Frau?

Die Verlagerung des Interesses in der feministischen Theorie von Aussagen über 'Mann'/'Frau' zu Momenten von 'Weiblichkeit' in der Schrift ist Luce Irigaray und Hélène Cixous gemeinsam.

> »Denn ebensowenig wie es mir darum geht, aus der Frau das *Subjekt* und *Objekt* einer *Theorie* zu machen, kann das Weibliche subsumiert werden unter irgendein *Genre*: die Frau. Das Weibliche läßt sich mit keinem Eigensinn, mit keinem Eigennamen, keinem Begriff, auch nicht der Frau bezeichnen.«[71]

Das 'Weibliche' bedeutet mehr als die 'Frau'. Daraus folgt das Anliegen *Luce Irigarays*, der es nicht mehr darum geht, »eine Theorie der Frau zu machen, sondern dem Weiblichen seinen Ort in der Differenz der Geschlechter zu besorgen.«[72] Ihre Methode, den 'Ort des Weiblichen' wiederzufinden, besteht in der *Durchquerung der Diskurse*, der philosophischen und psychoanalytischen (s. ihr Buch »Speculum« als Durchquerung der Freudschen Theorie und deren Kritik), in welchen sich im Innern das 'Weibliche' als Mangel, als Fehler definiert findet. Diese Durchquerung geschieht allerdings – gegen das Modell des »Onto-Theo-Logischen« gerichtet – im weiblichen Stil:

> »Dieser 'Stil' oder diese 'Schrift' der Frau legt vielmehr Feuer an die fetischisierten Worte, die angemessenen Terme, die wohlkonstruierten Formen. Dieser Stil privilegiert nicht den Blick ... Die Gleichzeitigkeit wäre ihr 'Eigentliches' ..., das niemals in der möglichen Selbst-Identität irgendeiner Form innehält. Immer flüssig ... Ihr 'Stil' widersteht jeder fest gefügten Form, Figur, Idee, Begrifflichkeit und läßt sie explodieren.«[73]

Die Durchquerung, Befragung und Zerrüttung des Diskurses sei notwendig, weil im Innern der Modelle und Gesetze, der Systeme der Repräsentation, die als Selbstrepräsentation eben nur des männlichen Subjekts funktionieren, der Ausschluß des Weiblichen stattfindet. Ziel sei letztlich die Destruierung der Funktionsweise des Diskurses.[74]

In den nach Irigaray zitierten Merkmalen des 'Weiblichen' bestehen viele Bezüge zu Hélène Cixous' Aussagen: die Nähe des 'Weiblichen' zum Fließen, zum Körper, zum Rhythmus, das Formlose eines weiblichen Textes ohne Anfang und ohne Ende, die Nähe zum Gefühl und zur Berührung. Für Cixous sind dies Merkmale einer »weiblichen Ökonomie«, die von ihr als Gegensatz zur »männlichen Ökonomie«, zum Symbolischen, Philosophischen und zum Diskurs beschrieben wird. Die Frau ist wie das Unbewußte aus der männlichen Ordnung verdrängt.

Ohne den Umweg über die Durchquerung der Diskurse kann deshalb nach den Vorstellungen Cixous' die Frau im Schreiben das Verdrängte hervortreten lassen.[75] Insofern trügen die Frauen die Möglichkeit zu einem *positiven Programm* in sich:

> »Es müßte also so sein, daß die Frau beginnt, ... ein Begehren vorzutragen, das mit dem Kalkül brechen würde, in dem 'ich niemals verliere, außer um mehr zu gewinnen' ..., um sich alles das, was es an Arbeit der Negativität gibt, zu sparen und die Arbeit eines Positiven sich ereignen zu lassen, das sich bezeichnen wird als das lebende Andere, als das gerettete Andere, als das Andere, das nicht von der Zerstörung bedroht wäre. Die Frauen haben etwas an sich, das dieses Überleben und dieses Beleben des Anderen, der Andersartigkeit in ihrer Unversehrtheit, organisieren könnte.«[76]

In diesem Programm steckt der Versuch, das mit dem weiblichen Geschlecht aus der Kultur ausgeschlossene 'Andere' zu revitalisieren. Hierbei ist der Text Wunschobjekt, in ihn wird die 'Weiblichkeit' eingeschrieben: Kontinuität, das Unbewußte, der Rhythmus, das Archaische. Wenn diese Beschreibung des 'Weiblichen' richtig ist, dann scheint den Pädagogisierungsprogrammen solcher Philosophen wie Kant, Fichte und Rousseau die beabsichtigte Geschlechtsrollenpolarisierung offensichtlich gelungen zu sein:

> »Es ist sozusagen Aufgabe der Frauen, die Moral auf dem *Wege der Erfahrung* zu finden, an uns ist es, sie in ein *System* zu bringen.«[77]

Bei Rousseau, in seiner Entgegensetzung von Bewegung und Abstraktion, ist das 'Weibliche' minder, bei Cixous und Irigaray dagegen höher bewertet, dies allerdings nicht in einer einfachen Umkehr der Normen, sondern mit der Absicht, die Dichotomie überhaupt aufzuheben, das System durch den Fluß quasi von unten auszuhöhlen. Weiblichkeit ist damit das eigentliche Ziel für *beide* Geschlechter. Jetzt wird nämlich nicht mehr dem Mann das 'Männliche', und der Frau das 'Weibliche' zugeordnet, sondern 'Weiblichkeit' kann von Mann *und* Frau wiedergefunden bzw. hervorgebracht werden. Also nicht mehr der alte Traum von der Androgynität, d.h. von der Vermischung von Merkmalen, unabhängig vom biologischen Geschlecht, sondern die *Feminisierung der Kultur* ist als Perspektive dieser Theorie eigen.

Obwohl die Thesen Cixous' und Irigarays eine Fülle von Einsichten über die Frau in der männlichen Ordnung enthalten und sich mithilfe ihrer Thesen wichtige Beobachtungen an Texten eröffnen, sehe ich – vor allem in der Rezeption und Anwendung ihrer Thesen – einige Gefahr. Die fehlende historische Differenzierung dessen, wie die Frau nach männlichem Wunsch (vgl. z.B. Rousseau) sein soll, wie sie ist und wie sie sein könnte, d.h. die fehlende Unterscheidung von *Frauenbild, Frau* und *Utopie*, birgt schließlich doch die Gefahr in sich, daß das 'Weibliche' als »ewig Weibliches« festgeschrieben wird, während in einer Revision der männlichen Ordnung sich das Männliche am Stoff des Weiblichen gesundet – ein alter Traum übrigens, der sich schon bei Schlegel, Kleist, Flaubert, Marcuse u.a. findet. Der konstatierten Verwandtschaft von Sinnlichkeit, Poesie und Weiblichkeit folgt die Zusammenführung des Wunschobjektes Frau mit dem Wunschobjekt Text, indem sich der Mann im Text als Frau phantasiert – das ist die friedliche Koexistenz von Weiblichkeitswahn und Frauenhaß.[78]

Ein Beispiel für die Anwendung von Irigarays Thesen aus der Kleist-Forschung: Lilian Hoverland[79] diskutiert weibliche Momente in Kleists Literatur und entdeckt eine ganze Reihe der von Irigaray als weiblich charakterisierten Merkmale in seinen Texten. Diese Beobachtung, welche diejenige Richtung der Kleist-Forschung fortschreibt, welche im Werk Auswirkungen der Bisexualität bzw. Geschlechtsdiffusion des Autors interpretiert, übersieht aber, daß diese als *weiblich* identifizierten *Züge* mit einem Personal an Frauenfiguren gestaltet werden, die zur *Reproduktion des gespaltenen bürgerlichen Frauenbildes* beitragen.

Kleist hält seine Heldinnen in der Unvereinbarkeit von Wissen/Bewußtsein und Sexualität gefangen, welche der Diskurs über die 'Unschuld' für Frauen unweigerlich nach sich zieht: Die Marquise gibt sich »bewußtlos« hin, wieder bei Bewußtsein will sie dann nichts mehr wissen. Käthchen folgt somnambul dem Grafen, den sie liebt, ohne es zu begreifen. Penthesilea verschlingt im Rausch ihren Geliebten/Gegner Achill und weiß nachher – träumerisch abwesend – nichts mehr davon. Käthchen als jungfräuliche Unschuld, Penthesilea als Rasende, die Marquise als Verführerin und Opfer zugleich – diese Heldinnen werden zudem von ihrem Schöpfer im

Spiel mit der konkreten und übertragenen Bedeutung der Sprache den Lesern(innen) vorgeführt. Mithilfe einer solchen *Zweideutigkeit* der Sprache funktioniert ein kompliziertes Kontrollsystem, das vor allem über die Verunsicherung der Frau als Bezeichneter wirkt.[80] Die Zweideutigkeit im Blick des Mannes auf die Frau und in seiner Sprache über sie korrespondiert mit ihrem Gefühl der Ambivalenz bzw. Gespaltenheit – was sich z.B. in der verschwiegenen Rezeption, vor allem bei weiblichen Lesern, der »Marquise« deutlich zeigt.

Meines Erachtens führt die Entdeckung 'weiblicher' Momente in der Literatur von Männern nicht weit, zumal deren theoretische Voraussetzung – Freuds These von der *Bisexualität* des Menschen, vom Vorhandensein 'weiblicher' und 'männlicher' Eigenschaften in beiden Geschlechtern – eine problematische Verwendung des Begriffspaares weiblich/männlich enthält. In der gut gemeinten Absicht, die Geschlechtsrollen von ihrer biologischen Bestimmung zu lösen, werden hier Vorstellungen einer Geschlechterdichotomie viel fundamentaler und weitreichender festgeschrieben, weil sie als *soziale* Geschlechtsrollen verewigt werden. Jeweils ein ganzes Bündel spezifischer Merkmale wird unter einem Begriff subsumiert und zusammengeschmiedet, so daß in Anlehnung an die bürgerliche Geschlechter*dichotomie* doch wieder der Gegensatz 'männlich' (aktiv, rational etc.) und 'weiblich' (passiv, emotional etc.) aufersteht, nur daß es jetzt 'männliche' Frauen und 'weibliche' Männer geben kann. Welch ein Fortschritt!

Sinnvoller schiene es mir, umgekehrt die Wörter 'Mann' und 'Frau' beizubehalten – schließlich geht es um die lebendigen Individuen, die damit bezeichnet werden – und über ihre Merkmale, Eigenschaften und Verhaltensweisen als konkrete zu sprechen und nachzudenken. Erst so wäre beispielsweise eine Koppelung von zwei einzelnen Eigenschaften aus den so unvereinbar im Begriff fixierten Gegensätzen, etwa von aktiv und emotional denkbar, ohne daß dies als 'verrückt' normativ ausgegrenzt wäre. Erst so auch würde es möglich, im bürgerlichen Diskurs das als männlich definierte Vermögen im einzelnen zu befragen und es nicht in Bausch und Bogen zu verwerfen. Insofern möchte ich das Nachdenken über *die Frau* in feministischer Theorie und Poesie rehabilitieren – gegen Cixous und Irigaray, in deren Thesen eine gewisse Mystifikation des *Weiblichen* mir Unbehagen bereitet, so sehr ich ihre Kritik an solchen Theorien teile, die 'die Frau' als neuen Gegenstand alter Diskursstrukturen konstituieren.

Um sich aus der Existenzweise als 'anderes' Geschlecht zu befreien, brauchen die Frauen alle ihre Sinne, ihren Verstand und ihr Gefühl. Sie müssen vor allem neue Wahrnehmungs- und Äußerungsweisen finden.

Wahrnehmungen, das sind Sinneseindrücke, die be-greifen, urteilen, aktiv sind; z.B. der Blick.

In strukturalistischer Tradition wird bei Irigaray der Blick dem männlichen System, dem Begrifflichen, Benennenden, Individuierenden, der Metapher zugeordnet, während die Frau eher mit dem Gestischen, Metonymischen, Assoziativen verbunden wird:

>»In dieser Logik [der des Abendlandes, d.Verf.] ist besonders der Vorrang des Blickes und der Absonderung der Form, der Individualisierung der Form, einer weiblichen Erotik fremd. Die Frau genießt mehr durch das Berühren als durch den Blick.«[81]

Wichtig ist hier m.E. der Hinweis, daß die Frau sich hüten sollte, sich von ihrer assoziativen, an Erfahrung gebundenen Wahrnehmung zu entfremden. Nur hat dieses an ihren Alltagsrhythmus gebundene Bewußtsein auch dazu beigetragen, daß die Frau in ihrer Lage verharrt, die zu be-greifen, auch metaphorisch zu durchdringen, ein wichtiger Schritt zur Veränderung sein wird. Statt auf den Blick zu verzichten, wird die Frau ihr Auge schärfen müssen – nicht die Brille des Mannes aufsetzen, aber sie wird ihren *eigenen* Blick, einen aktiven, nicht-voyeuristischen Blick entwickeln müssen. Die sich selbst verdoppelnde Frau, der die Frau zum lebendigen Spiegel wird, in dem sie sich verliert und wiederfindet (Lenk), braucht m.E. ein wachsames Auge, um die Sprache der anderen Frau, die Beredsamkeit ihres Körpers, ihres Schweigens und ihrer Gesten zu verstehen.

M.E. ist der von Irigaray vorgeschlagene Weg, die Durchquerung der Diskurse, nicht der geeignetste. Es gibt andere, vielleicht weniger dornige und verzweigte Wege der Suche, verschiedene Wege, je nach dem Ausgangsort der einzelnen Frau, die vielleicht zu einem kollektiven Ort zusammenführen können.

Für die Literatur gibt es z.B. den *analytischen* Weg, der die Herstellungswege des Weiblichen in der Literatur von Männern zu be-greifen sucht, um die Muster und Bilder – diese ewig wiederkehrenden, gleichenden Bilder des Weiblichen – zu erkennen, einen Weg, der den *Frauenbildern* auf die Schliche kommt und sie *entzaubert.*[82]

Und es gibt die *Literatur* von Frauen, die diesen (begrifflichen) Umweg nicht geht. Denn weil die Frau traditionell das 'Weibliche' *verkörpert*, er*fährt* und er*lebt* sie sich ja als (im Diskurs bloß *definierten*) Mangel, als das 'andere Geschlecht'. Der Weg, *diese* Erfahrung beschreibend und begreifend auszudrücken, ist eine Suche nach dem Schreiben und Leben der Frau als eigentliches Geschlecht – nicht schon die Möglichkeit/das Resultat.

Die Utopie von der Frau als 'eigentliches' Geschlecht beinhaltet nicht – in Umkehrung patriarchalischer Verhältnisse – den Anspruch, einziges bzw. übergeordnetes Geschlecht zu sein, sondern lediglich, daß die Frau nicht mehr in Abhängigkeit vom Mann definiert wird, sondern sich autonom begreift und erlebt und Erfahrungen mit sich selbst und anderen als originäre, und nicht als abweichende betrachtet. Mit der Verwandlung der Frau vom *'anderen'* zum *'eigentlichen'* Geschlecht brauchte sie sich, ohne dem Manne nachzueifern, nicht mehr als Mangel zu identifizieren.

Daß in der Rede über das 'Weibliche' bei Cixous und Irigaray diese Differenz zwischen der Frau als 'anderes' und als 'eigentliches' Geschlecht nicht klar erscheint, darauf zielt meine Kritik ihrer Theorien. In dieser Differenz besteht der Unterschied zwischen dem Bestehenden, das kritisiert wird, und der Utopie einer Befreiung. In der Analyse des weiblichen Ortes in der männlichen Ordnung stimme ich mit ihren Aussagen überein, während ihre programmatischen Aussagen für eine weibliche Praxis mir sehr problematisch erscheinen, vor allem die Verengung weiblicher Praxis auf Schreiben (Cixous) und die Annahme eines darin schon enthaltenen positiven Programmes. Beim Aufschreiben ihres Unbewußten, beim Aufschreiben aller Ängste und Wünsche – auch der ganz regressiven Träume nach Unselbständigkeit etwa – stößt die Frau auf die Fülle der Bilder in sich, auf ein heilloses Durcheinander von Trugbildern und Auf-Begehren. In der *schreibenden Durchquerung dieser Bilder* (wie im lebendigen Ausagieren) kann die Frau sich von den Bildern befreien und zu einer eigenen und eigenständigen Betrachtung ihrer selbst, der Kultur und der Gesellschaft kommen.

IV

12. (Zeit)Geschichte und die Geschichten der Frauen

Daß die Fähigkeit zum schielenden Blick unter Voraussetzungen, die befreite Augen (noch) nicht zulassen, nicht nur den Blick für die Fallen der Frauenbilder schärft, sondern ebenso vor der Verwässerung politischer Wahrnehmung schützt, läßt sich an verschiedenen Reaktionen von Frauen auf die Revolution 1848 studieren.

Fanny Lewald, deren Abhängigkeit von patriarchalischen Mustern oben behauptet wurde, kann mit den Revolutionsereignissen nur in traditionell weiblicher Manier umgehen. Sie wählt die »Guckkasten«-Perspektive zur Betrachtung der politischen Ereignisse auf der Straße; ihr Platz ist im Innern des (Minister)Hauses, den sie durch ihr Renommee als Schriftstellerin erlangt hat. Dieser Einblick hinter die Kulissen politischer Diplomatie verhilft ihr jedoch nicht zu mehr Einsicht: wie guten deutschen Bürgern auch, bereitet ihr der Anblick demonstrierender Frauen äußerstes Unbehagen.[83]

Louise Aston dagegen begibt sich mitten in die Ereignisse und verschafft sich Durchblick. Ihre Analysen der politischen Lage, wie sie aus ihrer Zeitschrift »Freischärler« (November/Dezember 1848, Berlin) und ihrem Revolutionsroman sprechen, sind treffend. Ihre Wachsamkeit für die so früh wieder einsetzende Reaktion ist ebenso scharf wie für die Täuschungen der Frauenbilder. Das macht sie allerdings zu ihrer Zeit doppelt einsam: weder in der politischen Landschaft noch in der Frauenbewegung findet sie ihren Ort.[84]

Ich möchte jetzt einen zeitlichen Sprung in den ausgewählten Textbeispielen machen und im folgenden einige Publikationen aus der Gegenwartsliteratur interpretieren, um die Brauchbarkeit der historisch gewonnenen Überlegungen einer feministischen Literaturkritik für die aktuellen Probleme weiblichen Schreibens zu demonstrieren.

»Ich habe mir eine Geschichte geschrieben« – im Titel von *Inga Buhmanns* Buch wird das eins, was sonst als Getrenntes beschrieben ist: die *Geschichten*, die Frauen aus ihrem Leben erzählen, und die von Männern gemachte und geschriebene *Geschichte*. Doch der Text, den Inga Buhmann veröffentlicht hat, gibt nicht vor, diesen Gegensatz versöhnen zu können. Im Gegenteil: das Buch handelt von den Brüchen, von den Rissen, davon, wie Privates eben gerade nicht politisch wurde, und davon, wie Politisches das Private entfremdete. Die Dissonanz zwischen dem Rhythmus der Zeitgeschichte, an der die Autorin teilhatte (1940 geboren, Schulzeit auf dem Lande in den Fünfzigern, dann Studium und anti-autoritäre Vor-68er und Nach-68er-Bewegung), und dem ihrer subjektiven Entwicklung, welche dem Buch eingeschrieben ist, zerstört alle Erwartungen, die sich auf eine Autobiographie richten.

Das Buch setzt sich zusammen aus authentischen Dokumenten, vor allem Tagebucheintragungen und Briefen, aber auch kollektiven Texten wie Flugblatt und Zeitung, die in einer lebensgeschichtlichen Chronologie geordnet und von einem kommentierenden, in der Jetzt-Zeit (1975/76) aufgeschriebenen Text der Autorin eingerahmt sind.[85] Die Veröffentlichung des Privaten ist in dieser radikalsten Form literarischer Subjektivität tatsächlich politisch, d.h. Geschichte ist im Innern der persönlichen Aufzeichnungen aufspürbar – facettenhaft, nicht als Kontinuum.

Gedanken und Bilder aus Gelesenem (Sartre, Gombrowicz, Artaud, Marx, Genet, Nietzsche u.a.), Erlebnisse, Gespräche und Berührungen mit Menschen (mehr Männern als Frauen), auch mit Umgebung, verschaffen sich langsam sickernd, oft redundand kreisend, manchmal aber auch explosionsartig Raum in den Texten, ergreifen auch vom Körper der Schreibenden Besitz, markieren manchmal sanfte, oft abrupte Richtungswechsel ihres Lebensweges. Psychiatrie, Krankenhaus, Selbstmordversuch sind Stationen in dieser Lebensgeschichte ebenso wie emphatische Glücksmomente, entgrenzende Reisen und harte politische Arbeit in der »Basisgruppe Spandau«, permanent begleitet von Lektüre, die keine Distanz zum Leben zuläßt, und ständig auch schreibend gespiegelt. Die Jetzt-Schreibende versucht nun nicht, mithilfe rückblickender Erinnerungsarbeit aus dem vorhandenen Material die Geschichte einer kontinuierlichen und episch beschreibbaren *Entwicklung* zu gestalten, aus der das heutige 'Ich' sich als (aus)gebildetes herleitete und erhellte. Das damalige 'Ich' und das rückblickende 'Ich' werden nicht versöhnt. Häufig steht die Autorin ihren eigenen früheren Texten fremd gegenüber. Buhmanns Schreibweise scheint einer Vorstellung Cixous' zu folgen:

> »Das Erlauben der Brüche, der 'Ausflüge' (parties), der Teilungen, der Trennungen ... von wo aus man bricht mit dem auf-sich zurückkommen, mit der Spiegelung, die die Einigung, die Identifikation des Individuums organisiert. Wenn eine Frau in der Nicht-Repression schreibt, läßt sie ihre Anderen hervortreten, ihre Menge von Nicht-Ich/s.«[86]

Inge Buhmanns Buch setzt sich nicht der Repression einer Form aus, deshalb braucht sie das andere, ihr fremd-gewordene nicht zu töten. Das Buch steht im Gegensatz zu den z.Zt. beliebten, aber problematischen Versuchen von Frauen, ihre Lebensgeschichte im Muster eines von Männern entwickelten Genres zu schreiben: *Autobiographie* und Entwicklungsroman, denen ein bestimmtes Modell der Persönlichkeitsentwicklung zugrunde liegen, das Modell eines Individuums, das sich im Austausch mit Gesellschaft (aus)bildet und durch seinen Status – sei es als männlicher bürgerlicher Held oder als proletarischer Klassenkämpfer – per se gesellschaftliche und geschichtliche Bedeutung hat. Wenn Frauen nun ihre Geschichte schreiben, reicht es nicht, wenn sie durch die historische Ortung ihrer eigenen Erlebnisse Bedeutung von der großen Geschichte leihen.

In Gegenüberstellung von *Anja Meulenbelts* »Die Scham ist vorbei« und Christa Wolfs »Kindheitsmuster« haben Jutta Kolckenbrock-Netz und Marianne Schuller autobiographische Schreibweisen von Frauen untersucht. Am Beispiel der Umgangsweise mit dem 'Ich', dem erinnerten und dem erinnernden, stellen sie bei Meulenbelt fest:

> »... doch drängt sich in den Metaphern und den wiederkehrenden Klischees feministischer Weiblichkeitstopoi stets der spätere Standpunkt auf, der einer der *Wahrheit* ist und des *Zieles*.« – »Die Autobiographie der Anja Meulenbelt zeichnet sich durch ein illusionär-ideologisches Totalitätskonzept aus, das das 'weibliche Subjekt' als neue Heroine formuliert.«[87]

Gegenteiliges gelte für *Christa Wolf*, deren »Kindheitsmuster« sie als Subversion des autobiographischen Genres lesen, welche sich über die »Aussparung der für das Genre konstitutiven Ich-Form« hervorbringe:

> »Widersprüchlich den zeitlichen Erzählfluß aufsprengend ... wird auch das autobiographische Subjekt in seiner Uneinheitlichkeit und Widersprüchlichkeit hervorgebracht, dem die grammatischen Formen der zweiten und dritten Person korrespondieren. *Der blinde Fleck aber bleibt das Ich*, bleibt die erste Person. Gerade aber indem das Ich ausgespart bleibt, wird es als Sehnsucht eingebracht. In der Subversion des autobiographischen Schreibens kommt die unstillbare Sehnsucht zur Sprache, hinter die Spiegel zu gelangen, aus denen uns das autobiographische Trugbild unserer Geschichte und unserer Subjektivität entgegenkommt.«[88]

Inga Buhmann verwendet das autobiographische Genre in *paradoxer* Verfahrensweise. Sie läßt den für sie selbst Geschichte gewordenen Texten mehr Raum als der Erinnerungsarbeit. Unmittelbarkeit der Tagebuchaufzeichnungen und nüchterne Distanz der montierenden Kommentare bilden einen Steinbruch für Geschichte, in dem sich die verschiedensten Farben und Materialien nebeneinander befinden. Das Buch ist kein Text über Frauen, es ist die Geschichte einer Frau in der Form aufgeschriebener Gedanken und Empfindungen. Die Tagebuchaufzeichnungen darin kommen wohl dem am nächsten, was Cixous meint, wenn sie davon spricht, daß eine Frau »sich schreibt«[89], oder auch dem Sinn von Irigarays »Frau Schreiben«.

Aber Buhmanns Fragmente zeigen auch die Ambivalenz eines solchen Schreibens: Schreiben als *narzißtische* Bewegung, und Schreiben als Rückzug und Widerstand/Bewahrung:

> »Schreiben ist eine ambivalente Bewegung. Schreiben trennt, isoliert, zieht sich zurück. Es besteht die Gefahr des Elfenbeinturmes. Aber es gibt auch die Notwendigkeit, einzuschreiben, um dem Tod, dem Auslöschen, dem Schweigen Widerstand zu leisten.«[90]

Für *diese* Art des Schreibens ist nicht immer Platz im Leben einer Frau, wie Buhmanns Geschichte zeigt. Ließe man nur diese Art des Schreibens als 'Frauenliteratur' gelten, gäbe es viele Leerstellen in ihrer Geschichte, Phasen, die so lebendig (oder aber so tot) waren, daß sie für den Narzißmus eines solchen Schreibens nichts hergeben. Während der Zeit, in der Inga Buhmann sich am einheitlichsten erlebt hat, während der handlungsintensiven Jahre in Berlin, schweigt ihr Tagebuch:

»Wenn die politische Gesamtsituation nicht so desolat gewesen wäre, könnte ich diese Zeit als eine betrachten, in der ich auf den verschiedensten Ebenen mit mir selbst identisch sein konnte. Ich brauchte mich weder als Intellektuelle, noch als Frau, noch als 'Basisarbeiterin' verleugnen. Ich konnte in einem kurzen Moment das alles zusammenbringen.«[91]

Doch bald darauf wurde fühlbar, daß auch diese Erfahrung einen Mangel in sich barg: es fehlte Ruhe – z.B. die Ruhe des Schreibens. Die Geschichte des Buches endet, als die »Neue Frauenbewegung« noch in ihren Anfängen steckt. Sicher aber wurden die Ausschnitte aus der Perspektive gelebter Frauenbewegung ausgesucht. Anders aber als viele literarische Dokumente der Frauenbewegung, feministische Tendenzliteratur, die sich im Leben als Opfer einrichtet und dieses zelebriert[92], enthält das Buch von Buhmann eine *Durchquerung* der Orte des Weiblichen, und zwar nicht im Innern der Diskurse (Irigaray), sondern im Innern und am Körper einer Frau, die sich selbst als lebendige Verkörperung des 'Weiblichen' in diesen Diskursen erlebt. Bis an die Grenze des Lebbaren, manchmal über die Grenze hinaus, hat die Autorin der Tagebücher Frauenbilder erprobt. Dieses Buch, das auf den ersten Blick gar nicht als 'Frauenliteratur' erscheint, spricht im Kern vom Erleiden der Spaltungen und des Mangels in den gelebten Bildern. Das Bild der Madonna, der Mutter, der Heiligen, die totale Autonomie (und Einsamkeit) einerseits und die vollständige Hingabe (und Unterwerfung) andererseits, intellektuelle Askese und Rausch, alle Möglichkeiten werden durchlebt. Alles Gelesene wird wörtlich genommen, dem Dogma von der »Vereinigung von Kunst und Leben«[93] folgend, *gelebt* – und *desillusioniert*. So wird z.B. die Faszination, die von der Rolle des »Narren« ausgeht, in den Aufzeichnungen über das Leben in der Psychiatrie entzaubert:

»Meine Liebe, denke daran, du bist augenblicklich in deine Urheimat eingekehrt, ins Narrenhaus und bist hier zum ersten Mal durch fatale Umstände dazu gezwungen, vernünftig zu sein.« (S. 83)

Die Lektüre von Poesie und Philosophie dient der bemühten Suche nach Sinn und nach dem 'anderen', dem Verdrängten. Bei dieser Suche trifft sie zunächst auf die geläufigsten Muster des 'anderen': auf Frauenbilder. Die Auseinandersetzung mit den Frauenbildern Madonna, Mutter und Hure durchziehen weite Passagen der Tagebuchausschnitte. Der gelebte Umgang mit den Bildern ist nicht ohne Risiko, vielleicht aber wirkungsvoller als manche Gratwanderung eines Emanzipationsversuches, bei dem unter Umgehung von Abweichungsgefahrenzonen auf Erfahrung verzichtet wird. Vor allem die Paris-Kapitel des Textes belegen exemplarisch eine solche Durchquerung eines Bildes, dem Bild der Geliebten, der Muse, der Undine. Am Anfang steht das Gefühl, »wie eine lebendige Tote« (S. 126) zu leben, dem Bild des »deutschen Gretchens, naiv-treuherzig, voller Liebe, Zärtlichkeit, Hingabe, etwas tumb-passiv, eben rührend«, zu entsprechen (S. 129). Dem folgt die gewünschte Entgrenzung in der Rolle der Geliebten, der »Verkörperung von Freiheit und Leidenschaften« (S. 119) bis zur Erfahrung, »ganz Objekt zu sein« (S. 135) – und dann schließlich die Zerstörung dieses Bildes.

> »Ich wollte nicht länger eine Mystifikation sein. So packte ich in einem Gewaltstreich Kunst, rituelle Begegnungen, Traumlandschaften in die Dunkelkammer, rettete sie sozusagen vor der Helligkeit und wandte mich eher verächtlich als begierig der 'äußeren Wirklichkeit' zu. Politik war für mich lange Zeit ein notwendiger Kompromiß mit der Realität.« (S. 156)

»Undine geht«[94] ... und bricht auf in die Welt der Männer, in die Politik. Aber aus der Nüchternheit wird bald Leidenschaft, wie das Engagement und die Intensität belegen, mit der Inga Buhmann auch das Bild der »Genossin« durchlebte.

> »Man befreit sich von einer Sache nicht, indem man sie vermeidet, sondern indem man durch sie *hindurchgeht*.«[95]

Dieses Motto, das dem Tagebuch aus dem Jahre 1965 vorangestellt ist, könnte der ganzen Geschichte als Leitmotiv dienen. Das Verfahren des Hindurchgehens erinnert an Hélène Cixous' Vorhaben, wie sie es in einer Seminarankündigung formulierte:

> Sie wolle über die »Weisen arbeiten, wie aus dem 'Transfert' (der Übertragung) ein 'Transpère' (ein Vater-Transit) wird, arbeiten über ihre [der Frau, d.Verf.] ausschweifenden Auswege aus dem Netz der Massenmedien und aus der Gesellschaft der Blendwerke, dieser Bildschirm-Druckerei, uns vorarbeiten auf den Gleisen ihres 'transfaire' (ihres Übergangs) hin zu den Orten, wo sie sich in fröhlicher Arbeit als Frau und als Fortschreitende erleben kann, falls sie in der Realität will, was sie wirklich will.«[96]

Hier verweist Cixous auf einen Weg, den Buhmann literarisch dokumentiert hat und der die Frau, von ihrem Objektstatus für männliche Projektionen ausgehend, durch die männliche Ordnung hindurch zu ihrer eigenen Kultur führt. Das Ziel ist nicht erreicht, aber in der Richtung, die beschritten wird, als Utopie anwesend. Die Umwege wären nur dann Irrwege, wenn sie nicht als *'Transit'* begriffen würden, wenn die Frau sich in ihrer Entwicklung mit der Eroberung männlicher Räume begnügte.

Der Struktur nach gleicht der den biographischen Aufzeichnungen Buhmanns innewohnende Weg des Hindurchgehens dem widerspruchsbewußten Umgang Louise Astons mit den Frauenbildern, die – allerdings in dem konventionellen Genre des Romans und somit in fiktiver Form – die Pole des gespaltenen Frauenbildes für ihre Figuren erprobte. Indem ihre Gestalten die Rollen der 'Jungfrau' und 'Hure' durchlebten, gelang ihr die Entzauberung des bürgerlichen Frauenideals, welche sie frei machte zum Entwurf einer neuen Frau, die sich keiner Reduktion unterwirft. Wenn auch der dritte Roman Louise Astons über Alicens Abenteuer im Revolutionsjahr 1848 einige reale Grenzen poetisch überschreitet, die einer Frau ihrer Zeit gesetzt waren, während Inga Buhmann ihre Erlebnisse schreibend begleitet hat, so ist doch beiden Texten gemeinsam, daß sie weibliche Lebensgeschichte und Zeitgeschichte verbinden, d.h. punktuell die Geschichte mit den Geschichten einer Frau verschmelzen.

13. Krankheitsberichte von Frauen – Die Zerstörung des schönen Bildes

Aufzeichnungen, in denen Frauen über ihre »Krankheit« berichten, zeigen, daß die Zerstörung der Frauenbilder nicht selten über die Beschädigung der sie verkörpernden Frauen erfolgt. Am Körper der Frau, dem Repräsentationsort von 'Weiblichkeit', wird die Ent-Täuschung notiert. Mit der *Geschwätzigkeit* des hysterischen, magersüchtigen oder depressiven *Körpers* verschafft sich die Frau, die in der männlichen Ordnung zum Schweigen verurteilt ist, Gehör. Diese Rede ist nicht ohne Ziel, auch wenn sie häufig (zunächst) ins Nichts führt. Es ist auffällig, daß die Heilung bzw. Besserung der Krankheit im psychiatrischen Sinne, d.h. das Abklingen der akuten Krankheitssymptome, vielfach bei der Betroffenen ein Gefühl der Leere zurückläßt.

> »Ganz nicht, ganz im Nichts. Das bin ich – das ist eins, mein Körper, mein Geist.«[97]

Maria Erlenberger, die dies im Zusammenhang ihrer Entlassung aus der Psychiatrie aufschreibt, berichtet in »Der Hunger nach Wahnsinn« über ihre Magersucht. Am Beispiel der Magersucht läßt sich der Zusammenhang von 'Weiblichkeit' und Krankheit am sinnfälligsten studieren. Psychiater gehen davon aus, daß magersüchtige Frauen und Mädchen sich weigern, Frau zu sein. Wenn man in dieser Deutung das Wort Frau in Anführungszeichen setzt, Magersucht also als Verweigerung der Frauenrolle, d.h. der Norm von 'Weiblichkeit', als Auflehnung dagegen, das Frauen*bild* lebend verkörpern zu müssen, liest, erst dann ist der Zusammenhang richtig hergestellt. In der Summe psychischer »Krankheiten«, die bei Frauen signifikant häufiger auftreten als bei Männern, kann die Magersucht als Symbol für die Geschlechtsrollen*verweigerung* betrachtet werden; die magersüchtige Frau zerstört das schöne Bild an sich selbst, indem sie es sich buchstäblich vom Leibe schafft. Insofern kann die Krankheit als ambivalente Herstellung einer Leerstelle gelesen werden, positiv im Moment des Abstreifens eines Bildes, das als fremd und unerträglich empfunden wird, und als erlittene Möglichkeit, sich neu zu schaffen, negativ aber im Moment der selbstzerstörerischen Form dieses Prozesses.

Im Hinblick auf das herrschende Frauenbild ist die Magersucht Verweigerung in Form von *Übererfüllung* und *Protest* zugleich. Das Ideal der schönen, schlanken, begehrenswerten Frau wird übertrieben erfüllt. Mit leiser Ironie stellt Erlenberger dies, sich selbst betrachtend, fest:

> »Ich schlug die Beine übereinander. Diese schmale Stellung entsprach meiner Körperlinie. Als ich noch ein junges Mädchen war, hatte ich dicke Oberschenkel, und das Übereinanderklappen der Beine funktionierte zu meinem Leidwesen nicht ganz so mühelos, wie es aussehen sollte. Ich fand diese Stellung damals sehr elegant und freizügig. Ich hatte jetzt keine Mühe mehr, elegant zu sein. Ich war *viel zu elegant* geworden, um die damit verbundenen Vorstellungen zu erfüllen.«[98]

Während das »viel zu elegant« als Resultat auf die paradoxe Erfüllung der Weiblichkeits-Norm anspielt, entspricht die *Form* des Hungerns eher Männlichkeitswerten, nämlich Disziplin, Leistung und Dominanz der Vernunft, und ist als Protest gegen die hervorragende Bedeutung von Körper, Emotionalität und Natürlichkeit im Begriff 'Weiblichkeit' zu lesen. Die Krankheit als neues – vorübergehendes – Rollenangebot wird im Hinblick auf die Frauenrolle als Befreiung beschrieben:

> »Hier trennt man nicht zwischen weiblich und männlich, hier heißt der Überbegriff 'Irr' ... Hinter der dicken Mauer, hinter Gittern, hinter verschlossenen Türen, da gibt es die Freiheit vom andern Geschlecht, hier gibt es die freiwillige Einsamkeit, ohne Alternative. Im normalen Leben wird man, weil soviel auf Vorbilder gehalten wird, gezwungen, ein Ich zu seinem Ich dazunehmen. Man darf eigentlich nicht allein bleiben. Jeder zwingt sich dazu, weil er sonst nicht normal ist. Hier muß man diese Erwartung nicht erfüllen. Hier muß man die männliche und die weibliche Rolle nicht spielen. Hier ist man sich selbst Vorbild, und es sieht ein *leeres Auge* in ein leeres Auge und das sind *zwei*, die ich in meinem Gesicht habe.«[99]

Indem das »normale« weibliche Ich abgelegt wird, bleibt das Empfinden einer Leere, eines »gestaltenlosen Ich« (S. 91) zurück. Der ehemals gefühlte Widerspruch zwischen den Versprechungen der 'Weiblichkeit' und der tatsächlichen Öde des weiblichen Lebenszusammenhanges wird negativ harmonisiert, wenn das Selbstwertgefühl dem tatsächlichen Empfinden angeglichen wird: Destruktion des Bildes, Ent-täuschung und Absinken der Erwartungen auf das Niveau der Wirklichkeit.

Doch zwischen dem endlosen, schmalen Frauenalltag und dem Schritt in das Selbstverständnis, krank zu sein, steht das Hunger-Unternehmen bei Maria Erlenberger als Sinn-stiftendes »Spiel«. Die Phasen, die ihr Bericht umfaßt, sind folgende: Alltag – Hungern – Krankheit/Psychiatrie – (angenommene) Leere. Das Vorhaben des Fastens muß vorerst den als leer erlebten Alltag der Erzählerin mit Bedeutung und Reglement erfüllen. Das Hungern wird im Verlaufe des Textes als »Spiel«, als »Beruf«, als »Ordnung« und »System« und als »Lebensregel« bezeichnet.

> »Ich war dem Chaos entwichen und hatte eine Lebensregel für mich gefunden, mit der ich mich im Nichts zurechtfand.« (S. 51) – »Ich hatte ein Gefühl. Das Hungergefühl. Es erfüllte meine langen Tage. Ich hätte sonst nach Gefühlen suchen müssen.« (S. 119)

Mit dem körperlichen Zusammenbruch wird das Hungerunternehmen beendet und sein scheinhafter Sinn durch die Konfrontation mit der inneren Leere entlarvt.

Die Hervorbringung einer fehlenden Identität, die dem Text als erlebte zugrundeliegt, wird in anderen poetischen Veröffentlichungen von Frau »nur« imaginiert. Die Literatur als experimentelle Abarbeitung von 'Weiblichkeit' kann die Zerstörung des Frauenbildes in der Fiktion betreiben. Doch auch sie ist mit einer dabei zum Vorschein kommenden Leerstelle konfrontiert: die neue, befreite Frau ist noch nicht vorstellbar. Der Begriff der *»authentischen Literatur«,* der sich im Unterschied zu fiktionalen Texten für derartige Berichte eingebürgert hat, ist in diesem Fragezusammenhang insofern richtig, da er die Berichte einer *gelebten* Zerstörung von *imaginierten* Strategien unterscheidet. Andere Bedeutungen des »Authentischen« wie z.B. wahrhaftig, ehrlich, subjektiv u.ä. stehen hier nicht zur Debatte, weil sie Wertungen enthalten, deren Grundlage nicht durchschaubar ist und die zudem auf jeden, auch fiktiven Text anzulegen wären.[100] Als authentisch bezeichne ich hier Aufzeichnungen einer Verfasserin, die Erlebnisse und Gedanken aufschreibt, die erst im Nachhinein (durch Publikation) Literatur werden. Es sind vielfach Aufzeichnungen, in denen das *Schreiben* für die Verfasserin eine primäre, existenzielle oder therapeutische Funktion hat. Dies trifft auf Maria Erlenbergers »Bericht« zu, mit dem sie sich beschäftigt, während sie nicht mehr hungert und diese Aufgabe durch eine neue, das Schreiben, ersetzt.

Das »Tagebuch« von *Caroline Muhr*, unter dem Titel »Depressionen« veröffentlicht, ist während ihrer Krankheit z.T. einziger Halt ihrer selbst und einzige Verbindung zur »Normalität«.

> »Aber woran soll ich mich noch halten, wie soll ich mir noch bestätigen, daß ich ein Mensch bin, wenn ich nicht wenigstens einige der Hunderte von Impressionen mit mühsamer Klarheit auseinanderhalten und zu Satzgefügen verwandeln kann, die auch die Menschen, die draußen leben und keine Depressionen haben, verstehen würden?«[101]

Der Text Caroline Muhrs bezieht sich weniger explizit auf das Ungenügen an der weiblichen Realität. Leitmotiv ist eher die Infragestellung von »Normalität«, die sich nach ihrer Erkenntnis lediglich einem genügenden Maß an Gleichgültigkeit verdanke, welches ihr eben fehle. Implizit ist aber auch ihre Beschreibung einer Krankheit als Reaktion auf die latente Schizophrenie weiblicher Existenz zu lesen, denn die Schlüsselerlebnisse ihres Berichtes kreisen um typische Widersprüche einer »emanzipierten Frau«. Aus der 'Normalität' ihrer Vorfahren – gottesfürchtige und dem Manne gehorsame Frauen und selbstherrliche, starrsinnige Männer[102] – ist sie durch ihre akademische Ausbildung ausgebrochen, ist ihr aber durch die Lebensumstände in ihrer bürgerlichen Ehe wieder allzu nahe gekommen. In medizinischen und psychiatrischen Institutionen begegnet man ihr mit patriarchalischer Autorität und sexistischer Behandlung. In ihrer Depression wird die *latente* Ent-Täuschung über ihre Existenz *manifest*: der Widerspruch zwischen ihrem Vermögen und ihrer Praxis und die »Schizophrenie« zweier sich »widersprechender Bewußtseins- und Bewertungsebenen«[103], der Leidenschaft und der Ehe, nimmt in der Krankheit zuerst die Form von Verzweiflung, dann von Ohnmacht an.

Die *latente Schizophrenie* der Frau besteht darin, daß diejenigen Momente des Weiblichkeitsmusters, die ihr moralisches Ansehen verleihen (wie z.B. Mütterlichkeit, Verständnisfähigkeit, Sozialverhalten), andererseits ihre gesellschaftliche Unterordnung begründen. Stellt sie die behauptete Inferiorität des weiblichen Geschlechts infrage und begibt sich beispielsweise in den beruflichen oder politischen Konkurrenzkampf, geht das auf Kosten ihrer 'Weiblichkeit' und menschlicher Anerkennung. Die Schuldgefühle berufstätiger Mütter sind ein beredtes Zeugnis dieses Widerspruchs. Meine These vom *schielenden Blick* als feministisches Vermögen antwortet auf die Tatsachen, daß dieser Konflikt hier und heute nicht auflösbar ist.

Die Krankheitsberichte von Frauen zeigen schmerzhaftere Lösungen des Widerspruchs. Maria Erlenbergers »zwei leeren Augen« fehlt dieser Blick, ihr fehlt die Utopie eines anderen Frauenlebens, auf das sie ein Auge richten könnte, sei es als Vorstellung oder als Erfahrung im Umgang und in der Kommunikation mit anderen Frauen. Phantasien über den schielenden Blick, Überlebensstrategien und konkrete Utopien haben in der Literatur, in der poetischen Sprache Raum zur Entfaltung. Die Sprache der Krankheitsberichte ist in diesem Sinne eine sekundäre Äußerungsform ihrer Autorinnen, der die primäre, die Sprache des Körpers vorausgegangen ist. Ingeborg Bachmann betrachtet Krankheit als eine der Kunstproduktion vergleichbare Aussage:

> »Es gibt keine Krankheit, die nicht vom Kranken produziert wird, auch keinen Beinbruch, keinen Nierenstein. Es ist eine Produktion, wie eine künstlerische, und die Krankheit bedeutet etwas. Sie will etwas sagen, sie sagt es durch eine bestimmte Art zu erscheinen, zu verlaufen und zu vergehen oder tödlich zu enden.«[104]

Die hier besprochenen Texte zeichnen diesen Verlauf nach, brechen das Schweigen; es sind quasi zu spät geschriebene Texte, als daß sie Utopien bergen könnten, Dokumente der Desillusionierung, der Zerschlagung des Spiegelbildes und der Konfrontation mit dem verdoppelten Mangel: dem erlebten Mangel und dem Mangel eines Begehrens/Wunsches.

14. »Du wirst nicht mit deinem Ich siegen« – Todesarten des Ich

Zum Abschluß meiner Thesen möchte ich auf eine Autorin der deutschsprachigen Gegenwartsliteratur eingehen, deren Texte publiziert wurden, bevor 'Frauenliteratur' als Begriff und Programm ins Gerede kam. In ihrem Roman »Malina« (1971) hat *Ingeborg Bachmann* eine komplexe und differenzierte Form der Gestaltung weiblicher Identitätsproblematik gefunden, die die Unvereinbarkeit von Glückssuche und Überlebensmöglichkeit nicht bloß zum Thema macht, sondern als Grunderfahrung weiblicher Existenz literarisch faßt.[105] Der Text spricht davon, wie schwierig, ja unmöglich es ist, als Frau einen Ort in der vorhandenen Wirklichkeit und in den konventionellen Erzählmustern zu finden. Dabei werden die Hinderungen und Schädigungen des weiblichen Ich im Leben wie in der Literatur in einem »Roman« zur Sprache gebracht, der dieses Ich in den Mittelpunkt stellt. Dennoch liefert die formal durchgehende Schreibhaltung einer Ich-Erzählerin keine einheitliche *Perspektive*; dieses Ich ist weder Titelfigur noch läßt es sich als geschlossene Figur der erzählten Handlung ausmachen. Die Titelgestalt Malina ist männlich und – im Rahmen der Fabel – eine der drei Haupt»personen«, von denen der Roman handelt, nämlich vom Ich, ihrem Geliebten Ivan und ihrem Partner bzw. Mitbewohner Malina.

Das Verständnis des Textes wurde z.T. durch die Konzentration auf die Deutung dieser Dreierkonstellation behindert. Die Frage, ob diese als »Dreiecksgeschichte« oder als innerpersonaler Konflikt zu lesen sei, hat die Aufmerksamkeit der Rezensenten größtenteils so beschäftigt, daß der Roman meistens gründlich mißverstanden wurde. In ihrer ausführlichen Werkinterpretation, »Die Auflösung der Figur in dem Roman 'Malina'«[106], hat Ellen Summerfield hierfür eine Klärung angeboten, die sich mit Aussagen der Autorin in Einklang befindet. Ellen Summerfield führt die Kategorie der »*aufgelösten Figur*« ein und zeigt, daß »Dreiecksgeschichte« und die Auseinandersetzung des weiblichen Ich mit Ivan und Malina als Seiten ihrer Persönlichkeit verschiedene Bedeutungsschichten desselben Konfliktes sind. Die Beziehung zwischen Malina und der Ich-Erzählerin hat Ingeborg Bachmann in einem Interview selbst als zwei Teile einer Person gekennzeichnet und als Ausdruck des fundamentalen Erzählproblems eines weiblichen Schriftstellers erläutert:

> »Für mich ist das eine der ältesten, wenn auch fast verschütteten Erinnerungen: daß ich immer gewußt habe, ich muß dieses Buch schreiben – schon sehr früh, noch während ich Gedichte geschrieben habe. Daß ich immerzu nach dieser Hauptperson gesucht habe. Daß ich wußte: sie wird männlich sein. Daß ich nur von einer männlichen Person aus erzählen kann. Aber ich habe mich oft gefragt: warum eigentlich? Ich habe es nicht verstanden, auch in den Erzählungen nicht, warum ich so oft das männliche Ich nehmen mußte. Es war nun für mich wie das Finden meiner Person, nämlich dieses *weibliche* Ich nicht zu verleugnen und trotzdem das Gewicht auf das *männliche* Ich zu legen ...«[107]

Diese Synthese, die hier wie die gelungene Lösung geschlechtsspezifischer Identitätsprobleme klingt, beinhaltet aber »nur« die Lösung des Darstellungs- und Erzählproblems einer Frau, während die Aussage, die auf diesem Wege gestaltbar wird, gerade darin besteht, daß für die Frau keine Überlebensmöglichkeit existiert.

»Malina« ist Teil eines von Ingeborg Bachmann geplanten Romanzyklus mit dem Titel »Todesarten«, von dem bei ihrem eigenen Tod außerdem Fragmente zu zwei weiteren Romanen vorhanden waren. Das Thema der *Todesarten* bezieht sich aber nicht auf Malina, sondern auf das Ich des Romans, wie sich am deutlichsten aus dem Schluß ersehen läßt: Malina überlebt, während das Ich verschwindet: »Ich gehe in die Wand« heißt es zwei Seiten vor Schluß und als letzter Satz: »Es war Mord«. Kurz zuvor faßt der Satz »Ich habe in Ivan gelebt und ich sterbe in Malina« die Geschichte der drei Figuren zusammen – die sich allerdings mit Blick auf andere Stellen des Textes durchaus umgekehrt formulieren ließe. Denn das Leben mit Ivan war kein Leben, und andererseits half Malina 'Ich' auch überleben. Doch gerade der Unterschied zwischen Leben und *Über*leben und das andauernde Sterben sowie die verschiedensten Todesarten des Ich bilden die durchgehenden Motive des Textes.

Die Ich-Erzählerin entwickelt sich zwischen den Polen der sie erfassenden, hingebungsvollen Liebe zu Ivan und der rationalen, ruhigen Überlebensfähigkeit eines Malina:

> »Ivan und ich: die konvergierende Welt. Malina und ich, weil wir eins sind: die divergierende Welt.«[108]

In ihr streiten unzweifelhaft (weibliche) Liebesfähigkeit und (männliche) Vernunft miteinander. Der Konflikt, der hier ausgetragen wird, deutet auf eine historische Veränderung in der Grundstruktur weiblicher Befreiungsproblematik. Zweihundert Jahre Emanzipationsgeschichte haben das Bild der Mühsal verändert. Der *Traum* von der Vollkommenheit, den Frauen zur Zeit der Romantik formulierten, wenn sie eine männlich-weibliche Ergänzung zur Beseitigung ihres Ungenügens an sich selbst phantasierten, ist zum *Trauma* geworden. »*Getrennt* ... wäre das lebbar«, diese Einsicht aus Ingeborg Bachmanns Roman steht in diametralem Gegensatz zu dem Wunsch, den z.B. Rahel 1818 gegenüber ihrer Freundin formulierte: »*Eine* hätte die Natur aus uns machen sollen.«[109]

> »Getrennt, meinte Frau Novak [eine Astrologin, d.Verf.] wäre das lebbar, aber so, wie es sei, kaum, auch das Männliche und das Weibliche, der Verstand und das Gefühl, die Produktivität und die Selbstzerstörung träten auf eine merkwürdige Weise hervor.«[110]

Diese *Unvereinbarkeit* von männlichem und weiblichem Prinzip wird im Roman aber nicht als 'ewige', für Mann und Frau gleichermaßen geltende Zerrissenheit thematisiert; sie ist vielmehr Ausdruck der Erfahrung einer »heute« lebenden Frau. Die formal durchgehaltene Perspektive der Ich-Erzählerin als einer »aufgelösten Figur« ist somit eine literarisch konsequente Gestaltung *weiblicher* Perspektive, die notwendigerweise *gebrochen* ist.[111]

Das Befinden und die Entwicklungsphase des Ich im ersten Kapitel, »Glücklich mit Ivan«, wird als äußerst ambivalent geschildert, voller Glück und Leid. Einerseits hat die Liebe zu Ivan etwas Impulsives, Spontanes – »ich war ihm schon zugefallen vor jedem Wort«[112] –, wodurch 'Ich' sich der angesammelten »Abwehrstoffe« entledigt und neu zu leben beginnt:

> »daß er mich wiederentdeckt und auf mich stößt, wie ich einmal war, auf meine frühesten Schichten, mein verschüttetes Ich freilegt ... Endlich gehe

ich auch in meinem Fleisch herum, mit dem Körper, der mir durch eine Verachtung fremd geworden ist, ich fühle, wie alles sich wendet inwendig.« (S. 34)

Andererseits vollzieht sich diese *Verlebendigung* in einer Ausrichtung ihres ganzen Lebens auf Ivan. Die Liebe *tötet* ihre Selbständigkeit und intellektuelle Persönlichkeit. 'Ich' ist Schriftstellerin, die mit der Wiedergewinnung ihrer 'Weiblichkeit' auch deren Abhängigkeitsmomente übernimmt. Sie wartet auf Ivan, auf seine Telefonanrufe, verschont ihn mit ihren Gefühlen, soweit sie ihm lästig sind, ihm, der von sich behauptet, daß er niemanden liebe, kocht für ihn, spielt mit ihm Schach und alle Beziehungs- und Kommunikations»spiele«, die die jahrhundertelange Tradition im Umgang zwischen Mann und Frau bereitstellt, während es ihr unmöglich ist, ihm etwas von sich zu erzählen. Ihr Leben, das sie vor dem Absterben bewahrt, hält eine Fülle neuer Todesarten für sie bereit.

Im zweiten Kapitel, »Der dritte Mann«, das Träume des 'Ich' und Gespräche zwischen Malina und 'Ich' über diese Träume enthält, wird das Thema ausgeweitet. Es geht nicht mehr um Ivan und 'Ich' »heute« in Wien, sondern:

> »Es ist ein Ort, der heißt Überall und Nirgends. Die Zeit ist nicht heute. Die Zeit ist überhaupt nicht mehr, denn es könnte gestern gewesen sein, lange her gewesen sein, es kann wieder sein, immerzu sein, es wird einiges nie gewesen sein.« (S. 181)

Es sind Träume über den *Geschlechterkampf*, in denen der Vater im Mittelpunkt steht und in denen 'Ich' die Rolle des Opfers hat – neben anderen Frauen wie Mutter, Schwester und Geliebte des Vaters. Es sind Tötungs- und Vergewaltigungsträume, in denen 'Ich' eingeschlossen wird, und sprachlos und blind durch die Hand des Vaters. Der Ort der Träume führt immer wieder auf den »Friedhof der ermordeten Töchter«, auf dem Wege der unterschiedlichsten, teils aufwendig inszenierten Todesarten. Momente des Widerstands, die in den Träumen enthalten sind, erscheinen verzweifelt und ohne Selbstbewußtsein. Das Kapitel endet mit einem Gespräch, in dem 'Ich' formuliert:

> »Es ist immer Krieg./ Hier ist immer Gewalt./ Hier ist immer Kampf./ Es ist der ewige Krieg.« (S. 247)

In einem solchen Zustand ist Malina eine große Hilfe, denn der kennt sich aus in Kriegsdingen, schließlich ist er Angestellter des Heeresmuseums. Er ist ein Meister des Überlebens, ruhig, gleichmütig, leidenschaftslos, nimmt er die Welt, wie sie ist, hat weder Freunde noch Feinde, er ist zuverlässig und überlegen. Das dritte Kapitel, »Von letzten Dingen«, das die allmähliche Trennung von Ivan bringt, enthält zu einem großen Teil Gespräche zwischen Malina und 'Ich' – bzw. Streitgespräche zwischen den divergierenden Polen der Ich-Malina-Einheit, für die der folgende Gesprächsmoment typisch ist:

> »Malina: ... Du muß nicht dein Herz an alles hängen und alle deine Reden flammen lassen und deine Briefe. Ich: Wie viele aber haben Köpfe? und nämlich kein Herz.« (S. 218)

Im Verlaufe des Kapitels übernimmt Malina die Herrschaft, was letztlich zum Verschwinden des 'Ich' führt. Dies wird in einem Gespräch vorbereitet, das die Wandlung des 'Ich' vorwegnimmt, indem Malina zwischen »Du« und »einem Ich« unterscheidet und verkündet:

> »Weil du dir nur nützen kannst, indem du dir schadest ... Du wirst aber auch nicht mit deinem Ich siegen ... Was du willst zählt nicht mehr. An der richtigen Stelle hast du nichts mehr zu wollen. Du wirst dort so sehr du sein, daß du dein Ich aufgeben kannst.« (S. 328/330)

Indem das Ich zum Zwecke der Rettung, zum *Überleben* Malina die Regie überläßt, gibt es sich auf – »Ich, das ist ein Irrtum für mich gewesen.« (S. 349) – und *verschwindet* schließlich. Der letzte Satz des Romans, »es war Mord«, bezieht sich nun nicht nur auf diese letzte Tötung, der Malina sein Weiterleben verdankt, sondern auf alle Todesarten des (weiblichen) Ich.

Trotz dieses Schlusses ist der Roman nicht als vollends resignativer oder gar fatalistischer Text zu lesen. Im Prolog, der den drei Kapiteln vorangestellt ist und Hinweise über den Gebrauch von Ort und Zeit und über die Voraussetzungen der Fabel enthält, gibt es eine Andeutung darauf, daß ein Ende nicht unbedingt als endgültiges gelesen werden muß.

> »Weil mir keine Wissenschaft dabei auf die Finger sehen und draufklopfen kann, hänge ich meinen *Anfang* mit einem *Ende* zusammen, denn warum soll nicht jemand zu *leben* anfangen, wenn der Geist eines Menschen *verlischt*.« (S. 23; Hervorh. d.d. Verf.)

Das Verschwinden des 'Ich' ist nicht nur als Tötung, sondern auch als eine Trennung von Malina zu verstehen, als Weigerung, ein Malina-Leben zu führen. Eine konkrete Utopie über eine Lebensmöglichkeit, die das Ivan-Glück mit dem Überlebenswillen Malinas verbindet, ist im Roman nicht ausphantasiert, als Wunschgehalt des Textes aber immer präsent. Der ausgetragene Widerstreit beschreibt eine gelebte Distanz zur *Utopie*.

Der Roman enthält m.E. mehr utopische Kraft als viele, neuerdings vermehrt publizierte Geschichten, die das Leben in matristischen bzw. geschlossenen Frauengesellschaften imaginieren und sich nicht ohne Grund an so eingängigen und schlichten Erzählmustern wie den von Heldengeschichten und Kindermärchen orientieren.[113] Der Roman von Ingeborg Bachmann enthält »nur« *Fragmente* konkreter Utopie, kleine Passagen, die durch Schrägdruck vom übrigen Text abgehoben sind und mit einem ebenfalls schräggedruckten Märchen, »Die Geheimnisse der Prinzessin von Kagran«, korrespondieren. All diese Passagen erscheinen im Roman als Texte, die das 'Ich', die Schriftstellerin, geschrieben hat. Während das Märchen ihre eigene Geschichte, das Schwanken zwischen Liebesglück und -angst, metaphorisch verschlüsselt wiederholt, enthalten die kurzen, im Text versprengten Passagen Utopiemomente, so fragmentarisch, wie sie »heute« eben nur vorstellbar sind.

Der Roman führt keine positive *Heldin* vor. Er zerstört affirmative Emanzipationskonzepte und stellt die Gebrochenheit weiblicher Identität in den Mittelpunkt. Statt einfache Scheinlösungen anzubieten, bemüht er sich um eine detaillierte Kritik weiblicher Existenz, die notwendigerweise nicht besonders hoffnungsfreudig ausfallen kann. Diese Kritik schließt eine Trauerarbeit an verlorenen Illusionen und eine Kritik weiblicher Selbstbeschränkung ein.

Die literarische Gestaltung der »aufgelösten Figur« in »Malina« dokumentiert einen historischen Zustand, in dem Frauenbild und weibliches Selbstverständnis sich so weit vermischt haben, daß sie als getrennte Figurationen des Textes nicht mehr auszumachen sind. Vom Blickwinkel einer selbständigen, »emanzipierten« Frau beinhaltet 'Weiblichkeit' Gewinn und Verlust zugleich. Die notwendige Ent-Zauberung und Zerstörung der Frauenbilder kann nicht mehr gegen die (männlichen) Schöpfer und Ideologen von 'Weiblichkeit' gerichtet werden, sondern führt in die Innenräume weiblicher Identität selbst. Insofern ist die subjektive und enge Thematik, welche die aktuelle Frauenliteratur charakterisiert, nicht bloß als Regression zu lesen, sondern als längst fällige Selbstbesinnung, als Versuch, Illusionen von Hoffnungen ebenso zu unterscheiden wie selbstauferlegte Bescheidung von heute unüberwindbaren Barrieren – als Suche nach Lebensmöglichkeiten für Frauen in einer (noch) männlichen Welt.

15. Verabschiedungen, Verweigerungen und »das noch Hinzuzugewinnende«

Die Frauenfiguren, die Ingeborg Bachmann in ihren Erzählungen entwirft, laborieren an den Frauenbildern, an den Wahrnehmungs- und Äußerungsmöglichkeiten, die diese Gesellschaft für sie bereithält. Sie legen die gewöhnliche Sprache der Männer und Frauen auf die Waage, sie prüfen die Nützlichkeit des »anständigen Blicks« für das eigene Begehren, und sie erproben Verweigerungen gegenüber den angestammten Rollen.

Auffällig ist, daß die zweite Phase von Ingeborg Bachmanns Publikationen, nachdem Prosa-Schriften die erste Phase der Lyrik, die die Autorin eigentlich berühmt gemacht hat, abgelöst hatten, sich auf die Gestaltung solcher Frauenfiguren konzentriert – Frauen, die keine positiven Heldinnen sind, die aber auch nicht als Opfer leben. Bezeichnend ist auch, daß die anfangs emphatische Rezeption gegenüber der Lyrikerin Bachmann, die »Herz und Urteilskraft« bzw. »Sinnlichkeit und Abstraktion« [114] verbinde, in eine sehr viel kritischere Haltung gegenüber der Prosa-Schriftstellerin umschlägt.

Der konzentrierte Blick auf die Probleme weiblicher Identität wird von Ingeborg Bachmann in literarischer Imagination gefunden, während begleitende theoretische Schriften ganz geschlechtsneutral – »objektiv«, wie es die Ästhetik verlangt – über die Veränderungs-Möglichkeiten mittels Schreiben reflektieren.

> »Was aber möglich ist, in der Tat, ist Veränderung. Und die verändernde Wirkung, die von neuen Werken ausgeht, erzieht uns zu neuer Wahrnehmung, neuem Gefühl, neuem Bewußtsein« [115],

heißt es 1959/60 in ihren »Frankfurter Vorlesungen«. In dieser Bescheidung auf die *Wahrnehmung* als Handlungsebene der Literatur und mit ihren Überlegungen über »Das *schreibende* Ich« und die »Literatur als *Utopie*« (ebenfalls in den »Frankfurter Vorlesungen«) hat die Autorin literaturtheoretische Voraussetzungen entwickelt, die in dem Moment, da sie im Entwurf von Frauenfiguren auf weibliche Erfahrung treffen und in der Bearbeitung gelebter Leiden und Wünsche einer Frau poetische Gestalt annehmen, zu einer Schreibweise führen, die die widerspruchsvollen Empfindungen und Erfahrungen von Frauen im 'nicht mehr' und im 'noch nicht' zur Sprache zu bringen vermag. In Bachmanns Texten sind eine Fülle von Begriffen und Metaphern zu finden, die in der feministischen Literatur und Theorie wesentliche Momente weiblichen Schreibens bezeichnen. Die Dialektik von Anfang und Ende (vgl. »Malina«) ist in dem

Bild der »Unendlichen Zirkulation« Hélène Cixous' enthalten, die von einem weiblichen Text fordert, daß er weder Anfang, noch Ende haben solle. Auch das Begehren, das, in den Text eingeschrieben, dessen Utopiebedeutung begründe, findet sich bei Cixous wie bei Ingeborg Bachmann als zentrale »Instanz«:

> »So ist Literatur, obwohl und sogar weil sie immer ein Sammelsurium von Vergangenem und *Vorgefundenem* ist, immer das Erhoffte, das *Erwünschte*, das wir ausstatten aus dem Vorrat nach unserem *Verlangen* – so ist sie ein nach vorn geöffnetes Reich von unbekannten Grenzen. Unser Verlangen macht, daß alles, was sich aus Sprache schon gebildet hat, zugleich teil hat an dem, was *noch nicht* ausgesprochen ist, und unsere Begeisterung für bestimmte *herr*liche Texte ist eigentlich die Begeisterung für das weiße, *unbeschriebene* Blatt, auf dem das noch Hinzuzugewinnende auch eingetragen scheint.«[116]

Das unbeschriebene Blatt als Mangel und als Utopie zugleich. Das 'unbeschriebene Blatt' wird in jüngster Zeit als Metapher für die Frau in der Kultur gelesen, als Bild für ihre Abwesenheit und ihr Schweigen, aber auch für die Koppelung von Unschuld und Nicht-Wissen. Die Gleichung von weiblichem Körper und Text in der männlichen Kulturproduktion und die Verbindung von »Feder-Penis« und »jungfräulichem Papier« bilden die Voraussetzung für Susan Gubars symbolische Interpretation von Isak Dinens Kurzgeschichte »The Blank Page« (das unbeschriebene Blatt)[117], in der sie Fragen einer weiblichen Kreativität erörtert.

Auch wenn Ingeborg Bachmann in diesem literaturtheoretischen Kontext überhaupt nicht über Frauen spricht, so lassen sich dennoch ihre Erzählungen, »Malina« und die Romanfragmente als Versuche weiblicher Kreativität lesen, in denen das »noch Hinzuzugewinnende ... eingetragen« wird. Die geschlechtsspezifische Konkretisierung neutraler literaturkritischer Aussagen auf weibliche Erfahrung hin in ihren literarischen Texten ist so offensichtlich, daß die Schreibweise hier als feministische Praxis gedeutet werden kann, die in der Maskierung *des* theoretisch sich artikulierenden *Autors* dort vorbereitet ist. Ich will diese weibliche Spezifizierung an einem Beispiel, Bachmanns Ungenügen an der *Sprache*, zeigen. In den Vorlesungen formuliert sie:

> »Denn dies bleibt doch: sich anstrengen müssen mit der *schlechten* Sprache, die wir *vorfinden*, auf diese eine Sprache hin, die noch nie regiert hat, die aber unsre Ahnung regiert und die wir nachahmen.«[118]

In der Erzählung »Ein Schritt nach Gomorrha«, einer Begegnung zwischen zwei Frauen, denkt die eine darüber nach, daß ihr Gefangensein in der alten Sprache ihren Aufbruch behindert:

> »Nein, erst wenn sie alles hinter sich würfe, alles verbrannte hinter sich, konnte sie eintreten bei sich selber. Ihr Reich würde kommen, und wenn es kam, war sie nicht mehr meßbar, nicht mehr schätzbar nach *fremdem* Maß. In *ihrem* Reich galt ein neues Maß. Es konnte dann nicht mehr heißen: sie ist so und so, reizvoll, reizlos, vernünftig, treu, untreu, anständig oder skrupellos, unzugänglich oder verabenteuert. Sie wußte ja, was zu sagen möglich war und in welchen Kategorien gedacht wurde, wer dieses oder jenes zu sagen fähig war und warum. Immer hatte sie diese Sprache verabscheut, jeden Stempel, der ihr aufgedrückt wurde und den sie jemand aufdrücken mußte – den Mordversuch an der Wirklichkeit. Aber wenn ihr Reich kam, dann konnte diese Sprache nicht mehr gelten, dann richtete diese Sprache sich selbst. Dann war sie selbst ausgetreten, konnte jedes Urteil belachen, und es bedeutete nichts mehr, wofür sie jemand hielt. Die Sprache der Männer, soweit sie auf die Frauen Anwendung fand, war schon schlimm genug gewesen und bezweifelbar; die *Sprache der Frauen* aber war noch schlimmer, unwürdiger – davor hatte ihr schon gegraut, als sie ihre Mutter durchschaut hatte, später ihre Schwestern, ihre Freundinnen und die Frauen ihrer Freunde und entdeckt hatte, daß überhaupt nichts, keine Einsicht, keine Beobachtung dieser Sprache entsprach, den frivolen oder frommen Sprüchen, den geklitterten Urteilen und Ansichten oder dem geseufzten Lamento. (...) Aber sie würde Mara *sprechen lehren, langsam, genau und keine Trübung durch die übliche Sprache zulassen.*«[119]

Die sich selbst verdoppelnde Frau stößt auf die schlechte Sprache in zweifacher Weise: auf die übernommene, für Eigenes untaugliche Sprache der Männer – die messende, voller Kategorien – und auf die Geschwätzigkeit der Frauen. Als Mangel und Utopie zugleich ist die noch zu erlernende Sprache genannt; als »Hinzuzugewinnendes«, das »eingetragen scheint«, tatsächlich aber noch nicht ausformuliert und -phantasiert ist, sondern noch im Stadium des »Verlangens«, eines »nach vorn geöffneten Reichs von unbekannten Grenzen«.

Das Verhältnis zwischen dem (schlechten) Vorgefundenen und dem Hinzuzugewinnenden wird als komplizierter Prozeß zwischen der Zerstörung alter Träume und der Hervorbringung neuen Begehrens literarisch gestaltet. Die beschriebenen Blätter sind zunächst von den Trugbildern zu befreien, um Raum für neue Hoffnungen und Wünsche zu gewinnen, die männliche Schrift verstellt den Blick in das »nach vorn geöffnete Reich«, die Fülle an Frauenbildern den direkten Weg zur Befreiung. In der Erzählung »Undine geht« verabschiedet sich die Frau aus einem dieser Bilder. Der Text, eine Klage an die Männer, enthält die Aufkündigung der Undine-

Rolle, die *Verweigerung* einer Märchenrolle, die sich einer Spaltung in Undine/Geliebte und »Menschenfrau«/Alltagsgefährtin verdankt. Die Undine, die die Verlockung aller mit der Rationalität verdrängten Momente verkörpert, fasziniert *und* macht Angst. Die Flucht der Männer zu ihr ist nur eine vorübergehende:

> »Ihr mit euren Musen und Tragtieren und euren gelehrten, verständigen Gefährtinnen, die ihr zum Reden zulaßt ... Mein Gelächter hat lang die Wasser bewegt, ein gurgelndes Gelächter, das ihr manchmal nachgeahmt habt mit Schrecken in der Nacht. Denn gewußt habt ihr immer, daß es zum Lachen ist und zum Erschrecken und daß ihr euch genug seid und nie einverstanden wart. (...) Dann war ich plötzlich eine Gefahr, die ihr noch rechtzeitig erkanntet, und verwünscht war ich und bereute alles im Handumdrehen ... Ihr habt die Altäre rasch aufgerichtet und mich zum Opfer gebracht.«[120]

Wenn aber das aus dem Tagwerk und der Ordnung der Männer Verdrängte nur in der Gestalt der verlockenden und zugleich gefürchteten Frau aus dem Märchen existieren darf, dann muß Undine gehen, um sich vor dem Opfertod zu schützen und um die Träume für das *Leben* der »Menschenfrauen« frei zu machen. In dem elegischen Ton der Erzählung kommt zum Ausdruck, daß diese Verabschiedung Trauerarbeit ist an der Entzauberung von Mythen, an der Entschleierung von Frauenbildern.

Eine andere Strategie der Verweigerung erprobt eine Frauenfigur, die nicht aus dem Reich der Mythen, sondern dem der Wirklichkeit stammt. Es ist Miranda in der Erzählung »Ihr glücklichen Augen«, mit der Ingeborg Bachmann behauptet, daß eine Veränderung der Wahrnehmung nicht immer in einer Erweiterung des Blickfeldes bestehen muß. Um auf ihre eigenen Empfindungen aufmerksam sein zu können, kann es für Frauen durchaus nützlich sein, auch mal den Blick abzuwenden, sich die Ohren zuzuhalten oder auch schweigend das Geständnis zu verweigern. Die Frau als 'anderes' Geschlecht ist durch übersensible rezeptive Sinne und gehemmte Äußerungsfähigkeiten charakterisiert. Die Frau als Gebende hat – um im Bild zu bleiben – überdimensionale Ohren, mit denen sie die Klagen der Männer vernimmt, noch ehe diese sie ausgesprochen haben, ihr Blick ist getrübt, weil sie die Brille der Männer allzu bereitwillig trägt und sich selbst über den Umweg des männlichen Auges sieht, ihr Mund ist zur Sprachlosigkeit oder Geschwätzigkeit erzogen.

Die Anti-Heldin Miranda aus Bachmanns Erzählung erprobt eine Strategie der Blick*verweigerung*. Sie trägt ihre Brille nicht, erspart sich damit den Blick in die höllische Umgebung, sieht nur das, was sie sehen möchte und was ihr wichtig ist. Sie verweigert den »anständigen Blick«, den

»Scharfblick«, mit dem »Menschen einander notieren, abschätzen, aufschreiben, abschreiben, meiden, beäugen«.[121] Sie

> »fotografiert Menschen nicht mit einem Brillenblick, sondern malt sie in ihrer eigenen, von anderen Eindrücken bestimmten Manier«.[122]

Diese Strategie der Miranda aus dem Repertoire der 'Listen der Ohnmacht' schützt sie vor der Anpassung an die schale Wirklichkeit und bewahrt ihr ihr Glücks-Begehren:

> »Die verhangene Welt, in der Miranda nur etwas Bestimmtes will, nämlich Josef, ist die einzige, in der ihr, trotz allem, wohl ist.«[123]

Doch die Autorin läßt ihre Figur scheitern. Mirandas totale Verweigerung, die Mauern draußen wahrzunehmen, die ihrem Begehren entgegenstehen, läßt sie mit dem Kopf gegen die Wand rennen und hinschlagen. Ihr Motto »immer das Gute im Augen behalten« wird letztlich zum Dogma. In ihrer Halsstarrigkeit fehlt ihr das Vermögen des *'schielenden Blicks'*, der sie fähig gemacht hätte, sich mit einem (bebrillten) Auge im Alltag zurecht zu finden, um in dem anderen (freien) Auge ihre Träume und Wünsche zu entwerfen, damit sie selbst hätte überleben können, ohne ihr Begehren zu töten. Zu dieser Doppelexistenz im 'nicht mehr' und 'noch nicht' führen die Strategien, die die Frauenfiguren Ingeborg Bachmanns probieren.

Die Autorin selbst konnte sich noch nicht feministisch artikulieren, eine Öffentlichkeit für verallgemeinernde, programmatisch die Situation von Frauen kritisierende Überlegungen entstand erst nach ihrem Tod in den 70er Jahren. Sie selbst schmuggelte ihre Ideen, die alle Momente aktueller feministischer Theorie und Literatur vorwegnehmen, in zwei Bestandteile aufgespalten, in der Maskierung geschlechtsneutraler Literaturkritik und im Schutze ihrer Poesie, an die Öffentlichkeit. – Eine heimliche Feministin wie viele Frauen vor ihr auch?

Anmerkungen

1 Die Begriffe 'Frauenbild' und 'Frauenliteratur' sind Arbeitsbegriffe, deren inhaltliche Füllung Ziel feministischer Literaturwissenschaft ist. Dieser Beitrag konzentriert sich auf die 'Frauenliteratur'. Einen Überblick über die 'Frauenbilder'-Forschung gibt Inge Stephan in ihrem Beitrag »Bilder und immer wieder Bilder ...« in diesem Band.
2 Renate Möhrmann: Feministische Ansätze in der Germanistik seit 1945. In: Jahrbuch für Internationale Germanistik. Jg. XI, H. 2 (1979), S. 70.

3 Vgl. die in Arbeit befindliche Dissertation von Gerlinde Geiger, die unter Anwendung von Gilbert/Gubar und Cixous das Frühwerk Ida Hahn-Hahns neubearbeitet und zu einer radikal anderen Beurteilung kommt als die bisherige Hahn-Hahn-Rezeption.
4 Licia im Gespräch über »Feminismus« in: Rossana Rossanda: Einmischung. Frankfurt/M. 1980, S. 226.
5 Vgl. Simone de Beauvoir: Das andere Geschlecht. Sitte und Sexus der Frau (1949). Reinbek b. Hamburg 1968.
6 Dies gilt zumindest für den hier untersuchten Zeitraum und Gegenstand, die bürgerliche Kultur im Deutschland des 18. bis 20. Jahrhunderts. Historische Forschung, die den regionalen und zeitlichen Geltungsbereich des Patriarchats untersucht, ist unabgeschlossen. Ihre Ergebnisse berühren aber diesen Zusammenhang nicht.
7 »Rosetta, das ist nun mal ihr Los, haust, sich selbst und Leonce unsichtbar, sprachlos, entwirklicht, gerade in jenem verleugneten, schalltoten, wegmanipulierten Raum, den die Welt, der auch sie angehört, beim besten Willen nicht wahrnehmen kann. Sie wird definiert durch das, was sie nicht ist.« Christa Wolf: Büchner-Preis-Rede 1980. Sonderdruck des Luchterhand Verlages, S. 7. – Zur Unterscheidung des männlichen und weiblichen Blickes vgl. den kunstgeschichtlich und psychoanalytisch argumentierenden Beitrag von Gisela Schneider/Klaus Laermann: Augenblicke. Über einige Vorurteile und Einschränkungen geschlechtsspezifischer Wahrnehmung. In: Kursbuch 49 (1977).
8 Silvia Bovenschen: Über die Frage: gibt es eine weibliche Ästhetik? In: Frauen/Kunst/Kulturgeschichte, Ästhetik und Kommunikation 25 (1976), S. 73.
9 Hans Mayer: Außenseiter (1975). Frankfurt/M. 1981.
10 Das Proletariat schafft den Kapitalisten und umgekehrt. Die Frau im Patriarchat schafft ihren Herrn, der herrschende Mann die abhängige Frau. Ohne die eine Seite ist jeweils die andere nicht *so* denkbar.
11 Eine Ausnahme ist z.B. Albert Memmi: Der Kolonisator und der Kolonisierte. Zwei Porträts (1966). Frankfurt/M. 1980.
12 Doch schon die Beobachtung fällt schwer, weil unsere Lektüre durch das Wissen, ob es sich um einen Text von einem Mann oder einer Frau handelt, geprägt ist. Ich habe in den Seminaren mehrmals das Geschlecht des Verfassers raten lassen, nachdem ich Textausschnitte ohne Angabe des Autors zusammengestellt hatte. Bei dem Versuch, im Text Merkmale zu beschreiben, die Hypothesen über das Geschlecht des Verfasser zulassen, stößt man auf zweierlei: auf Beobachtungen über geschlechtsspezifische Schreibweisen, Erzählmuster und Autor- bzw. Erzählerreferenzen im Text, andererseits aber auch auf die den eigenen Beurteilungskriterien impliziten Geschlechtsrollenmuster.
13 Elaine Showalter: A Literature of Their Own. British Women Novelists from Brontë to Lessing. Princeton 1977.
14 Showalter selbst geht davon aus, daß die Phasen sich überlappen können bzw. in der Entwicklung nur einer Autorin zu finden sein können. Ebd., S. 13. Elke Frederiksen untersucht, ausgehend von Showalters Einteilung, gerade die Unterschiede bei verschiedenen Autorinnen einer Epoche in ihrem Beitrag: Die Frau als Autorin zur Zeit der Romantik. Anfänge einer weiblichen literarischen Tradition. In: Marianne Burkhard (Hrsg.): Gestaltet und Gestaltend. Frauen der deutschen Literatur. Amsterdamer Beiträge 10 (1980). M.E. ist aber der Begriff der *Phase* überhaupt problematisch, weil sich mit ihm die Vorstellung einer Entwicklung verbindet, während

ich davon ausgehe, daß viele Texte von Frauen Ausdruck einer – strategischen oder auch verinnerlichten – Doppelexistenz sind.
15 So lautet das Motto eines Gedichtes von Louise Aston, das sie 1849 in einer Gedichtsammlung publiziert hat: Freischärler-Reminiszenzen. Leipzig 1849, S. 9.
16 Solche Beiträge, die ambivalente und subversive Formen weiblichen Widerstandes untersuchen, sind gesammelt in: Claudia Honnegger/Bettina Heintz (Hrsg.): Listen der Ohnmacht. Zur Sozialgeschichte weiblicher Widerstandsformen. Frankfurt/M. 1981.
17 »Lieber Freund, ich komme weit her schon an diesem Morgen«. Caroline Schlegel-Schelling in ihren Briefen. Hrsg. v. Sigrid Damm. Darmstadt und Neuwied 1979, S. 135.
18 Ebd., S. 148.
19 Ebd., S. 135.
20 Sie bot ihm an, ihm Mutter und Schwester zu sein. Vgl. z.B. ebd., S. 203.
21 Ebd., S. 201.
22 Ernst Behler: Friedrich Schlegel in Selbstzeugnissen und Bilddokumenten. Reinbek b. Hamburg 1966. S. 84.
23 Rahel Varnhagen: Buch des Andenkens an ihre Freunde. Hrsg. v. Hans Landsberg. Berlin 1912, S. 192 (Hervorh. d.d. Verf.).
24 Dies.: Buch des Andenkens an ihre Freunde. 3 Bde. Berlin 1934, Bd. 2., S. 564 (Hervorh. d.d. Verf.).
25 In Abwandlung des Bildes von der tanzenden Rosetta in Christa Wolfs Büchner-Preis-Rede, a.a.O., S. 10.
26 Rahel Varnhagen und ihre Zeit (Briefe 1800-1833). Hrsg. v. F. Kemp. München 1968, S. 96. – Zit. nach Marianne Schuller: »»Mein Leben soll zu Briefen werden«. Überlegungen zur Schreibweise Rahel Varnhagens. Unveröff. Manuskript, S. 10.
27 Vgl. Ruth-Esther Geiger/Sigrid Weigel: Sind das noch Damen? Vom gelehrten Frauenzimmer-Journal zum feministischen Journalismus. München 1981. Kay Goodmann: Die große Kunst, nach innen zu weinen. Autobiographien deutscher Frauen im späten 19. und frühen 20. Jh. In: Wolfgang Paulsen (Hrsg.): Die Frau als Heldin und Autorin. Bern und München 1979. Helga Meise: Die Unschuld und die Schrift. Über die literarische Produktion von Frauen im 18. Jh. Phil. Diss. Hamburg 1981 (Masch.schr.).
28 So der Untertitel von Ulrike Prokop: Weiblicher Lebenszusammenhang. Frankfurt/M. 1976.
29 Vgl. Sigrid Weigel: Sophie Mereau. In: Frauen. Porträts aus zwei Jahrhunderten. Hrsg. v. Hans Jürgen Schultz. Stuttgart 1981. Dagmar v. Gersdorff (Hrsg.): Lebe der Liebe und liebe das Leben. Der Briefwechsel von Clemens Brentano und Sophie Mereau. Frankfurt/M. 1981.
29a Vgl. Inge Stephans Aufsatz über Geschlechtertausch als literarisches *Thema* in diesem Band. [i.e. Inge Stephan und Sigrid Weigel: Die verborgene Frau. Sechs Beiträge zu eines feministischen Literaturwissenschaft. Berlin 1983. S. 153-175. (Anm. der Hg.)]
30 Zeitgenössische Leser schon haben diese Problematik empfunden. Friedrich Schlegel schreibt nach der Lektüre des Romans an seinen Bruder über diesen Albert, er sei »ein junges Wesen ... in dem alle möglichen Gefühle Purpurisch durcheinanderfluthen. (...) Ich sage es, weil ich gewiß glaubte, es sei ein Mädchen; es sollte

aber ein Junge seyn.« In: Walzel (Hrsg.): Friedrich Schlegels Briefe an seinen Bruder August Wilhelm. Berlin 1890. S. 278/79.
31 Sophie Mereau: Blütenalter der Empfindung. Hrsg. v. Walther v. Hollander. München 1920. S.18/19 (Hervorh. d.d. Verf.).
32 Ebd., S. 29-31.
33 Vgl. Sigrid Weigel: Sophie Mereau, a.a.O., S. 22/23.
34 Sophie Mereau: Ninon de Lenclos. In: Kalathiskos. Hrsg. v. Peter Schmidt. Heidelberg 1968 (Reprint der Bände von 1801 und 1802). Bd. 2, S. 97.
35 Z.B. in George Sands »Indiana« wechselt das konventionelle Erzähler-Wir mit »ich« und »wir Männer«. In Louise Astons »Revolution und Conterrevolution« wechseln »ich«, »wir« und die Wendung des allwissenden Erzählers an die Leser.
36 Bettina v. Arnim: Werke und Briefe. Hrsg. v. Joachim Müller. Frechen 1961. Bd. 5, S. 251 (Hervorh. d.d. Verf.).
37 Ebd.
38 Rahel Varnhagen im Umgang mit ihren Freunden (Briefe 1793-1833). Hrsg. v. Friedhelm Kemp. München 1967, S. 239.
39 Bettine v. Arnim: Die Günderrode (1840), Leipzig 1914, S. 413/414.
40 Zit. nach Christa Wolf, in: Karoline v. Günderrode: Der Schatten eines Traums. Darmstadt und Neuwied 1979, S. 5.
41 Ebd., S. 31 (Hervorh. d.d. Verf.).
42 Zit. nach Fanny Lewald: Meine Lebensgeschichte. Hrsg. v. Gisela Brinker-Gabler. Frankfurt/M. 1980. S. 19 (Hervorh. d.d. Verf.).
43 Fanny Lewald: Liebesbriefe. Aus dem Leben eines Gefangenen. Braunschweig 1850, S. 136/140 (Hervorh. d.d. Verf.).
44 Louise Aston: Aus dem Leben einer Frau. Hamburg 1847, S. V/VI.
45 Vgl. Marianne Schuller: Literarische Szenerien und ihre Schatten. Orte des 'Weiblichen' in literarischen Produktionen. In: Ringvorlesung Frau und Wissenschaft. Marburg 1980. Sie entwickelt dort die These, daß sich die Konstituierung der kulturellen Ordnung der Tötung des Weiblichen verdankt bzw. daß die Tötung der Frau und die Kunstproduktion dialektisch verbunden sind. Ihre These läßt sich durch zahlreiche Analysen von Frauenbildern bestätigen, die ergeben, daß die Exponierung der Frau in der Literatur meistens mit dem Tod eben dieser Frauenfigur zu bezahlen ist. Vgl. meinen Beitrag über »Die geopferte Heldin und das Opfer als Heldin« in diesem Band. [i.e. Inge Stephan und Sigrid Weigel: Die verborgene Frau. Sechs Beiträge zu einer feministischen Literaturwissenschaft. Berlin 1985. S. 138-152. (Anm. der Hg.)]
46 Unzulässigerweise übernehmen alle jüngeren Biographien über Louise Aston die Gleichsetzung von Johanna Oburns und Louise Astons Lebensgeschichte in allen Details, wie sie von Anna Blos (hypothetisch) vorgenommen wurde in ihrem Buch: Frauen der deutschen Revolution 1848. Zehn Lebensbilder und ein Vorwort. Dresden 1928. Wenn man auch annehmen kann, daß Louise Aston ihre Erfahrungen im Text bearbeitet hat, ist doch nicht wahrscheinlich, daß sie in den konkreten Daten autobiographisch geschrieben hat.
47 Louise Aston: Aus dem Leben ..., a.a.O., S. 154.
48 »Das freie Weib, .../ Von Sünden frei, weil frei vom Wahne,/ Dem Vater Wahn mit seiner Tochter Sünde,/ Dem blöden Vater mit dem blöden Kinde.« Auszug aus dem Gedicht: An George Sand: In: Louise Aston: Wilde Rosen. Berlin 1846, S. 24.
49 Louise Aston: Lydia. Magdeburg 1848, S. 270 und 172.

50 Auch dies Motiv gehört zu den unerledigten Problemen der Frauenliteratur. So schreibt Christa Wolf am Ende ihres »Selbstversuches«: »Jetzt steht uns (dem Professor und der Versuchsperson) *mein* Experiment bevor: Der Versuch, zu lieben. Der übrigens auch zu phantastischen Erfindungen führt. Zur Erfindung dessen, den man lieben kann.« Selbstversuch. Traktat zu einem Protokoll (1972). In: Christa Wolf: Unter den Linden. Darmstadt und Neuwied. 1974, S. 169.
51 Vgl. Gottfried Kößler: Mädchenkindheiten im 19. Jh. Gießen 1979.
52 Vgl. Fanny Lewald: Meine Lebensgeschichte, a.a.O., S. 77.
53 Z.B. Gräfin Marie (1843) und Tante Renate (1841). In: Fanny Lewald: Bunte Bilder. Berlin 1962.
54 Vgl. Regula Venske: 'Disciplinierung des unregelmäßig spekulierenden Verstandes'. Zur Fanny-Lewald-Rezeption. In: Projektionsraum Romantik. Alternative 143/144 (1982).
55 Fanny Lewald: Clementine. Leipzig 1943, S. 234.
56 Fanny Lewald: Gefühltes und Gedachtes (1838-1888). Hrsg. v. Ludwig Geiger. Dresden und Leipzig 1900, S. 2.
57 So auch noch Renate Möhrmann: Die andere Frau. Emanzipationsansätze deutscher Schriftstellerinnen im Vorfeld der Achtundvierziger-Revolution. Stuttgart 1977.
58 Lidia in: Rossana Rossanda: Einmischung, a.a.O., S. 220.
59 Claudine Herrmann: Sprachdiebinnen. München 1977, S. 30 (Hervorh. d.d. Verf.).
60 Typisch hierfür ist eine der ersten literarischen Utopien einer Frauengesellschaft von Charlotte Perkins Gilman: Herland (1915). Reinbek bei Hamburg 1980. Vgl. meinen Beitrag über »Die geopferte Heldin und das Opfer als Heldin« in diesem Band. [i.e. Inge Stephan und Sigrid Weigel: Die verborgene Frau. Sechs Beiträge zu einer feministischen Literaturwissenschaft. Berlin 1985. S. 138-152. (Anm. der Hg.)]
61 Luce Irigaray: Romantische Liebe. In: Sex und Lust. Hrsg. v. Arno Widmann. Ästhetik und Kommunikation, akut Bd. 7, Berlin 1981, S. 52.
62 Claudine Herrmann: Sprachdiebinnen, a.a.O., S. 65. Vgl. These 13 in diesem Beitrag.
63 Z.B. Carroll Smith-Rosenberg: Weibliche Hysterie. Geschlechtsrollen und Rollenkonflikt in der amerikanischen Familie des 19. Jahrhunderts. In: Listen der Ohnmacht, a.a.O. – Und: Marianne Schuller: »Weibliche Neurose« und Identität. Zur Diskussion der Hysterie um die Jahrhundertwende. In: D. Kamper (Hrsg.): Die Wiederkehr des Körpers. Frankfurt/M. 1982.
64 Elisabeth Lenk: Die sich selbst verdoppelnde Frau. In: Frauen/Kunst/Kulturgeschichte, a.a.O., S. 87.
65 Ebd.
66 Ebd.
67 Rahel Varnhagen im Umgang mit ihren Freunden, a.a.O., S. 83.
68 Kein weibliches Schreiben? Fragen an Julia Kristeva. In: Freibeuter 2 (1979), S. 81/82.
69 Vgl. hier vor allem These 5, 9, 12 und 14 dieses Beitrages.
70 Vgl. vor allem das Beispiel Buhmann (These 12).
71 Luce Irigaray: Das Geschlecht das nicht eins ist. Berlin 1979, S. 162.
72 Ebd., S. 165.
73 Ebd., S. 81.
74 Vgl. Ebd., S. 78.

75 Hélène Cixous: »Wenn ich nicht schreibe, ist es, als wäre ich tot«. In: Dies.: Die unendliche Zirkulation des Begehrens. Berlin 1977.
76 Hélène Cixous: Geschlecht oder Kopf. In: Ebd., S. 34.
77 J.J. Rousseau: Emile oder über die Erziehung, übers. v. J. Esterhues. Paderborn 1963, S. 451/2. Ludwig Schmidt übersetzt diese Stelle: »Es ist die Aufgabe der Frauen, gewissermaßen die praktische Moral zu finden; unsere ist es, sie in ein System zu bringen. (...) Die Frau beobachtet; der Mann zieht Schlüsse.« Paderborn 1971, S. 421.
78 Zu diesem Problem vgl. Gertrud Koch: Zwitter-Schwestern. Weiblichkeitswahn und Frauenhaß. Jean-Paul Sartres Thesen von der androgynen Kunst. In: Sartres Flaubert lesen. Essay zu der Idiot der Familie. Hrsg. v. Traugott König. Reinbek b. Hamburg 1980.
79 Lilian Hoverland: Henrich von Kleist und Luce Irigaray: Visions of the Feminine. In: Gestaltet und Gestaltend, a.a.O.
80 Vgl. Claudine Herrmann: Sprachdiebinnen. Kap. 1: Das Wörtliche und das Übertragene, a.a.O.
81 Luce Irigaray: Das Geschlecht ..., a.a.O., S. 25.
82 Vgl. die Beiträge über »Jeanne d'Arc« und »Lucinde« in diesem Band. [i.e. Inge Stephan und Sigrid Weigel: Die verborgene Frau. Sechs Beiträge zu einer feministischen Literaturwissenschaft. Berlin 1985. S. 35-66 und S. 67-82. (Anm. der Hg.)]
83 Vgl. Fanny Lewald: Erinnerungen aus dem Jahre 1848. Hrsg. v. Dietrich Schaefer. Frankfurt/M. 1969, S. 92. – Sie verwendet selber das Bild des Guckkastens (S. 103) zur Beschreibung der Soirees, ohne allerdings zu begreifen, daß das *ihre* Perspektive ist, in der sie durch ihren Eintritt in die Ministerhäuser gefangen ist.
84 Louise Aston: Revolution und Conterrevolution, a.a.O.; und: Der Freischärler für Kunst und sociales Leben. Von der Zeitschrift erschienen sieben Nummern, die erste am 1. November, die letzte am 16. Dezember 1848, als ein erneuter Ausweisungsbefehl (als Folge des Belagerungszustandes) für die Herausgeberin vorlag. Wegen ihrer politischen und feministischen Radikalität wurde Louise Aston von der organisierten Frauenbewegung diffamiert, so von Louise Otto in ihrer »Frauen-Zeitung« als Zwittergeschöpf, als »forcierte Emancipierte«, und »als vielleicht begabtes weibliches Wesen im unreinen Element« (letzteres anläßlich einer Besprechung von L. Astons »Freischärler-Reminiszenzen«). Vgl. »Dem Reich der Freiheit werb ich Bürgerinnen«. Die Frauen-Zeitung von Louise Otto. Hrsg. v. Ute Gerhard u.a. Frankfurt/M. 1980.
85 Inga Buhmann: Ich habe mir eine Geschichte geschrieben. München 1977. (Das Buch ist im Trikont-Verlag vergriffen, erscheint aber jetzt in einer preiswerten Ausgabe bei 2001 neu.)
86 Hélène Cixous: Die unendliche ... a.a.O., S. 41/2.
87 Jutta Kolkenbrock-Netz/Marianne Schuller: Frau im Spiegel. Zum Verhältnis von autobiographischer Schreibweise und feministischer Praxis. In: Entwürfe von Frauen in der Literatur des 20. Jahrhunderts. Hrsg. v. Irmela v.d. Lühe. Berlin 1982, S. 163. Zum Problem linker Autobiographie vgl. Klaus Hartung: Die Repression wird zum Milieu. In: Literaturmagazin 11. Schreiben oder Literatur. Reinbek b. Hamburg 1979.
88 Ebd., S. 167.
89 Hélène Cixous: Schreiben, Feminität, Veränderung. In: Das Lächeln der Medusa. Alternative 108/109 (1976), S. 147.

90 Hélène Cixous: Weiblichkeit in der Schrift. Berlin 1980, S. 13.
91 Inga Buhmann: Ich habe mir ..., a.a.O., S. 272.
92 Z.B. Svende Merian: Der Tod des Märchenprinzen. Hamburg 1980.
93 Inga Buhmann: Ich habe mir ..., a.a.O., S. 59. Im folgenden Seitenzahl in Klammern.
94 Vgl. die gleichnamige Erzählung von Ingeborg Bachmann in: Dies.: Das dreißigste Jahr. München 1961. Vgl. These 15 dieses Beitrages.
95 Inga Buhmann: Ich habe mir ..., a.a.O., S. 127 (Hervorh. d.d. Verf.).
96 Hélène Cixous: Weiblichkeit in der Schrift, a.a.O., S. 22.
97 Maria Erlenberger: Der Hunger nach Wahnsinn. Ein Bericht. Reinbek b. Hamburg 1977, S. 231.
98 Ebd., S. 95 (Hervorh. d.d. Verf.).
99 Ebd., S. 104. (Es heißt im Text, »ein Ich zu seinem Ich dazunehmen« anstatt dazuzunehmen. Es ist nicht zu klären, ob es sich um einen Satzfehler handelt, oder ob sich die Aussage auf den vorausgehenden Satz bezieht und 'dazunehmen' im Sinne von 'vorzunehmen' zu lesen ist.) – (Hervorh. d.d. Verf.) Im folgenden Seitenzahl im Text.
100 Zum Begriff der Authentizität vgl. Ursula Krechel: Leben in Anführungszeichen. Das Authentische in der gegenwärtigen Literatur. In: Literaturmagazin 11. Schreiben oder Literatur. Reinbek b. Hamburg 1979. Zum Problem der Magersucht vgl. Heidi von Plato: Der verzehrte Körper. In: Gabriele Dietze (Hrsg.): Die Überwindung der Sprachlosigkeit. Texte aus der neuen Frauenbewegung. Darmstadt und Neuwied 1979.
101 Caroline Muhr: Depressionen, Tagebuch einer Krankheit (Geschrieben 1963-67. Erstausgabe Köln 1970). Frankfurt/M. 1978, S. 110.
102 Ebd., S. 35.
103 Ebd., S. 54.
104 Ingeborg Bachmann: Georg Groddeck. In: Dies.: Die Wahrheit ist dem Menschen zumutbar. Essays, Reden, Kleinere Schriften. München 1981, S. 151.
105 Ingeborg Bachmann: Malina. Roman. Frankfurt/M. (1971). 1981.
106 Ellen Summerfield: Die Auflösung der Figur in dem Roman 'Malina'. Bonn 1976.
107 Gespräch mit dem Autor: Ingeborg Bachmann: Ich schreibe keine Programm-Musik. In: Die Zeit v. 9.4.1971, S. Lit. 4 (Hervorh. d.d. Verf.).
108 Ingeborg Bachmann: Malina, a. a. O., S. 129.
109 Vgl. Anm. 38.
110 Ingeborg Bachmann: Malina, a.a.O., S. 261.
111 Zur Problematik weiblicher Helden vgl.: »Die geopferte Heldin und das Opfer als Heldin« in diesem Band. [i.e. Inge Stephan und Sigrid Weigel: Die verborgene Frau. Sechs Beiträge zu einer feministischen Literaturwissenschaft. Berlin 1985. S. 138-152. (Anm. der Hg.)]
112 Ingeborg Bachmann: Malina, a.a.O., S. 130. im folgenden Seitenzahl im Text.
113 Vgl. etwa Marockh Lautenschlag: Araquin. Frankfurt/M. 1981. Oder Sally Miller Gearhart: Das Wanderland. Geschichten von den Hügelfrauen (amerik. Originalausgabe 1979). München 1982. Aber auch die zahlreichen Frauen-Science-Fiction, die Inge Stephan in ihrem Beitrag über Geschlechtertausch als literarisches Thema in diesem Band [i.e. Inge Stephan und Sigrid Weigel: Die verborgene Frau. Sechs Beiträge zu einer feministischen Literaturwissenschaft. Berlin 1985. S. 153-175 (Anm. der Hg.)] untersucht.

114 So z.B. Werner Weber und Heinrich Böll. Vgl. Bernd Witte: Ingeborg Bachmann. In: Kritisches Lexikon deutschsprachiger Gegenwartsliteratur. Hrsg. v. H.L. Arnold. München 1978ff., S. 2.
115 Ingeborg Bachmann: Fragen und Scheinfragen. In: Dies.: Frankfurter Vorlesungen. Probleme zeitgenössischer Dichtung. München 1980, S. 19.
116 Ingeborg Bachmann: Literatur als Utopie. In: Frankfurter Vorlesungen, a.a.O., S. 82 (Hervorh. d.d. Verf.).
117 Susan Gubar: »Das unbeschriebene Blatt« und die Fragen einer weiblichen Kreativität. In: Sara Lennox (Hrsg.): Auf der Suche nach den Gärten unserer Mütter. Feministische Kulturkritik aus Amerika. Darmstadt und Neuwied 1982.
118 Ingeborg Bachmann: Literatur als Utopie, a.a.O., S. 94 (Hervorh. d.d. Verf.).
119 Ingeborg Bachmann: Ein Schritt nach Gomorrha. In: Dies.: Das dreißigste Jahr. Erzählungen. München 1961, S. 151/2 (Hervorh. d.d. Verf.).
120 Ingeborg Bachmann: Undine geht. In: Das dreißigste Jahr, a.a.O., S. 207, 210/11.
121 Ingeborg Bachmann: Ihr glücklichen Augen. In: Dies.: Simultan. Erzählungen. München 1972, S. 71, 67.
122 Ebd., S. 63.
123 Ebd., S. 65. – Eine ähnliche Strategie verfolgt eine der Frauen aus Irmtraud Morgners neuem Buch »Amanda«; die hat die Kunst des »Leibredens« erlernt; da sie als Frau keinen Gesprächspartner hat, der sich für ihre unsortierten Gedanken interessiert, übernimmt sie dies in eigener Regie.

II. Feministische Literaturwissenschaft

*Abbildung 1: Amazonen in der Französischen Revolution.
(aus: P.M. Duhet: Les femmes et la Révolution 1789-1794, Paris 1971)*

Inge Stephan

»Da werden Weiber zu Hyänen ...«
Amazonen und Amazonenmythen bei Schiller und Kleist

Amazonen, das heißt, starke, mutige, kämpferische und vom Mann unabhängige Frauen, haben die Phantasien von Frauen und Männern durch die Jahrhunderte hindurch, wenn auch in ganz unterschiedlicher Weise, bewegt. Der alte Amazonenmythos, um dessen historischen Realitätsgehalt im Übergang vom Matriarchat zum Patriarchat es hier nicht gehen soll[1], gewinnt dabei, das ist meine These, gerade in historischen Umbruchzeiten eine besondere Bedeutung und Funktion. Erläutern ließe sich diese These besonders gut an zwei Beispielen, einmal an der zeitgenössischen Frauenliteratur, das haben Sigrid Weigel und ich bereits in anderem Zusammenhang getan[2], und zweitens an der Literatur des 18. Jahrhunderts. Das will ich jetzt tun.

I

Daß das 18. Jahrhundert eine Zeit des Umbruchs war, braucht hier nicht näher erläutert zu werden. Genügen sollen hier die Stichworte: Ablösung der feudalen durch die bürgerliche Ordnung, Strukturwandel der Öffentlichkeit, Durchsetzung des Kapitalismus und – das ist für unseren Zusammenhang besonders wichtig – Neuformierung des patriarchalischen Systems. Dieser Gesichtspunkt ist in der Diskussion der Historiker, Soziologen etc. fast immer unterschlagen worden, obwohl er doch jedem in die Augen springen müßte, der sich die Veränderungen der Familienstruktur und der Geschlechterbeziehungen, die sich im Zusammenhang der politökonomischen Umwälzungen vollziehen, ansieht. Der politische Emanzipationskampf, unter der Parole Freiheit und Gleichheit geführt (auf die Brüderlichkeit komme ich später zu sprechen), enthielt eine Verheißung nicht nur für den Mann als Bürger, sondern auch für die Frau als Bürgerin. Warum sollte das, was der Mann für sich als Bürger forderte, nämlich Selbstbestimmung, Emanzipation, Glück, nicht auch für die Frau als Bürgerin gelten?

Die kurze Phase der »weiblichen Gelehrsamkeit«[3] um die Mitte des 18. Jahrhunderts zeigt, daß zumindest einige Frauen die bürgerliche Gleichheitsforderung auf Teilgebieten für sich durchzusetzen und zu leben versuchten. Nicht zufällig treten in dieser historischen Phase erstmals in bemerkenswerter Anzahl Frauen als Schriftstellerinnen, als sogenannte »Amazonen der Feder«, an die Öffentlichkeit. Eins der Beispiele, das in diesem Zusammenhang immer wieder zitiert wird, ist die Gottschedin, also die Frau von Gottsched, dem es um die moralische und intellektuelle Bildung beider Geschlechter ging. Daß ihm vor den Konsequenzen seines eigenen Tuns wohl bange gewesen sein dürfte, zeigt die Amazonenvision, die Gottsched in seinen »Vernünftige Tadlerinnen« schildert. Gottsched läßt seine Heldin Calliste von folgender Vision berichten:

> »Ich habe ohngefähr etwas von den alten Amazonen gelesen. (...) Ich geriet dabei in eine recht angenehme Betrachtung. Meine Einbildungskraft stellte mir eine Republik vor, die etwa heute zu Tage aus lauter Frauenzimmern aufgerichtet werden könnte. Ich verbannte in meinen Gedanken alle Mannspersonen aus meiner Vaterstadt. Ich besetzte alle Ämter und Bedienungen mit lauter Weibsbildern. Der Rat wurde nicht mehr aus den ansehnlichsten Bürgern, sondern aus den vernünftigsten Bürgerinnen erwählt. Sein Haupt war nicht der Bürgermeister, sondern eine Bürgermeisterin. (...) Ich sah ein Regiment Heldinnen mustern, die mit ihrem Gewehr wohl umzugehen wußten. (...) Am allerbesten gefiel mir die Betrachtung einer weiblichen hohen Schule. Denn meinem Bedünken nach waren alle Professorstellen mit Weibspersonen besetzt. Die Jungfern zogen haufenweise aus einer Stunde in die andere. (...) Es fanden sich Spaltungen unter ihnen. Der eine Teil hielt es mit dieser, der andere, mit jener Lehrerin. (...) Man hielt öffentliche Unterredungen von gelehrten Materien, die in kleinen gedruckten Schriften vorher waren bekannt gemacht worden. Und mich dünkt, daß es weit lebhafter und eifriger, als jetzo bey den Männern zugieng. Man zankte sich zum Exempel: ob die Vernunftlehre eine Kunst oder eine Wissenschaft sey? Ob man mit dem Aristoteles dreyerley, oder mit dem Galenus viererley Arten der Schlußrede zugeben sollte? Oder ob man den ganzen Plunder miteinander wegwerfen könne? Ja, es fand sich auch eine Spitzfündige, die, aus einer sonderbaren Begierde, neue Wahrheiten zu erfinden, die Frage aufwarf: Ob es denn eine so ganz ausgemachte Sache wäre, daß die Mannspersonen Menschen wären?«[4]

Die Vision täuscht: Die Ausphantasierung starker, selbstbewußter und intellektueller Frauen wird nicht als eine positive Utopie entworfen und mit dem aufklärerischen Gleichheitsgrundsatz in Verbindung gebracht, sondern sie wird in einem zweiten, sich daran anschließenden Traum zur Warnung aufgestellt für all die Frauen, die sich erkühnen sollten, die Gleichheitsforderung wörtlich zu nehmen und auf die eigene Person zu beziehen:

> »Es war spät und ich ward genötigt mich mit diesen angenehmen Gedanken zu Bette zu legen. Da war es nun ganz natürlich, daß ich Träume haben mußte, die mit dem, was ich bisher beschrieben, einige Verwandschaft hatten. Es kam mir nämlich eben diese Stadt voller Weibsbilder vor, allein unter einer ganz anderen Gestalt, als sie mir wachend vorgekommen war.

»Da werden Weiber zu Hyänen ...«

> Ich sah zwar allenthalben Frauenzimmer, aber ich konnte sie kaum mehr dafür halten, was sie doch waren. Das machte ihre Gestalt, ihr Putz und ihre Kleidung waren verändert. Man hielt unter ihnen nichts mehr auf die weiße Haut des Halses und der Brust, nichts auf die geschickte Stellung des Leibes. Artigkeit und Höflichkeit waren Wörter, die mit den dadurch bedeuteten Sachen ganz aus der Mode gekommen waren. (...) Auf allen Straßen sah man unzählige Stücke von zerbrochenen Spiegeln liegen: denn man bediente sich derselben nicht mehr. Zarte und schöne Hände, oder kleine geschickte Füße zu haben, war kein Ruhm mehr für das Frauenzimmer.(...) Man ließ sich keine Moden mehr aus Frankreich bringen: eine jede machte ihre Kleidung nach ihrer eigenen Phantasie. Der Zwang der steifen Schnürleiber war ganz verbannt: die Brust entblößte man nicht mehr, und die meisten Personen waren ziemlich stark von Leibe und fast allenthalben gleich dick. Ich konnte es mir fast nicht einbilden, daß diese unartigen Creaturen, die ich überall vor mir sah, Frauen seyn sollten. Wo sind, dachte ich bey mir selbst, alle Annehmlichkeiten unseres Geschlechts? Wo ist das holdselige Lächeln der Lippen? Wo sind die blitzenden Augen? Wo sind die verliebten Geberden und Mienen? Wo sind viel tausend anderer Reizungen, die uns bisweilen selbst in Personen von unserem eigenen Geschlechte verliebt machen? Warum sehe ich denn keine Lauten oder andere Gattungen von Saytenspiel? Warum hört man keine Engelstimme, ein bezauberndes Lied nach dem anderen anstimmen?«[5]

Die Botschaft ist klar: Die Frauen sollen sich nicht erdreisten, das Postulat der Freiheit und Gleichheit auf sich selbst anzuwenden, denn die Folgen werden schreckliche sein: Häßlichkeit, Unattraktivität und Unweiblichkeit, kurz das Ende der Liebe zwischen den Geschlechtern. Das, worum es eigentlich geht in dieser historischen Phase, nämlich um die Machtverteilung in einer sich neu konstituierenden Gesellschafts- und Wirtschaftsform, wird gar nicht thematisiert. Die Frauen sollten gar nicht erst auf die Idee kommen, sich in diesen Machtkampf, der sich zwischen den Klassen vollzieht, mit eigenen Forderungen einzuschalten, den sogenannten Hauptwiderspruch, nämlich den zwischen Adel und Bürgertum, der im 18. Jahrhundert ausgetragen wurde, mit dem sogenannten Nebenwiderspruch, nämlich der Geschlechterauseinandersetzung, zu belasten und verwirren.

Der Typus der »gelehrten Frau«, der in der Frühaufklärung noch als Ideal gegolten und den Gottsched selbst propagiert und den seine Frau gelebt hatte, wurde im Verlauf der weiteren Entwicklung sehr bald fallengelassen, da er sich als systemsprengend und gefährlich erwiesen hatte. Er wurde daher abgelöst durch einen neuen Typus, den der empfindsamen, tugendhaften Frau, an dessen Ausformulierung und Propagierung Schriftsteller und Philosophen das ganze Jahrhundert hindurch gemeinsam arbeiteten.

Inge Stephan

Olympe de Gouges, geboren mit einer überspannten Phantasie hielt ihren Wahnsinn für eine Eingebung der Natur. Es begann damit, daß sie ungereimtes Zeug daherfaselte; schließlich ging sie so weit, sich das Vorhaben der Verräter zu eigen zu machen, die Frankreich zu entzweien drohten. Ein Staatsmann wollte sei sein; das Gesetz wird diese Verschwörerin wohl dafür bestrafen, daß sie vergessen hatte, was sich für ihr Geschlecht geziemt.

Moniteur, 1793

Abbildung 2
(aus: Olympe de Gouges: Schriften, Basel und Frankfurt/M. 1980)

Ich kann hier nicht die unterschiedlichen Ausprägungen und mögliche positive und negative Aspekte dieses Frauenbildes weiter ausführen. Wichtig ist mir in diesem Zusammenhang, daß die Forderung und Anwendung des Gleichheitsgrundsatzes auch für das weibliche Geschlecht das ganze Jahrhundert nicht zur Ruhe kamen. Ablesbar ist das nicht nur an vielen

Frauenbildern, die insbesondere in der Literatur gegen eine mögliche Emanzipation der Frau schützend und abwehrend aufgerichtet werden, sondern auch an der zunehmenden Thematisierung der Frauenfrage durch Frauen selbst.

Mary Wollstonecrafts »Verteidigung der Rechte der Frauen« (1791/3)[6] war ein erster Meilenstein in dieser Emanzipationsentwicklung, die von Frauen selbst geführt wurde. Die zeitliche Nähe zur Französischen Revolution ist nicht zufällig. Die Französische Revolution ist nicht nur der Kulminationspunkt der bürgerlichen Emanzipationsbestrebungen, sondern sie ist zugleich ein Höhepunkt weiblicher Forderungen nach Freiheit und Gleichheit. 1791 verfaßte Olympe de Gouges ihre »Erklärung der Rechte der Frau«[7], die ein provozierendes und radikales Gegenstück zur »Erklärung der Menschenrechte« ist, die in Wahrheit doch nur die Rechte des Mannes formuliert hatten. In Artikel I heißt es bei Olympe de Gouges programmatisch: »Die Frau wird frei geboren und bleibt dem Manne ebenbürtig in allen Rechten.«[8] Solche kühnen Forderungen mußten Angst einjagen, zumal wenn sie wie bei Olympe de Gouges mit Unerbittlichkeit und Radikalität vorgetragen wurden. Olympe de Gouges schreckte nicht davor zurück, Robespierre öffentlich zum Duell zu fordern. Damit, wie überhaupt mit ihrer Forderung nach »Schwesterlichkeit«, das heißt, nach Anwendung der Menschenrechte auch auf die Frauen, überschritt sie weit die Grenzen des Möglichen in der damaligen Zeit. Sie wurde nicht nur das Opfer einer bösartigen und hämischen Denunziationskampagne, die insbesondere ihr als einer« Frau galt, die »vergessen hatte, was sich für ihr Geschlecht geziemt«[9], sondern sie wurde auch ganz konkret 1793 durch die Guillotine zu Tode gebracht und schließlich aus dem historischen Bewußtsein verdrängt. Dieser Verdrängungsvorgang galt übrigens nicht nur ihr, sondern einer ganzen Bewegung von Frauen, die im Rahmen der bürgerlichen Revolution ihren eigenen Kampf führten. Als »kriegerische Weibsbilder«, als »emanzipierte Frauen«, als »abscheuliche Metzen«, als »häßliche und anmaßende Frauen«, kurz: als Amazonen, sind sie von den Zeitgenossen beschimpft und bekämpft worden.[10] Die Denunziation war erfolgreich. Wer kennt heute noch den Kampf der Frauen während der Französischen Revolution? Wer kennt Namen wie Claire Lacombe und Théroigne de Méricourt? Wer weiß von der Gesellschaft der revolutionären Republikanerinnen, einem Klub, der ausschließlich Frauen als Mitglieder aufnahm? Wer hat von den Amazonenlegionen gehört, und wer hat die Erklärung der Rechte der Bürgerinnen, der Prostituierten vom Palais Royal gelesen, mit der diese ihre Gleichstellung mit Männern und Frauen forderten? Wer kennt die Bittschriften der Frauen des Dritten Standes, wer die unzähligen feministischen Broschüren der Revolutionszeit?[11] Auffällig ist, daß sich die kämpferischen

Frauen während der Revolutionszeit selbstbewußt auf das antike Amazonenvorbild bezogen, während die männlichen Gegner sich durch den Kampf der Frauen in der Durchsetzung ihrer eigenen Ziele gefährdet sahen. Die männliche Reaktion auf diese Bedrohung ist so einfach wie genial.[12]

Théroigne de Méricourt
Abbildung 3 (aus: Olympe de Gouges: Schriften, Basel und Frankfurt/M. 1980)

Das, was an den lebendigen Frauen als Bedrohung abgewehrt und wie im Fall von Olympe de Gouges kurzerhand getötet wird, wird auf der Ebene der Ideologiebildung als Tugend aufgewertet und gleichzeitig neutralisiert. So tritt in den Revolutionsfesten der Französischen Revolution neben die Gestalt der Mutter die Amazone als eine zweite zentrale Gestalt, in der sich die revolutionäre Tugend verkörpern sollte. In den zahlreichen Festumzügen der Revolutionszeit bildete die Amazone oftmals den Mittelpunkt des Festgeschehens. In dieser herausgehobenen symbolischen Funktion scheint den Frauen die Gleichstellung mit den Männern gewiß – ein Irrtum, wie sich zeigen sollte. Im Bild der Amazone wird die Frau zur abstrakten republikanischen Tugend erhöht und gleichzeitig auf den Status einer (toten) Statue reduziert. Als Amazone, als Göttin der Freiheit, der Gleichheit und der Vernunft stabilisierte sie nur die kollektive Identität der Männer. Für die Frauen konnte sie nur eine ambivalente Bezugsfigur sein, weil sie erstens zumeist mit der Gestalt der Mutter gekoppelt erschien und damit eine Spaltung wiederholte, deren Opfer Frauen schon immer gewesen sind, und weil ihr zweitens keine gesellschaftliche Praxis entsprach und das, was sich in den Frauenklubs und den Amazonenlegionen als eine solche Praxis zu etablieren begann, unterdrückt und verfolgt wurde.

Göttin der Vernunft
Abbildung 4 (aus: Olympe de Gouges: Schriften, Basel und Frankfurt/M. 1980)

Wie groß aber die Beunruhigung war, die von den sogenannten Amazonen der Französischen Revolutionszeit ausging, ist ablesbar nicht nur an den geschickten Verwandlungsversuchen der lebendigen Amazonen in statuarische Göttinnen und Heldinnen, die man in Festumzügen mit sich führen oder auf Marktplätzen gefahrlos aufstellen konnte, sondern auch an den zahlreichen Versuchen, die Geschlechterbeziehungen neu zu definieren und die Rollen neu festzulegen.

Diese Versuche fanden nicht nur in Frankreich statt, sondern auch in Deutschland, hier mit der erkennbaren Absicht, ein Übergreifen der Revolution auf das eigene Land zu verhindern und damit auch die Szenen zu vermeiden, wo »Weiber zu Hyänen« werden und mit »Entsetzen Scherz« treiben, wie Schiller mit Blick auf die Revolution im Nachbarland in seinem »Lied von der Glocke« warnend geschrieben hatte.[13]

Ich verstehe die gegen Ende des 18. Jahrhunderts in Deutschland geführte philosophische Diskussion über das Wesen von Mann und Frau als einen Versuch, die durch die bürgerliche Emanzipationsentwicklung und insbesondere durch die Französische Revolution gefährdete Vormachtstellung des Mannes neu zu etablieren, das heißt, das patriarchalische System neu zu legitimieren. Denn tatsächlich war durch die Aufklärung und durch die auf ihr basierende bürgerliche Emanzipationsbewegung nicht nur die feudale Ordnung in eine Existenzkrise geraten, die dann durch die Revolution für das französische Feudalsystem tödlich endete, sondern das ganze patriarchalische System geriet unter Legitimationsdruck in dem Augenblick, wo die Aufklärung sich selbst beim Worte nahm und ihre eigenen Postulate konsequent zu Ende dachte. Denn wo lag eigentlich die Rechtfertigung, die Frauen von dem, was als intellektueller, moralischer und politischer Fortschritt gesamtgesellschaftlich gefordert wurde, auszuschließen? Genau an dieser Rechtfertigung arbeiteten m.E. mehr oder minder versteckt offen Philosophie und Literatur im ausgehenden 18. Jahrhundert. Natürlich muß man sich hier vor Verallgemeinerungen hüten. Nicht alle Philosophen und Schriftsteller beteiligten sich an der Neudefinition der Geschlechtscharaktere und wenn, dann auch nicht immer in reaktionärer Weise, es gab auch subversive Diskurse, aber ein Blick auf die einschlägigen Texte zeigt doch, daß die neu entstehende Geschlechterphilosophie um die Wende vom 18. zum 19. Jahrhundert durchaus Prominenz in ihren Reihen hatte.

II

1795 veröffentlichte Wilhelm von Humboldt in Schillers »Horen« zwei programmatische Aufsätze »Ueber den Geschlechtsunterschied und dessen

Einfluß auf die organische Natur« und »Ueber männliche und weibliche Form«. Im ersten Aufsatz heißt es: »Die zeugende Kraft ist mehr zur Einwirkung, die empfangende mehr zur Rückwirkung bestimmt. Was von der erstern belebt wird, nennen wir *männlich*, was die letztere beseelt, *weiblich*. Alles Männliche zeigt mehr Selbstthätigkeit, alles Weibliche mehr leidende Empfänglichkeit.«[14] Die Polarisierung führt zu dichotomischen Strukturen auf den verschiedensten Ebenen, wobei es Humboldt aber darum geht, diese Dichotomie produktiv zu machen und auf einer höheren Ebene aufzuheben. Er spricht in diesem Zusammenhang von Einheit und Ergänzung und von dem »harmonischen Ganzen«[15], in dem der ursprüngliche Unterschied der Geschlechter seine Auflösung finden soll. Trotz eines solchen Ansatzes überlagert die polarisierende Struktur die ganzheitlichen Absichten und produziert letztlich ein Weiblichkeitsbild, aus dem Aktivität, Kraft, Stärke und Selbständigkeit idealtypisch getilgt sind.

Abbildung 5
(aus: J. Wychram: Schriften, dem deutschen Volke dargestellt,
Bielefeld und Leipzig 1897, S. 440)

Einen anderen Ansatz verfolgt Fichte. In seinen »Grundlagen des Naturrechts nach Prinzipien der Wissenschaftslehre« (1796/7) definiert er die Frau als das »zweite Geschlecht« und ordnet es ganz explizit dem ersten, nämlich dem männlichen Geschlecht, nach: »Das zweite Geschlecht steht der Natureinrichtung nach um eine Stufe tiefer, als das erste; es ist Objekt einer Kraft des ersteren.«[16] Legitimierender Bezugspunkt für solche Auffassungen, die schon Mary Wollstonecraft ironisch aufgespießt und Olympe de Gouge vehement bekämpft hatte, war für ihn die angebliche, behauptete Natur des Weibes, die sie zur Liebe und zur Aufopferung ihres eigenen Willens unter den Willen des Mannes bestimme. Damit hört die Frau auf, »das Leben eines Individuums zu führen; ihr Leben ist Teil seines Lebens geworden«, wie Fichte ganz unverblümt schreibt.[17] Was uns hier als imperialer Gestus entgegentönt, ist die Sprache des Herrschers und Unterwerfers. Hier geht es nicht mehr wie bei Humboldt um eine polarisierende Bestimmung von Männlich und Weiblich im Sinne von aktiv und passiv, rational und emotional, öffentlich und privat, sondern um die Neukonstituierung eines Herrschaftsverhältnisses, das erste Brüche zeigte und deshalb neu fundamentiert werden mußte.

Da Gott und das Christentum ihre legitimierende Kraft für eine Bewegung längst verloren hatten, die sich selbst in die Tradition der aufklärerischen Säkularisierungsbewegung stellte und sich einen strengen Wissenschaftsanspruch auferlegte, wurden nun die Biologie und Anthropologie herangezogen, um bestehende Geschlechter- und Herrschaftsverhältnisse zu bekräftigen. Die Auffassung von Fichte, daß die Frau gar kein Individuum bzw. Subjekt sei, ist dabei keineswegs exzeptionell. In Hegels Philosophie, als einem zusammenfassenden Lehrgebäude der klassischen Epoche, kommt die Frau als Subjekt konsequenterweise gar nicht vor. Der Mensch in der Hegelschen Philosophie ist stets der idealisierte Mann, zur Frau finden sich beiläufige Bemerkungen, wie etwa folgende:

> »Der Unterschied zwischen Mann und Frau ist der des Tieres und der Pflanze: das Tier entspricht mehr dem Charakter des Mannes, die Pflanze mehr dem der Frau, denn sie ist mehr ruhiges Entfalten, das die unbestimmbare Einigkeit der Empfindungen zu seinem Prinzip erhält. Stehen Frauen an der Spitze der Regierung, so ist der Staat in Gefahr, denn sie handeln nicht nach den Anforderungen der Allgemeinheit, sondern nach zufälliger Neigung und Meinung.«[18]

III

Nach diesem kurzen Exkurs über die Geschlechterphilosophie komme ich jetzt auf zwei Autoren, die mit dieser Diskussion eng verbunden sind und in deren Werken sich vielfältige Bezüge darauf befinden. Der zeitliche Rahmen ermöglicht mir dies leider nur sehr verkürzt und thesenhaft zu tun. Auf Schillers Abscheu vor den »Weibern«, die zu »Hyänen« werden, ist schon kurz hingewiesen worden. In einem solchen Zitat steckt mehr als die Angst vor einem politischen Umsturz. Hier geht es auch um die Angst des Mannes vor einem Umsturz des Herrschaftsverhältnisses des Mannes über die Frau und um eine mögliche Umkehrung der Rollen. Die »rasenden Weiber« der Revolution rühren an die Grundfesten männlichen Selbstverständnisses. In Gedichten wie »Würde des Mannes« und »Würde der Frauen« versuchte Schiller die Geschlechtsrollen in einer so reaktionären Weise zu definieren, daß sich sogar die Zeitgenossen darüber mokierten und insbesondere Frauen wie Caroline Schlegel darauf nur ironisch reagieren konnten. Das scheint Schiller aber nicht irritiert zu haben, denn in immer neuen Zusammenhängen und auf verschiedenen Ebenen unternahm er Versuche, die Frau als »schönes Eigentum« des Mannes zu definieren.[19] Auch seine beiden Dramen »Die Jungfrau von Orleans« und »Maria Stuart« gehören in den Zusammenhang dieser Bemühungen.

Ich gehe hier nur sehr kurz auf die »Jungfrau von Orleans« ein – in anderem Zusammenhang habe ich mich mit diesem Text ausführlicher beschäftigt[20], weil Schiller hier das durch die Revolution aktualisierte Bild der Amazone in einer ganz charakteristischen Weise aufnimmt. Als kämpferische und selbständige Frau widerspricht Johanna von Orleans erst einmal dem Bild, auf das Schiller die Frauen in Gedichten wie »Würde der Frauen« und theoretischen Abhandlungen wie »Anmut und Würde« festzulegen bemüht war. Als Amazone war Johanna auch von den französischen Revolutionären neu rezipiert worden. Man berief sich auf Johanna als eine Schutzheilige und als ein Vorbild und stützte sich dabei auf ein programmatisches Gedicht von Robert Southey, einem begeisterten Anhänger der Revolution, der Johanna als mutige und kämpferische Frau gefeiert und in ihr eine Vorläuferin der Französischen Revolution begrüßt hatte.[21]

Ich habe bereits darauf hingewiesen, daß die Amazonenbegeisterung der französischen Revolutionäre eine ambivalente Angelegenheit ist, weil sie einherging mit der Verfolgung und Tötung lebendiger kämpferischer Frauen. Der Amazonenkult in der Französischen Revolution mit seinen zahlreichen figürlichen Darstellungen und Standbildern liegt auf der gleichen Ebene wie die zahlreichen weiblichen Allegorien von der Antike bis zur Gegenwart. Als Allegorie der Freiheit, der Gleichheit, der Gerechtigkeit etc. hat die Frau im Patriarchat schon immer eine Repräsentanz gehabt, der keinerlei gesellschaftliche Praxis entsprach. Ernest Borneman hat den Widerspruch zwischen den Bildern und der Realität folgendermaßen zu erklären versucht:

> »Nirgends tritt die Widersprüchlichkeit des Patriarchats deutlicher in Erscheinung als in diesen Gestalten, die aus dem Mutterrecht übernommen worden sind und dem Vaterrecht als Rechtfertigung für die Unterdrückung der Frau dienen; denn wenn man die Frau als Symbol verehrt, entledigt man sich der Pflicht, ihr auch als lebendem Wesen Ehre zu erweisen; wenn man sie als Gerechtigkeit, als Freiheit, als Weisheit symbolisiert, braucht man ihr in der Realität keine Freiheit, keine Gerechtigkeit zu geben und kann ihre Weisheit getrost mit Füßen treten. Hier deckt das Patriarchat also sein schlechtes Gewissen auf und zeigt gleichzeitig, wie man es durch Aufdeckung besänftigt.«[22]

Borneman benennt m.E. sehr zutreffend die Funktion, die die Allegorisierung des Weiblichen hat: Verschleierung und Herrschaft. Ich will versuchen, diesen Gedanken kurz auf die »Jungfrau von Orleans« anzuwenden.

Der Widerspruch, der zwischen dem traditionellen Frauenbild Schillers (»und drinnen waltet die tüchtige Hausfrau ...«) und der Ausphantasierung einer kämpferischen Frau liegt, die alles andere als ein Hausmüttercken war, löst sich auf eben die Weise wie der Widerspruch, der zwischen der offiziellen Verehrung der Amazone als Symbol und der gleichzeitigen Verfolgung der realen Amazonen in der Revolution besteht. Nur ist dieser Widerspruch bei Schiller nicht so deutlich und anders nuanciert. Schiller hat kein Interesse, Johanna als ein Symbol der Revolution aufzurichten. Ganz im Gegenteil: Bei ihm wird sie zur Schutzheiligen *gegen* die Revolution. Ihr Kampf gilt der Erhaltung der alten feudalen Ordnung. Die Krönung des Königs ist Ziel und Höhepunkt ihres Lebens. Ihr Kampf und vor allem die damit verbundene Abweichung von der weiblichen Rolle rechtfertigt sich allein aus diesem Ziel. Ein größerer Gegensatz zum Kampf der Frauen in der Revolution ist kaum denkbar.

Aber Schillers »Johanna« geht in der antirevolutionären Funktion nicht auf. Ihr Amazonentum stellt eine Beunruhigung dar, die im Text immer wieder thematisiert wird.[23] Der Vater beklagt das amazonische Wesen seiner Tochter als »eine schwere Irrung der Natur« (5), der Erzbischof beschwört Johanna inständig, zurückzukehren »zu dem anderen Geschlecht (..), das nicht berufen ist zum blut'gen Werk der Waffen« (70), und auch Agnes Sorel, die Mätresse des Königs, fordert Johanna auf: »Entwaffne dich! Lege diese Rüstung ab (...) O sei ein Weib« (86). Ihr Verehrer Raimond sieht in ihr eine Ausnahmegestalt, für die menschliche Gesetze und

Maßstäbe nicht gelten – eine Sicht, die von der Bevölkerung geteilt wird und auf der Einschätzung basiert, daß außergewöhnliche Situationen außergewöhnliche Menschen und Taten erfordern. Johanna selbst versucht, ihren Taten das Außergewöhnliche und Schockierende zu nehmen. Sie stellt sich ausdrücklich in die Tradition des gängigen Frauenverständnisses ihrer Zeit. Sie deutet ihre Taten als eine gehorsame Erfüllung dessen, was ihr Gott befohlen hat, und stellt sich nachdrücklich unter den konservativen Sinnspruch, der ihr von den Heiligen verkündigt wird: »Gehorsam ist des Weibes Pflicht auf Erden« (36). Sie sieht sich selbst als Werkzeug und als Gefäß (71). Sie definiert sich also in schöner Übereinstimmung mit der klassischen Geschlechterphilosophie nicht als Subjekt ihres eigenen Handelns, sondern als Objekt eines höheren, göttlichen Willens. Das Amazonische wird also sowohl im Bewußtsein Johannas zurückgedrängt, wie auch in der Darstellung weitgehend getilgt, die Schiller von ihr gibt. Sie trägt nur Helm und Brustharnisch, sonst ist sie »weiblich gekleidet« (48).

Johanna ist als Amazone kaum noch kenntlich, die Hinweise auf die antiken Amazonen, mit denen Johanna sonst häufig verglichen wird, fehlen bei Schiller völlig. Ich vermute, daß Schiller durch das Beispiel der sogenannten Amazonen der Französischen Revolution so schockiert und verunsichert war, daß er auf jeden Fall vermeiden wollte, daß seine Johanna mit ihnen identifiziert werden konnte. Seine Johanna war ja gerade als Gegenbild zu den kämpferischen Frauen der Französischen Revolution gemeint. Dabei geriet Schiller jedoch in einen Widerspruch, der für seine Heldin tödlich ausging. Als Gegenbild trug auch seine Johanna starke, kämpferische Züge, die trotz aller Vergeistigung und Religiosität seine Figur in eine problematische Nähe gerade zu den »rasenden Weibern« der Revolutionszeit brachten. Aus diesem Dilemma gab es nur einen Ausweg: den Tod der Heldin.

Die Entlebendigung Johannas vollzieht sich dabei in zwei Phasen. Zum einen wird sie von Schiller als »reine Jungfrau« und als Heilige gezeichnet, also all dessen beraubt, was Lebendigkeit ist. Auf der anderen Weise verwickelt Schiller sie in einen Konflikt zwischen Pflicht und Neigung, den sie mit ihrem Leben bezahlen muß. Durch ihre Neigung gibt Johanna zu erkennen, daß sie in Wahrheit doch ein Weib ist, daß sie zum Weib wird, »wenn ihr ein Mann begegnet« (107). Die patriarchalische Welt ist also wieder in Ordnung. Johannas amazonisches Handeln ist nur ein Schein. Durch diese Entdeckung, die im Text zu rührenden Szenen führt, wird letztlich das bestätigt, was Autoren immer wieder vermutet haben, nämlich, daß sich hinter jeder kämpferischen Amazone immer ein Weib verbirgt, das besiegt sein will.

Hier könnte das Drama also zu Ende sein. Daß es das nicht ist, hängt nicht nur mit der historischen Vorlage zusammen, sondern vor allem damit, daß Johanna dem Gesetz der Reinheit, dem Schiller sie unterworfen hat, untreu wird, wenn auch nur kurz und nur in Gedanken. Gesühnt wird das mit ihrem Tod, der freilich zur Apotheose wird. Schiller entfaltet hier genau den Pomp und das Pathos, das schon die französischen Revolutionäre entwickelt hatten, um aus den lebendigen, kämpferischen Frauen die toten Amazonen-Standbilder und die blutleeren Allegorien der Freiheit und der Gleichheit herzustellen. Die Berührung Schillers und der Revolutionsmänner – jenseits und trotz der unterschiedlichen politischen Positionen und Zielsetzungen – gerade in diesem Punkt erscheint mir nicht zufällig. Ich verstehe sie als Ausdruck eines patriarchalischen Reaktionsmusters, mit dem die Bedrohung durch reale Frauen abgewehrt und neutralisiert werden sollte.

Daß hierbei nicht nur abstrakte politische Interessen eine Rolle spielten, sondern konkrete psychische Mechanismen angerührt wurden, ließe sich nicht nur an Schiller zeigen, sondern könnte auch am Beispiel der französischen Revolutionsmänner erläutert werden. Ich will das nicht tun, sondern diesen Gedanken an einem anderen Autor, nämlich Kleist, verdeutlichen, weil hier die psychische Verwicklung in das eigene Werk sehr viel klarer zu Tage tritt als bei Schiller.

In seinen Briefen zeigt sich Kleist als ein Mann, der die herrschende Geschlechterphilosophie vollständig verinnerlicht hat. In den Briefen an die Verlobte und an die Schwester finden wir alle die Klischees wieder, die in der Zeit gängig waren.[24] Ähnlich wie Fichte wies auch Kleist der Frau die »zweite Stelle« (493) zu und definierte sie allein in ihrer Funktion auf den Mann: »Die Frau ... hat keine anderen Verpflichtungen, als Verpflichtungen gegen ihren Mann; ... das Glück des Mannes ... ist der einzige Gegenstand der Frau; ... die Frau ... ist mit ihrer ganzen Seele für ihren Mann tätig, sie gehört niemandem an, als ihrem Manne, und sie gehört ihm ganz an« (507). Seiner Verlobten versuchte er in einer Form, die an Gehirnwäsche erinnert, immer wieder einzureden, daß sie schwach sei und einer männlichen Stütze und Leitung bedürfe (524). In der behaupteten Schwäche und Labilität der Frauen findet Kleist die Rechtfertigung für seine quälerischen Erziehungsversuche. Besessen von dem Gedanken, aus der Verlobten »einst ein vollkommnes Wesen zu bilden« (577), hält er ihr immer wieder ihre weibliche Bestimmung vor Augen: »Keine Tugend ist doch weiblicher, als die Sorge für das Wohl anderer« (507). Der Zweck der Frau liegt also außerhalb ihrer selbst, ihr Leben findet Rechtfertigung in der aufopfernden Hingabe an den Mann und die Kinder. Trotz aller Versuche, sich an seine Wünsche anzupassen, genügt die Verlobte Wilhelmine nicht den hohen Anforderungen von Kleist. Auch die Schwester Ulrike hat, wie Kleist schrieb, »die Kunst nicht verstanden sich aufzuopfern« (885). Freilich war sie eine ganz andere Frau als die Verlobte Wilhelmine. Unternehmungslustig, eigenständig in ihren Entscheidungen entsprach sie so gar nicht dem Bild, auf das Kleist die Frauen festzulegen versuchte. In Männerkleidern reist sie mit dem Bruder nach Frankreich und lehnt die Ehe, zu der der Bruder sie zu überreden versuchte, ab. Kleist schwärmt von ihr in den Briefen wie von einer Geliebten und fühlt sich doch zugleich von ihr abgestoßen: »Sie ist eine weibliche Heldenseele, die von ihrem Geschlechte nichts hat, als die Hüften« (664). Als ein »Wesen«, »das weder Mann noch Weib ist, und gleichsam wie eine Amphibie zwischen zwei Gattungen schwankt«, erscheint sie ihm als ein »Mißgriff« der Natur (676). Wiederholt kommt er darauf zurück, daß sich »nicht an ihrem Busen ruhen« läßt (655).

Was die Briefe eher verdecken als enthüllen, ist, daß solche Aussagen gar nicht so sehr Aussagen über die Schwester sind, sondern vielmehr Andeutungen über Kleists eigene Problematik enthalten. Denn tatsächlich ist es ja er, der zwischen den Gattungen schwankt, dem die Sicherheit des Geschlechtes fehlte[25], der hin- und hergerissen wird zwischen der Liebe zu verschiedenen Männern, denen er, wie er in einem Bekenntnisbrief an Pfuel schreibt, »wahrhaft *mädchenhafte* Gefühle« (749) entgegenbringt, und dem Wunsch, in die Rolle des patriarchalischen Mannes zu schlüpfen, der sich die Frau nach seinem Sinn und Zweck formt. Die Briefe zeigen, daß das, was Kleist als patriarchalische Struktur beschwört und herbeizuschreiben versucht, brüchig geworden ist. Der Versuch, sich und die Frau in diese Strukturen hineinzuzwingen, mißlingt, muß mißlingen, weil ihr zumindest auf der Seite von Kleist, aber wohl auch auf der Seite der Schwester, keine psychische Realität mehr entspricht. Auf die zunehmende Normierung der Geschlechtscharaktere reagiert Kleist gespalten: Auf einer offiziellen Diskursebene übernimmt er die herrschende Geschlechterphilosophie und überzieht sie sogar in einer grotesken Weise, inoffiziell jedoch und untergründig setzt er sich dagegen zur Wehr und reagiert mit einer unklaren Geschlechterdiffusion, die er vergeblich hinter einem übertriebenen patriarchalischen Gestus zu verbergen sucht.

Ich verstehe sein Drama »Penthesilea« als eine Abarbeitung dieser Ambivalenz, die, ungeachtet aller psychischen Besonderheiten von Kleist, ja kein isoliertes, persönliches Problem ist, sondern auf ein Epochenproblem verweist.[26] In der »Penthesilea« gestaltet Kleist, die Tradition der antiken Amazonensagen aufnehmend, die ihm durch Hederichs »Mythologisches Lexikon«, aber auch durch eine Fülle von Amazonendarstellungen und -dichtungen seiner Zeit nahegebracht sein könnten, das Eingreifen der

Amazonen in den Kampf um Troja. Er macht das Amazonenhafte, das Schiller bei seiner »Johanna« eher verdrängt und verborgen hatte, zum Thema des Dramas.

Der Mittelpunkt des Dramas ist die Begegnung zwischen Penthesilea, der Königin der Amazonen, und Achill, dem Führer des griechischen Heeres. In der Sage tötet Achill die Amazonenkönigin und verliebt sich in die Sterbende. Bei Kleist tötet die Amazonenkönigin Achill und gibt sich anschließend selbst den Tod. Auf diese Abweichung komme ich später zurück.

Abbildung 6: Achill tötet Penthesilea (Griechische Schale, München) (aus: Curt Hohoff, Kleist, Hamburg 1958)

Kleist konzentriert das Geschehen auf die Begegnung zwischen Achill und Penthesilea. Beide sind sich gleich in ihrer Angriffslust, ihrer Stärke und Entschlossenheit. Aus dem anfänglich diffusen politischen Kampf wird ein gnadenloser Geschlechterkampf. Achill fühlt sich durch Penthesilea als kämpferischer Frau in seiner Männlichkeit herausgefordert und will sie »durch die Straßen häuptlings« mit sich »schleifen«[27], und auch Penthesilea fühlt sich provoziert, möchte Achill im »Staub« sehen (343) und träumt

»Da werden Weiber zu Hyänen ...«

davon, ihn »mit Pferden häuptlings heim (...) zu schleifen« (363). Die gleiche Wortwahl verweist auf eine innige Übereinstimmung der beiden, die jedoch nicht zu einer harmonischen Verbindung, wie sie Humboldt sich etwa erträumt hatte, kommen kann, weil keiner von beiden die weibliche, nämlich die passive, empfangende und hingebende Rolle übernehmen will. Nur zum Schein schlüpft Achill für eine kurze Zeit in diese Rolle hinein und ermöglicht damit die Liebesbegegnung im 15. Auftritt, wo er Penthesilea zu Füßen liegt und von dieser liebkost wird. Aber auch in dieser Szene bleibt eine Fremdheit zwischen beiden bestehen, die auch durch die gegenseitige Leidenschaft nicht überwunden werden kann.

Achill sieht in Penthesilea eine »Furie«, zugleich aber auch eine »Grazie« (406). Er ist fasziniert und abgestoßen zugleich. Einerseits fühlt er sich zu ihr hingezogen und bewundert sie als »wunderbares Weib« (386/406), andererseits empfindet er ihr amazonisches Wesen als »unweiblich« und »unnatürlich« (387). Er kann nicht begreifen, wie eine Frau, die sich bloß »in ihrer Schöne« ruhig zu zeigen brauchte, um »das ganze Geschlecht der Männer (...) im Staub zu sehn« (387), wie ein Mann kämpft, anstatt auf die sogenannten Waffen einer Frau zu setzen. Das, was Penthesilea ihm vom Amazonenstaat und der Geschichte, den Gesetzen und den Sitten, die dort herrschen, erzählt, erfüllt ihn mit Schrecken. Man merkt ihm das Entsetzen an, als er erfährt, daß den Amazonen tatsächlich eine Brust fehlt, damit sie besser Pfeile abschießen können (390). Hier greift Kleist auf eine Bedeutung des Namens Amazone gleich Busenlose zurück, die umstritten ist. In den antiken Darstellungen haben die Amazonen stets zwei Brüste. Kleists Penthesilea ist eine amputierte Frau, darüber kann auch nicht hinwegtäuschen, daß sie selbst diesen Verlust eher bagatellisiert. Penthesilea ist damit eine Frau, an deren Busen sich nicht ruhen läßt, wie Kleist über Ulrike geschrieben hatte. Wenn man die Bedeutung berücksichtigt, die die Brust als Motiv in dem Drama hat, ständig wird von ihr ganz konkret oder im übertragenen Sinne gesprochen, wird klar, daß der Verlust der einen Brust eine Bedeutung hat, die über das rein Faktische hinausgeht. Achill spricht in diesem Zusammenhang von »ungeheuer«, »unmenschlich« und »frevelhaft« (390).

Sehr viel deutlicher noch als Achill, der durch seine Liebe vor allem die »weiblichen« Züge an Penthesilea wahrnimmt, erkennen die Griechen die Bedrohung, die von der busenlosen, »unweiblichen« Penthesilea ausgeht. Sie erscheint ihnen wie eine »Hyäne« (332), wobei mir die Schillerschen Verse aus der »Glocke« einfallen, wo Weiber zu Hyänen werden und ebenfalls mit Entsetzen Scherz treiben, wenn sie den Feinden die Herzen mit den Zähnen zerreißen. Kleist hat das ins Bild gesetzt, was Schiller mit Blick auf die Französische Revolution nur ängstlich angedeutet hat. Bei ihm bricht der harmonisierende und idealisierende Diskurs, der über das Verhältnis der Geschlechter gelegt ist, auf, und die wahren Triebkräfte treten an die Oberfläche: Nämlich der Wille zur Macht, der auf der Ebene der Sexualität in brutaler und offener Weise ausagiert wird. Penthesilea ist die kämpferische Frau in Aktion. Sie reitet auf einem Tiger, und sie greift das griechische Heer mit Hunden und Elefanten an. Sie ist entfesselte, ungezügelte Natur, die nur von ihrer Leidenschaft, den Geliebten zu *besitzen*, angetrieben wird.

Der Wunsch, zu lieben und zu töten, ist untrennbar in ihren Handlungen verbunden. Ihr Kampf gegen Achill endet so entsetzlich, daß er nicht dargestellt, sondern nur erzählt werden kann: »Sie schlägt, die Rüstung ihm vom Leibe reißend, den Zahn schlägt sie in seine weiße Brust (...); als ich erschien troff Blut von Mund und Händen ihr herab« (413/4). »Sie hat ihn wirklich aufgegessen, den Achill«, schrieb Kleist in einem Brief und fügt hinzu, »vor Liebe« (796). »Küsse, Bisse, das reimt sich, und wer recht von Herzen liebt, kann schon das eine für das andre greifen« (425), sagt Penthesilea selbst über ihre Tat.

Daß in einem solchen blutigen Ende uralte Männerängste vor der verschlingenden, kastrierenden Frau zum Ausdruck kommen, ist klar. Der Text drückt noch mehr aus: nämlich den Zusammenhang von Liebe und Tod, der sich aus der Herrschaftsstruktur der Geschlechterbeziehung ergibt. Es geht immer um Sieg, aber Sieg bedeutet immer den Tod des anderen, in der »Penthesilea« den Tod beider, weil sich Penthesilea am Ende des Dramas selbst den Tod gibt.

Kleist zerreißt den Schleier der Idealität, den seine Zeitgenossen über die Geschlechterbeziehungen gelegt hatten. Sein Text läßt beim Lesen zwiespältige Gefühle zurück. Die Ambivalenz von Kleist prägt die eigene Leseerfahrung. Faszination und Schrecken – Kleist berichtet in einem Brief von dem Entsetzen und der Rührung, die die erste Lesung des Dramas im Freundeskreis ausgelöst hat – ist eine vorherrschende Reaktion auf den Text. Kleist selbst ist fasziniert von der Gestalt der Penthesilea, an ihr arbeitet er seine ambivalenten Gefühle seiner Schwester Ulrike gegenüber ab und gleichzeitig sein eigenes Schwanken zwischen Herrschen und Hingeben, das seine Beziehungen zu Männern und Frauen prägt. Penthesilea ist Wunschbild, Schreckbild, aber auch Selbstbild, ebenso wie Achill, der in seinem hingebenden Verhalten Gefühle auslebt, die Männern damals verboten waren.

Der Text ist also keine bloße Denunziation starker und kämpferischer Frauen, wie wir sie von Schiller kennen, obwohl die Warnung natürlich auch bei Kleist unüberhörbar ist, sondern in der Gestalt der Amazone Penthesilea, die mit so viel positiven Zügen und mit so viel Sympathie geschildert wird, vermischen sich geheime Wünsche und offene Abwehr in einer schwer trennbaren Weise. Damit aber verweist der Text auf ein Dilemma der Geschlechterbeziehung, das im 18. Jahrhundert offen aufbrach und von den Zeitgenossen Kleists mühsam zugedeckt und überdeckt wurde, das aber auch noch heute Männer und Frauen für sich nicht gelöst haben.

Anmerkungen

1 Vgl. dazu die Untersuchungen von Françoise de'Eaubonne: Les femmes avant le patriarcat, Paris 1977, und Pierre Samuel: Amazonen, Kriegerinnen und Kraftfrauen, München 1979.
2 Inge Stephan: »Daß ich Eins und doppelt bin ...«. Geschlechtertausch als literarisches Thema, in: Inge Stephan und Sigrid Weigel: Die verborgene Frau. Sechs Beiträge zu einer feministischen Literaturwissenschaft, Berlin 1983, S. 153-175. – Sigrid Weigel: Mit Siebenmeilen-Stiefeln zur weiblichen Allmacht oder die kleinen Schritte aus der männlichen Ordnung. Eine Kritik literarischer Utopien von Frauen, in: Marlies Franke (Hrsg.): Die Zukunft des Weiblichen (im Druck).
3 Silvia Bovenschen: Die imaginierte Weiblichkeit. Exemplarische Untersuchungen zu kulturgeschichtlichen und literarischen Präsentationsformen des Weiblichen, Frankfurt/M. 1979, S. 80ff.
4 Zit. nach Bovenschen, S. 101/2.
3 Ebd., S. 103.
6 Mary Wollstonecraft: Verteidigung der Rechte der Frauen, Neuausgabe Zürich 1975, 2 Bde.
7 Olympe de Gouges: Schriften, Basel und Frankfurt/M. 1980. Siehe auch Neda Bei und Ingeborg Schwarz: Olympe de Gouges: Les droits de la femme. A la Reine. – Die Frauenrechte. An die Königin, Wiedergabe und Übersetzung des Textes von 1791, in: Das ewige Klischee. Zum Rollenbild und Selbstverständnis bei Männern und Frauen, hrsg. von einer Autorinnengruppe der Uni Wien, Wien, Köln und Graz 1981, S. 45-75.
8 Olympe de Gouges: Schriften, S. 41.
9 So der Moniteur vom 19. November 1793, zit. nach dem Klappentext zu den Schriften von Olympe de Gouges.
10 Vgl. »Stimmen der Nachwelt« im Anhang zu Olympe de Gouges: Schriften, S. 177ff.
11 Zum Thema Frauen und Französische Revolution siehe die Arbeiten von M. de Villiers: Histoire des Clubs de Femmes et des Légions d'Amazones, 1793–1848–1871, Paris 1910; M. Cérati: Le Club de Citoyennnes Républicaines Révolutionnaires, Paris 1966; Paule-Marie Duhet: Les femmes et la Révolution 1789-1794, Paris 1971; Neda Bei: Der politische Diskurs / der politische diskurs der frauen, Marginalien zur Szenographie der bürgerlichen Revolution, in: Das ewige Klischee, S. 76-107.
12 Inge Baxmann: Weibliche Identitätsbildung und Revolutionsfeste, in: Das Argument 138 (1983), S. 216-224. Vgl. auch Olwen Hufton: Weiblicher Alltag. Die

Schattenseite der Französischen Revolution, in: Listen der Ohnmacht. Zur Sozialgeschichte weiblicher Widerstandsformen, hrsg. von Claudia Honnegger und Bettina Heintz, Frankfurt/M. 1981, S. 138-159.

13 Zur Erinnerung sei hier die einschlägige Passage aus »Das Lied von der Glocke« noch einmal ganz zitiert: »Freiheit und Gleichheit! hört man schallen;/ Der ruh'ge Bürger greift zur Wehr,/ Die Straßen füllen sich, die Hallen,/ Und Würgerbanden ziehn umher,/ Da werden Weiber zu Hyänen/ Und treiben mit Entsetzen Scherz;/ Noch zuckend, mit des Panthers Zähnen,/ Zerreißen sie des Feindes Herz./ Nichts Heiliges ist mehr, es lösen/ Sich alle Bande frommer Scheu;/ Der Gute räumt den Platz dem Bösen,/ Und alle Laster walten frei.« – Schiller: Sämtliche Werke in zwölf Bänden, Leipzig (Reclam), o.J., Bd.1, S. 224.

14 Zit. nach Wilhelm von Humboldt: Werke, hrsg. von Albert Leitzmann, Berlin 1903, Bd. 1, S. 19. – Zur Dichotomisierung der »Geschlechtscharaktere« im 18. Jahrhundert vgl. die Arbeiten von Karin Hausen: Die Polarisierung der »Geschlechtscharaktere«. Eine Spiegelung der Dissoziation von Erwerbs- und Familienleben, in: Seminar Familie und Gesellschaftsstruktur, hrsg. von Heidi Rosenbaum, Frankfurt/M. 1978; Barbara Duden: Das schöne Eigentum. Zur Herausbildung des bürgerlichen Frauenbildes an der Wende vom 18. zum 19. Jahrhundert, in: Kursbuch 47 (1977); Susan Cocalis: Der Vormund will Vormund sein. Zur Problematik der weiblichen Unmündigkeit im 18. Jahrhundert, in: Gestaltet und Gestaltend. Frauen in der deutschen Literatur, Amsterdam 1980; Sigrid Weigel: »... führen jetzt die Feder statt der Nadel«. Vom Dreifachcharakter weiblicher Schreibarbeit – Emanzipation, Erwerb und Kunstanspruch, in: Ilse Brehmer u.a. (Hrsg.): Frauen in der Geschichte IV. Wissen ist Leben, Düsseldorf 1983, S. 347-367. – Eine Fülle von einschlägigen Texten verarbeitet Volker Hoffmann, bei dem sich die derzeit beste Übersicht über die Diskussion am Ende des 18. Jahrhunderts findet. Volker Hoffmann: Elisa und Robert oder das Weib und der Mann, wie sie sein sollten. Anmerkungen zur Geschlechtercharakteristik zur Goethezeit, in: Klassik und Moderne, Festschrift für Walter Müller-Seidel, Stuttgart 1983, S. 80-97.

15 Humboldt: Werke, Bd. 1, S. 20.

16 Johann Gottlieb Fichte: Grundlagen des Naturrechts nach Prinzipien der Wissenschaftslehre, Neudruck Hamburg 1979, S. 302.

17 Ebd., S. 307.

18 Georg Wilhelm Friedrich Hegel: Werke, Bd. 7, Frankfurt/M. 1970, S. 319/20. – Siehe auch Ulla Ernst: Hegels Idealisierung von Mann und Frau, in: Das ewige Klischee, S. 108-131; und Britta Noeske-Clotofski: Noch immer unsere Falle. Das Frauenbild der Vergangenheit wirft seine Schatten, Berlin 1982.

19 Vgl. den Aufsatz von Barbara Duden (Anm. 14).

20 Inge Stephan: Hexe oder Heilige? Zur Geschichte der Jeanne d'Arc und ihrer literarischen Verarbeitung, in: Inge Stephan und Sigrid Weigel: Die verborgene Frau, S. 35-66.

21 Robert Southey: Joan of Arc (1796).

22 Ernest Borneman: Das Patriarchat, Frankfurt/M. 1975, S. 367. – Siehe auch Cäcilia Rentmeister: Berufsverbot für Musen, in: Ästhetik und Kommunikation 25 (1976), S. 92-112.

23 Zitiert wird im folgenden fortlaufend im Text nach Schiller: Die Jungfrau von Orleans, Romantische Tragödie, Stuttgart (Reclam) 1958.

24 Zitiert wird im folgenden fortlaufend im Text nach Heinrich von Kleist: Sämtliche Werke und Briefe, 6. Aufl., München 1977, Bd. 2.
25 Siehe den »Wunsch am Neuen Jahre 1800 für Ulrike von Kleist«: »Amphibion Du, das in zwei Elementen stets lebet,/ Schwanke nicht länger und wähle Dir endlich ein sichres Geschlecht./ Schwimmen und fliegen geht nicht zugleich, drum verlasse das Wasser,/ Versuch es einmal in der Luft, schüttle die Schwingen und fleuch!« – Heinrich von Kleist: Werke, Bd. 1, S. 44. – Zum Schwanken von Kleist in seiner Geschlechtsrollenidentität siehe die Arbeiten von Heinz Politzer: Auf der Suche nach Identität. Zu Heinrich von Kleists Würzburger Reise, in: Euphorion 61 (1967), S. 383-399; Richard Exner: Androgynie und preußischer Staat, Themen, Probleme und das Beispiel Heinrich von Kleist, in: Aurora 39 (1979), S. 51-78; und Lilian Hoverland: Heinrich von Kleist and Luce Irigaray. Visions of the Femine, in: Gestaltet und Gestaltend, S. 57-82 (Anm. 14).
26 Vgl. Inge Stephan: »»Daß ich Eins und doppelt bin ...« (Anm. 2).
27 Heinrich von Kleist: Werke, Bd. 1, S. 342. Nach dieser Ausgabe wird im folgenden fortlaufend im Text zitiert.

Gertrud Koch

Blickwechsel
Aspekte feministischer Kinotheorie

Alle sozialen Bewegungen des 20. Jahrhunderts von der russischen Revolution über die proletarischen Massenbewegungen der zwanziger Jahre bis hin zur Studentenbewegung und der neuen Frauenbewegung haben ein spezifisches Interesse am Kino angemeldet. Dabei stand das Kino als Massenphänomen im Vordergrund. Sein Publikum sah Carlo Mierendorff 1920 so:

>»Es ist die Klasse der ohne Buch Lebenden.
>Die mit dem Sprachschatz von 60 Worten.
>(...)
>Die nie ein Autor erreicht, vielleicht noch eine Zeitung, vielleicht noch ein Flugblatt, vielleicht noch ein Fünfminuten-Redner während einer Wahlkampagne, und die dann zurücktauchen in ihre Anonymität.
>Sie hat das Kino. Hierher kommen sie, selbstverständlich, immer, hier sind sie ohne Mißtrauen, hier empfangen sie Begeisterung, Schmerz, Spaß, Entrückung. Ein Publikum, millionenstark, das kommt, lebt und vergeht, das keinen Namen hat und das doch da ist, das, in seiner ungeheuren Masse sich bewegend, alles gestaltet, und das man darum in die Hand bekommen muß. Es gibt kein anderes Mittel als das Kino.
>(...)
>Wer das Kino hat, wird die Welt aushebeln.«[1]

Das instrumentell-politische Interesse am Kino als Massenphänomen läßt sich freilich nicht lösen von einer qualitativen Einsicht in das, was die Faszination am Kino ausmacht, die über das Jonglieren mit dem Fassungsvermögen der Kinosäle hinausgeht. Wer sich also ernsthaft auf das Faszinosum Kino einlassen wollte, kam um die Debatte einer Ästhetik des Kinos gar nicht herum. So schrieb Béla Balázs 1924:

>»Ich komme mir vor wie die Schlange, die den Kindlich-Unschuldigen vom Sündenbaum des Wissens zu essen geben will. Denn das Kino war ja bis jetzt das glückliche Paradies der Naivität, wo man nicht gescheit, gebildet und kritisch sein mußte, in dessen Dunkel, wie in der Rauschatmosphäre einer Lasterhöhle, auch die kultiviertesten und ernstesten Geister sich ihrer verpflichtenden Bildung und ihres strengen Geschmacks ohne Scham entkleiden konnten, um sich in nackter, urnatürlicher Kindlichkeit dem bloßen primitiven Zuschauen hinzugeben.
>(...)
>Nein, wahrlich, ich bin nicht gekommen, um euren Genuß zu stören. Im Gegenteil. Ich will es versuchen, eure Sinne und Nerven zu größerer Genußfähigkeit zu stimulieren.«[2]

Das »primitive Zuschauen« erkannte auch der neuerdings wiederentdeckte Literat Walter Serner 1913 in der »Schaubühne«:

> »Und schaut man dahin, von wo dem Kino der letzte Groschen zufliegt, in diese seltsam flackernden Augen, die weit in die Geschichte der Menschheit zurückweisen, so steht es mit einem Mal riesengroß da: Schaulust.«[3]

Wurde als die Sensation des Kinos die Befriedigung der Schaulust empfunden, war es für den Film, für das, was auf der Leinwand zu sehen war, der Blick: »Es ist wie beim Homerischen Zeus: er bewegt die Augenlider, und es erbebt der ganze Olymp. So auch der heutige Mensch: ein Zucken der Wimpern, ein Senken der Lider, und es bewegt sich eine ganze Welt.«[4] Äußerst beredt beschreibt die Schauspielerin Yvette Guilbert 1925 in der »Literarischen Welt« »Das Gesicht des kinematographischen Darstellers«:

> »Im Gesichte haben Auge und Mund ihre Sprache und oft übertönt das Schweigen des Auges düster jede Beredsamkeit. Das Auge kann sprechen, lachen und weinen. Es lockt dich näher und weist dich ab. Es ermutigt dich und raubt dir jede Hoffnung. Hört dir zu und antwortet dir. Klagt an und verteidigt. Liebkost und tötet. Es leuchtet oder verdunkelt sich, funkelt oder erstarrt, blickt lebenshell oder bricht im Tode. Es kann das Auge eines Weisen sein, und eines solchen, der listig spottet.«[5]

Die ersten Film- und Kinotheorien haben das Spezifische des Mediums schon festgemacht an dieser Dimension des Blicks und der Schaulust, und es läßt sich zeigen, daß die im Zuge der neuen Frauenbewegung entstandene feministische Film- und Kinotheorie auf ähnliche Vorstellungen zurückgreift, – freilich in einem psychoanalytisch rekonstruierten Begriffssystem. Die ersten Filme, die im Zuge der Frauenbewegung entstanden, entstammten dem Arsenal des cinéma militant, verstanden sich als kämpferische Gegenöffentlichkeit, als politischer Zielgruppenfilm. Das Interesse am Film war ein primär instrumentelles, kein ästhetisches.

Dieses sozialpolitische Interesse führte in der Theoriebildung zu einer Fragestellung, die sich auf den herrschenden Kinoapparat bezog: was nämlich dessen Faszinationskraft und Macht ausmache, wie sich die patriarchalische Kultur im Medium Film manifestiere. Die feministische Theorie bezieht sich dabei vor allem auf Fragen der Identifikation, wie sie die filmische Produktion bedingt und wie sie in der Rezeption verläuft. Dabei lassen sich verschiedene Dimensionen unterscheiden: filmästhetische und -psychologische. Beide Dimensionen schließen wieder an die frühen Beobachtungen der ersten Kinotheoretiker an, ohne daß diese Historizität der Fragestellung freilich einbezogen wird.

Grundlegende Theorie ist die vom Film als Blick-Inszenierung. Die Aufnahmeapparatur des Films, die Kamera, wird dabei unter einer Augen-Metapher analysiert. Das Kamera-»Auge« ist freilich eines, das mehr sieht als das menschliche, nämlich das, was in einer Formulierung Walter Benjamins »optisch-unbewußt« ist. Das Kamera-»Auge«, gesteuert freilich von Menschenhand, ist es, das durch die Welt fährt, Perspektiven in sie schneidet, auswählt, seinen Blick auf bestimmte Dinge lenkt und den Zuschauer-Blick im Bild offenlegt. Aus dieser Theorie der Kamera als einem Blick-Instrument kommt die Vorstellung, daß der so gelenkte Blick des Zuschauers unfrei ist, weil er nichts anderes wahrnehmen kann als das, was die Kamera in ihren Blick genommen hat. Dem segmentierenden Blick der Großaufnahme muß er erbarmungslos folgen, dem Schwenk, der Fahrt durch einen Raum kann er sich nicht entziehen, es sei denn, er verschlösse die Augen. Die Kamera schreibt also weitgehend vor, wie der Blick des Zuschauers ausgerichtet wird, welche Bewegung er einschlägt, wohin er sich wendet, was er als bedeutungsvoll dem »Optisch-Unbewußten« entreißen soll. Totale und Halbtotale lassen dem Zuschauer noch am ehesten die Möglichkeit, den Blick selbständig wandern zu lassen, und ein Regisseur wie Jacques Tati hat aus der Verwendung der Totalen ein quasi-demokratisches, filmästhetisches Programm in seinem Film gemacht. Aber auch die Totale und Halbtotale legen die Perspektive des Betrachters fest, er kann sie nicht wie vor einem Tafelbild an einer Museumswand wechseln und auch nicht durch einen Gang hinter die Leinwand, wie hinter die Kulissen einer Guckkastenbühne, zumindest virtuell den Standort wechseln.

Die angloamerikanische feministische Filmtheorie hat diese Determinierung des Blicks vor allem an den klassischen, narrativen Filmen des Hollywood-Kinos nachgewiesen – wie dort der Blick als ein vorwiegend männlicher und patriarchalischer konstituiert wird, wie die männliche Sehweise als Sichtweise eines Films bereits den Zuschauerblick vorwegnimmt und lenkt, im männlichen Wahrnehmungsradius gefangen hält.

Im technischen Term der »Suture«, der Naht im operativ-chirurgischen Sinne, wurde herausgearbeitet, wie die Wahrnehmung des Zuschauers verschweißt wird mit der Blickdramaturgie der Kamera, wie es vonstatten geht, daß wir einen Film »mit den Augen« der Kamera, des Regisseurs sehen. Die formalästhetische Analyse der »Suture« wurde von der feministischen Filmtheorie aus der strukturalistischen Filmtheorie (die den Begriff der »Suture« von J. Lacan entlehnt hat) übernommen und zusammengeschweißt mit dem psychoanalytischen Modell der Schaulust und ihrer sozialisatorischen Funktionen.

Laura Mulvey hat in einem berühmt gewordenen Aufsatz der feministischen Filmtheorie »Visuelle Lust und narratives Kino«[6] über den Zusammenhang von Blickdramaturgie im narrativen Kino und den psychoanalytisch definierten Zuschauerbedürfnissen von Voyeurismus und Exhibitionismus die Klammer geschlossen zwischen *den* Theorien, die sich damit beschäftigen, wie Identifikation im Kino vonstatten gehe, wie filmästhetisch also die Identifikation des Zuschauers sich in die Bilder einfädelt.

Mulvey hat die These aufgestellt, daß der Blick, den das Kino sozial organisiert, in Freudschen Terms aus dem Partialtrieb der Schaulust entsteht, die bei Freud an die Entdeckung der Differenz der Geschlechter gekoppelt ist. Im Freudschen Entwicklungsschema also unablösbar ist von der Entdeckung der Penislosigkeit der Frau und der daraus entstehenden Verstärkung der Kastrationsangst, die dazu führt, daß Fetischbildungen in Gang gesetzt werden, um den Anblick der penislosen Frau durch fetischistische Substitute erträglich zu machen.

In ihrer Analyse des Hollywood-Kinos geht sie davon aus, daß die legendären Frauenfiguren der Kinoleinwand, die Vamps, die glamourösen Stars, die ins Grandiose überhöhten Beauties des klassischen Kinos, nichts anderes sind als Substitute des Mangels, überhöhte Fetischträgerinnen, die die Schaulust des Mannes deswegen so befriedigen können, weil er an ihnen sehen kann, was es sonst nicht zu sehen gibt, den Phallus-Fetisch.

Die sozialhistorische Entmischung von Voyeurismus und Exhibitionismus auf die Geschlechterrollen hin, auf die Frau als Wesen, das erblickt wird, sich dem Blick preisgibt einerseits, und den Mann als Träger des aktiven Blicks andererseits, zog die Ausrichtung der Ästhetik des narrativen Kinos auf die Inszenierung des männlichen Blicks nach sich. Die Identifikation des Zuschauers läuft so über die Schiene des männlichen Blicks ins Filmbild, auf dem die Frau sich zu sehen gibt. Die Frau steht also vor, der Mann hinter der Kamera.

Mitunter bezieht die Kamera frontal Stellung, dann hat sie die analoge Position zu den Zuschauern im Saal, dreht quasi aus deren Blickwinkel. Aus dieser Kamera-Perspektive heraus werden gerne die »Auftritte« der weiblichen Stars aufgenommen, Gesangs- und Tanzeinlagen, in denen sich die Stars einem Publikum darbieten oder dem männlichen Helden in der filmischen Narration. Es läßt sich anhand historischer Analysen von Hollywood-Filmen zeigen, daß in der Tat dort regelmäßig solche Einstellungen auftauchen, in denen die Kamera den kollektiven Blick der Zuschauer übernimmt als den männlichen Blick auf die Frau. Diese Aufspaltung von Blicken und Erblicktwerden läßt sich in der Analyse der »Suture« nachweisen. Die Blickmöglichkeit der Zuschauer ist durch die Perspektive, die Position, die die Kamera beim Drehen einnimmt, vorherbestimmt und in der narrativen Struktur des Hollywoodfilms in eine männlich-voyeuristische Perspektive hineingezwungen.

So gibt es nur selten Momente, wo etwa der Blick der Frau auf einen begehrten Mann in vergleichbarer formaler Inszenierung auftaucht, wo sich ein männlicher Star in vergleichbarer Weise dem Publikum darbietet. Vielmehr wird auf der Ebene der Blickdramaturgie die Kamera so gesetzt, daß sie die Position des Mannes einnimmt und seinen Blick auf die Frau lenkt. Der Mann wird also oft zum Betrachter, der außerhalb der Cadrage steht, den Blick auf die Frau wirft, und die Kamera übernimmt quasi diese Positionen des außenstehenden Beobachters.

In der formalistischen Analyse der »Suture« kommt es zu einer Verschmelzung der strukturalistischen und der psychoanalytischen Filmtheorie, die für die feministische Filmtheorie konstitutiv geworden ist. Dabei entsteht freilich ein Paradoxon, aus dem die feministische Filmtheorie sich nur mit Mühe wird befreien können. Denn wenn die Annahme stimmt, daß der Blick der Zuschauer festgeschrieben ist in den Bildern selbst, daß die Wahl des Blicks nicht mehr frei ist vor dem Filmbild, sondern als Perspektive des Sehens in diese eingelassen ist, dann würde das bedeuten, daß dem *ganzen* Publikum der männliche Blick aufgezwungen wird, unabhängig vom Geschlecht. An dieser Stelle erweist sich die psychoanalytische Konzeption der feministischen Filmtheorie als ausgesprochen lückenhaft. Denn in dieser Konzeption ist keine Möglichkeit mehr, zu erklären, wie sich Identifikationen der weiblichen Zuschauer abspielen, denen der Film den männlichen Blick vorschreibt. In dem überdeterminierten System von Blickdramaturgien wird es schwierig zu bestimmen, wie sich die Identifikationsprozesse für weibliche Zuschauer abspielen sollen, und so ist es nicht zufällig, daß sich Laura Mulvey explizit nur auf männliche Zuschauer bezieht und den Frauen vorschlägt, das patriarchalisch determinierte narrative Kino hollywoodscher Prägung aufzugeben und zugunsten neuer filmischer Formen zu zerschlagen, die nicht mehr auf die Identifikation durch den Zuschauerblick und dessen Identität mit dem Kamerablick angewiesen sind.

An dieser Leerstelle haben die angloamerikanischen Filmtheoretikerinnen dazu aufgefordert, praktische Konsequenzen zu ziehen. Denn wenn ihr Modell einer in sich determinierten filmischen Produktion und Rezeption stimmt, kann nur eine neue Produktion und eine neue Konstruktion von Bildern den Frauen die Möglichkeit eröffnen, sich außerhalb des patriarchalischen Systems zu bewegen.

Die Forderung nach einer neuen Bildersprache führte im angelsächsischen Raum zu einer vermehrten Produktion experimenteller Filme, die mit dem auf Identifikation über Blickdramaturgien abzielenden Erzählkino brechen. Allerdings scheint mir dieses Modell in sich paradoxal konstruiert. Die Analysen des herrschenden narrativen Kinos weisen mit einiger Überzeugungskraft nach, daß sich dort ästhetische Strukturen an den Bedürfnissen nach Voyeurismus und Fetischbildung auskristallisiert haben, ob aber der Abbau der narrativen Form zugunsten einer Befreiung des Kamera-»Auges« im Sinne Benjamins als Erkenntnismedium des »Optisch-Unbewußten« auch die Befreiung der Schaulust als Primärtrieb von den patriarchalisch-phallisch ausgerichteten Entwicklungen hin zu Voyeurismus und Fetischismus erreicht, bleibt mir fragwürdig.

Die Utopie des entfesselten Kamera-»Auges«, das sich nicht mehr in den männlich-dominanten Blick zurückbinden läßt, entfaltet Laura Mulvey: »Der erste Schlag gegen die monolithische Akkumulation traditioneller Filmkonventionen (den radikale Filmemacher bereits geführt haben), hat zum Ziel, den Blick der Kamera zu befreien, ihre Materialität in Zeit und Raum herzustellen, den Blick des Zuschauers zu einem dialektischen zu machen, eine leidenschaftliche Trennung herbeizuführen.« (46) Denkt man die Utopie des entfesselten Kamera-»Auges« mit Benjamin zu Ende, stellt sich freilich eine ganz andere Perspektive als die erwünschte Distanzierung des Zuschauers vom Filmbild her. »So ist die filmische Darstellung der Realität für den heutigen Menschen darum die unvergleichlich bedeutungsvollere (als die der Malerei – G.K.), weil sie den apparatfreien Aspekt der Wirklichkeit, den er vom Kunstwerk zu fordern berechtigt ist, gerade auf Grund ihrer intensivsten Durchdringung mit der Apparatur währt.«[7] Nimmt man die Metaphorik vom Kamera-»Auge« ernst, dann ist dieses immer das Unsichtbare, auf dessen Blickschiene der Zuschauer zum »unsichtbaren Gast« (Mulvey) wird.

Vorerst freilich ist es empirisch durchaus noch eine offene Frage, ob die Filme von Frauen tatsächlich dieses Modell der Blickausrichtung durch die Kamera abbauen, ob der weibliche Blick durch die Kamera auf die Welt, auf Männer, Frauen und Dinge ein anderer sein wird. Zu fragen ist außerdem, ob nicht die Ansätze der feministischen Ästhetik, wo sie sich ganz und gar auf die Analyse der Identifikation durch den Blick konzentriert hat, zu eng gefaßt sind. In der historischen Abfolge der Theoriebildung der Filmwissenschaften läßt sich deutlich erkennen, daß die phänomenologische Wahrnehmungstheorie abgelöst worden ist von der strukturalistischen, die sich an die linguistische Theorie angeschlossen hat. Es gibt aber gute Gründe dafür, daß auch im phänomenologischen Ansatz einiges an Plausibilität steckt. Und zwar möchte ich das an einem Beispiel verdeutlichen. In dem vorhin vorgeführten Theoriemodell läuft die Identifikation über die Aufspaltung von Voyeurismus und Exhibitionismus, d.h. die Identifikation läuft über die voyeuristische Blickdimension auf das sich anbietende Objekt. Wenn man den phänomenologischen Ansatz heranziehen würde, dann könnte man allerdings auch noch begründen, warum Frauen im Kino diese

Filme durchaus nicht mit Unlust gesehen haben, sondern sich doch offenbar unter Umgehung der männlichen Blickdramaturgie mit dem Blick-Objekt subjektiv identifizieren konnten. Und zwar denke ich, daß man die Ergebnisse der Gestaltwahrnehmung heranziehen müßte für einen mimetischen Identifikationsmechanismus, so daß das im Bild abgebildete Objekt qua mimetischer Aneignung zum Objekt von Identifikation werden konnte. Nimmt man das phänomenologische Wahrnehmungsmodell für die Filmwahrnehmung dazu, dann ließe sich ein weiterer Bereich der filmischen Wahrnehmung erklären. Und zwar: wie es dazu kommt, daß – obwohl die Wahrnehmung des Filmbildes im Blick determiniert ist, gleichwohl – Zuschauer sich an Einzelheiten des Filmbildes festsaugen können, sich in einem quasi mimetischen Prozeß mit Landschaft, Dingen, mit Objektwelten identifizieren können. Und zwar nicht im schlichten Sinne als Objekte des Blicks, sondern in einem emotionalen Sinne, wenn man so will, in einem animistischen Sinne, der in einer Belebung, einer Vermenschlichung toter Objekte besteht.

Es sind diese Züge der phänomenologischen Filmtheorie, die in die filmtheoretischen Ansätze der Kritischen Theorie eingegangen sind. Von Benjamin über Kracauer bis zu Adornos »Filmtransparenten« wird sehr stark abgehoben auf diesen Zug der mimetischen Erfahrungsgehalte, die in den Filmbildern angelegt sind. Wenn man diesen zweiten Erklärungsansatz dazunimmt, dann würde auch deutlicher werden, daß es so etwas geben muß wie eine eigenständige weibliche Aneignungsweise von Filmbildern, die schon zum narrativen Hollywoodkino einen eigenen Zugang verschafft und keineswegs bis ins letzte determiniert ist durch die Strukturen des patriarchalischen Kinos.

Das paradoxe Moment in der heute vorherrschenden angloamerikanischen Filmtheorie scheint mir stark durch den Ausschluß der phänomenologischen Wahrnehmungstheorien zustande gekommen zu sein und auf der anderen Seite durch gewisse Verkürzungen im psychoanalytischen Erklärungsmodell, das sich im angelsächsischen Raum ganz eng an die französische Lacan-Schule angeschlossen hat. Aber gerade die Bisexualitätstheorien Freuds könnten klären helfen, warum Frauen auch in der Identifikation mit dem männlichen Blick auf die Frau als Objekt der Schaulust Befriedigung erfahren.

In Ansätzen vorhanden sind zur Zeit differenzierte Analysen des patriarchalen Kinos, seiner Filmästhetik und seines männlichen Publikums. Das kann aber nicht darüber hinwegtäuschen, daß sich auf einer anderen Ebene sehr virulente Konflikte ergeben haben, die aus dem pragmatisch-politischen Anspruch der Frauenbewegung und dem Autonomieanspruch feministischer Filmemacherinnen entsprungen sind und sich auf Dauer immer wieder entfachen. Feministische Filmästhetik ist nicht normativ zu verstehen, in dem Sinne, daß sie eine Option ausgibt, was filmisch feministisch sei und was nicht. Die Widersprüche und Konflikte, die auf der theoretischen Ebene der Rezeption von Filmen, die von Frauen gemacht werden, und ihrem weiblichen Publikum bestehen, haben freilich ihre eigene Geschichte und lassen sich nur durch die Analysen der materialen Produktion und Rezeption hindurch verstehen.

Man kann von einer »eigensinnigen Dialektik« reden, die dazu führt, daß der Erfolg, den die filmenden Frauen in den letzten Jahren erstritten haben, sich in einer Ausdifferenzierung niederschlägt und nicht in einer Vereinheitlichung. In gewisser Weise läßt sich sagen, daß die Professionalisierung, die Konkurrenz auf dem Kulturmarkt filmende Frauen denselben Mechanismen unterwirft, denen auch die Männer unterliegen. Ich meine damit: Spezialisierung, Abgrenzung gegen andere, Aufspaltung in »Kunst hier – Kommerz da« etc. Dabei kann gar nicht geleugnet werden, daß, was sich auf der einen Seite in ökonomischen und sozialpsychologischen Kategorien des »Marktes«, der »Integration ins System« beschreiben läßt, Voraussetzung für die Möglichkeit ist, daß Frauen sich überhaupt artikulieren können außerhalb des kleinen Feldes der alternativen Gegenöffentlichkeit. Es trifft nicht nur auf die filmenden oder ästhetisch produktiven Frauen zu, daß – wie es der klassische bürgerliche Begriff der Emanzipation beinhaltet – Emanzipation heißt, vom Rand der Gesellschaft sich in ihr Zentrum zu bewegen, die ökonomische Konkurrenz zu den Männern aufzunehmen. Der Drahtseilakt der Frauenbewegung und der berufstätigen Frauen, die diesen Kampf aufgenommen haben, besteht nun genau darin, um im Bild zu bleiben: nicht so zu werden wie die, gegen die der Kampf sich richtet, patriarchalische Gewalt und Herrschaft nicht zu übernehmen, sondern abzustellen. Ziel der »neuen« Frauenbewegung war es darum immer, festzuhalten gegen die Systemzwänge an der Subjektivität.

Im folgenden möchte ich skizzieren, warum ein großer Teil filmender Frauen, gerade weil er am Anspruch eines solchen Konzepts festhält, sich scheinbar immer schneller und weiter von der politischen Bewegung entfremdet, warum es für das weibliche Publikum dieser Filme schwieriger geworden ist, diese zu verstehen.

Als in der ersten Phase des »Frauenfilms« ein feministisches cinéma militant entstand, waren diese Filme direkt politisch mit der Frauenbewegung verbunden, aus dieser unmittelbar hervorgegangen und ohne diese ganz undenkbar. Publikum und Filmemacherinnen waren aus identischen Zusammenhängen, hatten gemeinsame kurzfristig durchzusetzende Ziele. Viele dieser Filme waren für die Zwecke der Agitation, der Aufklärung, des »Einsatzes« bei Frauentreffen oder Teach-Ins, kurz, für Zielgruppen einer Gegenöffentlichkeit konzipiert. Der Anspruch dieser Filme war letztlich ein kollektiver, diese Filme sollten das allgemeine Interesse aller Frauen zum Ausdruck bringen, deren Kampf beschleunigen und vorantreiben.

Das Verwertungsinteresse einer instrumentellen und instrumentalisierten Ästhetik zielt auf eine breite Öffentlichkeit, das heißt, Filme, die dieses Interesse verfolgen, geraten in eine Scheren-Situation: Wollen sie eine breite Öffentlichkeit erreichen, so müssen sie sich ein Stück weit dieser anpassen, um nicht von ihr ausgeschlossen zu werden; passen sie sich ihr nicht an, können sie ihr Interesse nicht realisieren, weil sie gar nicht erst an die Öffentlichkeit herankommen. In diesem Zwiespalt sich zu bewegen, ist für niemanden leicht, erst recht nicht für die feministischen Filmemacherinnen, die das politische Interesse nach Allgemeinheit mit dem radikal-ästhetischen Prinzip der Vereinzelung und Individuation unversöhnt bestehen lassen müssen. Je radikaler also eine Frau, die in der ästhetischen Produktion arbeitet, festhält am Anspruch, an der utopischen Konzeption eines Programms von Autonomie, Selbstverwirklichung, Emanzipation des Subjekts und nicht nur der Verhältnisse, desto radikaler wird der Widerspruch. Die ästhetisch entfaltetsten Filme entziehen sich einem leichten Verständnis nicht nur deshalb, weil sie an komplexe ästhetische Codes anschließen, die zu lesen gelernt werden müssen wie eine neue Sprache, sondern auch, weil sie bereits eine erweiterte und radikalisierte Subjektivität präsentieren. In den meisten dieser Filme entfaltet sich eine Subjektivität, die weit mehr ist als die abstrakte Entgegensetzung Subjekt-Objekt, es geht dann nicht mehr um die Rettung des Subjekts Frau gegen die männliche Vorstellung des Objekts Frau, es geht in ihnen um weniger und auch um mehr als den allgemeinsten Sinn des Begriffs Subjekt: in dem Sinne, wie Marx davon sprechen konnte, daß die Arbeiterbewegung »Subjekt der Revolution« sein könnte, die Frauenbewegung Subjekt sexualpolitischer Veränderungen wäre usw. Die avancierten ästhetischen Produkte machen einen utopischen Vorgriff auf das noch einzulösende Programm einer befreiten Subjektivität: nicht als Klasse, nicht als Bewegung, nicht als Kollektiv, sondern als je einzelne Individuen, als konkrete Subjekte halten sie an ihren authentischen Erfahrungen fest.

Elfi Mikeschs Film »Was soll'n wir denn machen ohne den Tod« ist sicher ebenso ein Film über *das* Alter, *einige* alte Frauen, ein *bestimmtes* Altersheim wie über *eine* Frau, Elfi Mikesch selbst nämlich. Ihr Film ist nicht deswegen irritierend, weil sie den gängigen Code des Dokumentarfilms durchbricht und experimentell auflöst, sondern weil in dieser Form etwas enthalten ist, was das Dargestellte, das Abgefilmte transzendiert. Deswegen ist es müßig, darüber zu streiten, ob dieser Film ein getreues

Abbild eines Altersheims ist, gar, ob er die Situation alter Menschen in einem durchschnittlichen Altersheim erfaßt, denn was Elfi Mikeschs Film von einer sozialkritischen Fernsehdokumentation unterscheidet, ist genau die Subjektivität der Form. Das leuchtende blaue Glas im Schrank, die harte Grafik eines Stuhls auf einem Balkon transzendieren die bloße Abbildung von Gegenständen: In ihnen ist enthalten ein Gefühl für Zerbrechlichkeit, für Unwiederbringlichkeit, von Trauer und vom Festhalten am Lebendigen. Kurz: Elfi Mikeschs Film ist eine emotive Verarbeitung von der Erfahrung von Todesnähe und Lebenwollen, von der Zerbrechlichkeit von Erinnerungen und von ihrer Leuchtkraft, die den Lauf der Zeit durchschlägt und ihr Kontinuum aufhebt. Auf der ästhetischen Ebene ist Elfi Mikeschs Film ein Film gegen den Tod, und wenn sie manche Bilder zu Tableaus stellt, wenn sie Erinnerungsnippes als kostbare Gefäße der Erinnerung gegen den Tod zum Leuchten bringt, dann wird deutlich, daß sie so ihr Verhältnis zum Tod ausdrückt, vielleicht auch das einiger alter Frauen.

Voraussetzung zum Verständnis radikal subjektivierter Filme ist also zuerst einmal die Bereitschaft, von der Konstruktion eines kollektiven Ichs weiterzugehen zur Anerkennung der Fremdheit des anderen, einer Subjektivität, die sich verschlüsselt in einer fremden Bilderwelt. Die Liebesbeziehung zum Kunstwerk ist da nicht so verschieden von der zwischen Menschen: die Spannung ist die aus der Verschiedenheit, und wie ich mich auch im anderen zu spiegeln suche, es blickt fremd zurück. Und es scheint mir nicht zufällig, daß Rilke dieses Verhältnis ausgerechnet an einem Torso zu fassen sucht, dem Torso, der als Sinnbild der toten Form, des Unlebendigen gilt, schiebt Rilke das Eigenleben, die Subjektivität durch die gelungene Form zu:

> Sonst stünde dieser Stein entstellt und kurz
> unter der Schultern durchsichtigem Sturz
> und flimmerte nicht so wie Raubtierfelle
> und bräche nicht aus allen seinen Rändern
> aus wie ein Stern: denn da ist keine Stelle,
> die dich nicht sieht. Du mußt dein Leben ändern.
> (Archaischer Torso Apollos)

Ich glaube, daß die feministische Ästhetik nicht zurückfallen darf hinter die avancierte Kunst, weder in einen politischen Instrumentalismus noch in einen archaischen Primitivismus, der sich zurückbetteln möchte ins Goldene Zeitalter besungener Matriarchate. Die sozial- und kulturgeschichtliche Genese sogenannter weiblicher Eigenschaften und Besonderheiten läßt sich im Film so wenig wie anderswo aus der reinen Intuition des »Bauches« heraus darstellen, im Film bedarf es zwangsläufig der Beherrschung eines eminent technischen Apparates, des Aufbruchs in die Höhle und den Maschinenpark des patriarchalen Löwen.

Film, die Kunst des 20. Jahrhunderts par excellence, weil sich an ihm am deutlichsten die Widersprüche zwischen Autonomie und Markt, zwischen radikaler Selbstverwirklichung und technischem Apparat, zwischen isolierten Künstlern und organisiertem Massenpublikum zeigen, ist sicher der derzeit ideologisch und ökonomisch am meisten umkämpfte Sektor weiblicher Kunstproduktion: Symbol für die Hoffnung, daß Frauen die Produkte einer männlichen Technologie mit deren eigenen Mitteln vertreiben könnten, daß die Bilder der männlichen Mythologie Gegenbilder finden.

Anmerkungen

1. Zit. nach: Hätte ich das Kino. Die Schriftsteller und der Stummfilm. Eine Ausstellung des Deutschen Literaturarchivs im Schiller-Nationalmuseum Marbach a.N., Stuttgart 1976, S. 104.
2. Balázs, Béla, 1924: Der sichtbare Mensch. Wien, S. 17f.
3. Serner, Walter, Kino und Schaulust. In: Die Schaubühne 9 (1913), S. 807-811.
4. Egon Fridell in einer Rede bei der Eröffnung eines Berliner Kinos, 1912.
5. Guilbert, Yvette, Das Gesicht des kinematographischen Darstellers. In: Literarische Welt, Jg. 1, 1925, Nr. 5, S. 3
6. Mulvey, Laura, 1980: Visuelle Lust und narratives Kino. In: Gislind Nabakowski, Helke Sander, Peter Gorsen: Frauen in der Kunst. Frankfurt/M., Bd. 1, S. 30-46.
7. Walter Benjamin, Das Kunstwerk im Zeitalter seiner technischen Reproduzierbarkeit. Frankfurt/M. 1968, S. 37.

Sigrid Weigel

Frau und »Weiblichkeit«
Theoretische Überlegungen zur feministischen Literaturkritik

Ich möchte mich in meinem Beitrag[1] auf die Frage konzentrieren, welche unterschiedlichen Voraussetzungen und Perspektiven damit verbunden sind, ob von *Frauenliteratur, weiblicher* bzw. *feministischer Ästhetik, weiblicher Sprache* oder einfach *Weiblichkeit* die Rede ist. Vor allem geht es mir darum, ein wenig Klarheit darüber zu gewinnen, in welchem Verhältnis das Nachdenken über die *Frau* zur Rede von der *Weiblichkeit* steht. Nicht weil ich eine Anhängerin starrer, eindeutiger Begriffe bin, wohl aber, weil ich davon ausgehe, daß Genauigkeit im Umgang mit Sprache und Aufmerksamkeit für die impliziten kulturgeschichtlichen Bedeutungen von Wörtern zu den wichtigsten Momenten feministischer Kulturkritik gehören.

Ein Unbehagen über die Konjunktur des »Weiblichen« hat mich zu diesen Überlegungen motiviert. Das Weibliche ist hoch im Kurs, während die Frauen – vielleicht schärfer noch als eh und je – in ihre Schranken verwiesen werden.[2] Und in feministischen Publikationen und Diskussionen der letzten Jahre enthält das Epitheton »weiblich« manchmal geradezu eine messianische Verheißung. »Weiblich« ist zum alles umfassenden Gegenbegriff gegen alle Gewalt, Schlechtigkeit und Schmach der männlichen Ordnung geworden. Und das, obwohl der Begriff durch die Jahrhunderte währenden Diskurse über die »Natur« und die Bestimmung des Weibes, mit denen der Mann sich als das eigentlich geschwätzige Geschlecht erwiesen hat, mehr als fad geworden ist. Kritik und Opposition, die sich gegen das bürgerliche Weiblichkeitsbild richten, welche den alten Mythos von der Macht und von der Gefahr des Weibes bannen und überwinden sollte, haben einen neuen Mythos geboren: weibliche Sprache, weibliche Kunst, weibliche Politik, ja weibliche Macht sollen frei sein von den Verkümmerungen, Zerstörungen und Entfremdungen, die denselben Erscheinungen männlicher Prägung anhaften. Meine Überlegungen gelten nun der Frage, welchen Ort die Frau in diesen Wünschen und Utopien einnimmt.

»Weiblichkeit« ist eine Abstraktion. Ist sie identisch mit dem Wesen der Frau? Ist sie ein Teil ihres Wesens, und worin besteht dann der Rest? Oder ist sie vielmehr eine Dimension einer anderen, nicht-männlichen Ordnung, die weit über deren Konkretisierung in und durch einzelne weibliche Individuen hinausgeht? In Untersuchungen zur Weiblichkeit in der Schrift männlicher Autoren, beispielsweise in der Literatur von Kleist, Kafka, Proust, Hölderlin oder anderen,[3] wird meistens vom letzteren Standpunkt ausgegangen, d.h. Weiblichkeit ist dabei eine Perspektive, die weiter reicht als die Befreiung der Frau aus ihren patriarchalischen Fesseln.

Nun ist mir diese weiterreichende Perspektive sehr sympathisch, weil sie neben der Verdrängung der Frau und ihrer Degradierung von einer Schöpferin zum Geschöpf auch die Verdrängung der Natur, des Unbewußten und aller nicht-hierarchischen, lebendigen Austauschformen – d.h. die männliche Ordnung und nicht bloß den einzelnen Mann – kritisieren und überwinden will. Problematisch scheint mir nur, wenn diese Perspektive (positiv) als »weiblich« bezeichnet wird. In den männlichen Diskursen über das »Weibliche« wurde dieser Begriff zum Gegensatz gegenüber dem Männlichen erhoben und ihm zugleich untergeordnet. Alles, was der Mann für sich behauptet und in Anspruch nimmt – als da sind Individualität, Intellekt, Aktivität, Rationalität, Ordnung, Öffentlichkeit – wurde als *unweiblich* definiert. Die Frau, verstanden als das andere Geschlecht, das in Abhängigkeit und in Abgrenzung vom ersten (männlichen) Geschlecht definiert wird, bedeutet, daß das »Weibliche« als Mangel und als Negation in die männliche Ordnung eingeschrieben ist.[4] Es ist als Gegensatz der männlichen Ordnung subsumiert, es sichert ihr Funktionieren, ohne an der Definitions- und Verfügungskompetenz beteiligt zu sein.

> »Die Frauen, sprachbegabte Tiere wie die Männer, haben die Möglichkeit des Gebrauchs und der Zirkulation des Symbolischen sicherzustellen, ohne indessen daran teilzuhaben. Der Nichtzugang, für sie, zum Symbolischen errichtet die gesellschaftliche Ordnung.«[5]

Das bedeutet, daß Frauen als Verkörperung des Weiblichen an der männlichen Ordnung beteiligt sind und zugleich ausgegrenzt sind. Wegen dieser Voraussetzungen scheint es mir unmöglich, nun umgekehrt alle Vorstellungen, die sich im Sinne einer Opposition, Kritik oder Utopie von der männlichen Ordnung abwenden, ebenfalls weiblich zu nennen und Weiblichkeit als positiven Gegenentwurf zum Patriarchat zu begreifen. Wir sollten da einfallsreicher sein und uns um mehr Genauigkeit bemühen.

In den Diskussionen über eine andere, sprich weibliche Lebensweise, Sprache und Schrift vermischen sich meines Erachtens drei Ebenen, und zwar die *ideologische,* die *empirische* und die *utopische* Bedeutung von weiblich, d.h. (1) Weiblichkeitsmuster und Frauenbilder, wie sie in der männlichen Ordnung entworfen werden, (2) Frauen, so verschieden, wie sie tatsächlich sind, leben und schreiben, und (3) die Wünsche und Utopien einer befreiten Frau. Wir sollten, wenn wir von »weiblich« sprechen, unterscheiden, welche dieser Bedeutungen wir meinen.

Zu 1: Die erste, die *ideologische Ebene* ist Gegenstand einer kritischen Analyse von *Weiblichkeitsmustern* und *Frauenbildern* in den philosophischen, literarischen, juristischen, psychoanalytischen, künstlerischen u.a. Entwürfen, die Männer in der langen Geschichte des Patriarchats hervorgebracht haben. Die Ergebnisse der bisherigen Untersuchungen lassen sich in der These zusammenfassen, daß Weiblichkeit in diesen Entwürfen eine *unmögliche Konstruktion* ist. Sie ist Projektionsfeld männlicher Wünsche und Ängste und vereint so konträre Eigenschaften wie z.B. Anmut, Schönheit, Natürlichkeit, Mütterlichkeit, Sinnlichkeit und Unschuld ebenso wie solch bürgerliche Tugenden wie Duldsamkeit, Sparsamkeit, Fleiß und Selbstdisziplin. Die Unmöglichkeit dieser Konstruktion wird besonders in den Diskursen am Ende des 18. Jahrhunderts (idealtypisch bei Rousseau und Fichte) evident, in denen Weiblichkeit von einem Sozialcharakter zu einem Geschlechtscharakter umgeschrieben und damit als zweite Natur der Frau festgeschrieben wird.[6] Am deutlichsten wird der Konstruktionsgehalt von »Weiblichkeit« am Begriff der »Unschuld«, der das weibliche Verhältnis von Wissen und Sexualität umkreist. Unschuld heißt in diesem Zusammenhang Jungfräulichkeit *und* Nicht-Wissen. Eine Frau kann das Bewußtsein über ihre Unschuld, d.h. Jungfräulichkeit, aber nur haben, wenn sie weiß, daß sie nicht ... Das führt dazu, daß der Reiz der weiblichen Unschuld für den Mann in der *gespielten* Unschuld liegt, in der Frau, die seine Anspielungen wohl versteht, aber so tut, als ob sie nicht verstünde, und die damit zur Gefangenen der Zweideutigkeit männlicher Sprache wird.[7] Diese Konstruktion Weiblichkeit beinhaltet eine Entindividualisierung der Frau. Sie ist in Fichtes »Deduktion der Ehe« idealtypisch und umfassend beschrieben.[8] Dort ist der Mann Subjekt, sein eigener Zweck, er steht höher, ist übergeordnet, hat Überblick, während die Frau Objekt, Mittel, untergeordnet und kurzsichtig ist und ihre Liebe in der Opferung für seinen Zweck besteht. Dieses Strukturmodell ist mit den vielfältigsten Motiven, Bildinhalten und Typen zu füllen.[9] Die Unmöglichkeit der Konstruktion kommt aber darin zum Tragen, daß in den literarischen Frauenbildern die Pole Sinnlichkeit und Reinheit meistens in einer Aufspaltung erscheinen und in den verschiedensten Versionen von Hure und Heiliger auftreten. Feministische Kulturkritik hat nun die Aufgabe, an der *Dekonstruktion* und *Zerstörung* dieser Weiblichkeitsmuster und Frauenbilder zu arbeiten.

Zu 2: Die zweite, *empirische* Ebene bezieht sich auf die Sozialgeschichte und auf die tatsächlichen Verhaltensweisen, Erfahrungen und Ausdrucksformen von Frauen – wenn wir über Literatur sprechen, also auf die Untersuchungen *weiblicher Schreibweisen.* Hierbei geht es um eine Rekonstruktion der weiblichen Kulturgeschichte und um die Bestimmung des Ortes, den die Frau vor und in der männlichen kulturellen Ordnung einnimmt. Weibliche Schreibweisen (d.h. Texte historischer und zeitgenössischer Autorinnen) sind daraufhin zu befragen, inwieweit Schriftstellerinnen männliche Muster – d.h. Frauenbilder, Genre- und Schreibmuster – nachahmen, ob sie eigene, weiblichen Erfahrungen entsprechende Ausdrucksmöglichkeiten entwickeln und ob ihre Literatur den Entwurf einer anderen, befreiten Frau enthält. Solche Untersuchungen verstehe ich als Aufgabe feministischer Literaturkritik.

Die Ergebnisse bisheriger Untersuchungen lassen sich in der These zusammenfassen, daß Schriftstellerinnen oft mit einer Nachahmung männlicher Muster beginnen, daß sie weibliche Subjektivität hinter Maskierungen und Verschlüsselungen verbergen und daß sie häufig erst nach einer Durchquerung herrschender Frauenbilder, nach deren Entzauberung und Zerstörung dazu gelangen, ihr eigenes Leben und Begehren literarisch zu gestalten.[10] Zu einem ähnlichen Ergebnis kommt Cixous unter etwas anders akzentuierter Fragestellung (nämlich der nach Weiblichkeit in der Schrift). Sie geht davon aus, daß kein »großer Text« zu finden sei,

> »der ohne Bezug zum Phallus wäre: zunächst ist immer etwas Phallisches dabei, erst später treten unterschiedliche Vorgehensweisen auf, und wenn es eine Frau ist, die schreibt, dann gibt es Konflikte, Widersprüche, Aufregung, Bewegung zwischen dem, ich würde sagen 'Autor' und der Schrift.«[11]

Diese Bewegung schließt meines Erachtens die Trauerarbeit an verlorenen Illusionen ebenso wie die selbstkritische Betrachtung weiblicher Selbstbeschränkung ein. Sie enthält die Arbeit an neuen inhaltlichen Entwürfen ebenso wie die an anderen Schreibweisen, wobei in der vorhandenen Literatur von Frauen letzteres meistens vernachlässigt wird. Die für mich eindrucksvollsten Literaturbeispiele sind die, in denen Autorinnen in gebrochener bzw. paradoxer Verwendung literarischer Muster sich um die Gestaltung einer weiblichen Perspektive bemühen und Erfahrungen ausdrücken, die sich mit der Raum-, Zeit- und Begriffshierarchie der herrschenden Ordnung von Erfahrungen nicht in Einklang bringen lassen. Bei der feministischen Literaturkritik geht es nicht um die Suche nach Vorbildern und nicht um die Bewertung von Literatur – oder gar der Autorin – nach mehr oder minder vorhandener feministischer Programmatik, sondern um die Kritik vorhandener Texte aus einer feministischen Perspektive, um daraus für eine Veränderung weiblicher Kultur im Sinne einer Befreiung zu lernen.

Diese Zielsetzung wird häufig mit dem Begriff der *Frauenliteratur* verbunden, ein Arbeitsbegriff, der einer bestimmten historischen Situation entspringt. Indem wir in den 70er Jahren begannen, von Frauenliteratur zu sprechen, sie zu lesen und zu schreiben, sollte darauf hingewiesen werden, daß Literatur von Frauen immer noch keine Selbstverständlichkeit ist, daß sie ausgegrenzt ist und unter Bedingungen der Ausgrenzungen geschrieben wird. Ebenso werden heute historische Texte von Frauen, die nicht unter diesem Titel publiziert wurden, als Frauenliteratur interpretiert, um damit deren Ausgrenzung aus der Literaturgeschichte zu thematisieren und zu überwinden. Wenn man in diesem Sinne (und nicht im Sinne einer Sondergattung) von Frauenliteratur spricht, hat das programmatischen Charakter, insofern der Begriff seine eigene Überwindung zum Ziele hat, d.h. er enthält die Utopie, daß es einmal überflüssig geworden sein wird, extra hervorheben, daß es Literatur von Frauen gibt. Insofern bezieht der Begriff sich auf die zweite *und* dritte Ebene. Noch aber ist es nicht überflüssig geworden, Literatur von Frauen – gegen die tatsächliche Ausgrenzung gerichtet – besonders zu betrachten. Deshalb finde ich die weitverbreitete Angst vor einer Selbstghettoisierung unangebracht, mit der in letzter Zeit häufig – gerade von Autorinnen, deren erste Texte als Frauenliteratur publiziert und rezipiert wurden – gegen die »Frauenliteratur« argumentiert wird.

Zu 3: Die dritte, *utopische* Ebene antizipiert eine weibliche Kultur, in der die Frau zum eigentlichen Geschlecht geworden ist, weil sie sich nicht mehr in Abhängigkeit und mit Bezug auf den Mann definiert, und in der sie eine autonome Perspektive und Wahrnehmung, einen emanzipierten Blick erreicht hat und von den Beschränkungen und Fesselungen der männlichen Ordnung befreit ist. Hierbei geht es um die Frage nach Möglichkeiten feministischer Politik und Ästhetik, die eine solche Kultur hervorbringen. Die bisherigen Versuche feministischer Utopien lassen die These zu, daß eine feministische Utopie nicht als geschlossenes, universelles System, sondern nur fragmentarisch vorstellbar und erprobbar ist. Die Orientierung an vorgeschichtlichen, matristischen Bildern sowie ein – mit der männlichen Ordnung konkurrierender und ihr nachempfundener – Universalitätsanspruch fesseln die vorhandenen theoretischen und literarischen Beispiele feministischer Utopien. Die bleiben häufig in einer Nachahmung männlicher Strukturen mit weiblichem Vorzeichen befangen. Produktiver als bemühte, aber voraussetzungslos imaginierte Entwürfe einer neuen, weiblichen Welt sind Ansätze, die an einer Destruktion männlicher Muster arbeiten, die versuchen, den *Phallozentrismus* zu unterlaufen, ohne ihm ein klares (starres) Bild einer neuen Welt entgegenhalten zu können.[12]

Diese These geht davon aus, daß die männliche Ordnung nicht durch eine andere, weibliche Ordnung zu überwinden sei, sondern nur durch Nicht-Ordnung, d.h. durch die Aufhebung der zentristischen, teleologischen, hierarchischen Prinzipien überhaupt. Die männliche Ordnung ist als Phallogozentrismus zu verstehen, weil der Phallus als Zentrum der symbolischen Ordnung fungiert, weil das männliche Subjekt Mittelpunkt der

Sprache ist und die Logik aus der Perspektive des männlichen, mit der symbolischen Macht des Phallus ausgestatteten Subjekts funktioniert. Diese Ordnung beinhaltet mehr als die Verdrängung und Unterdrückung der Frau und als die Unterwerfung der Mutter. Mit ihr ist – wie Elisabeth Lenk gezeigt hat – die Traumform aus dem Tageslicht verdrängt, ist das Bewußtsein von der menschlichen Schuld der Naturbeherrschung gewichen und das Dogma von der Einheit der Person gesetzt, welches die Trennung von Welt und Ich impliziert.[13] Mit ihr ist – wie Christa Wolf in den Voraussetzungen zur »Kassandra« beschreibt – die Entstehung der Literatur an das Prinzip des Heroischen gebunden, in dem Opferung und Heldenkult vereinigt werden.[14] – Die männliche Ökonomie basiere – wie Hélène Cixous formuliert – auf dem Prinzip der Aneignung, d.h. der Erstarrung und Konservierung, der Eindeutigkeit und der Tötung des Anderen.[15] Cixous aber spricht von der männlichen *Ökonomie*, nicht Ordnung, der sie eine weibliche und grundsätzlich andere Ökonomie entgegensetzt; und diese ist dann, wie schon oben an ihren Ausführungen über das Schreiben deutlich wurde, nicht mehr allein an die Frau gebunden. In der Folge Cixous' wird häufig ein utopischer Begriff von Weiblichkeit entworfen, der programmatische Bedeutung hat, so etwa in Brigitte Lühl-Wieses Ausführungen zur feministischen Wissenschaft in ihrem Kafka-Buch:

> »Mithin kann feministische Wissenschaft nur auf den 'Begriff' des Offenen gebracht werden, auf die Identität von Ziel und Weg, von Strecke und Punkt. Aufhebung also der Linearität, kein Hier und Dort, nicht Subjekt und Objekt, und alles, was dieser Gegen-setzung auf dem wunden Fuße folgt: Höhe und Abgrund, Trieb und Wille, Verstand und Gefühl, Wissenschaft und Kunst, Kopf und Bauch, Ursache und Wirkung, Gestern und Morgen. Durchdringung des Wassers und des Steins und doch alles ineins: das Feste, das Flüssige und seine grenzenlose Vermischung: in statu nascendi als dauernder Augenblick.«[16]

Solche Überlegungen bergen die Tendenz in sich, daß sie in einem Fest der Metaphern schwelgen – und darin auch steckenbleiben. Sie sind auf konkrete Praxis kaum noch rückführbar. Anders Monique Wittigs Buch »Les Guerilleres«, in dem sie eine dephallozentrische, poetische Sprache probiert.[17] In ihren Geschichten wird das Unbewußte, werden die Träume ans Tageslicht geholt; es gibt keine eindeutigen Erklärungen, es gibt keine geschlossenen Systeme, und es gibt sehr verschiedene Frauen, keine einheitliche Utopie von Weiblichkeit. Sie macht das weibliche Subjekt zum Mittelpunkt ihrer Sprache, ohne eine universelle Lösung anzubieten. Anders als in Cixous' Ausführungen zur Weiblichkeit in der Schrift werden in ihrem Text nicht Unbewußtes, Ästhetik und Weiblichkeit zu tendenziell austauschbaren Begriffen, denen dort eines gemeinsam ist, daß von ihnen die

Überwindung männlicher Ordnung erhofft wird, während sie sich aber in ihrer Bedeutung und Beschreibung kaum noch voneinander unterscheiden lassen. Wittig liefert keinen Entwurf von Weiblichkeit, sondern sie phantasiert, wie Frauen mit ihrem Unbewußten, ihrer Sprache und ihren Traditionen und utopischen Vorstellungen von Weiblichkeit umgehen könnten.

Nach dieser Skizzierung der drei Bedeutungsdimensionen von »weiblich« komme ich zu meiner Ausgangsbeobachtung zurück, daß bei Cixous' und anderen Aussagen über Weiblichkeit in der Schrift kein Unterschied mehr gemacht wird zwischen der Literatur männlicher und weiblicher Autoren, und komme damit zu der Frage, ob es eine *männliche Weiblichkeit* geben kann bzw. ob weibliche Sprache und Literatur von Männern produziert werden kann.

Es besteht ein fundamentaler Unterschied zwischen dem Verhältnis von Männern zur männlichen Ordnung und Frauen zur Weiblichkeit, auf den diese Frage bezogen werden muß. Er, das männliche Subjekt, repräsentiert die männliche Ordnung; der einzelne Mann steht für sie, auch dann, wenn er als einzelner, als Außenseiter, vom Bild der Männlichkeit abweicht. Männlichkeit meint beides, das herrschende Prinzip *und* die Existenzweise eines Subjekts. Die Frau dagegen *verkörpert* Weiblichkeit, d.h. ihr Körper ist als Ort der Weiblichkeit in der männlichen Ordnung definiert und fixiert. Dieser Unterschied beinhaltet eine grundsätzlich verschiedene *Perspektive der Erfahrung und Wahrnehmung* und läßt alle Androgynitätsphantasien als naive Wunschutopien erscheinen.

Eine irgendwie geartete Kombination von männlichen und weiblichen Momenten – und das ist in positiven Programmen von Androgynität beabsichtigt – ist nur aus einer gleichen und gleichberechtigten Ausgangslage von männlich und weiblich denkbar. Ausgehend von der grundsätzlich unterschiedlichen Position von Mann und Frau führt aber die Aneignung von Eigenschaften des anderen Geschlechts zu jeweils anderen Ergebnissen. Der Mann kann als Repräsentant der männlichen Ordnung seine psychische Verkümmerung, die er als Produzent dieser Ordnung erleidet, durch eine Ergänzung mit »weiblichen« Momenten individuell ausgleichen, ohne damit den Status des eigentlichen Geschlechts zu verlieren. Die Frau, indem sie durch die Aneignung »männlicher« Verhaltensweisen ihrem Käfig »Weiblichkeit« zu entfliehen sucht, nimmt damit die Werkzeuge der männlichen Ordnung, die sie als Frau ausgrenzen und unterordnen, selbst in die Hand. Um darunter selbst als Frau nicht mehr zu leiden, muß sie den Blick des Mannes auf die Frau übernehmen.

Meine Kritik gegenüber Androgynitätsvorstellungen richtet sich nun dagegen, daß sie sich auf die Unterscheidung »männlicher« und »weiblicher« Verhaltensweisen und Eigenschaften als Voraussetzung beziehen, ohne die in dieser Unterscheidung enthaltenen Weiblichkeitsmuster und deren Herkunft zu zerstören (vgl. oben die erste Ebene). Die Aneignung von sogenannten männlichen Persönlichkeitsmerkmalen im Muster der Androgynitätstheorie zu interpretieren, impliziert die Sanktionierung dieser Merkmale als nicht-weibliche und festigt damit ein dichotomisches Verständnis der Geschlechter. Tatsächlich *haben* ja Frauen die Fähigkeit zu Rationalität und Aktivität beispielsweise. Es ist nur zu fragen, wodurch deren Entfaltung bei so vielen Frauen behindert wird und in welcher Form diese Momente von ihnen *als Frau* entwickelt werden können, ohne daß das in den Gegensätzen des Phallogozentrismus münden muß.

Indem er an der Zerstörung dieser Ordnung mitarbeitet und damit den Anspruch, erstes und einziges Subjekt zu sein, aufgibt und indem er sich als einzelner aus den Panzerungen der Männlichkeit befreit, kann der Mann an einer nicht-phallischen Utopie beteiligt sein, nicht aber indem er sich »weibliche« Momente aneignet. Eine solche Strategie führt nämlich immer nur zu dem Versuch, als einzelnes, im Patriarchat verkümmertes Individuum am Stoff des Weiblichen zu gesunden, ohne an der Unterordnung der Frauen etwas zu verändern.

In der Literatur wird dies daran deutlich, daß Autoren, die sich wie etwa Flaubert oder Kleist in ihren Texten als Frau phantasieren oder die wie etwa Kafka oder Hölderlin Uneindeutigkeit und Unheroisches zulassen, dies tun, indem sie Frauenbilder entwerfen, die zum Kreislauf der Reproduktion des gespaltenen bürgerlichen Frauenbildes beitragen, wie die schöne Seele Diotima, die Amazone Penthesilea und das Käthchen, wie die Hure Brunelda und wie Madame Bovary –, oder indem sie die von ihnen entworfenen Frauen opfern.

Ein Paradox der Literaturgeschichte besteht darin, daß männliche Autoren häufiger an der Überwindung tragischer, heroischer, geschlossener Formen beteiligt sind, dabei aber die herkömmlichen Weiblichkeitsmuster reproduzieren, wahrend weibliche Autoren häufiger neue Frauenbilder entwerfen, dabei aber oft in den ästhetischen Mustern der traditionellen, männlichen Literatur verharren, was wiederum dem Entwurf neuer Frauenbilder im Wege steht, wie zahlreiche Romane und Autobiographien aus den letzten zweihundert Jahren belegen. Die neuen Heldinnen werden nicht selten zu Opfern der von ihren Autorinnen verwendeten Genremuster, weil ihre Lebenswege am Ende immer dem Gesetz der Gattung, nicht aber einem emanzipatorischen Aufbegehren folgen müssen.

Aufgrund der grundsätzlich *unterschiedlichen Perspektive* von Männern und Frauen gegenüber der männlichen Ordnung gilt in der feministischen Literaturkritik der Satz: Wenn Mann und Frau dasselbe schreiben, bewirkt es nicht dasselbe. Aber ebenso: Wenn Mann und Frau dasselbe untersuchen, kommen sie nicht zu demselben Ergebnis. Die männliche bzw. weibliche Perspektive der Kritiker hat ebenso weitreichende Konsequenzen wie die männliche bzw. weibliche Perspektive der Autoren.

Wie Männer wohl an der Zerstörung der männlichen Ordnung aus ihrer Perspektive, nicht aber an einer feministischen Ästhetik beteiligt sein können, weil diese von der Gestaltung weiblicher Erfahrungen ausgeht, sind sie auch nicht in der Lage, feministische Literatur- bzw. Kulturkritik zu praktizieren. Sie können an der Rekonstruktion und Kritik männlicher Weiblichkeitsmuster arbeiten (vgl. Theweleits Studie über Männerphantasien), und sie können eine parteiliche, d.h. die weibliche Perspektive verstehende und fördernde Kulturkritik leisten. *Parteilichkeit* aber geht immer von einer Trennung von Subjekt und Objekt der Untersuchung aus mit dem Ziel, diese Trennung zu überbrücken.

Feministische Literaturkritik hat diese Parteilichkeit nicht nötig, weil sie eine subjektive Arbeit ist, die darauf basiert, daß Ich und Sache nicht getrennt sind. Weil die Kritikerin selbst aus der Perspektive weiblicher Erfahrung, also aus der des anderen Geschlechts, sich den von ihr untersuchten Texten nähert, braucht sie nicht durch eine produzierte Haltung bzw. Meinung die Distanz zwischen sich und der Sache zu überwinden. Wegen dieser Subjektivität aber gibt es auch keine eindeutigen Wahrheiten und Ergebnisse feministischer Literaturkritik. Sie beruht vielmehr auf dem Verfahren vielfacher *Verdoppelungen*, mit dem die Frau den Rahmen männlicher Weiblichkeitsbilder sprengt, ihren unselbständigen, männlichen Blick auf die Frau abstreift und im vielfachen Blick der Frau auf die Frau ein eigenes Verhältnis zu sich entwickelt.

Elisabeth Lenk hat die Metapher von der »sich selbst verdoppelnden Frau« am Beginn der Debatten über feministische Ästhetik geprägt. Ich möchte das Bild aufgreifen und die unendliche Verdopplung als Verfahren feministischer Kultur überhaupt verstehen, das sich auf Schreiben, Lesen und Interpretation gleichermaßen anwenden läßt. Der Entwurf von Figuren durch die Autorin, die Lektüre durch die Leserin, die Deutung durch die Kritikerin, die Rekonstruktion historischer Frauenbiographien, die Vergleiche von Motiven, Bildern und Schreibweisen in historischer und gegenwärtiger Literatur von Frauen, dies alles sind Doppelungen, in denen jeweils Identifikationen mit vergleichbaren Erfahrungen, Wahrnehmungen und Problemen stattfinden und in denen jeweils *eine* Möglichkeit von *Weiblichkeit* mit *anderen*, fremden, nicht gelebten bzw. verdrängten oder auch nicht lebbaren Möglichkeiten konfrontiert wird. Elisabeth Lenk hatte die sich selbst verdoppelnde Frau so beschrieben:

»Im neuen Verhältnis der Frau zu sich ist sie Viele, oder vielmehr: sie löst sich augenblicksweise auf in reine Bewegung ... Die Frau kann das neue Verhältnis zu sich nur über andere Frauen entwickeln. Die Frau wird der Frau zum lebendigen Spiegel, in dem sie sich verliert und wiederfindet.«[18]

D.h. wenn die Frau sich in anderen Frauen spiegelt anstatt im Spiegelbild, in welchem sie den Blick des Mannes auf sich antizipiert, beinhaltet das die Möglichkeit, daß sie die Wahrnehmung ihrer selbst zurückgewinnt, als Dialektik von Möglichkeit und Un-Möglichkeit. Die Frau, die sich »buchstäblich aus den Augen verloren« hatte, weil sie versuchte, »die Blicke auf sich zu ziehen, ohne selbst zu blicken«,[19] kann so an der Gewinnung einer eigenen, autonomen Perspektive arbeiten. Diese Arbeit impliziert die Ent-Spiegelung weiblicher Selbstbetrachtung, weil im lebendigen Austausch mit anderen Frauen die Vorstellungen von Weiblichkeit in Bewegung geraten und der Spiegel*charakter* weiblicher Selbstbetrachtung in den stereotypen Vorentwürfen männlicher Frauenbilder durchbrochen wird. Wenn man Schreiben und Lesen, überhaupt die Kommunikation von Frauen, als vielfache Verdoppelung begreift, dann wird in diesem Prozeß der Bild- und Konstruktionscharakter von Weiblichkeit aufgedeckt – und zwar die Bildmomente in jeder einzelnen: in Autorin, Heldin, Leserin und Kritikerin. Und es werden die möglichen Anderen, die die eine Frau in der gelebten Rolle getötet hat oder in sich töten mußte, sichtbar und zum Sprechen gebracht. Durch eine solche subjektive Arbeit, eine Bewegung der permanenten Identifikation und Zerstörung, wird eine *Durchquerung* von Weiblichkeit erreicht, in welcher der unerreichbare Entwurf einer neuen Frau vor-scheint.

So ist es auch sinnvoll und produktiv (und führt zu weitreichenderen Einsichten als andere Interpretationsverfahren), wenn man beispielsweise die Entwürfe weiblicher Helden in der Frauenliteratur früherer Jahrhunderte in den Selbstentwürfen zeitgenössischer Frauenliteratur spiegelt. Sozialgeschichtliche, kulturelle und andere Unterschiede sind auf dieser Basis als Differenz erklärende Momente einzubeziehen und erhalten hier ihre methodische Relevanz. D.h. sozialgeschichtliche Verfahren sollten die Subjektivität feministischer Literaturkritik nicht ver-objektivieren – und damit eliminieren, sondern zum besseren Verständnis der in der Verdoppelung hervorgebrachten *Unterschiede* beitragen.

Dies Verfahren geht von der Vielfalt weiblicher Möglichkeiten aus und zerstört die starren, toten, schönen Bilder, die sich auf den von Männern uns vorgehaltenen Spiegeln befinden. Es berücksichtigt, daß wir alle einen Teil dieser Bilder verkörpern, daß in uns aber die Andere, die Verdrängte verborgen ist und nur darauf wartet, durch die Verdoppelung mit einer wieder Anderen ans Tageslicht gebracht zu werden. Es begreift die Konfrontation mit anderen Frauen als Herausforderung und nicht als Wertung am schon vorgefertigten Maß normierter (»emanzipierter«) Weiblichkeit. Die subjektive Arbeit der Verdoppelung verfolgt die Dekonstruktion von Weiblichkeitsmustern nicht nur an deren Manifestationen auf den Blättern männlicher Texte, sondern bis zu ihrer Verkörperung in weiblichen Selbstentwürfen, ja bis ins Innere der Frau. Ohne den Umweg über die Durchquerung der Diskurse – wie Irigaray ihn empfiehlt – liegt in der Durchquerung und Zerstörung der Bilder, die in die sprachlichen und literarischen Selbstäußerungen von Frauen eingeschrieben sind, eine Möglichkeit mimetischer Erkenntnis, deren Verdrängung seit der Herrschaft der Griechen Elisabeth Lenk in ihrer Geschichtsschreibung der Traumform als Verlust von Subjektivität beklagt.[20] Dies kann als Widerstand gegen die Logik des Einen und Eindeutigen gelten und richtet sich damit gegen die Strukturen der männlichen Ordnung selbst.

Anmerkungen

1 Es handelt sich bei diesem Beitrag um ein theoretisches Resümee, das sich auf Überlegungen und Ergebnisse verschiedener eigener Einzeluntersuchungen bezieht, auf die ich deshalb an den entsprechenden Argumentationsstellen per Anmerkung verweisen werde.
2 Ich beziehe mich hier auf die Beobachtung, daß der Anteil von Frauen an öffentlichen und politischen Funktionen seit Bestehen der BRD nicht wesentlich angestiegen ist, z.T. sogar zurückgegangen ist (vgl. z.B. Anteil an den Abgeordneten). Daran hat auch die Neue Frauenbewegung nichts geändert. Antifeministische Positionen haben sich dagegen in den letzten Jahren klarer und expliziter profiliert.
3 Vgl. etwa Hélène Cixous: Weiblichkeit in der Schrift. Berlin/W. 1980. Brigitte Lühl-Wiese: Ein Käfig ging einen Vogel suchen. Kafka – Feminität und Wissenschaft, Berlin/W. 1980. Lilian Hoverland: Heinrich von Kleist und Luce Irigaray. Visions of the Feminine. In: Gestaltet und Gestaltend, hrsg. v. Marianne Burkhard. Amsterdamer Beiträge 10 (1980).
4 Vgl. Luce Irigaray: Das Geschlecht, das nicht eins ist. Berlin/W. 1979. Dies.: Speculum. Spiegel des anderen Geschlechts, Frankfurt/M. 1980.
5 Luce Irigaray: Frauenmarkt. In: Dies.: Das Geschlecht, das nicht eins ist, a.a.O., S. 196.
6 Vgl. Susan Cocalis: Der Vormund will Vormund sein. In: Gestaltet und Gestaltend, a.a.O., S. 33-55. Karin Hausen: Die Polarisierung der »Geschlechtscharaktere« – eine Spiegelung der Dissoziation von Erwerbs- und Familienleben. In: Seminar: Familie und Gesellschaftsstruktur, hrsg. v. Heidi Rosenbaum. Frankfurt/M. 1978, S. 161-191.
7 Vgl. Claudine Herrmann: Die Sprachdiebinnen. München 1977, Kap. 1: Das Wörtliche und das Übertragene.

8   Vgl. Johann Gottlieb Fichte: Grundlagen des Naturrechts nach Prinzipien der Wissenschaftslehre (1796/97). Hamburg 1979, S. 298-365. Vgl. Sigrid Weigel: »... und führen jetzt die Feder statt der Nadel«. Vom Dreifachcharakter weiblicher Schreibarbeit – Emanzipation, Erwerb und Kunstanspruch. In: Ilse Brehmer u.a. (Hrsg.): Frauen in der Geschichte IV. Düsseldorf 1983.
9   Vgl. die Beiträge über Frauenbilder, Jeanne d'Arc, Schlegels »Lucinde« und weibliche Helden in: Inge Stephan/Sigrid Weigel: Die verborgene Frau. Sechs Beiträge zu einer feministischen Literaturwissenschaft. Berlin/W. 1983.
10 Vgl. Sigrid Weigel: Der schielende Blick. Thesen zur Geschichte weiblicher Schreibweisen, ebd., S. 83-132.
11 Helene Cixous, a.a.O., S. 76.
12 Vgl. Sigrid Weigel: Mit Siebenmeilenstiefeln zur weiblichen Allmacht oder die kleinen Schritte aus der männlichen Ordnung. Eine Kritik literarischer Utopien von Frauen. Frauenreferat des AStA der Universität Kiel (Hrsg.): Ring-Vorlesung. Kiel 1984.
13 Elisabeth Lenk: Die unbewußte Gesellschaft. Ober die mimetische Grundstruktur in der Literatur und im Traum. München 1983.
14 Christa Wolf: Voraussetzungen einer Erzählung: Kassandra. Darmstadt und Neuwied 1983.
15 Helene Cixous, a.a.O., S. 67ff.
16 Brigitte Lühl-Wiese, a.a.O., S. 80.
17 Monique Wittig: Die Verschwörung der Balkis. »Les Guérillères«, München 1980.
18 Elisabeth Lenk: Die sich selbst verdoppelnde Frau. In: Frauen – Kunst – Kulturgeschichte. Ästhetik und Kommunikation 15/1976, S. 85 und 87.
19 Gisela Schneider/Klaus Laermann: Augen-Blicke. Über einige Vorurteile und Einschränkungen geschlechtsspezifischer Wahrnehmung. In: Sinnlichkeiten. Kursbuch 49/1977, S. 45.
20 Nach Elisabeth Lenk war Platon »der erste, der ganz ausdrücklich und im Namen der gesellschaftlichen Arbeitsteilung den Kampf gegen das mimetische Vermögen aufnahm« und dagegen die Vernunftform durchsetzte. »Alles Vielgestaltige, Vieldeutige, Vielstimmige wird bekämpft, geduldet wird nur noch das Eindeutige, Eintönige.« Die unbewußte Gesellschaft, a.a.O., S. 20.

III. Frauen – Weiblichkeit – Schrift

Gisela Ecker

Poststrukturalismus und feministische Wissenschaft
Eine heimliche oder unheimliche Allianz?

Während sich die neue feministische Literaturwissenschaft – vor allem in England und Amerika, aber auch in Deutschland – in den Anfängen auf die *Erfahrung* von Frauen berufen hat[1], ist sie jetzt in eine neue Phase der theoretischen Aufarbeitung getreten, einen kritischen Revisionsprozeß literaturwissenschaftlicher Vorgaben und Modelle. Unter anderem wird danach gefragt, wie das, was zunächst als »authentische« Erfahrung erlebnishaft und im Protest eingebracht wurde, bereits selbst konzeptuell vorstrukturiert ist. Denn was für die Literatur von Frauen deutlich ist, daß wir nämlich gleichzeitig an der jeweiligen Kultur partizipieren als auch ausgeschlossen sind, gilt auch für feministische Wissenschaft.

Zunächst ist es wichtig zu sehen, daß eine solche Abwendung von der herrschenden Literaturwissenschaft von der Erkenntnis »ich lese anders« ausgehen *mußte*, da alle theoretischen Modelle weitgehend unter Ausschluß von Wissenschaftlerinnen entstanden sind und das Weibliche in ihnen keinen Ort hat, subsumiert wird im postulierten geschlechtsneutralen Allgemein-Menschlichen. Der Wert dieser anfänglichen Negierung von Theorie muß historisch sehr hoch eingeschätzt werden, und der so oft erhobene Vorwurf des Anti-Intellektualismus trifft nicht den Kern der unter dem Rekurs auf Erfahrung formulierten Opposition.

Nachdem wir eigentlich schon sagen können, daß die Vorstellung einer sich selbst aus dem wissenschaftlichen Vakuum erschaffenden feministischen Literaturkritik passé ist, ist es um so wichtiger, selbst-kritisch zu untersuchen, welche theoretischen Positionen sich auf eine mehr oder weniger bewußte Weise eingespielt haben, und darüber hinausgehend, welche bereits ausgebildeten Methoden sich für feministische Textanalysen einsetzen lassen. Entsprechenden Fragen möchte ich in bezug auf den Poststrukturalismus nachgehen, denn die Rezeption der französischen feministischen Ansätze vollzog sich zum Teil in Form einer Übernahme von deren spezifischem Sprachgestus, der in eben dieser Theorie wurzelt. Die dort so beliebte Echosprache, die phonologischen und etymologischen Wortspiele, der Jargon der Brüche, Hohlräume, Spuren, Ränder etc. droht dort zum Manierismus zu erstarren, wo die theoretischen Grundlagen, deren Konsequenz die Herausbildung einer solchen Sprache war, nicht mehr bewußt sind. Im folgenden möchte ich versuchen, Zusammenhänge zwischen den französischen feministischen Theorien und denen des Poststrukturalismus

Argument Verlag

aufzuzeigen und darüber hinaus fragen, in welcher Weise dieser für eine feministische Literaturanalyse nutzbar gemacht werden könnte.

1. Poststrukturalismus:
Radikalisierung und Infragestellung des Strukturalismus

Poststrukturalismus, auch unter den Bezeichnungen Dekonstruktivismus oder Neostrukturalismus[2] bekannt, ist ein Sammelbegriff für diejenigen von Frankreich ausgehenden Forschungsrichtungen, die den klassischen Strukturalismus radikal weiterentwickelten, de-konstruierten und in Frage stellten, immer jedoch dessen Terminologie und einige Teilannahmen benutzten, wenn auch zu deutlich anderen Zwecken. Deshalb zunächst einige globale Bemerkungen zum Strukturalismus, ohne den die Theorien der Nachfolger nicht verständlich sind.

Unter dem »klassischen« Strukturalismus wird im allgemeinen die erste Saussure-Nachfolge verstanden, Lévi-Strauss, Jakobson, der frühe (und nur der frühe) Barthes und die vielen Vertreter in den angelsächsischen Ländern und in Deutschland, die mit dem Schlagwort »Linguistisierung der Literaturwissenschaft« zusammengefaßt werden könnten. Analog zu Sprache werden literarische Texte als synchrone Systeme von Zeichen betrachtet, von Zeichen, die aus einem materiellen Zeichenträger (Signifikant) und einer Bedeutung (Signifikat) zusammengesetzt sind. Sie bilden in sich geschlossene, kohärente Strukturen, innerhalb derer die Relation der einzelnen Teile von sinngebender Funktion ist und die möglichst in binären Oppositionen und in hierarchisierter Form erfaßt werden sollten, um den Textsinn zu ermitteln. Die Bestrebungen zum Beispiel, eine Erzählgrammatik zu erstellen (vgl. Greimas, Todorov, Barthes), führen deutlich vor, daß es weniger um konkrete Texte ging als um allgemein generative Modelle, in denen nur das erfaßt wurde, was sich systemhaft zuordnen und im Rahmen einer szientistischen Methodologie erfassen ließ. Formalisierung und Klassifizierung sind – auch wenn sie in den einzelnen Ansätzen in unterschiedlicher Graduierung auftreten – zentrale Aktivitäten struktureller Analysen, die auch dem Ziel dienen sollten, die Wissenschaft von der Literatur zu einer »exakten« zu machen, innerhalb derer individuelle Erkenntnisinteressen keinen Platz haben.

Ein Teil meiner eigenen »wissenschaftlichen Sozialisation« vollzog sich als Aneignungsprozeß dieses Ansatzes, gleichzeitig aber auch als Prozeß wachsender Befremdung darüber, in welchem Ausmaß ich als Subjekt ausgeschlossen war und wie viele drängende Fragestellungen bereits qua

Methode ausgegrenzt waren. – Die von den Poststrukturalisten eingenommene Gegenposition wurde von einer philosophischen Warte aus entwickelt[3] und bezieht sich nicht nur auf Sprache, Texte und soziale Systeme, sondern auf die abendländischen Denkkategorien ganz allgemein. Obwohl die Benennungen für das Zeichen beibehalten werden, wird die repräsentierende Beziehung zwischen Signifikant und Signifikat radikal in Frage gestellt. Es war eine der wesentlichen Postulate des Strukturalismus, die Funktion des Signifikanten erschöpfe sich darin, Bedeutung zu transportieren, auf einen Referenten zu verweisen; der Signifikant war quasi ein materielles Substitut für Bedeutung. Demgegenüber betont der Poststrukturalismus in allen seinen Varianten die Eigenständigkeit des Signifikanten. Gleichzeitig wurde dem Strukturalismus ein heimlicher Idealismus unterstellt, nämlich daß die Annahme von geschlossenen Systemen immer einen Garanten für diese Kohärenz und *Zentriertheit* voraussetzte. Das, was der Strukturalismus – ob in der Anthropologie oder Literaturwissenschaft – als Ordnung hinter den heterogenen Erscheinungen der Oberfläche produzierte, wurde als die traditionelle metaphysische Einstellung entlarvt. – Was bedeutet es eigentlich, wenn ein System als geschlossen und zentriert aufgefaßt wird? Seine einzelnen Elemente werden nicht nur als auf das Zentrum, die zugrundeliegende (Tiefen)Struktur ausgerichtet gesehen, sondern auch gleichzeitig auf die Aspekte der Relation zu diesem Zentrum *reduziert*. Das impliziert immer auch eine hierarchische Beziehung zwischen Einzelteilen, insgesamt *Ordnung* auf ein Prinzip der Kohärenz hin. Autoren wie Foucault und Derrida[4] weisen immer wieder darauf hin, daß mit solchen Annahmen Machtverhältnisse impliziert werden, daß die zentralen Signifikanten einen Machtfaktor darstellen, eine strukturierende und kontrollierende Kraft, die Reduktionen, Hierarchisierungen etc. herbeiführt. Ich glaube, es wird deutlich, wieso nur aufgrund eines *veränderten Strukturbegriffs* eine so pauschale Kritik am Phono-, Logo-, Ethno- und Phallozentrismus formuliert werden konnte. Auch ergeben sich dadurch, daß diejenigen Ordnungen hinterfragt werden, in denen das Weibliche immer nur als Teil eines asymmetrischen Machtverhältnisses existieren konnte, mögliche Anknüpfungspunkte für feministische Theoriebildung.

2. Differenz und Aufschub

In *Grammatologie* (1967)[5] formuliert Derrida die philosophischen Konsequenzen des bereits bei vielen Strukturalisten bestehenden Mißtrauens gegen das Konzept des Zeichens. Nach Derrida ist Bedeutung nie ganz durch den Signifikanten repräsentiert, ist nie *anwesend*. Im einfachsten Signifikationsakt wird nie eindeutig auf ein Objekt referiert, sondern wir finden immer nur *Spuren* von Referenz und ein Spiel von *Anwesenheit* und *Abwesenheit*. Was wir in Texten lediglich wahrnehmen können, ist ein System von Differenzen (*différence*), die niemals auf Bedeutung selbst zielen, sondern eine solche endlos aufschieben (*différance*). Universellen Strukturen nachzugehen, wie es der Strukturalismus getan hat, ist also im Sinn von Derridas Konzept von Zeichen eine Unmöglichkeit und verriete nur ein Festhalten am metaphysischen Denken. Die Vorstellung von der grundsätzlichen Offenheit des Signifikationsprozesses, »die Unmöglichkeit, den Referenten auf das Signifikat, das Signifikat auf den Signifikanten und daher alle Einheiten der signifikanten Struktur aufeinander zu reduzieren«[6], finden wir bei allen Vertretern und Vertreterinnen dieser Richtung. Wenn Julia Kristeva zum Beispiel jedesmal, wenn sie auf Fragen bezüglich des Weiblichen eingehen soll, zögert und erklärt, Geschlechtsunterschiede könnten nicht benannt werden (da sie wieder Bedeutung festlegen würden), sondern nur jeweilig erkennbare Differenzierungen, so wurzelt dies im gleichen Denkansatz.

3. Echosprache statt Metasprache

Nachdem Text als ein Netz von Differenzen, ein Spiel von Spuren und Evokationen, ein seine eigenen Grenzen überschießendes Gebilde verstanden wird, ist es nur konsequent, daß keine abgegrenzte Metasprache benützt werden kann, die dieses freie Spiel wieder reduzieren würde. J.H. Miller, einer der wichtigsten amerikanischen Vertreter, beschreibt sein dekonstruktivistisches Herangehen an Texte so:

> »Dekonstruktion als Art und Weise der Textinterpretation funktioniert als ein vorsichtiges Betreten jedes Text-Labyrinths. Der Kritiker [sic!] tastet sich von Figur zu Figur, von Konzept zu Konzept, von mythischem Motiv zu mythischem Motiv, in einer Wiederholung, die keinesfalls eine Parodie darstellt. Dabei wird trotzdem eine subversive Kraft ausgeübt, die sogar in der exaktesten und am wenigsten ironischen Verdopplung liegen kann.«[7]

Durch ein solches Hineinbegeben in einen Text (nicht durch metasprachliche Distanz) wird der Text immer wieder neu vollzogen, dies jedoch nicht, um Sinn aufzuspüren, sondern um den Text als einen offenen, diskontinuierlichen zu erfahren, auch dann, wenn er sich als geschlossener anbietet. Die Echosprache, die dabei benützt wird, folgt der Sprache des Texts; logische Transparenz oder intersubjektive Vermittlung sind nicht ihr dominantes Ziel; Metaphern, die in der strukturalistischen Metasprache verpönt waren, gehören fast zum Rüstzeug für Poststrukturalisten. Eine solche bewußte »Undiszipliniertheit« folgt damit natürlich wieder ihren eigenen Regeln, was sehr gut am Beispiel der in den Zeitschriften *Critical Inquiry, Critique, Diacritics, New Literary History, Sémiotexte, Yale French Studies* (dies sind alles amerikanische Periodika) abgedruckten Beiträge beobachtet werden kann. (Was ich besonders bemerkenswert finde, ist das selbstverständliche Nebeneinander von feministischen Artikeln und anderen in diesen poststrukturalistisch ausgerichteten Zeitschriften.[8])

Nur als Ausdruck und Konsequenz der beschriebenen Auffassung von Texten als offen und dezentriert ist, wie ich meine, eine solche in der Interpretation praktizierte Echosprache sinnvoll. Elisabeth Lenks Artikel »Versuch einer Beschreibung der anderen Seite der Gesellschaft«[9] könnte als Beispiel für einen solchen motivierten Einsatz dieses Sprachgestus zitiert werden. Luce Irigarays *Speculum*[10] liest sich wie eine vollkommene Anwendung des Echoverfahrens, das als Aufdecken von Widersprüchen durch Nachahmung und Spiel mit dem Vorbild funktioniert. Eine weitere Variante stellt Hélène Cixous' *Die Orange leben*[11] dar, wo sie nachahmend Clarice Lispecteurs Texte als programmatisches Beispiel für einen bereits dezentrierten, sich einer Festlegung entziehenden Text preist, dessen Offenheit sie dann allerdings als weibliche Ausdrucksform festschreibt.

Während das Mißtrauen des Poststrukturalismus gegen eine deutlich abgegrenzte Metasprache ganz allgemein gegen das abendländische Denken in seiner mehrfachen Zentriertheit gerichtet ist, wählt die feministische Spielart den Phallozentrismus als Kritikpunkt, deckt diesen in der Analyse von Texten nach der beschriebenen Methode implizit auf oder legt das offene Schreiben in Texten, die dieses aufweisen, auf weibliches Schreiben fest und entwickelt insgesamt eine utopische Programmatik, die entsprechende Texte, literarische wie kritische, produzieren soll. Darin liegt zwar eine Einengung der globaler ausgerichteten wissenschaftlichen Bewegung des Poststrukturalismus, aber in ihrem Vorgehen liegt die gleiche Sprengkraft, die sich als »Kritik am geronnenen Sadismus abendländischer sogenannter 'objektiver Denkformen'«[12] versteht. Auch wenn sich ein solches Sprachverhalten oft als »dunkel« und schwer verständlich erweist, stellt es *eine* Möglichkeit von Widerstand dar. Es ist wichtig zu sehen – und dabei hilft eine Reflexion auf die theoretischen Grundlagen –, daß wir diese Texte von Feministinnen gerade nicht als vorwiegend kommunikativ und rational aufklärend im traditionellen Sinn lesen sollten, weil sie eben dies gar nicht leisten wollen.

4. Das verlorene Subjekt

Bereits der Strukturalismus hatte den Tod des Autors(!) verkündet, und der Poststrukturalismus hat ihn nicht wieder auferweckt.[13] Das Subjekt wird nicht als bedeutungsstiftende Instanz gesehen, also als Person, die Zeichen benützt, um Sinn auszudrücken, sondern es ist selbst nur prozeßhaft zu verstehen. Julia Kristeva zieht konsequent die Verbindung zur Dezentralisierung von Strukturen, die das Subjekt in seiner herkömmlichen Funktion nicht bestehen lassen *kann*:

> »In einer Kultur, in der das sprechende Subjekt als 'Herr (maître) seiner Sprache' verstanden wird, nimmt es eine phallische Position ein. Die Fragmentierung von Sprache in einem Text stellt eine solche Haltung insgesamt in Frage.«

Dies ist die am heftigsten kritisierte Annahme des Poststrukturalismus und auch der Grund dafür, wieso in Deutschland eine Auseinandersetzung mit den französischen Theorien mit so großer Verspätung erfolgt.[14]

Schon Lacan hatte angefangen, die Vorstellung vom geschlossenen Subjekt zu hinterfragen, indem er seinen Spaltungen beim Eintritt in kulturelle Ordnungen nachging, als erstes im Spiegelstadium, in dem das Begehren abgekoppelt wird, dann beim Erlernen von Sprache, die Träger und Ausdruck symbolischer Ordnungen ist. Das, was als sprachlicher Ausdruck eines Ich greifbar wird, ist somit eher Funktion der Sprache und kultureller Codes als Funktion des Ich selbst.[15]

Auch bei den französischen Feministinnen rückt das weibliche Subjekt nicht als etwas, was individuelle Identität genannt werden könnte, ins Blickfeld. Es ist als Verweis auf eine lebende Person weniger interessant, sondern nur insofern, als es entgrenzt auf größere Zusammenhänge verweist. Es ist verständlich, daß dagegen vehemente Kritik geäußert wird, denn was *auch* ein Interesse feministischer Literaturwissenschaft ausmacht, nämlich die Beschäftigung mit konkreten Schriftstellerinnen und ihrer Literatur im Zusammenhang mit ihrer Lebenssituation, rückt dabei notgedrungen in den Hintergrund. Die *gelebten* Unterschiede, so kritisiert zum Beispiel Ann Rosalind Jones[16], würden dabei nivelliert, und es werde von der ökonomisch, institutionell und kulturell differenziert zu behandelnden Problematik abgelenkt. Entsprechende Einwände könnten aber auch umgekehrt formuliert werden, nämlich daß eine pragmatisch ausgerichtete Literaturtheorie kaum eine vergleichbare utopische Programmatik entwickeln könnte, wie sie im Poststrukturalismus zu finden ist. Ich plädiere also für ein Nebeneinander der verschiedenen Richtungen, die aufgrund der erkenntnistheoretischen Unterschiede auch nie ganz aufeinander projiziert werden können.

5. Weibliches als Negation des Phallischen

In den Schriften der wenigen männlichen Poststrukturalisten, die sich mit der Dekonstruktion des Phallozentrismus befassen[17], wird das Weibliche als Prototyp einer dezentrierenden, sich immer entziehenden und nie festlegenden Kraft eingesetzt:

> »There ist no such thing as the essence of woman because woman averts, she is averted of herself. Out of the depths, endless and unfathomable, she engulfs and distorts all vestige of essentiality, of identity, of property.«[18]

Dies erinnert nicht nur an Lacans Ausspruch »La femme n'existe pas«, sondern auch an Weiblichkeitsvorstellungen des 19. Jahrhunderts oder an Freuds Diktum vom Rätselcharakter der Frau. Derrida benutzt das Weibliche zum Beispiel in der Metapher des »Hymen« in endlosen geistreichen Wortspielen; er möchte es auch als Gestus seiner eigenen dekonstruktivistischen Tätigkeit vereinnahmen:

> »Ich würde gerne auch wie (eine) Frau schreiben. Ich bin dabei, es zu versuchen ...«[19]

Es geht dabei nicht primär um das Weibliche, sondern um das Nicht-Phallische, ein Konstrukt, das gegen die Komplizenschaft von Phallus und Logos eingesetzt wird. Liegt darin nicht wieder eine sekundäre, negativ abgeleitete (und im Prinzip wieder dichotome?) Definition des Weiblichen?

Auch wenn Luce Irigarays Bestimmung des Weiblichen zusätzlich biologische Metaphern (wie die der Schamlippen) benützt, läßt sich die Herkunft aus der intensiv geführten poststrukturalistischen Debatte leicht erkennen. Ihr Gegenentwurf ist begründet durch

> »... die spezifische Erotik der Frau, derentwegen sie von allem, was unsere Kultur privilegiert ... – vom Einen, von der Einheit, vom Individuellen – ausgeschlossen ist: denn auch der Penis ist 'eins', der Familienname (der Name des Vaters) ist 'einzig', das 'Eine' im eigentlichen Sinne, nämlich die Einheit und Kohärenz des Diskurses, Individualismus, Privateigentum.«[20]

Die Perspektive hat sich nur leicht verschoben: auf der einen Seite das dominante Interesse an der Abschaffung metaphysisch orientierter Diskurse ganz allgemein (unter Verwendung des Weiblichen als Zauberformel), auf der anderen die Entfesselung von *fémininité* als Ziel der Feministinnen; auf beiden Seiten dieselben beschriebenen Begründungszusammenhänge. Das neue Bild von Weiblichkeit enthält verlockende (und auch unheimliche?) utopische Umkehrungen, die um so mehr anziehen, als sie keine eindeutigen Festlegungen enthalten, sondern das Weibliche als Rätsel erhalten und als unendlich plural erscheinen lassen.

6. Den Körper schreiben

Meine Bemerkungen über die Abwesenheit des Subjekts als Konsequenz der Dezentrierung galten dem Subjekt im traditionellen Sinn. Auf einem ganz anderen Weg haben Poststrukturalisten das Subjekt wieder eingeführt, allerdings mit sehr unterschiedlicher Gewichtung. Als Erzeuger von Sinnaussagen ist es abgeschafft – denn Sinn kann allenfalls aus zusammenwirkenden Codes und intertextuellen Wirkungen immer wieder neu entstehen – aber es *ist materieller Träger der Aussage*, der eine Körperlichkeit besitzt. Derrida hat dies zunächst am Zeichen festgemacht, dessen materielle Seite er im Gegensatz zum Saussureschen Strukturalismus privilegiert; er spricht vom Überschießen des Signifikanten, der sich nicht im Signifikationsprozeß erschöpft.

Diese bei allen Poststrukturalisten erkennbare Grundposition ist auf unterschiedliche Weise ausgebaut worden. Zum Beispiel hat der spätere Barthes die These von der in den Text eingeschriebenen Körperlichkeit weiterentwickelt, am deutlichsten in Schriften wie *Roland Barthes par Roland Barthes* (1975), *Le Grain de la voix* (1981), *Le Plaisir du texte* (1973) und *Fragment d'un discours amoureux* (1977), und diese Erotik des Texts auch auf den literaturkritischen Diskurs ausgeweitet:

> »Jedesmal wenn ich versuche, einen Text, der mir Lust bereitet hat, zu analysieren, begegne ich nicht meiner Subjektivität ..., sondern meinem Körper, der Lust empfindet« (corps de jouissance) (*Le plaisir du texte*).

Julia Kristeva führt dieselbe Vorstellung sehr viel theoretischer und unter Einbeziehung der Psychoanalyse fort. Sie unterscheidet zwischen der *symbolischen* Zeichenfunktion im strukturalistischen Sinn und der *semiotischen* (diese ist nicht mit der Semiotik, wie sie etwa bei Eco zu finden ist, zu verwechseln). Das Körperliche, das eine eigene Realität begründet, sperrt sich gegen die bloße symbolische Ordnung. Zentraler Begriff ist auch für sie die Lust (jouissance), die körperlicher Ausdruck von unbewußtem Begehren und instinkthaften Trieben und damit auch Ausdruck von Widerstand gegen die Unterdrückungsfunktion der gesellschaftlich sanktionierten Triebökonomie ist:

> »Die Triebladung wird ... durch biologische und gesellschaftliche Strukturzwänge aufgehalten ... ihre Bahnung fixiert sich provisorisch und markiert auf diese Weise Diskontinuitäten im, wie wir es nennen wollen, semiotisierbaren Material: Stimme, Gesten, Farben.«[21]
>
> »Dies 'Materielle', das bei der ersten Symbolisierung von Zeichen und Urteil verworfen wurde, wird jetzt aus dem Unbewußten in die Sprache befördert, allerdings in keine 'Metasprache', überhaupt in kein Be-greifen.«[22]

Dies ist zunächst in keiner Weise eine spezifisch feministische Theorie, sowieso nicht für die männlichen Vertreter[23], aber auch nicht für Kristeva, die immer wieder betont, daß dieses semiotische Textpotential grundsätzlich für beide Geschlechter gilt, dann aber jeweils andere Formen annehmen kann. Das Semiotische im Kristevaschen Sinn wurde ja auch zur Genüge an Autoren wie Kleist, Kafka, Joyce, Genette, Artaud und anderen untersucht. Unter dem programmatischen Stichwort »den Körper schreiben« wurde durch die Feministinnen dieses Konzept dann auf weibliches Schreiben eingegrenzt, das Kristevas Vorstellung vom »präödipalen Begehren« mit einbezieht. Wieder werden das Körperliche und das Unbewußte zusammengenommen, denn ihr gemeinsamer Nenner ist ihr nichtsymbolischer Charakter:

> »... jedesmal wenn ich spreche, setzt sich wieder das 'Wer spricht' in Gang, abgesehen davon, daß, wenn ich spreche, das spricht, was im Es spricht, und wenn ich jetzt in diesem Augenblick zu Euch spreche, weiß ich nicht genau, wer spricht. Ich nehme an, daß es ein Ich ist, das so viel wie möglich – weil ich das brauche – aus dem Es zusammengesetzt ist.«[24]

Eines der Probleme, die dabei auftauchen, ist das ständige Oszillieren zwischen dem (weiblichen) Körper als nicht-phallischer Gegenkraft, die auch in der Literatur von Männern gefunden werden kann, und dem, was die Körperlichkeit realer Frauen ausmacht. Kristeva spricht gewöhnlich von der privilegierten, aber nur potentiell vorhandenen Position von konkreten Frauen, sich gegen das Symbolische zu sperren. Auch Cixous sieht eine besondere Chance für Frauen darin, daß sie weniger sublimieren, weil sie in der symbolischen Ordnung keinen festen Platz zugewiesen bekommen, der ihnen den weitgehenden Triebverzicht abverlangen würde.[25] Aber auch dort, wo Cixous von »Frauen« spricht, meint sie etwas Unpersönliches, ein unbewußtes Es, das zum Ausdruck kommen kann, wenn das Ich ausgeschaltet ist und der Körper sich entgrenzt den Trieben überläßt. Subjektivität kommt, wie ich bereits oben angeführt habe, mit diesem semiotischen

Entwurf jedenfalls nicht in Form von individueller Identität zum Vorschein.

Obwohl sehr häufig vom »Fließen« (als Gegenbegriff zum Festen, Abgegrenzten) die Rede ist, verwenden, mit Ausnahme von Luce Irigaray, die übrigen französischen Feministinnen selten eine *eindeutige* Metaphorik, die auf eine direkte Analogie zwischen der weiblichen Anatomie und möglichen in Texten auffindbaren Ausdrucksformen schließen lassen. Welche Art von Balanceakt häufig vollzogen wird, möchte ich an einer beliebig herausgegriffenen längeren Textstelle von Cixous verdeutlichen:

> »Warum und wie kommt man dazu zu behaupten, die männliche Ökonomie sei eine Ökonomie der Erhaltung, die weibliche Ökonomie hingegen die des Exzesses und der Ausschweifung? Darüber wird man sicher immer streiten können: es hängt vom Männlichen und Weiblichen ab, die durch den sexuellen Unterschied gekennzeichnet sind, nicht daß das etwas biologisch Bestimmtes sei, das ist die Klippe, wir können nicht und könnten nie die Auslese zwischen dem kulturellen und dem ursprünglich Libidinösen treffen ... Wenn man also 'männlich' und 'weiblich' sagt, dann deshalb, weil gegenwärtig eine treffende Bezeichnung fehlt; trotz alledem trifft man verstärkt bei Frauen die offene Libido an, die in der Verausgabung zur Loslösung fähig ist, und sie entwickelt sich am häufigsten; libidinös bedeutet, daß es eine Körperstruktur gibt, eine Beziehung zum Genuß, eine Beziehung zur Sexualität, die bei Männern und Frauen ganz allgemein völlig anders organisiert sind.«[26]

Biologie nicht als Reduktion, sondern als Chance, als Möglichkeit, Verkrustungen und Reduktionen aufzubrechen. Auch dort, wo eine biologische Analogiebildung besteht, geht es immer um Vielfalt, das plurale, Ausweichende, um etwas Anarchisches, das keinen Namen hat und das, was Ich und Person heißt, transzendiert. Marguerite Duras sagt über ihr eigenes Schreiben:

> »Ich weiß, daß wenn ich schreibe, etwas in mir zu funktionieren aufhört, etwas verstummt. Ich lasse etwas die Oberhand in mir gewinnen, was wahrscheinlich von der Weiblichkeit herströmt ... Es ist, als ob ich in ein wildes Land zurückkehre ... Vielleicht bin ich, vor allem anderen, bevor ich Duras bin, ganz einfach eine Frau.«[27]

Ist das tatsächlich lediglich der alte Biologismus, den wir nur zu gut kennen und den wir bereits säuberlich aus den Frauenbildern patriarchalischer Literatur und Theoriebildung herausseziert haben? Auch wenn sie sich manchmal ähnlich anhören mögen, haben diese Vorstellungen doch, wie ich versucht habe zu zeigen, einen ganz anderen theoretischen Ort und ganz neue, nicht mehr systembestätigende Funktionen. Können alte Bilder nicht neu gesehen, benützt, aber dennoch ausgeweitet und transzendiert werden? Bringt die Verwendung des »Weiblichen« (als Ausdruck des Körpers) als Sammelbegriff und Metapher für eine jenseits der symbolischen Ordnung liegende Kraft unweigerlich eine neue Vereinnahmung mit sich, wenn wir genau aufpassen, nicht in neue zentrierende Idealisierungen zu verfallen, wenn wir als konkrete schreibende Frauen uns dessen bedienen und – was ich besonders wichtig finde – uns gleichzeitig immer bewußt sind, was das Konzept *nicht* leistet? Ich meine, daß eine Betrachtung dieser spezifischen Konzeption von Weiblichkeit unter dem Aspekt ihres Ausgangspunkts im französischen Poststrukturalismus und seiner erkenntnistheoretischen Orientierung zumindest dazu führen kann, die Biologismus-Kritik (bei der ich selbst vor meiner Beschäftigung mit diesen Grundlagen immer wieder landete) differenzierter zu führen.

7. Intertextualität und Dialogizität

Ähnlich wie das Subjekt nur als ein entgrenztes in der Theorie der Poststrukturalisten Eingang findet, weist auch der Text über seine eigenen Grenzen hinaus. Der Einzeltext ist Teil eines Universums von Texten, die ihn mitformen, ohne deren Zusammenwirken er nicht verstanden werden kann. Kristevas Theorie der Intertextualität (u.a. ein Resultat ihrer Rezeption von Bachtin)[28] geht dabei über die alte Quellen- und Einflußforschung weit hinaus, denn der »Polylog von Stimmen«[29] bezieht neben literarischen Texten auch soziale und ideologische Diskurse, die sich selbst wiederum in Form von Texten konkretisieren lassen, mit ein. (Das, was bisher als »Kontext« bezeichnet wurde, wird damit textualisiert.) So ist ein Text laut Kristeva wie ein »Mosaik von Zitaten« aufgebaut, jeder Text stellt die »Absorption und Transformation« anderer Texte dar.[30] Der Vorgang dieses intertextuellen Zusammenwirkens ist niemals abgeschlossen, denn bei jedem Interpretationsakt werden jeweils neue »Texte« herangetragen. Der Einzeltext bleibt damit, von der »Instanz Autor« abgekoppelt, unendlich produktiv.

Ich möchte daraus zweierlei Anregungen für eine feministische Untersuchung ableiten: 1. ein *Forschungsprogramm »Intertextualität weiblicher Texte«*, das *diachron* ausgerichtet ist und sich mit Bezügen zwischen Texten von Autorinnen beschäftigt, ungeachtet der Frage, ob es sich um intendierte Anknüpfungen handelt oder nicht. Was dabei geleistet werden kann, ist nicht mehr als vielleicht eine Erweiterung des Konzepts »parallele Literaturgeschichte von Frauen«, auf das viele Einzeluntersuchungen zur Motivgeschichte, zu thematischen Bezügen, zur Abwandlung von Gattungsformen und vieles mehr hinzielen. Ob es eine alternative weibliche Traditionslinie gibt, darüber bestehen sehr unterschiedliche Meinungen[31]; die Poststrukturalisten bedienen sich häufig des Bilds der Landkarte, also der räumlichen Ausdehnung anstelle der linearen Sukzession.[32] Wie auch immer die Antworten ausfallen – und darüber gäbe es noch viel zu sagen –, ist es wichtig, daß das Ziel, diese spezifische Intertextualität herauszuarbeiten, weiter verfolgt wird.

2. *Untersuchung des Einzeltexts als dialogisch*: Das *synchrone* Zusammenspiel der eigenen und »fremden Stimmen«[33] der intertextuell beteiligten Texte zu untersuchen, ist ein zentrales Interesse poststrukturalistischer Einzeltextanalyse. Der literarische Text wird bei Kristeva als grundsätzlich dialogisch aufgefaßt (bei Bachtin wurde noch zwischen monologischen und dialogischen Texten unterschieden)[34], eine Konsequenz der poststrukturalistischen Zweifel an der Einheit des Zeichens und Sinneinheit des Texts. Prinzipielle Heterogenität, Brüche und Widersprüche, sind damit konstitutive Merkmale von Texten. Dies ist eine sehr viel einschneidendere Verschiebung, als es vielleicht zunächst erscheinen mag, denn solange Kohärenz (auch) ein Aspekt der literarischen Wertung war, wurde gerade in feministischen Arbeiten häufig eine Rechtfertigung des Kunstcharakters weiblicher Texte unter Verdrängung der heterogenen Elemente geleistet. Sigrid Weigels Ausführungen zum »schielenden Blick«[35], in denen die weibliche Teilnahme an institutionalisierter Kultur *und* ihr gleichzeitiger Ausschluß in ihren Auswirkungen auf Texte von Frauen aufgespürt werden, zielen bereits auf eine solche dialogische Textauffassung. Es läßt sich zeigen, daß das, was traditionell als Widersprüchlichkeit formaler oder thematischer Art in Texten von Autorinnen kritisiert wurde, häufig – sicher nicht in allen Fällen; hier muß sehr sorgfältig vorgegangen werden – an die »divergierenden Achsen« des »schielenden Blicks« heranführt, daß Diskontinuitäten den widersprüchlichen Anschluß an in den Text eingeschriebene kulturelle Codes sichtbar machen. Nancy Miller untersucht Texte von Schriftstellerinnen auf etwas hin, was sie »emphasis added« (zusätzliche Betonung) oder »italicization« (in Kursiv geschrieben) nennt, auf Texte zwischen den Zeilen, die sich aus der intertextuellen Struktur ergeben, strategische Fluchtpunkte, die nicht explizit ausgedrückt sind.[36]

Natürlich liegt darin eine Eingrenzung des sehr viel globaler ausgerichteten Konzepts der Dialogizität, eine Eingrenzung auf Texte von Frauen, eine Selektion derjenigen textuell manifestierten Diskurse, die an der jeweiligen Konstruktion von Weiblichkeit teilhaben, aber es ist zumindest ein Versuch der konkreten Umsetzung. Er erweist sich gerade auch bei älteren Texten als fruchtbar (ich habe zum Beispiel versucht, Texte von Jane Austen und Charlotte Brontë »gegen den Strich« zu lesen)[37], oft fruchtbarer als der Versuch, die semiotischen Elemente von den symbolischen zu scheiden, was für eine Diskussion von *fémininité* Voraussetzung wäre. Wir brauchen wohl beides, das programmatische Rezept für »weibliches« subversives Schreiben und das analytische Herangehen an konkrete Texte, die nie beantwortbare, aber immer neu zu stellende Frage nach den Universalien genauso wie die Einsicht, daß diese konkret nicht realisiert werden.

Anmerkungen

1 Einer der ersten literaturwissenschaftlichen feministischen Sammelbände trägt den Titel *The Authority of Experience*, hrsg. v. Arlyn Diamond, Lee R. Edwards, Amherst 1977; zum Parameter Erfahrung für feministische Forschung vgl. Liz Stanley, Sue Wize, *Breaking out: Feminist Consciousness and Feminist Research*, London 1983.
2 Es gibt eine Reihe von sehr informativen Einführungsbänden, die in England und Amerika erschienen sind: Josué V. Harari (Hrsg.), *Textual Strategies: Perspectives in Post-Structuralist Criticism*, Ithaca 1979; Christopher Norris, *Deconstruction: Theory and Practice*, London 1982; Jonathan Culler, *On Deconstruction: Theory and Criticism after Structuralism*, London 1983; Vincent B. Leitch, *Deconstructive Criticism*, London 1983; dagegen nur eine deutsche Einführung: Manfred Frank, *Was ist Neostrukturalismus?* Frankfurt/M. 1983.
3 Auf die Bezüge zu Hegel, Husserl, Heidegger, Freud und Nietzsche kann ich hier nicht eingehen.
4 Vgl. Michel Foucault, *Die Ordnung des Diskurses*, Frankfurt/M. 1977, und ders., *Archäologie des Wissens*, Frankfurt/M. 1973; Kontroversen zwischen Foucault und Derrida zeigen, daß es sich durchaus nicht um eine homogene Theorie handelt.
5 Vgl. auch Jacques Derrida, *Die Schrift und die Differenz*, Frankfurt/M. 1977, und ders., *Die Stimme und das Phänomen*, Frankfurt/M. 1978.
6 Julia Kristeva, »Probleme der Textstrukturation«, in: *Strukturalismus in der Literaturwissenschaft*, hrsg. v. H. Blumensath, Köln 1972, S. 258.
7 J.H. Miller, zitiert in Leitch, *Deconstructive Criticism*, S. 195; meine Übersetzung.
8 Daneben sind auch zahlreiche feministische Sonderhefte erschienen; wie wäre es mit einem solchen etwa bei *DVjs* oder *Anglia*?
9 In: Mona Winter (Hrsg.), *Zitronenblau: Balanceakte Ästhetischen Begreifens*. München 1983, S. 16-25.
10 Luce Irigaray, *Speculum. Spiegel des anderen Geschlechts*, Frankfurt/M. 1980.
11 Hélène Cixous, »Die Orange leben«, in: *Weiblichkeit in der Schrift*, Berlin/West 1980.
12 Elisabeth Lenk, »Die andere Seite der Gesellschaft«, S. 24; s. auch J. Kristeva, »From One Identity to an Other«, in: *Desire in Language: A Semiotic Approach to Literature and Art*, Oxford 1980, S. 124-147.
13 Michel Foucault, »What Is an Author?«, in: Harari (Hrsg.), *Textual Strategies*, S. 141-160.
14 So jedenfalls argumentiert Frank in *Was ist Neostrukturalismus?*

15 Eine sehr gute Einführung zu Lacans Theorien über weibliche Sexualität findet sich in der von Jacqueline Rose und Juliet Mitchell verfaßten Einleitung zu ihrer Lacan-Übersetzung: *Jacques Lacan & The Ecole Freudienne: Feminine Sexuality*, London 1982.
16 Ann Rosalind Jones, »Writing the body: toward an understanding of L'écriture féminine«, *Feminist Studies*, 7, no. 2 (summer 1981), S. 247-263.
17 Die meisten Vertreter befassen sich mit »Zentriertheit« in einer sehr allgemeinen Art und weichen dem Thema der Geschlechtsdichotomien grundsätzlich aus. Es ist kaum zu glauben, wie sehr die üblichen Verdrängungen gerade innerhalb einer Theorie wirksam sind, die zumindest in der Grundsatzdiskussion den Phallozentrismus vehement attackiert. So gibt es mit Ausnahme von Culler keinen einzigen Einführungsband, der auf die Arbeiten der Feministinnen hinweisen würde.
18 Jacques Derrida, *Spurs. Nietzsche's Styles*, Chicago 1979, S. 43.
19 Zit. nach Alexander Argyros, »Daughters of the Desert«, *Diacritics* (Sept. 1980), S. 27-32.
20 Luce Irigaray, »Neuer Körper, neue Imagination«, *alternative* 108/109 (1976), S. 126.
21 Julia Kristeva, *Die Revolution der poetischen Sprache*, Frankfurt/M. 1978, S. 39.
22 Ebd., S. 169.
23 Vgl. Gilles Deleuze, Félix Guattari, *Anti-Ödipus*, Frankfurt/M. 1979.
24 Cixous, *Weiblichkeit in der Schrift*, S. 29.
25 Vgl. ihre Ausführungen in *alternative* 108/109 und in *Weiblichkeit in der Schrift*, S. 73.
26 Cixous, *Weiblichkeit in der Schrift*, S. 69-70.
27 Marguerite Duras, in: Elaine Marks, Isabelle de Courtivron (Hrsg.), *New French Feminism: An Anthology*, Amherst 1980, S. 174; meine Übersetzung; s. auch Claudine Herrmann im selben Band, S. 168-173.
28 Julia Kristeva, *Semeiotikè. Recherches pour une sémanalyse*, Paris 1969; vgl. auch Kristeva, »Bachtin, das Wort, der Dialog und der Roman«, in: J. Ihwe (Hrsg.), *Literaturwissenschaft und Linguistik*, Bd. 3, Frankfurt/M. 1972, S. 345-375; dies., *Revolution der poetischen Sprache*; M. Bachtin, *Probleme der Poetik Dostoevskijs*, München 1981; *Die Ästhetik des Wortes*, Frankfurt/M. 1979.
29 Julia Kristeva, *Polylogue*, Paris 1977.
30 Kristeva, *Semeiotikè*.
31 Vgl. z.B. Christa Wolf: »Wir haben keine authentischen Muster, das kostet uns Zeit, Umwege, Irrtümer, aber es *muß ja nicht nur ein Nachteil sein«;* Voraussetzungen einer Erzählung: Kassandra, Darmstadt 1983, S. 146; dagegen z.B. Virginia Woolf über weibliche Tradition in *A Room of One's Own*; die Literaturgeschichte von Ellen Moers, *Literary Women*, New York 1977 usw.
32 Vgl. Harold Bloom, *A Map of Misreading*, New York 1975; Annette Kolodny, »A Map for Rereading: Or, Gender and the Interpretation of Literary Texts«, *New Literary History*, 11 (1980), S. 451-467; Nancy Miller, »Emphasis Added: Plots and Plausibilities in Women's Fiction«, *PMLA*, 96 (1981), S. 36-48; sie spricht von »parallel mapping«.
33 Der Terminus stammt von Bachtin.
34 Zum Verhältnis von Bachtins Begriff von Dialogizität und der Fortführung bei Kristeva vgl. Renate Lachmann, »Dialogizität und poetische Sprache«, in: dies. (Hrsg.), Dialogizität, München 1982, S. 51-62, s. auch die übrigen Beiträge, vor al-

lem Gabriele Schwab, »Die Subjektgenese, das Imaginäre und die poetische Sprache«, S. 63-84, die Vorstellungen von Dialogizität anhand der Theorien Lacans herausarbeitet.
35 Sigrid Weigel, »Der schielende Blick. Thesen zur Geschichte weiblicher Schreibpraxis«, in: Sigrid Weigel, Inge Stephan, *Die verborgene Frau*, LHP 6, Argument-Sonderband 96, Berlin/West 1983.
36 Vgl. auch Catherine Belseys Beispielanalysen in: Critical Practice, London 1982.
37 Vgl. meinen Beitrag zum Münchner Symposium über Intertextualität: »'A Map for Rereading': Intertextualität aus der Perspektive einer feministischen Literaturwissenschaft«.

Susan Winnett

Sich krank schreiben lassen
Dora und Ottilie in den Handlungen der Meister

Sich krank schreiben lassen heißt, sich aufgrund einer Erkrankung von der Autoritätsfigur Arzt für arbeitsunfähig erklären lassen. Es ist ein oft mißbrauchtes Mittel für den/die Patient/in, sich von einer ungeliebten Tätigkeit fernzuhalten, für den/die Mediziner/in, schnell ans Geld und neue Kundschaft zu kommen. Es ist jedoch keine Epidemie, die das Gleichgewicht der Gesellschaft stört, sondern im Gegenteil eine Institution, die ein bestimmtes Unbehagen auf relativ harmlose Weise entschärft, ehe ein »privates« Problem seine Symptomatik in der Öffentlichkeit manifestiert und nach einer Lösung ruft. Viele kranke, unglückliche Leute, vereinzelt zu Hause sitzend, erfordern allenfalls ein bißchen Vorkalkulation von Seiten der Arbeitgeber und Krankenkassen. Die nicht nur somatisch-medizinischen Gründe, warum die Leute nicht am Arbeitsplatz erscheinen, werden nicht angesprochen, sondern abgeschrieben – krankgeschrieben.

Krankschreiben versichert, daß vieles nicht zur Sprache kommt, und wenn, dann nur in einer Sprache, die schon über die Parameter Krank- und Nicht-Krank-Sein entschieden hat. Das Subjekt wird zum Objekt; ein aktives Wollen (auch in negativer Form: »Ich will nicht ...«) zum passiven Akzeptieren. Die Sache ist aber noch komplizierter: »Doktor, ich will, daß Sie mich krank schreiben.« Dies ist eigentlich die Aussage jedes neurotischen Symptoms, sobald ein/e Patient/in in die psychoanalytische Praxis kommt, denn der Prozeß der Heilung ist identisch mit dem Artikulieren der Krankheitsgeschichte: das Aus-sprechen von dem, was innerlich krank macht.

Als zusätzliche Schwierigkeit kommt hinzu, daß die Institutionen, die die Macht besitzen, krank zu schreiben, ein eigenes – wenn auch oft unbewußtes – Interesse an dem Ausgang – an einem bestimmten Ausgang – der Behandlung haben. In den *Studien über Hysterie* (1895) haben Freud und Breuer den Erzählprozeß und den Heilprozeß unzertrennlich ineinander verwickelt. Mittlerweile ist es klar geworden, daß psychoanalytische Patientinnen männlichen Normalitätsmaßstäben ausgesetzt wurden. Diese stimmten so genau mit den Normen der Gesellschaft überein, daß die Gesellschaft sich ändern mußte, bevor es selbst Frauen möglich wurde, dies zu erkennen.[1] In der Literaturwissenschaft sind wir heute noch dabei, uns von den Normen der männlichen Tradition zu befreien; in der Tat fällt es uns noch schwer – da wir, anders als im Leben, von Männern erzogen werden –

die Wissenschaft nach sexuellen Maßstäben zu evaluieren. Im folgenden möchte ich dieses Problem anhand »klassischer« Texte der Psychoanalyse, der deutschen Literatur und der Germanistik thematisieren, in der Hoffnung, Aspekte dieser Werke »krankzuschreiben«.

I

In seiner Studie *Bruchstücke einer Hysterie-Analyse* (1905), die als die »Dora-Studie« bekannt ist, hat Freud sich Sorgen über die »Gattung« (das französische Wort *genre* bedeutet sowohl »literarische Gattung« als auch »Geschlecht« und »Wesen«) seiner Fallgeschichte gemacht. Dieses Problem ist Ursache mancher Hemmungen, die die Veröffentlichung des Falles begleiten: es seien Schwierigkeiten »zum Teil technischer Natur, zum anderen Teil gehen sie aus dem Wesen der Verhältnisse selbst hervor«.[2] Ein schwerwiegendes Problem scheint es, den Anstand des Patienten, des Arztes und des Standes zu bewahren gegenüber Leuten, unter ihnen Kollegen, die »ekelhaft genug eine solche Krankengeschichte nicht als einen Beitrag zur Psychopathologie der Neurosen, sondern einen zu ihrer Belustigung bestimmten Schlüsselroman lesen wollen« (89). Dabei beschimpft Freud »diese Gattung von Leser« und nimmt für sich das Recht »des Gynäkologen« in Anspruch, auch über sexuelle Angelegenheiten zu schreiben, »mit aller Freimütigkeit ... die Organe und Funktionen bei ihren richtigen Namen genannt«. Die Sache ist jedoch nicht so einfach, wie es der Naturwissenschaftler-Freud sich wünschen mag. Schon stellen sich Fragen, die dem Unbehagen im Text unterliegen: Wer und was ist krank? Kann diese Krankheit durch die Niederschrift gefährlich oder sogar ansteckend werden? Wem gehört die Krankheit? Der Patientin, die von ihren Symptomen befreit werden sollte? Dem Arzt, der über die Methoden verfügt, die Bedeutung der Symptome zu entziffern und in eine heilende Erzählung zu übersetzen? Dem Text, der die Symptome behält, auch nachdem die Patientin wieder völlig »gesund« geworden ist? Oder dem Leser, der sein(!) skurriles Vergnügen bei der Lektüre eines sowohl wissenschaftlichen (und damit seriösen) als auch belustigenden (und damit nicht wissenschaftlichen) Textes empfindet? Was ist die Beziehung zwischen Wissenschaft und Hysterie? Bleibt die Wissenschaft unverletzt, wenn sie sich mit Frauenthemen beschäftigt? Freuds Kummer um das »Wie« seines Vorgehens hängt eng mit seinem Unbehagen über das »Was« des Falles zusammen. Und das mit Recht. Die Frau, die in der Behandlung ihre sexuell bedingten, hysterischen Symptome in Worte übersetzt, droht, die wissenschaftlichen Ansprüche des Textes zu kompromittieren. In einem Text, in dem die

Schilderung hysterischer Probleme den Arzt durch die Übertragung hineinzieht, ist es schwer, die Grenze zwischen krankem Satz und gesundem Gegensatz zu ziehen. Wenn wir uns auf Freuds Erzähltechnik konzentrieren, sind wir in der Lage, dem Dilemma der Frau in der psychoanalytischen Dialektik näherzukommen.

Obwohl Freud auch später (z.B. im Falle des Wolfsmannes, 1918) über die komplizierten Beziehungen zwischen Behandlung und Abhandlung reflektiert hat, sind sie nirgendwo von einer so dringenden Wichtigkeit wie bei der Dora-Studie und der späteren Arbeit *Über die Psychogenese eines Falles von weiblicher Homosexualität* (1920). Was auf dem Spiel zu stehen scheint, ist die Ideologie der Kohärenz, die seiner ganzen Wissenschaft unterliegt und die, angesichts der Gegebenheiten der Frauen-krankheit zu scheitern droht. Die Hysterie eignet sich nicht zur Darstellung:

> »Eine lückenlose und abgerundete Krankengeschichte voranzuschicken, hieße, den Leser von vornherein unter ganz andere Bedingungen versetzen, als die des ärztlichen Beobachters waren.« (95)

Das erste Problem ist, daß die Informationen, die der Arzt erhält, nicht zuverlässig sind: die Angehörigen liefern zumeist »ein sehr unkenntliches Bild des Krankenverlaufs« (dies hängt z.T. damit zusammen, daß Angehörige von Hysterikerinnen ebenfalls neurotisch veranlagt sind). Dazu kommt, daß es zur Hysterie gehört, daß die Betroffene nicht in der Lage ist, ihre Geschichte zu erzählen:

> »Die Unfähigkeit der Kranken zur geordneten Darstellung ihrer Lebensgeschichte, soweit sie mit der Krankheitsgeschichte zusammenfällt, ist nicht nur charakteristisch für die Neurose, sie entbehrt auch nicht einer großen theoretischen Bedeutung.« (95)

Hier kann der Wissenschaftler noch einen Sieg feiern: dasjenige, was ihm im Wege steht, wird theoretisch als *das* Merkmal des Problems aufgehoben. Auch wenn die Kranke nicht buchstäblich stumm ist (ein ebenso häufiges wie bedeutendes Symptom der Hysterie), ist sie schon lange nicht in der Lage, die Störung, die sich hinter einem Konversions-Symptom versteckt, zu erkennen und zu erzählen, bevor die Analyse dieses ans Licht gebracht hat. Idealerweise, betont Freud, erkennt man erst »gegen Ende der Behandlung ... eine in sich konsequente, verständliche und lückenlose Krankengeschichte«:

> »Wenn das praktische Ziel der Behandlung dahin geht, alle möglichen Symptome aufzuheben und durch bewußte Gedanken zu ersetzen, so kann man als ein anderes, theoretisches Ziel die Aufgabe stellen, alle Gedächt-

nisschäden des Kranken zu heilen. Die beiden Ziele fallen zusammen; wenn das eine erreicht ist, ist auch das andere gewonnen; der nämliche Weg führt zu beiden.« (97)

Nur gerade dies geschieht nicht. Der »nämliche Weg«, der Weg mit dem Namen »Psychoanalyse« kann nicht »zu beiden« führen aufgrund der »Gattung« (Geschlecht, Wesen) des Weges selber. Obwohl Freud die unbewußten Gedanken hinter bestimmten Symptomen Doras erkannt haben mag, erwähnt er nie, daß die Symptome verschwunden sind. Dies hängt, wie er in seinem *Nachwort* erklärt, mit der »Übertragung« zusammen, die während der Behandlung die Konflikte der Patientin in direktem Bezug auf den Arzt wiederholt. Aber es stellt sich heraus, daß es ein Gegenstück zur Übertragung gibt, in dem der Arzt sein Wünsche auf die Patientin überträgt und ihre Übertragung (d.h. ihre affektive Beziehung zu ihm) so deutet, wie es am besten in sein Schema paßt. Da das Unbewußte des Arztes ebensowenig aus dieser Dynamik ausgeschlossen werden kann wie das der Patientin, kann weiterhin nicht ausgeschlossen werden, daß seine Wahrnehmungskraft gewissermaßen beeinträchtigt wird. Es kann auch vorkommen, daß anstelle des heimlichen seelischen Dramas der Patientin die noch heimlichere Phantasie des Analytikers inszeniert wird.[3] Vor allem im Falle »Dora« wird die Irreführung durch die Gegenübertragung deutlich. Freud mußte fünf Jahre nach der abgebrochenen Behandlung zugestehen, daß nicht nur die Übertragung, sondern auch Doras sehr starke homosexuelle Bindung zu Frau K. (»die stärkste der unbewußten Strömungen ihres Seelenlebens«; 184) nicht hinreichend berücksichtigt wurden. Das heißt ferner, daß der »nämliche Weg« vollkommen an den Gedächtnisschäden vorbei geführt hat, auch wenn manche Meilensteine mit denen übereinstimmen, die Doras tatsächlichen Weg bestimmt haben. Es ist genau – um Freuds Metapher für die Undurchschaubarkeit des hysterischen Materials zu übernehmen – wie der »nicht schiffbare Strom ..., dessen Bett bald durch Felsmassen verlegt, bald durch Sandbänke zerteilt und untief gemacht wird«, nur Freuds Flußbegradigungstechnik hat, anstatt die Landschaft für den Gang von Doras Begehren freizumachen, das Flußbett nach seinen eigenen Projektionen neu gestaltet.

Aber uns beschäftigt hier nicht nur die Frage, ob und wie der Analytiker sich anders hätte verhalten können, wir wollen die Psychoanalyse nicht pauschal diskreditieren, weil der subjektive Faktor den gewollten Gang der Behandlung verzögern oder gar verhindern kann. Interessanter ist es, zu beobachten, nach welchen Kriterien Freud seine Daten gesammelt und zusammengestellt hat, nach welchen Parametern des Wahrscheinlichen (*le vraisamblable*[4]) er die Analyse gesteuert hat. Wir wissen, daß er weder dem herkömmlich Wahrscheinlichen, noch dem gesellschaftlich bzw. medizinisch Akzeptablen, noch dem ihm selber ganz Geheuren gefolgt ist. Was im Falle »Dora« besonders deutlich wird, ist sein Zurückziehen auf literarische Kriterien; ob ein Stück analytischen Materials *erzählbar* sein wird, scheint sein Ergebnis – oder besser: sein Vorgehen – zu bestimmen. Sollte diese Erzählbarkeit nicht erreicht werden, muß der Analytiker entweder zusätzliches Material verlangen oder die Zusammenhänge überprüfen. Die Entdeckung z.B. von Doras Homosexualität, eine Tatsache, mit der er in der Behandlung nicht fertig wird, leitet er folgendermaßen ein:

> »Ich muß nun einer weiteren Komplikation gedenken, der ich gewiß keinen Raum gönnen würde, sollte ich als Dichter einen derartigen Seelenzustand für eine Novelle erfinden, anstatt ihn als Arzt zu zergliedern. Das Element ... kann den schönen, poesiereichen Konflikt, den wir bei Dora annehmen dürfen, nur trüben und verwischen; es fiele mit Recht der Zensur des Dichters, der ja auch vereinfacht und abstrahiert, wo er als Psychologe auftritt, zum Opfer.« (132-33)

Wenn er die »Überdeterminierung«, »die Komplikation der Motive, die Häufung und Zusammensetzung seelischer Regungen«, die seiner Ästhetik nicht entsprechen, erwähnt, bekräftigt er den Eindruck einer schonungslosen, auch zum Unästhetischen und Unerzählbaren offenen Wissenschaft. Die Tatsache jedoch, daß er die Abweichung von ästhetischen Erzählkriterien so betont, läßt ahnen, daß dieser Aspekt des seelischen Materials anders in das Gesamtbild des Falles (und der Psychoanalyse) integriert wird als andere, für die literarische Vorbilder gefunden und angegeben (häufiger durch eine Fußnote mit Goethe-Zitat) werden.

Wie können wir dieses »Erzählbare« definieren? Es entspricht einer Teleologie, die alles nach den Maßstäben einer phallozentrischen Ökonomie mißt. In der jetzigen Methodik-Diskussion hat das, was ich hier unter dem »Erzählbaren« verstehe, viele Bezeichnungen gefunden (u.a. »la raison«, »das Darstellbare«, »la Philosophie« etc.[5]). Ich habe hier den zeitlichen Aspekt des Darstellbaren betont, weil dieser nicht nur der Technik der Psychoanalyse, sondern auch dem Wesen der Berichterstattung darüber entspricht. Dieses Denken, egal wie wir es nennen, schließt, gemäß der Worte Hélène Cixous, »den Tod und das weibliche Geschlecht« (»la mort et le sexe feminin« – wo »sexe« sowohl als Körperteil wie auch als Gattung verstanden werden darf) aus.[6] Es schließt sie deswegen aus, weil sie »undarstellbar« sind. In diesem Schema ist der Tod höchstens das Ende, die Grenze des Darstellbaren, und die Frau das negative *(spéculatif)* Moment in der Dialektik. Beide existieren, um überwunden, aufgehoben zu werden; über beides hinaus wird die Kraft der Ideologie bestätigt. In diesem Licht müssen wir der Frage nachgehen, die laut Jacques Lacan Freud »mit Absicht« außer Acht ließ: »Was will das Weib?«[7] Wie er die Frage nicht stellen kann, kann er »das Rätsel des Weibes« nicht lösen[8]; da er das Prädikat aufgrund des Subjekts (Das Weib--will--?) nicht ableiten kann, ist er ebenfalls nicht in der Lage, eine getreue Erzählung des Begehrens einer Frau sich vorzustellen oder zu verfassen. Sie unterliege nicht denselben Entwicklungsgesetzen wie ein Mann. Also schreibt Freud in der späten Vorlesung *Die Weiblichkeit*:

> »Ein Mann um die Dreißig erscheint als ein jugendliches, eher unfertiges Individuum, von dem wir erwarten, daß er die Möglichkeit der Entwicklung, die ihm die Analyse eröffnet, kräftig ausnutzen wird. Eine Frau um die gleiche Lebenszeit aber erschreckt uns häufig durch ihre psychische Starrheit und Unveränderlichkeit. Ihre Libido hat endgültige Positionen eingenommen und scheint unfähig, sie gegen andere zu verlassen. Wege zu weiterer Entwicklung ergeben sich nicht ...«[9]

Ich hoffe, im folgenden zu zeigen, daß die Analyse und die erstarrte Erzählform, die ihr unterliegt, der Frau kaum »Möglichkeiten der Entwicklung ... eröffnen«. Dora ist die Gefangene der Unfähigkeit eines Mannes (eines Systems, einer Theorie, der Vernunft), die Handlung des Weiblichen zu denken.

Nehmen wir eines der subtileren Beispiele, wo Freud seine Analyse durch solche Erzählbarkeitskriterien leiten und wo er uns herausphantasieren läßt, wohin die Erzählung »Das Weib will ...« führen könnte. Er schildert die Begegnung Doras mit Herrn K., dem Freund ihres Vaters, dessen Frau eine lange Beziehung zum Vater hat. Zu Beginn der Analyse hat Dora erklärt, sie habe eine eigene intime Freundschaft zur Familie K. abgebrochen, nachdem Herr K. »auf einem Spaziergang nach einer Seefahrt gewagt (hat), ihr einen Liebesantrag zu machen« (103). Im Laufe der Analyse stellt sich folgendes heraus: Dora und Herr K. hatten sich schon vor der Szene am See in einem Laden getroffen, wo er sie »plötzlich an sich (preßte)« und ihr »einen Kuß auf die Lippen« drückte. Freud schreibt fort: »Dora empfand aber(!) in diesem Moment einen heftigen Ekel, riß sich los ...« (105). Wie erklärt Freud ihre Handlung?

> »In dieser, der Reihe nach zweiten, der Zeit nach früheren (als die Szene am See) Szene ist das Benehmen der 14jährigen bereits ganz und voll hysterisch. Jede Person, bei welcher ein Anlaß zur sexuellen Erregung überwiegend oder ausschließlich Unlustgefühle hervorruft, würde ich für eine Hysterika halten, ob nun somatische Symptome zu erzeugen fähig oder nicht.« (146)

Diese entsetzliche Logik ist leicht zu übersehen, da wir schon wissen, aufgrund der Symptome, die eine Behandlung benötigen, daß Dora hysterisch ist. In anderen Worten, da wir diese Informationen nicht brauchen, nehmen wir sie als Beweismaterial nicht besonders ernst. Wäre aber die Diagnose noch von solchem, weiterem Beweismaterial abhängig, würde von uns verlangt, daß wir folgendes akzeptieren: Weil Dora bei »sexueller Erregung ... Unlustgefühle« empfunden hat, müßte man sie für hysterisch halten. Um dem für die Behandlung notwendigen Anfang der Hysterie näher zu kommen, muß Freud die (verständlich) heftige Reaktion einer 14jährigen auf die Aufdringlichkeiten eines viel älteren Mannes als krankhaft bezeichnen. Und auch wenn Dora doch irgendwelche Lustgefühle gespürt hätte, wären sie durch den Schock (den Schock sogar der Lustgefühle selber) in Unlust verwandelt worden. Nur um Freuds eigener Logik zu entsprechen (für diese Logik ist diese Szene als wichtiges, frühes Ereignis unentbehrlich), müssen die Tatsachen anders gedeutet werden. Jede Frau, die den Mann erkennen läßt, daß die Befriedigung seiner Begierden in ihr nicht wonnevolle Lustgefühle erregt, die dem Mann seine Kraft nicht widerspiegelt, ist krank. Wäre sie nicht krank – wäre eine solche Reaktion gesund –, dann müßte das Potenzdrama des Mannes in Frage gestellt werden. Hier merken wir, wie wenig von Doras eigener Story ans Licht kommt und wie sehr die Ereignisse aus einem anderen (möglichen, noch unbekannt gebliebenen) Zusammenhang gerissen werden, um zur Teleologie der phallischen Phantasie namens Wissenschaft beizutragen.

Andere Beispiele möchte ich kurz erwähnen. Freud teilt mit, daß er die erste Version von Doras Geschichte nicht von Dora selbst, sondern von ihrem Vater gehört habe. Und obwohl Freud die Analyse mit dem Vorsatz beginnt, »was die Angehörigen der Kranken – in diesem Falle der Vater des 18jährigen Mädchens – berichten, gibt zumeist ein sehr unkenntliches Bild des Krankheitsverlaufs«, räumt er später ein:

> »Bei meiner Patientin Dora dankte ich es dem schon mehrmals hervorgehobenen Verständnis des Vaters, daß ich nicht selbst nach der Lebensanknüpfung, wenigstens für die letzte Gestaltung der Krankheit zu suchen brauchte.« (102f.)

Die Erzählstruktur des Falles (»die letzte Gestaltung der Krankheit«) stammt also nicht von Dora, sondern von ihrem Vater, der selber ein offensichtliches Interesse am Ausgang der Heilung hat, da Doras Beziehung zu Herrn K. eine unentbehrliche Rolle in seiner Affäre mit Frau K. spielt. »Man« käme nicht auf die Idee, daß es hier um eine Handlung geht, in der Tochter und Vater um die Gunst der selben Frau werben.

Auch hier wird Doras libidinöse Ökonomie an den Kriterien des ödipalen Schema gemessen:

>»... die Ödipusfabel (ist) wahrscheinlich als die dichterische Bearbeitung des Typischen (an der Beziehung zwischen Eltern und Kindern) zu verstehen. Diese frühzeitige Neigung der Tochter zum Vater, des Sohnes zur Mutter ... muß bei den konstitutionell zur Neurose bestimmten, frühreifen und nach Liebe hungrigen Kindern schon anfänglich intensiver angenommen werden.« (130)

Angesichts neuerer Erkenntnisse, daß sowohl Töchter als auch Söhne die starke, primäre Bindung zur Mutter weit über die präödipale Zeit hinaus behalten[10], ist es *wahrscheinlich*, daß die Ödipusfabel als Wahrscheinlichkeitskriterium und Leitmuster der Behandlung die Leiden Doras eher verstärkt als gelindert hat. Auch wenn, wie sowohl Freud als auch Doras Vater berichten, Doras Mutter ein »nichts« sei, ist es nicht um so wahrscheinlicher, daß ein Mädchen in Doras Alter einen Mutterersatz willkommener hieße als einen alternden Liebhaber? Nur »man« kann sich so etwas nicht vorstellen. Luce Irigaray schreibt:

>»... die weibliche Homosexualität erscheint als ein seiner 'Theorie', seinem (kulturellen) Imaginären, so fremdes Phänomen, daß er deren 'psychoanalytische Interpretation nur vernachlässigen kann'.«[11]

Nicht nur, daß Doras Homosexualität (egal ob als Mutterersatz oder ausgereifte Objekt-Wahl) nicht dem Lauf der Ödipusfabel entspricht, sondern weibliche Sexualität, genauer weibliche Homosexualität, scheint die sichere Dynamik einer normativen Erzähltechnik zu »trüben und verwischen«. Freuds Bericht von 1920 *Über die Psychogenese eine Falles von weiblicher Homosexualität* [12] bestätigt unsere Vermutung über die beunruhigende Wirkung von Frauen(krankheit) auf Erzählkonventionen. Die Behandlung erfolgte in diesem Fall bei einer von Freud für »gesund« erklärten homosexuellen Frau, die nach einem aus Verzweiflung über ihre Geliebte verübten Selbstmordversuch von ihrem Vater gezwungen wurde, »Hilfe« zu suchen. Freuds Aufgabe sei es, bei dem Mädchen, die »ja keine Kranke war ..., die eine Variante der genitalen Sexualorganisation in die andere überzuführen« (260), um eine »rasche Verheiratung« zu ermöglichen, die »die natürlichen Instinkte des Mädchens wachrufen und dessen unnatürliche Neigung ersticken« sollte (259). Freud versprach (hoffte?) sich wenig Erfolg, brach die Analyse ab und empfahl der Patientin, die sich kooperativ zeigte und »unter reger intellektueller Beteiligung« am analytischen Dialog teilnahm, bei einer *Ärztin* die Behandlung fortzuführen. Hier hat sich Freud nicht für das normative therapeutische Happy End (Verheiratung, Genesung) begeistern können. Diese Fallstudie ist also von der Grundeinstellung her weniger befremdend als die Dora-Studie, da Freud die Patientin mit der Logik seines spekulativen Systems nicht belastet und seine Wissenschaft mit einer Nüchternheit anwendet, die ihm im anderen Falle nicht möglich war. Er zeigt sich z.B. nicht betroffen, als die Übertragung nicht im vollen Ausmaß zustande kommt (übrigens ein Schutzmechanismus: wenn eine starke libidinöse Übertragung nachweisbar gewesen wäre, hätte es bedeutet, Freud übernehme – stellvertretend – die Position einer Frau).[13] Er akzeptiert, daß seine Patientin auf ihn »die gründliche Ablehnung des Mannes« überträgt. Die gesund-homosexuelle Frau, bei der die Übertragung fehlt, ist ihm wesentlich geheurer als die hysterische, verdrängt-homosexuelle, deren Übertragung er nicht Herr wird.

Auch dieser Fall bereitet Freud Schwierigkeiten bei der Berichterstattung, und schon wieder ergeben sich Probleme der Erzähltechnik. Sah er sich bei der Suche nach einer integrierenden, dem Fall angemessenen Handlungsebene schließlich auf die Grundlogik der Ödipusfabel angewiesen, bricht er diesmal seine *Ab*handlung ab – ebenso wie die *Be*handlung –, um über die Besonderheiten des Falles zu reflektieren. Nachdem er die Geschichte erzählt und die familiären Verhältnisse erläutert hat, die zur Objekt-Wahl seiner Patientin geführt haben könnten, schreibt er:

> »Die lineare Darstellung eignet sich wenig zur Beschreibung der verschlungenen und in seelischen Schichten ablaufenden seelischen Vorgänge. Ich bin genötigt, in der Diskussion des Falles innezuhalten und einiges von dem Mitgeteilten zu erweitern und zu vertiefen.« (269)

Hier führt er seine eigenen Erzählschwierigkeiten auf die Eigenschaften allgemeiner psychischer Prozesse und nicht auf das Wesen der bestimmten Erkrankung zurück. Mit dem schönen Wort »innehalten« leitet er eine neue Reihe von Überlegungen (z.B. über die Übertragung) ein, die zu seiner Entscheidung führen, die Behandlung abzubrechen. Daraufhin beschäftigt er sich mit allgemeinen Reflektionen über Objektwahl und Homosexualität.

Dadurch, daß er »die lineare Darstellung« des Falles »abbricht«, um die Motive zu erklären, die zum »Abbruch« der Behandlung führten, entdeckt Freud einen Aspekt der konventionellen Erzähltechnik, die die Wissenschaft, wie er sie praktiziert und schreibt, gefährden könnte:

> »Solange wir der Entwicklung von ihrem Endergebnis aus nach rückwärts folgen (d.h., einen wissenschaftlichen Bericht schreiben), stellt sich uns ein lückenloser Zusammenhang her, und wir halten unsere Einsicht für vollkommen befriedigend, vielleicht für erschöpfend.« (276)

Dieses Vorgehen ermöglichte Freud, trotz der unvermeidlichen »Lücken« der Hysterieanalyse und der Tatsache, daß Dora die Analyse unvollendet abbrach, seine lückenlose Deutung der vorhandenen »Bruchstücke einer Analyse« zu vollenden. Er hob die Widersprüche und Fragmente in seiner Theorie auf. Hier aber erlaubt er sich andere Spekulationen:

> »Nehmen wir aber den umgekehrten Weg, gehen wir von den durch die Analyse gefundenen Voraussetzungen aus und suchen diese bis zum Resultat zu verfolgen, *so kommt uns der Eindruck einer notwendigen und auf keine andere Weise zu bestimmenden Verkettung ganz abhanden.* Wir merken sofort, es hätte sich auch etwas anders ergeben können, und dies andere Ergebnis hätten wir ebenso verstanden und aufklären können. Die Synthese ist also nicht so befriedigend wie die Analyse; in andren Worten, wir wären nicht imstande, aus der Kenntnis der Voraussetzungen die Natur des Ergebnisse vorherzusagen.« (276f.; Hervorh. d.d. Verf.)

Freud äußert sich hier in einer Modalität, die wir heute beinah »weiblich« nennen würden, indem er die Ergebnisse seiner Wissenschaft in ihrer Abhängigkeit von teleologischen Voraussetzungen konzipiert.[14] Er betrachtet die »Überdeterminierung« der Handlung nicht als aufhebungsbedürftiges, unästhetisches Moment, sondern akzeptiert sie als relativierende Tatsache, die »Wissenschaft« wohl in Frage stellend, zugleich aber provozierend, die bislang verpönten »Lücken« zu sondieren. Luce Irigaray übt überzeugende Kritik an Freuds Unfähigkeit, die weibliche Homosexualität unabhängig von männlichen Phantasien (seine »scénographie pulsionelle phallique«[15]) zu fassen. Dies trifft sowohl für Dora als auch für die Patientin im anderen Fall zu. Dabei übersieht Irigaray, daß das Weibliche doch für einen Moment Freuds Diskurs infiziert, zwar nicht in seinen Ausführungen über die Patientin, sondern in seiner Reflektion über die Elemente und Prozesse, die zu seiner Aussage führen. Es ist offensichtlich, daß dies nur ein Moment ist und daß er sofort wieder in eine phallische Ideologie aufgehoben wird (»Es ist sehr leicht, diese betrübliche Erkenntnis auf ihre Ursachen zurückzuführen«; 227); aber dieser Moment bleibt ein Hinweis darauf, wo das Weibliche in Freuds Texten zum Ausdruck kommen kann und wo wir unseren Zugang zu diesen Texten zu suchen haben. Dies bringt uns auf Doras Leistung zurück.

Dora muß diesen Moment dem Text von außen aufzwingen, indem sie die Behandlung abbricht. Wir erinnern, daß Freud dem Wolfsmann einen Termin für das Ende der Analyse gesetzt hat, in der Erwartung, daß nur so wichtiges Material die Verdrängung überwinden würde. Und Freud hat bekommen, was er wollte. Was Dora wollte, blieb in ihren Symptomen verschlüsselt. Sie muß erkannt haben, daß die Behandlung nur an ihren Wünschen vorbei führen konnte, eben weil die ödipale Handlung, die Freuds

Hermeneutik bestimmt, die weibliche libidinöse Ökonomie nur vernachlässigen oder entstellen kann. Die einzige Möglichkeit, *ihre* Handlung, die Story hinter ihren Symptomen, in Freuds Abhandlung einzubringen, war für sie, von sich aus zu kündigen und auf den Nachhall ihrer Tat zu warten. Was Freud noch innerhalb der Behandlung des Wolfsmannes erhoffte, konnte für Dora nur außerhalb der Handlung, die die Analyse steuerte, stattfinden.

Wie sieht nun dieser »weibliche« Moment im Dora-Text aus? Er ist eine Art Lücke, die uns ermöglicht, den Text als Fragment zu betrachten. Wenn Dora die Tür hinter sich knallt, markiert sie einen Abschluß, der die Logik der Behandlung in Frage stellt, obwohl er natürlich in der Ab-handlung als negativer Moment einer theoretisch abschließbaren Dialektik aufgehoben wird. Für uns wirft Dora eine Lücke auf, die Freud selber als den »dunklen Kontinent« bezeichnet hat.[16] Auch wenn sie keine Antwort auf die Frage »Was will das Weib« liefert, demonstriert sie durch ihre Tat, was das Weib *nicht* will. Sie eröffnet damit die Möglichkeit, die Frau als Subjekt zu betrachten, deren Begehren von ihr und durch ihren Körper und nicht auf ihrem Körper und durch eine »scénographie pulsionelle phallique« bestimmt wird und zum Ausdruck kommt. Was das Weib *nicht* will, ist die ganze ödipale Maschine, die offensichtlich so sehr zur Selbstbehauptung gezwungen wird, daß Freud auch nach Doras Verschwinden ein Happy End für die Be-/Ab-Handlung erdichten muß:

> »Es sind wiederum Jahre ... vergangen. Das Mädchen hat sich seither verheiratet, und zwar mit jenem jungen Mann, wenn mich nicht alle Anzeichen trügen, den die Einfälle zu Beginn der Analyse des zweiten Traumes erwähnten. Wie der erste Traum die Abwendung vom geliebten Manne zum Vater, also die Flucht aus dem Leben in die Krankheit bezeichnet, so verkündete ja dieser zweite Traum, daß sie sich vom Vater losreißen würde und dem Leben wieder gewonnen sei.« (186)

Dazu darf ich auf eine Anmerkung hinweisen, die Freud in späteren Ausgaben der Fallstudie nach der Identifizierung des mutmaßlichen Ehemannes zufügte: »Wie ich später erfuhr, war diese Vermutung irrig.« Betrachtet durch die Lücke von Doras Weigerung, wichtige Informationen zu liefern, sehen der Fall, die Abhandlung und die Schlußfolgerungen ihrer inneren Notwendigkeit recht dürftig (irrig?!) aus. Wenn das Ende nicht stimmt, dann dürfen die »Voraussetzungen« auch anders ausgesehen haben. Und wenn wir diesen »umgekehrten Weg gehen«, können wir Freuds Einsicht nachvollziehen, daß »der Eindruck einer notwendigen und auf keine andere Weise zu bestimmenden Verkettung ganz abhanden kommt.« Uns bleibt nichts außer dem Eindruck, daß es *anders* vorgegangen sein muß. Aber auch dies ist ein Anfang.

II

> »Du bist in sie verliebt, Goethe, es hat mir schon lange geahnt, jene Venus ist aus dem brausenden Meer deiner Leidenschaft entstiegen, und nachdem sie eine Saat von Titanenperlen ausgesäet, da verschwindet sie wieder in überirdischem Glanz. Du bist gewaltig, Du willst, die ganze Welt soll mit Dir trauern, und sie gehorcht weinend Deinem Wink.
> O Goethe, konntest Du keinen erschaffen, der sie gerettet hätte? Du bist herrlich, aber grausam, daß Du dies Leben sich selbst vernichten läßt ...«[17]

Was Bettina von Arnim in diesen Sätzen ihrem geliebten Goethe vorwirft, ist, daß er *Die Wahlverwandtschaften* anders hätte schreiben sollen, und daß die Dynamik seiner eigenen Liebe für Ottilie für den grausamen Gang ihres Leidens verantwortlich ist. Warum sollte ein in seine Heldin verliebter Autor (dies hat Goethe selbst zugegeben) diese umbringen wollen, und was ist es an den *Wahlverwandtschaften*, das »die ganze Welt« dazu bewegt, diesen Tod zu billigen, sogar zu feiern? Goethes *Wahlverwandtschaften* inszeniert einen Ritus männlicher Potenzbehauptung, die beinah identisch ist mit dem, was wir unsere Kultur nennen, und diese Inszenierung ist so lückenlos, so ästhetisch in sich geschlossen, daß eine Frau kaum merkt, daß der Roman für sie völlig unlesbar sein müßte. Genau das, was an der Handlung des Romans zentral ist, möchte Bettina geändert sehen, vermutlich, weil sie einsah, daß die Mechanik der Sühne nur auf Kosten der Weiblichkeit funktioniert, daß eine so »herrliche«(!) Figur wie Ottilie nur dazu geschaffen wird, um ein phallisches Drama darstellbar zu machen.

Böse Zungen der Zeit unterstellten Bettina eine wahre Eifersucht gegenüber Ottilie, aber es scheint mir wahrscheinlicher und stimmt eher mit Bettinas Mischung aus Lob und Tadel überein, daß sie gegen das protestierte, was als Goethes »ewig Weibliches« bekannt geworden ist. Dieses »ewig Weibliche« hat als einzigen Zweck, das »Männliche« zu verewigen und spiegelt nur das wider, was der »wahre Narziß« dort sucht.

Bettinas Kommentar hat Goethe sicherlich als die etwas hysterische, aber niedliche Reaktion eines »Kobolds« abgeschrieben; wie wir schon gesehen haben, kann »man« das »Hysterische« nur *ab*schreiben, weil es entstanden ist aus der Unmöglichkeit, einen Wunsch oder ein Trauma in den Konventionen der Welt (Sprache, Erzählung, Handlung) darstellbar zu machen. Das Hysterische (und auch das Weibliche, insofern die beiden, dem Tode verwandt, als weitgehend identisch verstanden werden) ist in gewisser Hinsicht ein Rezeptionsproblem: die Hysterikerin ist identisch mit einer Aussage, die *per definitionem* unverständlich bleibt *oder* so gezähmt und in Sprache übersetzt wird, daß sie nicht mehr hysterisch ist. Genau diese »Behandlung« nimmt Goethe in seiner Antwort auf Bettina vor:

> »... der Dichter war bei der Entwicklung dieser herben Geschichte tief bewegt, er hat sein Teil Schmerzen getragen, schmähe daher nicht mit ihm, daß er auch die Freunde zur Teilnahme auffordert ... Deine Ansichten ... gehören jedoch zu den schönsten Opfern, die mich erfreuen, aber niemals stören können.«[18]

Bettinas Aussage wird abgeschrieben; niedergeschrieben wird ihre Aufnahme als *Opfer* zur Freude und Unerschütterlichkeit der Goetheschen Selbstbehauptung. Bettina wird genau derselben Behandlung unterworfen, die sie in bezug auf Ottilie kritisiert hat.

Offensichtlich nur als »Opfer« darf eine Frau in Goethes Schriften auftreten; wir müssen untersuchen, zu welchem Zweck dieses Opfer vollzogen wird und welche Konsequenzen es noch hat, auch in Disziplinen, die sich vermeintlich von der Phallologie der traditionellen Philologie befreit haben. Darauf komme ich später zurück.

Ich möchte mit der Besprechung einer Szene beginnen, die auf den ersten Blick nichts mit meinem Thema zu tun hat. Im ersten Teil der *Wahlverwandtschaften*, kurz nach Ottilies Ankunft, erklärt Ottilie ihrer Tante Charlotte, woher sie die seltsame und unheimliche Gewohnheit habe, sich »sofort zu bücken«, wenn jemand etwas aus der Hand fallen läßt, »um es aufzuheben«:

> »Als Karl der Erste von England vor seinen sogenannten Richtern stand, fiel der goldne Knopf des Stöckleins, das er trug, herunter. Gewohnt, daß bei solchen Gelegenheiten sich alles für ihn bemühte, schien er sich umzusehen und zu erwarten, daß ihm jemand auch diesmal den kleinen Dienst erzeigen sollte. Es regte sich niemand; er bückte sich selbst, um den Knopf aufzuheben. Mir kam das so schmerzlich vor, ich weiß nicht mit Recht, daß ich von jenem Augenblick an niemandem kann etwas aus den Händen fallen sehen, ohne mich darnach zu bücken.«[19]

Eine »psychoanalytische« Deutung ergibt Banales, aber Wichtiges. Denn wir erfahren von einer Eigenschaft Ottilies, die ihren Wert in der Handlung bestimmt – oder umgekehrt, wir werden auf die Eigenschaften der Handlung aufmerksam, die eine Ottilie dringend nötig machen. Diese kaum verschleierte Kastrationsgeschichte erweckt in Ottilie den seltsamen Wunsch, solchen Vorkommnissen vorzubeugen (die Richter verurteilen den König, enthauptet zu werden; der Knopf seines Szepters – Symbol seiner Macht – fällt zu Boden, ohne daß jemand dies zu verhindern versucht). Ottilie ist also die Traumfigur einer männlichen Phantasie, indem sie die Kastration sogar mehr fürchtet als der Mann, denn der Mann, so er die Kastration fürchtet, riskiert sie immer, um seine Bedeutung nachzuweisen. In dem traditionellen, narratologischen Schema z.B. gibt es keine Handlung, ohne daß der Mann seine Männlichkeit aufs Spiel setzte; die Potenz kann nur dargestellt werden, wenn sie mit Obstakeln konfrontiert wird und diese überwindet. Anhand einer Ottilie, oder mit einer Ottilie an seiner Seite, kann der Mann alles riskieren (und sich dadurch darstellbar machen), ohne daß er »alles« (d.h., das »etwas«, das in unserer Kultur für »alles« steht) riskiert.

So lassen sich Ottilies »Naturaffinitäten« erklären: Wenn sie Eduards auffallend miserables Flötenspielen(!) so begleitet, daß die entstandene Musik besser klingt als das Original; wenn bei der Abschrift von Eduards Dokument ihre Handschrift sich in die seinige verwandelt, wenn beim Pendelversuch des Engländers das Pendulum sich nur in ihren Händen bewegt; wenn sowohl in der Kapelle als auch bei dem Präsepe die Anwesenheit Ottilies es dem Architekten gelingen läßt, sein eigenes Talent zu übertreffen. In jedem Fall verhindert sie das mögliche und sogar wahrscheinliche Scheitern eines durch die Unzulänglichkeiten eines Mannes gefährdeten Versuchs. Sie ist, um es anders auszudrücken, die perfekte analytische Patientin, deren Übertragung auf die Phantasien des Arztes zugeschnitten ist.[20]

Warum nun muß Goethe Ottilie krank schreiben? Warum müssen die *Wahlverwandtschaften* »tragisch« ausgehen? Angesichts der Vernunft Charlottens und des Hauptmannes könnten wir uns eine akzeptable mondäne Lösung vorstellen, in der die Charaktere sich wie die in Kapitel 4 besprochenen chemischen Elemente verhalten und einfach die Partner tauschen. Solche Romane gibt es, nur bei den *Wahlverwandtschaften* handelt es sich nicht um solche banale Lebenskonstellation. »Die« Wahlverwandtschaften ist eine Täuschung; es gibt nur eine wesentliche Wahlverwandtschaft, die zwischen dem Mann (hier heißt er »der Mensch«) und seinem Begehren. Dieses Verhältnis ist tödlich, da das Begehren des Menschen *per definitionem* unerfüllbar ist; das Ziel des Lustprinzips ist der Tod.[21] Ottilie ist das Mittel, das es Eduard ermöglicht, sein eigenes Begehren bis zum Tod auszuleben auf seine eigene Art und Weise. Und wie Benjamin mit Recht hinzufügt, ist sie weiterhin das Mittel des Schriftstellers, in der Ökonomie der Handlung den Prozeß der Sühne darzustellen. Sie ist kein Mädchen und keine Frau, sondern »das Opfer zur Entsühnung der Schuldigen«.[22] Eduard verliebt sich in die Möglichkeit, seinem ungefesselten Ich freien Lauf zu lassen, ohne daß er bestraft wird, außer durch den exquisiten

Schmerz der unmöglichen Liebe. Ottilie ist nicht mehr und nicht weniger als die ideale Projektion von Eduards Begehren; seine Liebe ist von der narzißtischen Sorte, die er selbst als menschentypisch schildert: »Der Mensch ist ein wahrer Narziß; er bespiegelt sich überall gern selbst, er legt sich als Folie der ganzen Welt unter« (270). – Die narzißtische Haltung, die Eduard zur menschlichen Haupteigenschaft hervorhebt, und ihre Konsequenzen können als wahres Subjekt des Romans betrachtet werden. Denn obwohl Ottilie die entscheidende Figur des Buches ist, ist sie nicht die Figur, deren Schicksal durch die Handlung entschieden wird. Wir erfahren, daß Ottilie, von einem »feindseligen Dämon« ergriffen, die Bahn der tödlichen Liebe einleitet, aber es ist ihre Wirkung auf *Eduard*, die erzählt wird. Wir müssen erinnern, daß der Name »Eduard« der Handlung vorausgesetzt wird (»Eduard – so nennen wir einen reichen Baron im besten Mannesalter – Eduard hatte ...«; 243), und daß der Roman mit Eduard und nicht Ottilies Tod seine Vollendung findet. Und wie wird die schwache Figur Eduards von Goethe beschrieben und gegen Kritik verteidigt?

> »Ich mag ihn selber nicht leiden, aber ich mußte ihn so machen, um das Faktum hervorzubringen ... Er hat übrigens viele Wahrheit, denn man findet ... Leute genug, bei denen ganz wie bei ihm der Eigensinn anstelle des Charakters tritt.«[23]

Eduard ist also weniger ein Charakter als ein Trieb, dessen Bahn mit der der Handlung identisch ist – ein Trieb der, von jeder moralischen Bedingung befreit, zur eigenen idealen Vernichtung führt. Es versteht sich somit von selber, daß eine Figur wie Ottilie, die so konzipiert wird, daß sie jedem Begehren entgegenkommt, zur optimalen Erhaltung und Darstellung und sogar Verherrlichung dieses Triebes dient. Daß sie letzten Endes enttäuschen muß (»Goethe sprach von seinem Verhältnis zu Ottilie, wie er sie lieb gehabt, und wie sie ihn unglücklich gemacht«[24]), entspricht der Logik des Triebes selber: »daß es zu bösen Häusern hinausgehen muß, sieht man ja gleich am Anfang«.[25]

In der hier gebotenen Kürze kann ich der Nuanciertheit der einzelnen Charaktere und Szenen sicherlich nicht ausreichend gerecht werden. Die Ausführung meiner These mußte sich mit den vielen Textstellen auseinandersetzen, die den Roman von einer langweiligen Fallgeschichte über Größenwahn unterscheiden. Aber nur wenn wir die Handlung in der vorgestellten Weise betrachten, können wir die »Unlesbarkeit« des Romans begreifen.

Trotz der ziemlich endlosen Debatte über die »Bedeutung« der *Wahlverwandtschaften* (in den letzten Jahren sind mehr als 80 Artikel darüber erschienen[26]), herrscht in diesen Abhandlungen verblüffende Übereinstimmung darin, daß Ottilies Opfer zum Triumph einer höheren Ordnung führt, deren Darstellung wiederum die Wichtigkeit des Buches für die jeweilige Methodik des Kritikers (und umgekehrt) bestätigt. Dieses Ergebnis wird in den meisten Fällen dadurch erreicht, daß der Kritiker sich hoffnungslos in Ottilie verliebt, egal welche wissenschaftliche Methodik »man« sonst vertritt. Es erstaunt nicht, daß diese Verfasser vorwiegend Männer sind. Auch »Dekonstruktionen« des Romans (z.B. Fries 1975; Miller 1979) basieren darauf, daß Ottilie das Deutungssystem z.B. der wissenschaftlichen Gleichnissprache oder der abendländischen Metaphysik radikal in Frage stellt, eben weil sie die Grenze zwischen Sein und Schein, Zeichen und Sprache usw. aufhebt.[27] Dies mag auch sein. Die bei der Dekonstruktion nun pflichtgemäße Verherrlichung des Weiblichen als »schwarzes Loch«, das die Lüge der Dialektik deutlich machen soll, beruht auf der selben Vernachlässigung eines wirklich Weiblichen, wie es das gute alte »ewig Weibliche« und das weniger alte »Hysterische« getan haben. Dies sind alles Momente in einem Heilprozeß (der Metaphysik, des romantisch-philosophischen Heimwehs, der kranken, aus der Bahn girrten Psyche), in denen die Andersartigkeit der Frau nur »à partir de paramètres masculins« gedacht werden kann.[28]

Warum Ottilie Goethe »unglücklich gemacht«, läßt sich mit common sense leicht erklären: weil sie ihn nicht hätte glücklich machen können. Eine Selbstliebe, wie sie am Beispiel eines Eduards verkörpert wird, kann sich nur vorübergehend vom »anderen« befriedigt sehen; ihre wahre Kraft, ihre wahre Überzeugung liegt darin, daß sie nur von und durch sich selbst befriedigt bzw. zur Ruhe gebracht werden kann. Das Große an Ottilies »Opfer« ist, daß es sich auf der Erkenntnis dieser Tatsache vollendet. In ihrem Abschiedsbrief an die Freunde schreibt sie:

> »Warum soll ich ausdrücklich sagen, meine Geliebten, was sich von selbst versteht? Ich bin aus meiner Bahn geschritten, und ich soll nicht wieder hinein. Ein feindseliger Dämon, der Macht über mich gewonnen, scheint mich von außen zu hindern, hätte ich auch mit mir selbst wieder zur Einigkeit gefunden.« (477)

Sie habe versucht, sich dem Drama zu entziehen, ihre Entsagung hinter der Szene auszuleben:

> »Es ist anders geworden; er stand selbst gegen seinen Willen (d.h. von einer höheren Macht getrieben als jene, die hinter Ottilies Entschluß steht) vor mir. Mein Versprechen ... habe ich vielleicht zu buchstäblich genommen und gedeutet (d.h. seine Leidenschaft besitzt eine Kraft, die den Grund meiner Handlung aufhebt und ihr einen neuen Sinn verleiht) ... und nun habe ich nichts mehr zu sagen.« (477)

Ottilies Brief verlangt eine umfangreiche Interpretation, die ich hier nur andeutungsweise skizzieren kann. Auch wenn dieser Brief außerhalb des Kontextes der Handlung diese grundsätzlich in Frage zu stellen mag, spielt der Brief innerhalb der Handlung (in der er von Eduard gelesen und gedeutet wird) folgende Rolle: Ottilie nimmt Abschied, schweigt, damit die Stimme von Eduards Leidenschaft durchdringt, bevor sie erlischt.

Es ist kein Wunder, daß Männer sich in Ottilie verlieben, und es wird deshalb notwendig, daß Frauen sich weigern, dieses männliche Deutungsspiel weiter mitzumachen. Dieses Mitmachen würde nicht nur bedeuten, daß wir uns mit einer unmöglichen Figur in einem Roman identifizieren, sondern daß wir die opfernde Rolle der Frau (als Weibliche) als Grundlage des Deutungssystems, in dem wir arbeiten, weiterhin aktiv billigen und die Ideologie, die darin steckt, ebenso unterstützen, auch wenn wir sie auf anderer Ebene kritisieren. Wir sollten uns darauf und darüber freuen, daß durch unsere Tätigkeit Sinnesbrüche ans Tageslicht treten, Mystifizierungen als solche entschleiert werden und versteckte Gewalt sich als solche entpuppt. Im Sinne einer solchen Wissenschaft möchte ich mit einem Zitat schließen, in dem Goethe mit aller sanften Gewalt sich gegen jede Kritik an seinem Buch wehrt und für sich das »letzte Wort« in Anspruch nimmt:

> »Wie ich mich auf die Wirkung freue, welche dieser Roman in ein paar Jahren auf manchen beim Wiederlesen machen wird. Wenn ungeachtet alles Tadels und Geschreis das, was das Büchlein enthält, als ein unveränderliches Faktum vor der Einbildungskraft steht, wenn man sieht, daß man mit allem Willen und Widerwillen daran doch nichts ändert, so läßt man sich in der Fabel zuletzt auch so ein apprehensives Wunderkind gefallen, wie man sich in der Geschichte nach einigen Jahren die Hinrichtung des alten Königs [NB Ottilies Geschichte von Karl dem Ersten] und die Krönung eines neuen [unkastrierbaren?] Kaisers gefallen läßt. Das Gedichtete behauptet sein Recht, wie das Geschehene.«[29]

Wenn er nur geahnt hätte, was die von ihm ersehnte Zukunft für widerspenstige Leserinnen bringen würde!

Anmerkungen

Ich möchte sowohl Gerd Witte als auch Peter Stadelmayer meinen Dank ausdrücken für ihre Hilfe bei der Vorbereitung und Revision dieses Manuskripts.

1 Erstaunlich in diesem Zusammenhang sind die von weiblichen Mitarbeiterinnen Freuds verfaßten Beiträge zum Thema »Weiblichkeit«.

2 Sigmund Freud, Bruchstücke einer Hysterie-Analyse, in: Studienausgabe VI, Frankfurt/M. 1982, S. 87. Weitere Hinweise auf die »Dora-Studie« beziehen sich auf diese Ausgabe und werden im Text in Klammern angegeben.
3 Siehe Hélène Cixous, Portrait of Dora, übers. v. Sara Burd, in: *Diacritics* 13 (Spring 1993), S. 2-32.
4 Für eine literaturwissenschaftliche Diskussion des *vraisemblable*, siehe Gérard Genette, Vraisemblance et motivation, in: Figures II 1969, S. 71-99. In Emphasis Added: Plots and Probalities in Women's Fiction; PMLA 96, H. 1 (Jan 1981), S. 36-48, entwickelt Nancy Miller eine Anwendung dieses Kriteriums in bezug auf weibliche Erzählstrategien.
5 Siehe Sarah Kofman, L'enigme de la femme: La femme dans les textes de Freud, Paris 1980, und Le Respect des femmes (Kant et Rousseau), Paris 1982; Jacques Derrida, Spurs/Eperons, Chicago und London 1978, und Choreographies (Interview mit Christie V. McDonald), in: *Diacritics* 12 (Sommer 1982), S. 66-76.
6 Hélène Cixous, The Laugh of the Medusa, übers. v. Keith Cohen und Paula Cohen, *Signs* 1, H. 4 (1976), S. 885.
7 Jacques Lacan, God and the Jouissance of Woman: A Love Letter, übers. v. Jacqueline Rose, in: Feminine Sexuality: Jacques Lacan and the école freudienne, New York 1982, S. 150.
8 Sigmund Freud, Die Weiblichkeit, in: Neue Folge der Vorlesungen zur Einführung in die Psychoanalyse (1933), in: Studienausgabe I, Frankfurt/M. 1982, S. 561.
9 Freud, Die Weiblichkeit, S. 564.
10 Siehe Nancy Chodorow, The Reproduction of Mothering: Psychoanalysis and the Sociology of Gender, Berkeley 1978, und Carol Gilligan, Die andere Stimme: Lebenskonflikte und Moral der Frau, übers. v. Brigitte Stein, München 1984.
11 Luce Irigaray, Ce sexe qui n'en est pas un, Paris 1977, S. 109; dt. Übers. v. Jutta Kranz, in: Waren Körper Sprache: Der ver-rückte Diskurs der Frauen, Berlin/West 1976, S. 43.
12 Sigmund Freud, Über die Psychogenese eines Falles von weiblicher Homosexualität, Studienausgabe VII. Weitere Hinweise auf diese Studie beziehen sich auf diese Ausgabe und werden im Text in Klammern angegeben.
13 Siehe Jerre Collins. J. Ray Green, Mary Lydon, Mark Sachner und Eleanor Honig Skoller, Questioning the Unconscious: The Dora Archive, in: *Diacritics* 13 (Spring 1983), H. 39 und passim.
14 Siehe Derrida, Spurs/Eperons, und Cixous, The Laugh of the Medusa.
15 Luce Irigaray, Speculum de l'autre femme, Paris 1974, S. 122.
16 Zitiert in Cixous, The Laugh of the Medusa, S. 877-78.
17 Bettina von Arnim, Goethes Briefwechsel mit einem Kind, hrsg. v. Alfred Kantorowicz, Hamburg 1982, S. 240ff.
18 Arnim, Goethes Briefwechsel mit einem Kind, S. 249.
19 Johann Wolfgang von Goethe, Die Wahlverwandtschaften. München 1981, VI, S. 285. Weitere Zitate aus den Wahlverwandtschaften beziehen sich auf die Hamburger Ausgabe, Bd.VI, und werden in Klammern im Text angegeben.
20 Ottilies Hungern entspricht in seiner Motivation und Dynamik dem, was heute als Anorexia nervosa behandelt wird. Das zwanghafte Bedürfnis, allen zu gefallen und sich der Umwelt auf Kosten des eigenen Leibes anzupassen, haben Ottilie und zeitgenössische Magersüchtige gemeinsam. Siehe Hilde Bruch, Der goldene Käfig: Das Rätsel der Magersucht, übers. v. Willi Köhler, Frankfurt/M. 1980.

21 Siehe Sigmund Freud, Jenseits des Lustprinzips (1920), in: Studienausgabe III, S. 217-272; für eine Diskussion der narratologischen Implikationen dieses Aufsatzes siehe Peter Brooks, Freuds Masterplot, in: Yale French Studies 55/56 (1977), S. 280-300.
22 Walter Benjamin, Die Wahlverwandtschaften, in: Illuminationen, Frankfurt/M. 1977, S. 78.
23 Goethe, Gespräch mit Eckermann (21. Januar 1827), in: Hamburger Ausgabe IV, S. 643.
24 Goethe, Gespräch mit Sulpiz Boisserée, in: Hamburger Ausgabe IV, S. 642.
25 Goethe, Gespräch im Haus Formann, in: Hamburger Ausgabe VI, S. 641.
26 Mündliche Mitteilung von Prof. Bernd Witte (Aachen) über eine Magisterarbeit (1984) zur Wahlverwandtschaften-Rezeption.
27 Thomas Fries, Die Reflexion der »Gleichnisrede« in Goethes »Wahlverwandtschaften«, in: Die Wirklichkeit der Literatur: Drei Versuche zur literarischen Sprache, Tübingen 1975; J. Hillis Miller, A »Buchstäbliches« Reading of the »Elective Affinities«, Glyph 6, Baltimore 1979, S. 1-23.
28 Irigaray, Ce sexe qui n'en est pas un, S. 23.
29 Goethe an Karl Friedrich von Reinhard (Weimar, 31. Dezember 1809), in: Hamburger Ausgabe, Bd. VI, S. 640.

Susanne Amrain

Der Androgyn
Das poetische Geschlecht und sein Aktus

Der Androgyn erfreut sich gegenwärtig großer Popularität; er ist, im wörtlichen Sinn, »in Mode«, und die Medien nehmen sich seiner an: der »Spiegel«, veröffentlicht (natürlich) einen Artikel dazu, der »Stern« berichtet über den Modeschöpfer Armani, der die Frauen in dieser Saison in derbschicke Männeranzüge steckt und stellt diesem Bildreport einen Artikel von Jürgen Kesting nach, in welchem er von der Verbreitung des Androgynenphänomens im Film und anderswo spricht, die »Brigitte« druckt ein »Junge oder Mädchen« überschriebenes Ratespiel in Fotos ab, und Eva Kohlrusch erläutert dazu, es gebe unter den Jugendlichen eine steigende Tendenz, »sich auf Ästhetik bedacht vielerorts als Rätselgeschlecht darzustellen«, Veruschka von Lehndorff spielt Dorian Gray, Dustin Hoffman »ist« Tootsie, und auch eine gewisse Richtung fortschrittlicher Theologie liegt gut im Trend, wenn sie plötzlich und überraschend erklärt, Gott sei nicht allein Gott*vater*, sondern Gottvater und -*mutter* zugleich.[1]

Wenn es denn wahr ist, daß sich in der Mode und in den gängigen Themen der Medien neben Vermarktungstendenzen immer auch kollektive Wünsche und Empfindungsströmungen ausdrücken, dann stehen wir womöglich am Beginn einer wunderbaren Epoche. Es scheint, als werde hier spielerisch und naiv etwas zur Realität, für das der Androgyn immer schon die symbolische Gestalt hergegeben hat: die Auflösung des Antagonismus von Männlichkeit und Weiblichkeit, das Ende des Kampfes, kurz, die Versöhnung der Geschlechter. – Am Ende nähern wir uns gar einem Stadium, in welchem schließlich Virginia Woolfs Forderung nach einem »androgynen Geist«, den sie als Voraussetzung des vollkommenen Schreibens bezeichnet hat, leicht einzulösen sein wird.

Der Eintritt in ein androgynes Zeitalter bedeutete die lebenspraktische Umsetzung jener Utopie, für die die Figur des Androgynen im antiken Mythos ebenso stand wie in späteren mystisch religiösen Strömungen, in den französischen vorrevolutionären und revolutionären Programmen oder in verschiedenen Phasen der Dichtung – vor allem der romantischen und nachromantischen Dichtung. – Der Mythos vom Androgynen ist ein alter Menschheitstraum, in dem sich die Unzufriedenheit mit der Getrenntheit der Geschlechter ebenso sinnfällig ausdrückt wie der Versuch ihrer Überwindung durch die imaginierte Verschmelzung von Mann und Frau zu einem doppelgeschlechtlichen Wesen.[2]

Eine verführerische Vorstellung – zumal für Frauen, denn: wäre ein androgynes Zeitalter nicht die Erfüllung unserer Sehnsucht nach einem gesellschaftlichen Zustand, in dem von antithetischer Männlichkeit und Weiblichkeit nicht mehr die Rede zu sein brauchte, in dem »Herr«-schaft hinfällig würde, in dem die Emanzipation der Frau vollkommen – und das heißt: kein Thema mehr – wäre?

Und doch: es will mir bei all dem nicht gelingen, der Verführungskraft der »androgynischen Idee des Lebens« leichten Herzens zu erliegen. Verschiedene störende Wahrnehmungen stellen sich dem entgegen: zum ersten der Umstand, daß der Androgyn ein so altes Bild ist, dessen immer noch virulente mythische Potenz darauf hindeutet, daß es an dem, was es gedanklich zu überwinden verspricht, im Verlauf seiner langen Geschichte nicht viel zu ändern vermocht hat.

Zum anderen gibt es da die Tatsache, daß eine Frau, die traditionell als männlich definierte Haltungen, Fähigkeiten oder gar Privilegien besitzt, immer noch gern mit dem Wort »Mannweib« bezeichnet wird – einem Wort, in dem jedermann sogleich die Beschimpfung erkennt, obwohl es doch eigentlich nichts anderes ist als die deutsche Entsprechung des griechischen, von alters her mit so vielen positiven Konnotationen behafteten *Andro-gyn*.

Und was, schließlich, hat es zu besagen, daß das grammatische Geschlecht des Androgynen eindeutig maskulin ist[3], während sein Wesen doch in eben seiner geschlechtlichen Doppeldeutigkeit bestehen soll?

Häßliches Mißtrauen regt sich: Kann es sein, daß das heimliche feministische Auge am Androgyn – neben den hinlänglich bekannten Attributen von Männlichkeit und Weiblichkeit – auch noch einen Pferdefuß entdecken muß? Kann es gar sein, daß es des Mythos vom Androgynen bedarf, um die realen Geschlechterverhältnisse unangetastet zu lassen? Immerhin scheint es unter solchen Aspekten angebracht, Geschichte und Implikationen dieses Mythos einmal mehr zu überdenken.

Die gängigen Definitionen weisen vorerst nichts Verdächtiges auf: Busst erklärt zu Recht »Androgyn« und »Hermaphrodit« für synonym und führt aus, der Androgyn sei »eine Person, die die wesentlichen Charakteristika beider Geschlechter in sich vereint und die folglich sowohl als Mann wie als Frau oder weder als Mann noch als Frau betrachtet werden darf, als bisexuell oder asexuell«.[4]

Peter Gorsen formuliert im »Erläuternden Wörterverzeichnis« des »Prinzip Obszön« weniger neutral und hoffnungsvoller:

> »*Hermaphroditismus, ästhetischer.* Erscheinungsbild von geschlechtlicher Doppelsinnigkeit, nicht von geschlechtlicher Indifferenz, an ein und demselben Individuum. Sinnliche und geistige Versöhnung der geschlechtlichen

Eindimensionalität des Männlichen und Weiblichen in der Kunst. *Hermaphroditismus, philosophischer.* Überwindung des geschlechtlichen Antagonismus. Wiedergewinnung der bisexuellen Strukturen einer offenen, unverdinglichten Sexualempfindung, die als noch nicht getrennt in fremd- oder gleichgeschlechtliche Strebungen gedacht werden kann, sondern für hetero- und homoerotische Erfahrungen gleichermaßen frei wäre.«[5]

Diese Deutungen des Androgynen sind für beide Geschlechter zugänglich und akzeptabel. Einzuwenden ist aber, daß es den Androgyn als »Person«, als reales »Individuum« nie gegeben hat und (vermutlich) nie geben wird. Er ist eine gedachte Figur und konnte als solche von jeher nur in den Werken der bildenden Kunst und der Literatur »Gestalt annehmen« – und allein dort auch läßt er sich betrachten, wenn es darum geht, seiner Bedeutung und geschichtlichen Funktion auf die Spur zu kommen.

Das soll hier anhand weniger Beispiele aus der Dichtung der englischen Romantik geschehen. Die Befunde lassen sich jedoch durchaus verallgemeinern und haben auch für den übrigen europäischen und den nordamerikanischen Raum Geltung.

Es mag sich da erweisen, daß die Analyse romantischen Materials – wie für so vieles Gegenwärtige – auch für unsere zeitgenössischen Androgynietendenzen und für spezielle Überlegungen zur Relevanz von Androgynitätsvorstellungen für eine feministische Theorie des Schreibens Erklärungsmuster und kritische Ansätze bereithält.

»This Soul out of my Soul« (Shelley, »Epipsychidion«)

A.J.L. Busst beschreibt in seinem Aufsatz – einem Standardtext zum Thema –, wie verbreitet der Androgyn als Phantasie und literarische Figur im ganzen 19. Jahrhundert war und referiert zugleich, auf welche älteren Androgynitätsvorstellungen sich zumal die Romantik beruft. Es zeigt sich da, daß neben der Rezeption antiker Bildwerke und anderer visueller Repräsentationen des Hermaphroditen, neben alchemistischen Vorstellungen vom »Stein der Weisen« als Hermaphrodit vor allem der Adam der okkulten und mystischen Tradition als die große Quelle und Imago ins romantische Androgynitätskonzept eingeht:

Nach den Auffassungen des Okkultismus war Adam, der erste Mensch, ursprünglich androgyn. Seine Aufspaltung in Myriaden von Männern und Frauen bedeutete das Ende seiner Vollkommenheit. Von nun an gab es den Mann, das aktive Prinzip, den Geist – und die Frau, das passive Prinzip, die Materie (»Geschlechtscharaktere« übrigens, die in nahezu allen Androgynitätsmodellen wiederkehren).

Adam also war der vollkommene Mensch, bis ihm etwas genommen wurde, das nun als Frau außerhalb seiner selbst lebt, obwohl es doch eigentlich in ihn hineingehörte. (Die Rippe!)

Der Mystiker Jakob Boehme baut auf denselben Vorstellungen auf: er sieht im Androgyn das Symbol der absoluten Verschmelzung der Liebenden, »denn in der Vereinigung mit der Frau hofft *der Mann, seine* ursprüngliche Androgynität und Unsterblichkeit wiederzuerlangen; in der Frau hofft er, die göttliche Jungfrau zu finden, *seine* verlorene Hälfte« (Hervorhebungen v.d.Verf.)[6].

Im Anblick solcher und verwandter Konstrukte liegt es nahe, den Androgynen als eine prinzipiell männliche Phantasie zu begreifen, die sich, um die eigene ursprüngliche Vollkommenheit erneut herzustellen, das abhanden gekommene Weibliche wieder »einzuverleiben« trachtet. – Eine Umkehrung dieses Vorgangs ist da schwerlich denkbar.

Wenn nun der Ursprung und die Nahrung des romantischen Androgynitätsideals in solchen und ähnlichen Vorstellungen liegen, dann müssen sie nicht nur auf den romantischen Liebesbegriff prägend eingewirkt haben, sondern vor allem auch auf die spezifischen Frauenbilder, welche jenem Liebesbegriff entspringen, und mein These lautet, daß die Kunstfigur des Androgynen in sich die romantische »ideale Geliebte« ebenso vereint wie die »femme fatale«, die »kindliche« und die »schwesterliche Geliebte« ebenso wie die »kranke« und die »tote Geliebte«, denn sie alle sind Projektionen der ein-gebildeten »Weiblichkeit« einer männlichen Psyche, die sich ihnen dichtend vermählt, um so den Androgynen immer erneut mit ihnen zu zeugen.

Vor diesem Hintergrund soll hier vorerst nur die romantische Imago der »idealen Geliebten« betrachtet werden – und an ihr allein schon wird sich zeigen lassen, daß die Frauenbilder der Romantik als *Bilder von Frauen* nicht zureichend interpretierbar sind.

1815 schreibt der dreiundzwanzigjährige Percy Bysshe Shelley seinen »Essay on Love«, der an seine Frau, Mary Wollstonecraft Shelley, gerichtet ist. Er beklagt darin sein Gefühl, ewig anders als andere, ewig unverstanden zu sein und schildert dann detailliert, wie die »ideale Geliebte« beschaffen sein müsse, die seine Sehnsucht stillen könnte.

> »We dimly see within our intellectual nature a miniature as it were of our entire self, yet deprived of all that we condemn or despise, the ideal prototype of everything excellent or lovely that we are capable of conceiving as belonging to the nature of man. Not only the portrait of our external being, but an assemblage of the minutest particles of which our nature is composed; a mirror whose surface reflects only the forms of purity and brightness;

a soul within our soul that describes a circle around its proper paradise
which pain, and sorrow, and evil dare not overleap. To this we eagerly refer
all sensations, thirsting that they should resemble or correspond with it. The
discovery of its anti-type, the meeting with an understanding capable of
clearly estimating our own, an imagination which should enter into and
seize upon the subtle and delicate peculiarities which we have delighted to
cherish and unfold in secret with a frame whose nerves, like the chords of
two exquisite lyres, strung to the accompaniment of one delightful voice,
vibrate with the vibrations of our own; and of a combination of all these in
such proportion as the type within demands; this is the invisible and unattainable point to which love tends ...«[7]

Die »ideale Geliebte« ist hier überdeutlich als Spiegelung des Selbst, als solipsistisches Phänomen erkennbar, und in der ebenfalls 1815 entstandenen Dichtung »Alastor. Or, The Spirit of Solitude« zeigt Shelley die poetische Entfaltung seiner Vorstellungen: ein Jüngling – der Dichter – sucht sein Traumbild der Geliebten. Im Vorwort heißt es:

»His mind is at length suddenly awakened and thirsts for intercourse with an intelligence similar to itself. He images to himself a being whom he loves. Conversant with speculations of the sublimest and most perfect natures, the vision in which he embodies his own imaginations unites all of wonderful, or wise, or beautiful, which the poet, the philosopher, or the lover could depicture. (...) He seeks in vain for the prototype of his conception. Blasted by his disappointment, he descends to an untimely grave.«

Auf seinen suchenden Wanderungen begegnen dem Dichter verschiedentlich junge Frauen, die ihm Liebe entgegenbringen. Er aber ist ganz außerstande, diese Neigungen auch nur wahrzunehmen. Einmal aber sieht er den »prototype of his conception« – das Ideal erscheint ihm, wie es schon fast zu erwarten war, im Schlaf, in einem Traum. Ich zitiere die Szene hier in voller Länge, weil sich an ihr Wichtiges erkennen und demonstrieren läßt:

... A vision on his sleep
There came, a dream of hopes that never yet
Had flushed his cheek. He dreamed a veilèd maid
Sate near him, talking in low solemn tones.
Her voice was like the voice of his own soul
Heard in the calm of thought; its music long,
Like woven sounds of stream and breezes, held
His inmost sense suspended in its web
Of many-coloured woof and shifting hues.
Knowledge and truth and virtue were her theme,
And lofty hopes of divine liberty,
Thoughts the most dear to him, and poesy,
Herself a poet. Soon the solemn mood

Of her pure mind kindled through all her frame
A permeating fire: wild numbers then
She raised, with voice stifled in tremulous sobs
Subdued by its own pathos: her fair hands
Were bare alone, sweeping from some strange harp
Strange symphony, and in their branching veins
The eloquent blood told the ineffable tale.
The beating of her heart was heard to fill
The pauses of her music, and her breath
Tumultuously accorded with those fits
Of intermitted song. Sudden she rose,
As if her heart impatiently endured
Its bursting burthen: at the sound he turned,
And saw by the warm light of their own life
Her glowing limbs beneath the sinuos veil
Of woven wind, her outspread arms now bare,
Her dark locks floating in the breath of night,
Her beamy bending eyes, her parted lips
Outstretched, and pale and quivering eagerly.
His strong heart sunk, and sickened with excess
Of love. He reared bis shuddering limbs and quelled
His gasping breath, and spread bis arms to meet
Her panting bosom: ... she drew back a while,
Then, yielding to the irresistible joy,
With frantic gesture and short breathless cry
Folded his frame in her dissolving arms.
Now blackness veiled bis dizzy eyes, and night
Involved and swallowed up the vision; sleep,
Like a dark flood suspended in its course,
Rolled back its impulse on his vacant brain.

Richard Holmes schreibt zu dieser Passage: »The Poet rejects sexual experience in the waking, domestic world (...) ... But in the fantasy world, in the world of 'dream' or 'waking reverie' or 'trace' or 'vision' the sexual experience and specifically the sexual act (...) is celebrated and indulged.« Er folgert, der Traum ende »in what are clearly the sensations and motions of orgasm.«[8] Der Text läßt jedoch eine derart zweifelsfreie Benennung des Geschehens nicht zu. – Zwar handelt es sich eindeutig um eine sexuelle Phantasie mit einem imaginierten, visionären Gegenüber, aber die Situation ist wesentlich gekennzeichnet durch den Abbruch des Phantasierens an entscheidender Stelle: im Augenblick der Umarmung bereits ist die »veilèd maid« von Auflösung und Schwinden gekennzeichnet, und mit derselben Umarmung sinkt der Dichter in schwarze Bewußtlosigkeit, während seine Vision von der Nacht verschlungen wird. – Shelley ist hierin ganz konsequent: das Bild des Ideals, welches aus seiner eigenen Projektion ersteht und – »herself a poet« – ihn »weiblich« spiegelt, kann immer nur Gegenstand der Vorlust sein. Die »Umarmung« bedeutet da nicht die Climax einer *coincidentia oppositorum*, sondern mit ihr fließt das temporär abgetrennt Imaginierte, das für »weiblich« Erklärte, in jenes männliche Selbst zurück, aus dem es kam.

Es gibt eine erstaunliche Parallele zu Shelleys Imago des Ideals in »Alastor«: die Gestalt der »veilèd maid« erinnert unmittelbar an die verschleierte Göttin in Novalis' Romanfragment »Die Lehrlinge zu Sais« (1802): Im Märchen von Hyazinth und Rosenblütchen wagt Hyazinth, vom Wunsch nach der Erkenntnis des Urgrunds aller Dinge getrieben, den Schleier der Göttin zu heben – und sieht Rosenblütchen, seine Geliebte, vor sich. In einem Distichon aus den Paralipomena des Romans jedoch formuliert Novalis anders: »Einem gelang es – er hob den Schleyer der Göttin zu Sais – Aber was sah er? Er sah – Wunder des Wunders – Sich Selbst.«

Es ist nicht wahrscheinlich, daß Shelley Novalis kannte. Um so frappierender ist die Übereinstimmung der Vorstellungen: beide Dichter zeigen die Austauschbarkeit von Geliebter und Selbst. Und wenn man sich dabei Novalis' Liebe zu seiner kindlichen Braut Sophie von Kühn erinnert, die er, nachdem sie fünfzehnjährig gestorben war, zu einem ähnlich himmlischen Ideal erhob, wie Shelley es sich in »Alastor« und anderen Dichtungen schuf, ist man versucht, von einer »Seelenverwandtschaft« der beiden Dichter zu sprechen. Viel zutreffender aber wird die Deutung sein, daß hier zwei Dichter, ohne voneinander Kenntnis zu haben, einen gleichartigen Traum ins Bild setzen, der in der Epoche weithin angesiedelt ist: die »ideale Geliebte« als Projektion eines idealisierten, für »weiblich« erklärten Anteils des männlichen Selbst.

Diese ideale Geliebte *muß* nun freilich in der Realität »unattainable« bleiben. – Nur in der poetischen Spiegelung kann der Dichtende seiner imaginierten »besseren Hälfte« noch habhaft werden. Und da er das Ideal stets »nach seinem Bilde« schafft, wird es eine *idée fixe* – auch in seiner Unwandelbarkeit, ja Starrheit: sechs Jahre nach dem »Essay on Love« und »Alastor« schrieb Shelley »Epipsychidion«. Die Dichtung entstand in einer für ihn sehr charakteristischen Situation, in der sich Kunst und Leben vermengen: Ende 1820 lebte Shelley mit seiner Frau Mary und deren Halbschwester Claire in Pisa. Claire machte die Bekanntschaft der neunzehnjährigen Contessa Emilia Viviani, die von ihrem Vater und ihrer sehr jungen Stiefmutter in den Konvent von St. Anna gebracht worden war, wo sie fast wie eine Gefangene leben sollte, bis man eine passende reiche Partie für sie gefunden haben würde. Im Dezember erhielten neben Claire auch Mary und Shelley die Erlaubnis, das junge Mädchen zu besuchen.

Shelley war von der Schönheit und Intelligenz der jungen Italienerin –
nicht zuletzt wohl aber auch von ihrer geradezu romanhaften Situation –
zutiefst fasziniert. Im Dezember 1820 und im Januar 1821 besuchte er sie,
meist ohne Mary, fast täglich, und im Februar schrieb er dann die 604
Verse des »Epipsychidion«. – Während seiner häufigen Besuche und noch
während der Niederschrift des Gedichts befand sich Shelley in einem wahren
Rausch liebender Anbetung. Sobald das Werk abgeschlossen war, verlangt
es ihn jedoch immer seltener, Emilia zu sehen, und als sie im Herbst
verheiratet wurde, war der Kontakt bereits gänzlich abgebrochen. In dieser
Inkonsistenz der Gefühle zeigt sich ein konstitutives Element in der imaginierenden
Herstellung des Ideals: Emilia Viviani hatte, wie so viele andere
»Musen«, offenbar eine ausschließlich katalytische Funktion. Ihre Person
bot Shelley noch einmal ein Bild und einen Anlaß zur Beschreibung seines
solipsistischen Jugendtraums, »youth's vision thus made perfect«. Nach
einer Rekapitulation seiner – durchaus biographischen – zahlreichen vergeblichen
Lieben sieht er in »Epipsychidion« endlich das Ideal vor sich:

> I knew it was the Vision veiled from me
> So many years – that it was Emily.

In ihr kehren die Visionen seines Jugendtraums wieder, nehmen Emilias
Gestalt an, ohne doch – und das ist erstaunlich, wenn man bedenkt, daß
Shelley ja quasi »im Anblick« der lebendigen Emilia schreibt – zur Person,
zum Individuum zu gerinnen. Shelley geht über den »Anlaß« Emilia augenblicklich
und fast blicklos hinaus. Sie bleibt, wie schon die früheren
Idealbilder des Dichters, ein Konglomerat aus schwärmerischem Naturerleben,
aus Literatur- und Kunstrezeption – und aus Introspektion. Der
Traum des Dichters heftet seine Erfüllung an ihre Schönheit, deren statuarisch-klassische
Natur überall hervorgehoben ist. Die Geliebte erscheint als
übermenschliches Wesen, als »Seraph of Heaven«, »Angel«, »Star«, »a
divine presence«. Vor allem aber bleibt sie durchweg allegorisch und im
wörtlichen Sinn bildhaft: Shelley nennt sie »A Vision«, »an image of eternity«,
»a Metaphor of Spring and Youth and Morning«.

Solche Formen poetischer Überhöhung der Geliebten sind freilich, je für
sich genommen, so außergewöhnlich nicht. Hier allerdings erhalten sie eine
spezifische Bedeutung, denn ihre inhaltlichen Elemente sind zugleich konstituierende
Bestandteile der zugehörigen imaginierten Liebes*beziehung*:
diese so geartete Geliebte ist dem Liebenden heilig und keusch, sie ist »a
vestal sister«, »my heart's sister«.

Die »Geschwisterlichkeit« dieser Liebe und die damit einhergehende
programmatische Asexualisierung der Geliebten entfalten sich deutlich in
den Wunschvorstellungen des Liebenden, die das ganze Gedicht durchzie-

hen und in denen zugleich kenntlich wird, auf welches Ziel diese Liebe in Wahrheit gerichtet ist:

> Would we two had been twins of the same Mother!
> Or, that the name my heart lent to another
> Could be a sister's bond for her and thee,
> Blending two beams of one eternity!
> Yet were one lawful and the other true,
> These names, though dear, could paint not, as is due,
> How beyond refuge I am thine. Ah me!
> I am not thine: I am a part of *thee*.

Der Dichter spricht an Emilia eine »Einladung zur Reise« aus: er wird mit ihr auf eine einsame Insel ziehen, die in ihrer ganzen Ausstattung Cythera, den *locus amoenus* aller Liebenden vorstellt:

> The day is come, and thou wilt fly with me
> To whatsoe'er of dull mortality
> Is mine, remain a vestal sister still,
> To the intense, the deep, the imperishable,
> Not mine, but me ...

Die Projektion »I am a part of thee« und die Identifikation »Not mine, but me« bestimmen am Ende auch die poetische Darstellung der Liebeserfüllung mit der keuschen »vestal sister«: Shelley beschreibt sie in den Bildern der Kopulation, ohne die Kopulation zu meinen. Was hier vorgetragen wird, ist eine Phantasie der Verschmelzung mit dem »anderen Selbst«, welches sich im »Bild Emilia« spiegelt:

> Our breath shall intermix, our bosoms bound,
> And our veins beat together; and our lips
> With other eloquence than words, eclipse
> The soul that burns between them, and the wells
> Which boil under our beings inmost cells,
> The fountains of our deepest life, shall be
> Confused in Passion's golden purity,
> As mountain-springs under the morning sun.
> We shall become the same, we shall be one
> Spirit within two frames, oh, wherefore two?
> One passion in twin-hearts, which grows and grew,
> Till like two meteors of expanding flame,
> Those spheres instinct with it become the same,
> Burning, yet ever inconsumable:
> In one another's substance finding food,
> Like flames too pure and light and unimbued
> To nourish their bright lives with baser prey,

> Which point to Heaven and cannot pass away:
> One hope within two wills, one will beneath
> Two overshadowing minds, one life, one death,
> One Heaven, one Hell, one immortality,
> And one annihilation.

Eine wahrhaft »monomanische« (und monologische) Beziehung. – Hier ist nicht die temporäre Vereinigung zweier Subjekte im Aktus dargestellt, diese Geliebte ist nicht eine zweite, andere Person, sondern Teil und Funktion des dichtenden Ich. Ihr Bild ist das Gefäß für die männliche Phantasie vom vollkommenen Selbst, und so gesehen ist es nur konsequent, wenn der Imaginierende der Frau über den Anlaß, die Gefühlsinitiation hinaus nicht mehr bedarf, da er sie sich – und sich ihrem Bild »einverleibt«.

An diesem Punkt angelangt, kann es kaum mehr überraschen, wenn dem (Selbst-)Bild der geliebten Emilia schließlich auch explizit zugeschrieben wird, was es implizit ohnehin enthält: die Androgynie. – Was der Wunsch »Would we two had been twins from the same Mother!«[9] mit seiner inzestuösen Konnotation schon andeutete, erscheint ausdrücklich im Entwurf zu einem Vorwort (Shelley gab sich bei »Epipsychidion« als Herausgeber des Werks eines anonymen Verfassers aus):

> »The following Poem was found in the PF. of a young Englishman, who died on his passage from Leghorn to the Levant. He had bought one of the Sporades. He was accompanied by a lady (who might have been) supposed to be bis wife, & an effeminate looking youth, to whom he shewed an (attachment) so (singular) excessive an attachment as to give rise to the suspicion that she was a woman – At his death this suspicion was confirmed.

Und in einem der verworfenen Fragmente des Gedichts heißt es über Emilia:

> And others swear you're hermaphrodite;
> Like that sweet marble monster of both sexes
> Which looks so sweet and gentle ...

Da schließlich klingt auch jene andere Tradition an, die, neben den schon zitierten mystischen Vorstellungen, über platonistische und neoplatonische Kanäle ins romantische Androgynitätsideal einfließt: die griechische männliche Homoerotik und ihr Ephebenkult – bei Shelley wie bei vielen anderen ein verborgener Anteil der idealen, androgynen Geliebten.

Nach all dem wird einsichtig, warum das Thema des Inzests, vor allem des Bruder-Schwester-Inzests, in der romantischen Literatur so häufig erscheint: die Schwester, meist ein bis in die innerlichsten Details getreues Abbild des Bruders, figuriert da als Spiegelung seiner selbst, als »Doppelgänger im anderen Geschlecht«, und der Inzest bedeutet den selbst-genügsamen Vollzug eines Aktus mit dem »weiblich« imaginierten »anderen Ich«.

Auch in den Geschwistern, dem Paar »aus einem Fleisch«, manifestiert sich, wie in der »idealen Geliebten«, nur einmal mehr der Androgyn, das transvestitische und in Wahrheit asexuelle Abbild jener männlichen Psyche, die ihn erdichtet – und braucht.

Silvia Bovenschen und Marianne Schuller sagten im Gespräch mit Marcuse schon 1977:

> »Jetzt, wo die Frauen sich wehren, aufbegehren, sich separieren, wird allenthalben die Überwindung der Geschlechterschranken gepriesen. Das ist verdächtig.«

In demselben Zusammenhang kritisieren sie auch die Idee der Androgynie:

> »... die männliche Projektion versöhnt ihre Utopie des Weiblichen mit dem Status, den das Männliche gesellschaftlich hat. Diese durch den Androgynenmythos inspirierten Versöhnungen sind asymmetrisch, und die Frauen sind wieder einmal draußen.«[10]

So ist es – und noch schlimmer: Der Androgyn, eine »Männerphantasie« reiner Ausprägung, kann für Frauen keine hoffnungsvolle Utopie sein, denn in ihm waren Anteile weiblicher Realität oder realistischer Weiblichkeit noch niemals enthalten. Er bietet dafür seiner Natur nach keinen Platz. – Schaffen wir ihn ab.

Anmerkungen

1. Was im übrigen so ganz neu doch nicht ist. Im Credo der Saint-Simonisten schon heißt es: »Je crois en Dieu, le Père et Mère de tous et de tout éternellement bon et bonne ...« Zit. n. A.J.L. Busst, The Image of the Androgyne in the Nineteenth Century, in: Ian Fletcher (Hrsg.), Romantic Mythologies, London 1967, S. 1-95, hier: S. 27.
2. Ein wesentlicher Unterschied zur Phantasie des Geschlechter*tauschs*, die davon träumt, von einem Geschlecht in das andere zu gehen. – Der Androgyn meint immer *beides zugleich.*
3. *Die* Androgyne ist eine seltene Randerscheinung, mit der zumal die französische Dekadenz ihr Mißverständnis des Lesbianismus umschreibt.
4. Busst, a.a.O., S. 1.

5 Peter Gorsen, Das Prinzip Obszön: Kunst, Pornographie und Gesellschaft, Reinbek 1969, S. 164.
6 Vgl. Busst, a.a.O., S. 9.
7 Richard Holmes (Hrsg.), Shelley on Love, Berkeley und Los Angeles 1980, S. 72.
8 Richard Holmes, Shelley: The Pursuit, London (1974) 1976, S. 305.
9 Shelley hatte hier mit einiger Wahrscheinlichkeit eine bestimmte literarische Assoziation. In Spensers »Faerie Queene« heißt es: »These twinnes, men say (a thing far passing thought)/ Whiles in their mother's womb enclosed they were,/ Ere they into the lightsome world were brought,/ In fleshly hist were mingled both yfere,/ And in that monstrous wise did to the world appere.« (Book III, Canto 7, Stanza 48).
10 Jürgen Habermas, Silvia Bovenschen u.a., Gespräche mit Herbert Marcuse, Frankfurt/M. 1978, S. 74.

IV. Weiblichkeit und Avantgarde

Genia Schulz

»Bin gar kein oder nur ein Mund«[1]
Zu einem Aspekt des »Weiblichen« in Texten Heiner Müllers

»... die Geschichte ist wie eine regelrechte Geburt mit Schmutz und Schleim bedeckt aus mir herausgekommen, und nur ich habe die Hand, die bis zum Körper dringen kann und Lust dazu hat«, schreibt Kafka im Tagebuch über seine erste Erzählung »Das Urteil«[2]. Die Nähe des Schreibens zum Körper, zum Trieb, zum Unbewußten ist – der Sublimierung zum Trotz – ein in der Autorschaft verankertes Wissen. Daß sich der (männliche) Autor als Frau fühlt, sein Schreiben als Schwangerschaft oder als Verkehr empfindet, der Utopie oder dem Phantasma der Vollständigkeit, der Androgynie anhängt, gehört zu den Topoi, zur »Mythologie« der ästhetischen Produktion seit der Antike.

»*Nur so* kann geschrieben werden (...) mit solcher vollständigen Öffnung des Leibes und der Seele«[3], um ein Ur-Teil hervorzubringen, das nicht zufällig die Auseinandersetzung des Sohnes mit dem Vater zum Thema hat. Ist Kunst »'Inzest' in der Sprache: Abhängigkeit vom Körper der Mutter«[4], so ist die Rivalität mit dem Vater in dem Wunsch nach der Mutter, der das Schreiben skandiert, mitgesetzt. Auf diesem Schauplatz zwischen Rivalität und Regression, präödipaler Symbiose und ödipalem Wissensdurst hat Roland Barthes im Schriftsteller jemanden gesehen, der den Körper der Mutter als Metonymie des eigenen versteht, für den die Mutter Muttersprache bedeutet und der »mit dem Körper der Mutter spielt (...), um ihn zu glorifizieren oder um ihn zu zerstückeln, ihn bis zur Grenze dessen zu bringen, was vom Körper erkannt werden kann«[5].

Von Überlegungen ausgehend, die die Schreibpraxis in Abhängigkeit und Analogie zum (mütterlichen) Körper bringen, sollen Passagen aus Müllers Textcorpus durchschritten werden, in denen Er-Zeugung und Hervor-Bringung der Textproduktion des Autors gespiegelt werden in einer Ikonographie des »Weiblichen«. Lassen sich die zahlreichen Frauengestalten in Müllers Werk (die sich durch ihr Verhältnis zur »Mutterschaft«, ihre Einstellung zum Gebärenkönnen auszeichnen) auch in diesem Kontext deuten, (die Schwangeren im Frühwerk, die (sich) tötenden, ihre Mutterschaft aufhebenden Frauenfiguren und Sprechakte seit »Zement«[6]), so sind sie doch mehr Frauen-*Bilder*, Projektionsflächen des sozialen, historischen Diskurses, der über Frauen und von Frauen geführt wird, als daß sie sich auf die Geburt des Textes beziehen.

Bekanntlich hat Müller weniger wohlgeratene Kinder als Wechselbälger, Monster Ada/optionen, Homunculi hervorgebracht, die oft jahrelang weggesteckt, dann wieder in die Mangel genommen, neumontiert wurden und in vielen Fällen Spätgeborene sind, überfällig. Die Vorstellung einer Ganzheit, vom Werk aus einem Guß, die dem Geburtsbild innewohnt, ist anderen Phantasmagorien gewichen: der Zerstückelung des (Sprach-)Körpers, der Verteilung, »Pluralisierung«, »Dissemination« (Derrida) des Text-Subjekts, und dem Bild der »Maschine«, in der Konstruktion und Automatismus zusammenkommen. Der Widerspruch zwischen Intention (intentio: Anspannung, Aufmerksamkeit, Absicht, Streben) und Material (mater: Mutter/Amme, materia: Stoff, Quelle, Anlage), den Müller im Text wirken sieht[7], ist auch ein Widerspruch im Subjekt des Textes, Subjekt im Prozeß.

Der weibliche Körper scheint in Müllers Prosa[8], die man als Supplementtexte zum dramatischen Diskurs lesen kann, in doppelter Weise konstitutiv zu sein: als Gegenstand des männlichen Blicks und als Körperinnenraum, »Schoß«. In »Todesanzeige« (1968) sind Blick und Körperraum noch – in logischer Abfolge – Thema; der Blick ist mit Kälte, Tod, auch abgewehrter, geleugneter Schuld assoziiert, der Schoß mit Wärme, »Leben«, Lust und abgewehrter, geleugneter Angst. In »Herakles 2 oder die Hydra« (1972) steht die Auseinandersetzung mit einem weiblich konnotierten Körperinnenraum im Zentrum, das Ich nimmt im wesentlichen die Welt über die Körpermembrane und -organe auf und wahr, das weibliche Wesen ist feindliches Land, gegnerisches Kampfgebiet. In »Bildbeschreibung« (1984) schließlich wird der Blick auf die »Frau in der Landschaft« thematisch, ein Blick, der sich selber sehen sieht.

Müller hat die Verhaftung seines Vaters durch die SA 1933 häufig als einen sein Leben und Denken prägenden Eindruck erwähnt und sie einmal als die erste Szene seines Theaters bezeichnet.[9] Die Erzählung »Der Vater«, die im Stile von Kafkas »Prozeß« beginnt, stellt den Blick des kleinen Jungen durch den Türspalt (im Gespräch ist es das Schlüsselloch) auf eine »Urszene« aus: dem Vater wird »ins Gesicht« geschlagen, es geschieht ein (Gewalt)Akt, in den das Kind sich nicht einmischt. Es kehrt ins Bett zurück – während der Vater »aus dem Bett heraus« verhaftet wird – und stellt sich schlafend, »ganz still«, als der Vater in der Tür steht und den Jungen bei seinem Namen ruft. »Mein Vater hatte das Licht im Rücken, ich konnte sein Gesicht nicht sehn.« Das Kind hat »ALLES GESEHN«: die Ohnmacht, die Niederlage des Vaters.

In den Eingangssätzen von »Todesanzeige« ist eine weitere tragende Szene der Müllerschen Imaginationen fixiert, die Blick, Ohnmacht und Verlassenwerden mit einem eigenen Erkalten, »Absterben« des Sehenden zusammenführt: »Sie war tot, als ich nach Hause kam. Sie lag in der Küche auf dem Steinboden, halb auf dem Bauch, halb auf der Seite, ein Bein angewinkelt wie im Schlaf, der Kopf in der Nähe der Tür. Ich bückte mich, hob ihr Gesicht aus dem Profil und sagte das Wort, mit dem ich sie anredete, wenn wir allein waren. Ich hatte das Gefühl, daß ich Theater spielte. Ich sah mich, an den Türrahmen gelehnt, halb gelangweilt, halb belustigt, einem Mann zusehen, der gegen drei Uhr früh in seiner Küche auf dem Steinboden hockte, über seine vielleicht bewußtlose, vielleicht tote Frau gebeugt, ihren Kopf mit den Händen hochhielt und mit ihr sprach, wie mit einer Puppe für kein andres Publikum als mich«.

Die Sachlichkeit bannt den Schrecken: Die Kälte des »Gegenstands« hat die Beschreibung ergriffen. Ein Tod wird angezeigt, eine Tote vorgezeigt, die Erinnerung des Ich, die sich daran anschließt, verdrängt sie schon: statt der zu erwartenden Erinnerung an das Leben des Ich mit der Frau wird ihr Anblick durch Flucht in Vergangenheit und Traum vergessen (gemacht), verdrängt. Ein Gefühl aus der Kindheit steigt auf: erstes Bewußtsein eigener Vergänglichkeit, das sich in der nachträglichen Deutung des Erwachsenen als erste Todessehnsucht verstehen läßt: Erinnerung an die Jugendzeit unmittelbar nach Kriegsende, als das Ich allein auf dem Weg durchs zerstörte Deutschland nach Hause einen gleichaltrigen Begleiter nicht erträgt, ihn ermorden möchte, weil er aufdringlich wie ein Schatten das eigene Selbstbild, – die Fiktion, der Situation gewachsen, groß genug, Mann zu sein, – unerbittlich stört. Am Schluß ist das Ich angekommen im Haus der Frau, ihrem Körper, ihrem Bauch – so erinnert es einen Traum oder träumt ihn, während es ihn schreibt; oder schreibt etwas, das nur ein Traum sein kann:

> »TRAUM Ich gehe in einem alten von Bäumen durchwachsenen Haus, die Wände von Bäumen gesprengt und gehalten, eine Treppe hinauf, über der nackt eine riesige Frau mit mächtigen Brüsten, Arme und Beine weit gespreizt, an Stricken aufgehängt ist. (Vielleicht hält sie sich auch ohne Befestigung in dieser Lage: schwebend). Über mir die ungeheuren Schenkel, aufgeklappt wie eine Schere, in die ich mit jeder Stufe weiter hineingehe, das schwarze, wildbuschige Schamhaar, die Roheit der Schamlippen.«

Phallus und Person des Träumenden/Schreibenden sind eins. Penetration und Rückkehr in den Mutterschoß, Inzest- und Todesphantasie gehen ineinander über.

Während der Text am Anfang die Blickthematik aus der »Eingangsszene« der Erzählung »Der Vater« aufnimmt – wieder ist es ein ohnmächtig Sehender in der Türschwelle/hinterm Türspalt, der in eine Szene nicht mehr oder noch nicht eingreifen kann und sich zurückzieht (in die Erinnerung, den Traum, ins Bett) und so das Gesehene im Verlauf des Weitererzählens auslöschend –, schließt sie mit dem Verschwinden des Ich/der Erzählinstanz in einem weiblichen Schoß.

»BAUM HAUS FRAU« – eine private Mythologie, die Müller manchmal wie einen Reim zum Traum in seine Texte hineinzitiert, mater und materia geben den Raum her für eine Phantasie, in der der Tod keinen Platz hat, weil er sich als Leben gibt. In der Haltung einer Geliebten und Gebärenden das reine »Innen«, ist der Traum/die Frau bereit, den aus der Wirklichkeit Zurückkehrenden zu empfangen, aufzunehmen, aber auch zu schlucken. Dagegen hält die traumatische Wirklichkeit, der kalte Leichnam, den Mann im »Außen«, verweigert sich seiner Ansprache, sperrt ihn aus, verschließt sich und lenkt damit seinen Blick zwangsläufig auf ihn selbst zurück. Die Frau – sowohl Verkörperung des Todes als auch des Lebens – umschließt seine Erinnerung an sich als einen früheren, vergangenen, noch nicht Erwachsenen in signifikanter Umkehrung von Leben und Tod, – aber gerade die Verbindung mit dem »Leben« (dem Geschlecht der Frau) läuft am Ende auf das stumme Verschwinden des Autor-Ichs hinaus. Der Text ist zu Ende.

In »Herakles 2 oder die Hydra« läßt schon der Titel einen männlichen Helden und ein weibliches Wesen, beide Inkarnationen von Kraft und Stärke, aufeinandertreffen. Die »2« bezieht sich auf die zweite Arbeit des Herakles, den Kampf mit der lernäischen Hydra; irritierend aber ist das »oder«, wenn man ein »und« erwartet: es scheint um ein »entweder/oder« zu gehen, einen Kampf, aus dem entweder Herakles oder die Hydra als Sieger hervorgehen wird. Das entspräche der antiken Mythologie, und der Kenner weiß Bescheid: Herakles wird siegen, obwohl die Hydra ein schwieriger, ja übermächtiger Gegner ist. Jeder Kopf, der ihr abgeschlagen wird, wächst doppelt nach, eigentlich ist sie nicht zu besiegen – es sei denn von Herakles. Der Titel läßt sich jedoch auch anders lesen: Herakles 2 kann man »die Hydra« nennen (hinter dem »oder« wäre ein Doppelpunkt zu denken, der über den Ausgang der Schlacht eine wirkliche Ungewißheit verhängt). Herakles 2 ist ein anderer Name für die Hydra: das Sortiment männlich-weiblich gerät durcheinander. Müller hat das Prosastück in unterschiedlichen Zusammenhängen veröffentlicht. Als Intermedium in dem Drama »Zement« (1972), als Material zu »Mauser« und als eigenständigen Text. Kern der geschichtsphilosophischen Deutungen (besonders im Kontext von »Zement«) ist, daß »Herakles 2 oder die Hydra« den Gang der Menschheit durch die Geschichte als kollektiven und individuellen Vorgang darstelle, als dauernden (und immer noch andauernden) Kampf des Menschen gegen die Natur (auch seine eigene Triebnatur), wobei der Ausgang offen ist, eine Lösung nicht absehbar.[11]

»Lange glaubte er noch den Wald zu durchschreiten«, beginnt der Text über »ihn« (der nur im Titel den Namen Herakles trägt), und über den Wald, das Tier, die Schlacht. Wie »er« dem trügerischen Glauben noch unterliegt, er sei Subjekt, das – mit aufrechtem Gang womöglich – den Wald »durchschreitet«, so mag der Autor mit seinem ersten Satz noch glauben (machen), er durchmesse die Sprache, den Sprachraum, als Herr seiner Schritte, und mag der Leser glauben, diesen Text-Wald könne er Schritt für Schritt durchmustern, deuten, verstehen – und am anderen Ende wieder verlassen. Doch: »Nur bis zur Mitte gehst du in den Wald/ Und nicht vorm Ausgang weißt du seine Mitte«.[12] Der Anfang ist immer schon gewesen, das Subjekt ist in den Prozeß verwickelt, hat sich verloren – über den Eingang kein Wort –, ist irgendwo mittendrin »in dem betäubend warmen Wind, der von allen Seiten zu wehen schien und die Bäume wie Schlangen bewegte«. Hier sind die Sinne getrübt, unzuverlässig, so daß sie immer nur im Möglichkeitsmodus Auskunft geben über das Wahrgenommene: »glaubte er«, »schien es ihm«, »fragte er sich noch manchmal«, »vielleicht« etc. Wind »von allen Seiten« und die »immer gleiche Dämmerung« machen höchst ungewiß, in welchem Raum wir uns befinden. (Hier fehlt Müllers sonstige Vorliebe für die SONNE, die grelle Ausleuchtung der Szene.) Was auch immer der Wald sein mag, es gibt keinen Himmel über ihm; so ist eine Zeitmessung unmöglich. Und sein Boden ist schwankend, schlägt Wellen, ist nichts, worauf sich bauen ließe. Es scheint eine Art Bauch zu sein, ein Körperinnenraum, (der eines großen weiblichen Tieres vielleicht, wie es unvermutet in der Erzählung »Der Vater« auftaucht: »Ich wünschte mein Vater wäre ein Hai gewesen/ (...)/ Meine Mutter ein Blauwal«).

Der »Schlacht mit dem Tier«, die »er« vor sich zu haben meint, und zu der ihn eine »kaum sichtbare Blutspur« hinzuführen scheint, geht zunächst ein Kampf mit den Bedingungen, unter denen die Schlacht überhaupt beginnen könnte, voraus, denn der eigene Körper verändert sich, die Füße werden schwerer, der Blutdruck fällt. Besonders der Bodenkontakt ist gefährdet (eine Anspielung auch auf den Antäus-Mythos, in dem der Held nur übermenschlich stark ist, solange er den Kontakt mit Mutter Erde hält). Eine dünne Haut ist zwischen »ihm« und den »Eingeweiden der Welt«, dem »unbekannten Unten« (das das Erdinnere mit dem weiblichen Schoß abstrakt verknüpft).

> »Wenn er vorsichtiger auftrat, schien es ihm, als ob der Boden, von dem er geglaubt hatte, daß er seinem Gewicht nachgäbe, seinem Fuß entgegenkam und ihn sogar, mit einer saugenden Bewegung, anzog.«

Genia Schulz

Die Bilder spielen mit einer Grenze zwischen Innen und Außen, der Druck des Fußes in den Boden oder sein Angesaugtwerden lassen in der Schwebe, ob hier ein Eindringling eine Blutspur auf dem Weg ins Innere erzeugt, wenn er die dünne Haut durchstößt, oder ob er, im Körperinnenraum befindlich, durch eine dünne Haut vom Außen abgetrennt ist. Das systematische Zweifeln, Erwägen, Mutmaßen in diesem Text zielt immer wieder auf die Frage, ob »er« Subjekt oder Objekt des Vor-Gangs ist, ob er eindringen kann oder aus- und abgestoßen, in einen Körper aufgenommen oder dort vernichtet werden soll. (»Jeder Schoß, in den er irgendwann geraten war, wollte irgendwann sein Grab sein«, deutet er später seine Lage, und macht so den Schoß zum Subjekt eines Willens – des Ausstoßens wie des Aufnehmens.) Die Haut – Grenze zwischen Innen und Außen – Erdoberfläche und Körperumhüllung ist dabei das Testfeld. »Er« prüft die Haut des Bodens (ohne zu einem Ergebnis über ihre Beschaffenheit zu kommen), gleichzeitig wird seine Haut geprüft (von den Bäumen und Ästen, die der Wind bewegt), allerdings »oberflächlich und ohne besonderes Interesse«. Der »konzentrisch wehende Wind« ist wie eine zweite Körperumhüllung.

> »Dann schien der Wald dichter zu wachsen, die Art der Berührung änderte sich, aus dem Streicheln wurde ein Abmessen. Wie beim Schneider, dachte er, als die Äste seinen Kopf umspannten, dann den Hals, die Brust, die Taille usw., sogar an seinem Schritt schien der Wald interessiert«.

Spätestens hier ist aus dem vermeintlichen Subjekt des Prozesses ein Subjekt im Prozeß geworden, das statt zu durchschreiten selbst vermessen wird. Gerade sein »Schritt« (in dem wie beim »Fuß« die sexuelle Bedeutung mit der des Abdrucks im Bodenmaterial, Erzeugung einer Spur, konvergiert) ist für den Wald von Interesse. Der kontrollierende Griff – der »Schneider« zitiert auch den »Schnitt« herbei – macht aus dem Abmessen eine nicht nur doppeldeutige, sondern auch bedrohliche Maßnahme: die Zerstörung des »Schritts«, seine Unterbrechung.

Hier stockt die Beschreibung des Vorgangs und weicht der Deutung, zitiert das Bildungswissen (über Herakles und die Hydra) als verdaut und ausgeschieden, aus der Zeit der Überlieferung in den Raum als Abfallhalde übergegangen, eigentlich kein Gegenstand des Kampfes mehr:

> »Das Automatische des Ablaufs irritierte ihn. Wer oder was lenkte die Bewegungen dieser Bäume, Äste oder was immer da an seiner Hutnummer, Kragenweite, Schuhgröße interessiert war. Konnte dieser Wald, der keinem der Wälder glich, die er gekannt, 'durchschritten' hatte, überhaupt noch ein Wald genannt werden. Vielleicht war er selber schon zu lange unterwegs, eine Erdzeit zu lange, und Wälder überhaupt waren nur mehr, was dieser Wald war. Vielleicht machte nur noch die Benennung einen Wald aus, und

alle andern Merkmale waren schon lange zufällig oder auswechselbar geworden, auch das Tier, das zu schlachten er diese vorläufig noch Wald benannte Gegebenheit durchschritt, das zu tötende Monstrum, das die Zeit in ein Exkrement im Raum verwandelt hatte, war nur noch die Benennung von etwas nicht mehr Kenntlichem mit einem Namen aus einem alten Buch.«

Die Grammatikformel »Wer oder was«, die zwar nach dem Subjekt des Satzes fragt, aber unbestimmt läßt, ob es sich um Belebtes oder Unbelebtes handelt, ob z.B. »der Wald« oder »das Tier« oder er selbst gemeint sind, führt zum Problem der Sprache – ihr Verhältnis zur Wirklichkeit: benennt sie nur das, was ohnehin (auch ohne sie) »da« ist, oder geht das, was da ist, nur über ihre Benennung in das Bewußtsein ein, konstituiert die Sprache im Bewußtsein die Wirklichkeit oder bildet sie sie nur ab, und welche Rolle spielt das Subjekt dabei, das vielleicht Objekt der Sprache ist, sie keineswegs »gebraucht«, sondern von ihr hervorgebracht wird.

»Durchschritten« ist als Vergangenheitsform in Anführungszeichen gesetzt, wird zurückbezogen auf den »Eingangssatz« des Textes, als vielleicht falsches Wort gekennzeichnet, so wie der Wald auch nur ein so genannter ist. »Er«, der unter diesen Bedingungen nicht mehr weiß, wo er ist, muß, selbst nicht mehr kenntlich, sich in einem undefinierbaren Raum vermuten, in dem sich die Grenze zwischen allen Differenzen, Unterscheidungen (Subjekt/Objekt, Eindringen/Ausgestoßenwerden, Empfangen/Abgeben, Schreiten/Beschrittenwerden etc.) aufgelöst hat. Der Raum ist ein Zwischenraum.

Müller hat anläßlich der Aufführung von »Herakles 2 oder die Hydra« als einer Szene des Dramas »Zement« darauf Wert gelegt, der Text möge nicht rezitiert, sondern als Einheit von Beschreibung und Vorgang inszeniert werden.[13] Nichts anderes tut der Text: er inszeniert die Einheit von Vorgang und Beschreibung (des Vorgangs); er führt sich selber vor, seine eigene Geburt, genauer: die Bewegung und das Subjekt dieser Produktion, das sich in diesem Prozeß (des Durchschreitens, Durchquerens, Durchdringens, Eindringens ins Sprach-Material) sowohl verloren als auch konstituiert hat. Die Anführungszeichen, die das »Durchschritten« umschließen, verweisen so auf den Übergang vom Modus der Repräsentation, in dem der Vorgang bisher zu umschreiben versucht worden war, zur Artikulation: der Vorgang ist nichts anderes als das, was »er« erfährt. Die »Gegebenheiten« (wie Wald, Schlacht, Tier) erwarten nicht (passiv) ihre Benennung, sondern gehen auf den, der sie benennen will, los und bemächtigen sich seiner.

Konflikt – ob historisch-politische Epochenkollision, das Verhältnis Mensch-Natur oder die Beziehung zwischen Mann und Frau – wird bei Müller immer als eine Art »Schlacht« verstanden. (Man erkennt die Tradition des marxistischen Denkens, in dem der Kampf das Grundmodell des geschichtlichen Fort-Schritts ist.) So auch das Verhältnis des Schreibenden zur Sprache. Auch hier handelt es sich um einen Kampf, in dem man »den Feind nicht mehr sehen« kann.[14] Das »Schlachtfeld in der Brust« bringt die Ordnung des Bewußtseins durcheinander, so wie die sexuelle Bewegung, die der Text metaphorisch und syntaktisch-rhythmisch imitiert, gleichzeitig einen Geburtsvorgang ausdrückt, die Bewegung der Wehen. In beiden Fällen aber geht es um das Bewußtsein davon, was mit dem *Körper* geschieht. Zunehmend macht die Eigendynamik von Lust und Schmerz ein »Nachdenken« und auch nur ein Benennen durch ein selbstmächtiges Subjekt unmöglich:

> »Nur er, der Unbenannte, war sich selber gleichgeblieben auf seinem langen schweißtreibenden Gang in die Schlacht. Oder war auch, was auf seinen Beinen über den zunehmend schneller tanzenden Boden ging, schon ein anderer als er. Er dachte noch darüber nach, als der Wald ihn wieder in den Griff nahm.«

Das Nach-Denken sistiert den Vorgang nur scheinbar, die Gewalt des Be-Griffs, der Sog der Abstraktion, die im »Automatischen« des Maßnehmens liegt, kann nur in einer gewalt(tät)igen Anstrengung überlistet werden. Das »Nambarmachen« beginnt erst, wenn die übernommenen täuschenden Namen, die trennen, sortieren, rastern, verschwinden.

> »Die Gegebenheit studierte sein Skelett, Zahl, Stärke, Anordnung, Funktion der Knochen, die Verbindung der Gelenke. Die Operation war schmerzhaft. Er hatte Mühe, nicht zu schreien. Er warf sich nach vorn in einen schnellen Spurt aus der Umklammerung. Er wußte, nie war er schneller gelaufen. Er kam keinen Schritt weit, der Wald hielt das Tempo, er blieb in der Klammer, die sich jetzt um ihn zusammenzog und seine Eingeweide aufeinanderpreßte, seine Knochen aneinanderrieb, wie lange konnte er den Druck aushalten, und begriff, in der aufsteigenden Panik: der Wald war das Tier, lange schon war der Wald, den zu durchschreiten er geglaubt hatte, das Tier gewesen, das ihn trug im Tempo seiner Schritte, die Bodenwellen seine Atemzüge und der Wind sein Atem, die Spur, der er gefolgt war, sein eigenes Blut, von dem der Wald, der das Tier war, seit wann, wieviel Blut hat ein Mensch, seine Proben nahm; und daß er es immer gewußt hatte, nur nicht mit Namen.«

Der Wald/das Tier, die Mutter-Sprache, der weibliche Körper der Lust und des Schmerzes sind zugleich Gegner und Spiegel des Subjekts: sie sind sein eigener Raum, sein eigener Körper, die Erfahrung eines körperlichen Vorgangs, der nachträglich ins Bewußtsein, das Reich der Namen und Benennungen aufgenommen und hier zu einem Text-Körper wird. Das Durchschreiten des eigenen Körpers (die Anpassung der Sprache an seinen

Rhythmus) macht das Bewußtsein zu einem des Körpers – und damit das Körperliche an der Sprache beschreibbar:

> »Etwas wie ein Blitz ohne Anfang und Ende beschrieb mit seinen Blutbahnen und Nervensträngen einen weißglühenden Stromkreis.«

Die Erleuchtung wird nicht zufällig in der Sprache Artauds, der »Sprache der Qual«, wie sie Müller nennt, umschrieben. »Fremd im eigenen Körper«, hört »er« sich lachen, die Unterscheidung zwischen Sinn und Nichtsinn zerfällt,[15] das erleuchtete Bewußtsein löst sich auf. An seine Stelle tritt der Schmerz:

> »Er hörte sich lachen, als der Schmerz die Kontrolle seiner Körperfunktionen übernahm. Es klang wie Erleichterung: kein Gedanke mehr, das war die Schlacht« –,

deren (maschinelle) Bewegung in der folgenden Textpassage wiederum als Vorgang beschrieben wird. Der Zustand der Utopie »jenseits des Menschen« (»Ich will eine Maschine sein. Arme zu greifen Beine zu gehn kein Schmerz kein Gedanke«) und der Wunsch nach dem Geschlechtertausch (»Ich will eine Frau sein«)[16] trifft sich mit der Erkenntnis, »selbst« Wald, Tier und Schlacht zu sein: ganz Körper, dessen Funktionen sich vom Bewußtsein nicht mehr unterscheiden. Allein der Schmerz kann die Depersonalisierung (auch den Wunsch nach ihr), zugleich in Schach und in Erinnerung halten, er markiert die Grenze zwischen Körper und Bewußtsein; er ist das Wissen über diese Grenze.

Die Blutspur, Spur der Schrift, ist durch den Schmerz (Grenze zwischen Ausdruck und Begriff) markiert, der sich in jeder Schlacht erneuert. Die Geburt des Text-Subjekts, die sich hier vollzieht, identifiziert die Gebärende und das zu Gebärende im Bild einer Schlacht zwischen »Behalten« und »Abgeben«:

> »Die alte Gleichung. Jeder Schoß, in den er irgendwie geraten war, wollte irgendwann sein Grab sein. Und das alte Lied. 'Ach bleib bei mir und geh nicht fort An Meinem Herzen ist der schönste Ort.' Skandiert vom Knacken seiner Halswirbel im mütterlichen Würgegriff. 'Tod den Müttern'.«

Der Ausbruch aus dem Gefängnis des (Mutter-)Schoßes, das sich in der sexuellen Umklammerung erneuert, ist zugleich ein Kampf mit dem Tod. Das Ergebnis ist kein mit sich identisches Subjekt, sondern ein von Zerstückelung bedrohter Körper, dem kein mütterlicher Blick, kein Spiegel die imaginäre Ganzheit garantiert. Die Pluralisierung des Autor-Ich, das Durchquertwerden von (fremden) Textströmen produziert ein Schlachtfeld

Text, auf dem der Autor Teilnehmer ohne Überblick ist – »Schläge gegen die Eigensubstanz« sind dabei unvermeidlich. Mimetisch geht in der Beschreibung dieses Vorgangs die Syntax zu Bruch, unterliegt ihrer eigenen losgelassenen Bewegung, die zum reinen rhythmischen Benennen der Dinge (Waffen) geriete, würde es nicht immer durch ein »nicht« skandiert, das (selber Element des Rhythmus) als Verneinung (des Benannten und der Prädikation) die Urteilsfunktion des Sprechenden signalisiert. Die verneinte Unterscheidung findet – als negierte – statt[17]:

> »Im Gewirr der Fangarme, die von rotierenden Messern und Beilen *nicht*, der rotierenden Messer und Beile, die von Fangarmen *nicht*, der Messer Beile Fangarme, die von explodierenden Minengürteln Bombenteppichen Leuchtreklamen Bakterienkulturen *nicht*, der Messer Beile Fangarme Minengürtel Bombenteppiche Leuchtreklamen Bakterienkulturen, die von seinen eigenen Händen Füßen Zähnen *nicht zu unterscheiden* waren in dem vorläufig Schlacht benannten Zeitraum aus Blut Gallert Fleisch, so daß für Schläge gegen die Eigensubstanz, die ihm gelegentlich unterliefen, der Schmerz beziehungsweise die plötzliche Steigerung der pausenlosen Schmerzen in das *nicht mehr Wahrnehmbare* das einzige Barometer war.«

Schon die »Aufhebung« der Unterschiede zwischen Ich und Welt, den Fangarmen des Tiers (Wald), den Waffen aus archaischer Vorzeit bis ins atomare Zeitalter und den eigenen Händen, Füßen, Zähnen macht die Ziele des Angriffs unkontrollierbar. Vollends die »pausenlosen Schmerzen«, die sogar den Unterschied zwischen Schmerz und Nichtschmerz auflösen, führen zu einer Erfahrung, in der völlige Fusion, und ihre Kehrseite, die Diffusion, zusammenfallen.

> »In *dauernder Vernichtung immer neu* auf seine kleinsten Bauteile zurückgeführt, sich immer neu zusammensetzend aus seinen Trümmern in dauerndem Wiederaufbau, manchmal setzte er sich falsch zusammen, linke Hand an rechen Arm, Hüftknochen an Oberarmknochen, in der Eile oder aus Zerstreutheit oder verwirrt von den Stimmen, die ihm ins Ohr sangen, Chöre von Stimmen 'Bleib im Rahmen, laß Dampf ab, gib auf' oder weil es ihm langweilig war, immer die gleiche Hand am gleichen Arm immerwachsende Fangarme Schrumpfköpfe Stehkragen zu kappen, die Stümpfe zum Stehen zu bringen, Säulen aus Blut.«

In der permanenten Zerstückelung und Neuzusammensetzung des Körpers/ Corpus läßt sich unschwer auch die Struktur der Produktion des Autors ablesen. Die Schlachtergebnisse sind montierte, collagierte, fragmentierte Texte, zusammengesetzt aus Zitat und Selbstzitat; das Dekonstruktionsprinzip ist bis in die Titelkonvolute vieler seiner Stücke zu studieren.[18] Ganz wörtlich ist in diesem Kontext die Bemerkung zu verstehen, zersprengtes Material sei utopisch,[19] also nicht am angestammten Ort, nicht im »richtigen« Zusammenhang und *deshalb* utopisch. Trümmer, auch der eigenen Substanz, lassen den Plan, die Struktur, das Skelett eines Baus erkennen und stellen eine neue Zusammenfügung des Materials sowohl dar als auch frei.

> »Manchmal verzögerte er seinen Wiederaufbau, gierig wartend auf die *gänzliche Vernichtung* mit Hoffnung auf das *Nichts*, die unendliche Pause, oder aus Angst vor dem Sieg, der nur durch die *gänzliche Vernichtung* des Tieres erkämpft werden konnte, das sein Aufenthalt war, außer dem vielleicht das *Nichts* schon auf ihn wartete oder auf *niemand*.«

Aber die »unendliche Pause« in der Schlacht mit dem Wald-Tier ermöglicht auch das Lesen, das Immer-wieder-Lesen der eigenen Hand-Schrift, der eigenen Spur, die sich durch das Feld der Sprache während der Schlacht gebildet hat:

> »In dem weißen Schweigen, das den Beginn der Endrunde ankündigte, lernte er den immer andern Bauplan der Maschine lesen, die er war aufhörte zu sein anders wieder war mit jedem Blick Griff Schritt und daß er ihn dachte änderte schrieb mit der Handschrift seiner Arbeiten und Tode«.

Würde der Gegner vernichtet, wäre »er« seines Aufenthalts beraubt, der Sieg käme der eigenen Vernichtung gleich. Die Pause, das »weiße Schweigen«, der Augenblick der Erleuchtung, in der der Bauplan des eigenen Körpers und Bewußtseins, der eigenen Existenz als (Schreib-)Maschine lesbar wird, ist der Raum/die Zeit der Selbstreflexion, mit der jede Auseinandersetzung in die letzte Runde geht.

Das Bild eines »Nichts« taucht als buchstäblich u-topisches in zahlreichen Variationen im Werk Müllers auf und bezeichnet den imaginären Raum, in dem sich die Schrift bewegt. Es ist ein »Zwischenraum«, wie er in »Herakles 2 oder die Hydra« schon in den Wörtern inter-esse, im Durch-schreiten, als Schritt, Blick, Griff angedeutet ist. Es scheint Müller um eine Denkform oder um Bilder für das Undenkbare, Nichtabbildbare zu gehen, um die »Lücke«, die Differenz, die jede Bewegung – nicht zuletzt die der Sprache – konstituiert. Im »weißen Schweigen« ist die Nähe zur leeren Papierseite, die auf ihre »Beschreibung« wartet, noch am deutlichsten. Formuliert wird diese Utopie des »Zwischen« immer wieder neu. Sie ist anwesend im Bild der Wunde; zunächst der verschobenen Kastration: den abgeschnittenen Gliedern der männlichen Dramenfiguren, den Einarmigen, Einbeinigen, Handlosen und Fußverletzten (Ödipus, Philoktet, Traktorist), der Selbstblendung (Ödipus), der Aufzählung von (Selbst-)Verwundungen der Frauen (»Lessings Schlaf Traum Schrei«, Ophelia), die immer auch auf die eigene Autorschaft zurückbezogen werden, bis zur »Wunde Woyzeck«, die auch eine Wunde Marie(s) ist, ihr »rotes Halsband«.[20] Sie ist anwesend im Augenblick des Schmerzes, wenn der Traktorist über das verminte Feld gefahren ist und mit seiner Maschine in die Luft gesprengt wird (auch er in deutlicher Nähe zum Sprachtraktierer, Versus-Macher, dem einsamen Spurenziehen, auf dem verminten Sprachacker, das sich im »Kolonnenpflügen«, der Kollektivierung der Sprache auflösen könnte):

>»Dann nimmt der Acker mich unter den Pflug
>Dann sind wir eins ein Klumpen Aas und Schrott
>Der sich im *Leeren* dreht auf *keiner Stelle.*«[21]

Es sind Bilder, die die Umkehrung von Intention und Material, von Subjekt und Objekt, männlichem und weiblichem Prinzip (und seiner traditionellen Bildlichkeit) zu einem Fluchtpunkt führen: dem outopos (Leere/keine Stelle), die klaffende Lücke, dem, was nicht da ist, abgeschnitten, aus- und durchgerissen ist. Es kann sich in dem Paradox der leitmotivischen Formel in »Mauser« verstecken: »das Gras noch/ Müssen wir ausreißen, damit es grün bleibt«; es kann die Spanne zwischen Finger und Abzug sein, in der Täter und Opfer, Bewußtsein und Unbewußtes in der Schwebe bleiben, es kann der »Rest/ Der nicht aufging« sein (»Der Horatier«), der Riß durch die Fotografie des Autors (»Hamletmaschine«), das Drama »zwischen den Fronten« (ebd.), der »tote Fleck«, das »Stück Wüste« auf der eigenen Haut (»Lessings Schlaf Traum Schrei«). Und es kann der »erlösende Fehler« sein, der in »Bildbeschreibung« die Chance markiert, eine ewige Wiederholung zu unterbrechen. – Wenn Medea nach dem Kindermord eine weitere Tat prophezeit –

>»Will ich die Menschheit in zwei Stücke brechen
>Und wohnen in der leeren Mitte Ich
>Kein Weib kein Mann«[22]

– dann wird die Lücke als Utopie einer Zeit und Ordnung jenseits der Geschlechterdifferenz kenntlich (vor dem Eintritt in die symbolische Ordnung/nach dem Tod), die an die Stelle des Ideals der »Vollständigkeit« das Reversbild des Einschnitts setzt: die Bruchstelle, Wunde, auch die Narbe als Spur der Wunde. Das »Ich« ist die Schnittstelle, die Blutspur. Von hier aus wird der Bauplan der Maschine »mit der Handschrift seiner Arbeiten und Tode« immer wieder um(ge)schrieben. Nicht die (positiv gesetzte) Identifizierung von weiblich und männlich, sondern die Vorstellung der Differenz setzt die Autorschaft frei.

»Bin gar kein oder nur ein Mund«

In »Herakles 2 oder die Hydra« wurde das Bild des Stumm-Machens an einen »mütterlichen Würgegriff« gebunden, aus der »er« sich befreien will: »Tod den Müttern« (die das, was sie hervorbringen, behalten möchten, nicht abgeben können) – Bild der Urheberschaft/Autorschaft, die den Schoß der Sprache auch als Grab erfährt. In »Bildbeschreibung« wird diese geschlechtsspezifische Zuordnung umgekehrt, exponiert und aufs Neue reflektiert: Beschrieben wird wieder unter ständigem Vorbehalt (»vielleicht«, »könnte sein«, »vermutlich« sind die Formeln, mit denen alles Gesehene auch ganz anders sein könnte) eine Landschaft mit Vogel, Frau und Mann.[23] Nur die Frau wird wie die Landschaft wirklich beschrieben – als etwas, das die rechte Bildhälfte »beherrscht«, andererseits aber völlig zerrüttet, gebrochen, durchlöchert, unvollständig ist (der untere Teil ist vollends vom »Bildrand« – also von der Grenze zwischen Bild und Nichtbild – abgeschnitten). Sie scheint das Opfer einer vergangenen Schlacht (mit einem Tier, einer Maschine, einem Mann?), vielleicht aber auch nur eine versprengte Teilnehmerin zu sein; eingeführt wird sie als etwas, das eine Ganzheit spaltet, (zer)teilt, auseinanderbricht:

> »Ihr Kopf teilt den Gebirgszug, das Gesicht ist sanft, sehr jung, die Nase überlang, mit einer Schwellung an der Wurzel, vielleicht von einem Faustschlag, der Blick auf den Boden gerichtet, als ob er ein Bild nicht vergessen kann und oder ein andres nicht sehen will, das Haar lang und strähnig, blond oder weißgrau, das harte Licht macht keinen Unterschied, die Kleidung ein löchriger Fellmantel, geschnitten für breitere Schultern, über einem fadenscheinig dünnen Hemd, wahrscheinlich aus Leinen, aus dem an einer Stelle ausgefransten zu weiten rechten Ärmel hebt ein gebrechlicher Unterarm eine Hand auf die Höhe des Herzens bzw. der linken Brust, eine Geste der Abwehr oder aus der Sprache der Taubstummen«.

So genau die Beschreibung zu sein scheint, das »harte Licht« läßt im Unklaren, ob sie »sehr jung« oder alt (weißgraues Haar) ist, ob sie überhaupt etwas sieht, ob ihre Geste der Abwehr Lebendigkeit, Verteidigung signalisiert oder sie nicht eher als Taubstumme ausweist, so daß die Bedeutung der Geste allererst dechiffriert werden müßte. Die »Bildbeschreibung« schlägt jedoch noch eine andere Deutung ihrer Haltung und ihres Aussehens vor: die Geste der Abwehr richtet sich nicht auf etwas zu Erwartendes, Zukünftiges, sondern auf Vergangenes, die vielleicht tödlichen Verletzungen sind schon gewesen:

> »Die Abwehr gilt einem bekannten Schrecken, der Schlag Stoß Stich ist geschehn, der Schuß gefallen, die Wunde blutet nicht mehr, die Wiederholung trifft ins Leere, wo die Furcht keinen Platz hat, das Gesicht der Frau wird lesbar, wenn die zweite Annahme stimmt, ein Rattengesicht, ein Engel der Nagetiere, die Kiefer mahlen Wortleichen und Sprachmüll, der linke Man-

> telärmel hängt in Fetzen wie nach einem Unfall oder Überfall von etwas
> Reißendem, Tier oder Maschine«.

Die »zweite Annahme« geht vom Tod der Frau aus, gleichwohl gibt es noch immer eine taubstumme, pantomimische Artikulation, einen Wunsch nach Ausdruck jenseits des Todes: etwas an der Frau lebt (in der Imagination des Betrachters) noch, ist vielleicht gar nicht tot(zukriegen) und macht diese Tote zu einer immer noch ernstzunehmenden Gegnerin:

> »... merkwürdig, daß der Arm nicht verletzt worden ist, oder sind die braunen Flecken auf dem Ärmel geronnenes Blut, gilt die Geste der langfingrigen rechten Hand einem Schmerz in der linken Schulter, hängt der Arm so schlaff im Ärmel, weil er gebrochen ist, oder durch eine Fleischwunde gelähmt, der Arm ist am Handabsatz vom Bildrand abgeschnitten, die Hand kann eine Klaue sein, ein (vielleicht blutverkrusteter) Stumpf oder ein Haken«.

Die Ungewißheit, ob der Arm nun verletzt worden ist oder nicht, was aus der Hand geworden ist – ist sie »tierisch« (Klaue), «künstlich« (Haken) oder einfach weg (Stumpf) –, scheint für die Beschreibung der Frau wichtig zu sein. Denkt man diese Phantasie der Zerstörung ihrer linken Hand mit der Linkshändigkeit des schreibenden Mörders zusammen, von der später die Rede ist, könnte sie ihrer tätigen, ihrer Schreibhand beraubt sein. Ihr Wunsch nach Ausdruck, der in ihr Bild hineingelesen wird, ist ein Mahlen der Kiefer, eine Taubstummengeste des gesunden Arms, und später der mögliche (Vampir-)Biß in die Kehle des Vogels, der ihren Zustand spiegelverkehrt.

> »... die Frau steht bis über die Knie im Nichts, amputiert vom Bildrand, oder wächst sie aus dem Boden wie der Mann aus dem Haus tritt und verschwindet darin wie der Mann im Haus,«

Diese weitere Annahme über die Frau, die sie dem Mann vergleichbar macht, sieht sie in Bewegung (aufwärts/abwärts – der Mann: vor und zurück) einer An- und Abwesenheit, »bis die eine unaufhörliche Bewegung einsetzt, die den Rahmen sprengt, der Flug, das Triebwerk der Wurzeln Erdbrocken und Grundwasser regnend, sichtbar zwischen Blick und Blick, wenn das Auge ALLES GESEHN sich blinzelnd über dem Bild schließt«. Die Dynamisierung des zunächst statisch gedeuteten Bildes, das nur durch seine unterschiedlichen Lesarten in Bewegung gebracht wurde, sprengt den Rahmen des Bildes und wird zur Schrift *zwischen* Blick und Blick. Das Auge schließt sich blinzelnd (also nicht ganz) und sieht nun anderes, überläßt sich seiner Imaginationskraft, die das Bild neu öffnet: Der Mann steht in der Tür, den rechten Fuß halb noch auf der Schwelle. Er hält mit »Jäger-*griff*« einen Vogel, er geht im Tanz*schritt* und lächelt, »nicht auszumachen, ob er die Frau schon gesehn hat, vielleicht ist er *blind*, (...) *er sieht mit den Füßen*, jeder Stein, an den sein Fuß stößt, lacht über ihn (...)«.[24]

Eine Aktion könnte jetzt folgen: die umgeworfenen Gegenstände lassen auf einen »wilden Geschlechtsakt« schließen – oder auf einen Mord an der Frau. Das verbindende Indiz ist »eine dunkle Flüssigkeit, Wein oder Blut«, die jedoch auch an eine Schreibflüssigkeit erinnert:

> »Oder rührt der ausgefranste Schatten am Hals der Frau unter dem Kinn von einem Messerschnitt her, die Fransen getrocknetes Blut aus der halsbreiten Wunde, schwarz mit verkrustetem Blut auch die Haarsträhnen rechts vom Gesicht, Spur des linkshändigen Mörders auf der Türschwelle, sein Messer schreibt von rechts nach links«

– in der Logik des Bildes: von der Frau zu ihm hin –

> »er wird es wieder brauchen,«

wenn der Film rückwärts läuft, die Erinnerung das zersprengte Material neu zusammenfügt und aus der toten Frau einen Vampir, einen »durstigen Engel« macht, der nach Nahrung unter den Lebenden verlangt. Die Schrift-Spur, die sich über den Hals der Frau zieht und ihr Stimme und Leben raubte, muß ständig wiederholt werden.

Als Tote wird die Frau vom Opfer zur Täterin: eine »MATA HARI der Unterwelt«, Kundschafterin der Toten, die auf die Auferstehung warten, ein »BÖSER FINGER«, eine WINDSBRAUT, die mit dem Sturm, der die Szene durchweht, im Bunde ist.[25] Ihre zerrissene Aufmachung könnte jetzt mit ihrer Herkunft aus dem Totenreich zu tun haben, eine Verschüttete hat sich ihren Weg nach oben gebahnt.[26] »ICH HABE DIR GESAGT DU SOLLST NICHT WIEDERKOMMEN TOT IST TOT«. – Der Satz ist Befehl, Bitte und sinnlose Beschwörung. Es geht um nichts anderes als die »unaufhörliche Bewegung«, die Wiederholung der Begegnung, die »Blutpumpe des täglichen Mords«, die die Tinte fürs papierene Leben liefert. Der »erlösende Fehler«, durch den dieser Wiederholung zu entkommen ist und der »vielleicht tägliche Mord an der vielleicht täglich auferstehenden Frau« zu beenden wäre, ist, selbst Opfer zu werden:

> »... zerstreuter Blick des Mörders, wenn er den Hals des Opfers auf dem Stuhl mit den Händen, mit der Schneide des Messers prüft, auf den Vogel im Baum, ins Leere der Landschaft, Zögern vor dem Schnitt, Augenschließen vor dem Blutstrahl, Lachen der Frau, das einen Blick lang den Würgegriff lockert, die Hand mit dem Messer zittern macht,«

Der zerstreute Blick und das Augenschließen (aus Angst/Ekel vor dem zu erwartenden Blut) also eine Art Sehstörung bereiten der Tatkraft des Mannes ein Ende, bereiten die Zerstörung seines Blicks vor:

> »Sturzflug des Vogels, vom Blinken der Schneide angelockt, Landung auf dem Schädeldach des Mannes, zwei Schnabelhiebe rechts und links, Taumel und Gebrüll des Blinden.«

Der gefürchtete Blutstrahl gehört jetzt zum Körper des Mannes: statt des Hals-Schnitts der Frau (der sie stumm machen würde) der Stich in die Augen des Mannes, der ihm den Blick raubt, – beides Umschreibungen einer signifikanten Kastration. – Die Verschiebung des blutigen Vorgangs ist als »erlösend« angekündigt: er würde den Mann nicht nur von dem Wiederholungszwang befreien, sondern auch von dem »Sehzwang«, dem »Bombardement der Bilder (Baum Haus Frau), die Augenlider weggesprengt«, wie es in »Traktor« heißt. In »Die Wunde Woyzeck« haben dem Autor Büchner »die Parzen bei der Geburt die Augenlider weggeschnitten«. Die den Lebensfaden abschneiden, bescheren dem eben Geborenen einen besonderen Tod: sie morden seinen Schlaf. Wer vor nichts die Augen verschließen, keinem Schrecken ausweichen kann, der wird selbst zum Schrecken für die anderen, die immer in seinem Blickfeld, seiner Schußlinie stehen.

So entsteht eine Dialektik des Blicks: Der Autor als Opfer seines Sehzwangs muß alles zum Opfer/Objekt seines Blicks machen.

Daß die Welt in den Wörtern verschwinden, in den Bildern verlöschen könnte, ist Hoffnung und Angst zugleich – wie der »erlösende Fehler« der Selbstblendung. Wenn der zerstreute Blick den Hals der Frau verfehlt, der blendende Vogel ausbleibt, gäbe es immer noch das sich in den Körper einschreibende Messer, das die Arbeit an Mann und Frau übernehmen könnte, die Schreibmaschine nach Art der Kafkaschen »Strafkolonie«:

> »Angst, daß der Fehler während des Blinzelns passiert, der Sehschlitz in die Zeit sich auftut zwischen Blick und Blick, die Hoffnung wohnt auf der Schneide eines mit zunehmender Aufmerksamkeit gleich Ermüdung schneller rotierenden Messers, blitzhafte Verunsicherung in der Gewißheit des Schrecklichen: der MORD ist ein Geschlechtertausch, FREMD IM EIGENEN KÖRPER, das Messer ist die Wunde, der Nacken das Beil.«

Die Rotation um die eigene Identität (des Geschlechts, des Körpers), die ein weiteres Mal das Subjekt-Objekt, Täter-Opfer, Mann-Frau Verhältnis umkehrt,[27] führt über die Frage nach dem Blick (»in welcher Augenhöhle ist die Netzhaut aufgespannt, wer ODER WAS fragt nach dem Bild«), dem Ort des Blicks, der Perspektive des Blicks zum Bewußtsein einer Depersonalisierung, die als Pluralisierung, »Vielheit«, das Ich der Schrift konstituiert:

> »Der Text beschreibt eine Landschaft des Todes.«

Die Be-Schreibung mortifiziert selbst das, was die »Imagination« verlebendigt. Die wiederauferstandene Frau ist als »beschriebene« wieder begraben; »als eine Übermalung der ALKESTIS gelesen«, aufgeweckt und zugedeckt zugleich. Für den Blickenden/Schreibenden ist seine Existenz ein »IM SPIEGEL WOHNEN«, ein Anderer/Anderes im Anderen sein, »FREMD IM EIGENEN KÖRPER«, *Mord* und Geschlechtertausch – alles nur nicht Ich als Identität:

> »Ist der Mann mit dem Tanzschritt ICH, mein Grab sein Gesicht, ICH die Frau mit der Wunde am Hals, rechts und links in Händen den geteilten Vogel, Blut am Mund, ICH der Vogel, der mit der Schrift seines Schnabels dem Mörder den Weg in die Nacht zeigt, ICH der gefrorene Sturm«.

Die Zerstückelung der Identität wie die Phantasie des zerstückelten Körpers läßt sich nur durch den Blick in den Spiegel, der den umfassenden Blick der Mutter wiederholt, abwehren:[28] »IM SPIEGEL WOHNEN«, wie das »wohnen in der leeren Mitte Ich/ Kein Weib kein Mann«[29] heißt, eine Existenz im Anderen, im Imaginären haben, auch: in einem Ort jenseits, außerhalb der Geschlechterdifferenz sein, in einer »Landschaft jenseits des Todes«, wo diese lebenskonstituierende Größe keine Macht mehr hat: in der Handschrift seiner Arbeiten, »Vielleicht/ Mein eigner und dein Spiegel manchmal«[30].

Anmerkungen

1 Inge Müller, Wenn ich schon sterben muß, Gedichte, hg. von Richard Pietraß, Darmstadt, Neuwied 1986, S. 109.
2 Franz Kafka, Tagebücher 1910-1923, Frankfurt/M. 1976, S. 217.
3 Ebd., S. 214.
4 Julia Kristeva, Die Revolution der poetischen Sprache, dt. Frankfurt/M. 1978, – ein Text, an dem die folgenden Ausführungen zu Müller theoretisch orientiert sind.
5 Roland Barthes, Die Lust am Text, dt. Frankfurt/M. 1974, S. 56.
6 Vgl. dazu Genia Schulz, Heiner Müller, Stuttgart 1980 und dies., »Abschied von Morgen. Die Frauengestalten im Werk Heiner Müllers«, Text und Kritik, H. 73, Heiner Müller, Jan. 1982.
7 H. Müller, Ein Brief, in: ders., Theaterarbeit, Berlin 1975, S. 126.

8 Die Texte werden im folgenden nach der Reihe Heiner Müller Texte, Rotbuchverlag Berlin, zitiert, ohne daß jeweils die Seitenzahl angegeben wird. »Der Vater« und »Todesanzeige« in: H.M., Germania Tod in Berlin, Berlin 1977; »Herakles 2 oder die Hydra«, in H.M., Geschichten aus der Produktion 2 (9. Szene in »Zement«), Berlin 1974 und in H.M., Mauser, Berlin 1978; »Bildbeschreibung«, in: H.M., Shakespeare Factory 1, Berlin 1985.
9 H.M. im Gespräch mit S. Lotringer, »Mauern«, in: H.M., Rotwelsch, Berlin 1982, S. 68.
10 So an zentraler Stelle im Kontext der Auseinandersetzung mit der eigenen Textproduktion in »Traktor«, in: H.M., Geschichten aus der Produktion 2, S. 14.
11 In der Tradition der Arbeiterbewegung wurde die Heraklesgestalt als Verkörperung des Proletariats verstanden (so noch reflektiert in Peter Weiss' »Ästhetik des Widerstands«), die Hydra (während der russischen Revolution) als »Weltimperialismus«. – Vgl. auch G. Schulz, Heiner Müller, a.a.O., S. 173ff.
12 H.M., »Der Bau«, in: Geschichten aus der Produktion 1, Berlin 1975, S. 118. – Das Bewußtsein, nur aus der Mitte heraus schreiben zu können, hat Kafka in seinen Tagebüchern festgehalten. Mit seiner Erzählung »Der Bau« hat er seiner eigenen Textproduktion ein Denkmal gesetzt. Den zahlreichen Anspielungen und stillen Anleihen bei Kafka in Müllers Werk (bis hin in die Maulwurfs- und andere Tiermetaphorik als Spiegel der Autorexistenz) kann hier nicht nachgegangen werden. Sie sind besonders in Müllers Prosatexten zu beobachten.
13 H.M., Geschichten aus der Produktion 2, S. 133.
14 H.M., »Die Schlacht. Szenen aus Deutschland«, in: H.M., Die Umsiedlerin oder das Leben auf dem Lande, Berlin 1975, S. 9.
15 Vgl. Kristevas Ausführungen zum Lachen, in: Die Revolution der poetischen Sprache, S. 211-219, bes. S. 216ff.
16 Beide Zitate aus H.M., »Hamletmaschine«, in: H.M., Mauser, S. 96 und S. 92.
17 Die folgenden Hervorhebungen der Negationen im Text sind von mir.
18 So z.B. »Germania Tod in Berlin«, »Leben Gundlings Friedrich von Preußen Lessings Schlaf Traum Schrei«, »Verkommenes Ufer Medeamaterial Landschaft mit Argonauten«, »Anatomie Titus Fall of Rome Ein Shakespearekommentar«; exemplarisch zu studieren ist dieses Texturprinzip in und an der Entstehung von »Traktor«.
19 In: »Theater Heute«, April 1978, S. 15.
20 Eine Anspielung auf die Narbe der erhängten Ulrike Meinhof, H.M., »Die Wunde Woyzeck«, in: »Theater Heute«, Nov. 1985, S. 1.
21 »Traktor«, a.a.O., S. 14.
22 »Verkommenes Ufer Medeamaterial ...«, in: H.M., Herzstück, Berlin 1983, S. 97.
23 Eine weiterführende Analyse von »Bildbeschreibung«: Hans-Thies Lehmann, »Theater der Blicke. Zu Heiner Müllers 'Bildbeschreibung'«, in: Dramatik der DDR, hg. von U. Profitlich, Frankfurt/M. 1987.
24 Die Unterstreichungen heben Aspekte der mythologischen Helden Müllers hervor: Herakles, Philoktet, Odysseus und Ödipus.
25 Zu der Verbindung von Engel und »eingefrorenem« Sturm vgl.: Müllers »Umkehrung« von Benjamins »Engel der Geschichte« in »Der glücklose Engel«, H.M., Theaterarbeit, a.a.O., S. 18; bei Müller sieht der Engel in die Zukunft, die sich aber vor ihm staut, ihm die Augen eindrückt, ihn würgt, seine Bewegung verhindert. »auf dem schnell verschütteten Stehplatz kommt der glücklose Engel zur Ruhe, wartend

auf Geschichte in der Versteinerung von Flug Blick Atem. Bis das erneute Rauschen mächtiger Flügelschläge sich in Wellen durch den Stein fortpflanzt und seinen Flug anzeigt.« Zum Sturm-Motiv in »Bildbeschreibung« vgl. auch H.-Th. Lehmann, »Theater der Blicke ...«, a.a.O.

26 Müller war seit Anfang der 50er Jahre mit Inge Müller verheiratet, die sich 1966 nach mehreren Selbstmordversuchen das Leben nahm. Das Autorenpaar hatte in den 50er Jahren gemeinsam Theatertexte verfaßt (»Der Lohndrücker«, »Die Korrektur«), für die sie in der DDR ausgezeichnet wurden (Heinrich-Mann-Preis 1959). Inge Müller war seit Kriegsende von einem Trauma gezeichnet: bei einem Bombardement in Berlin war sie drei Tage lang (zusammen mit einem Hund) verschüttet, bei lebendigem Leibe begraben gewesen. Wenig später grub sie ihre toten Eltern aus den Trümmern. Einige Gedichte von ihr behandeln diese Erfahrung »Unterm Schutt«. – Vor diesem Hintergrund wird die Zusammenfassung der Motive der Wiederkehr der Frau aus dem Totenreich, der unabgeltbaren Schuld der Lebenden gegenüber den Toten, des Mannes gegenüber der Frau, der Übernahme der Autorschaft im »Weiterschreiben«, die »Beschreibung« der Frau als einer zwischen Leben und Tod, die »ein Bild nicht vergessen kann«, auch als Auseinandersetzung des Autors Müller mit den Bedingungen dieser Geschichte seines Schreibens deutlich (vgl. auch das Gedicht Müllers »Gestern an einem sonnigen Nachmittag«, in: »Germania Tod in Berlin«, S. 30, unmittelbar vor der »Todesanzeige«, gleichsam als ihre Einleitung abgedruckt).

27 So exemplarisch als Spiel in »Quartett« (H.M., Herzstück, a.a.O., vgl. dazu Verf., »Abschied von Morgen«, a.a.O., S. 65-69).

28 Vgl. Jacques Lacan, »Das Spiegelstadium als Bildner der Ichfunktion, wie sie uns in der psychoanalytischen Erfahrung erscheint«, in: J. Lacan, Schriften 1, dt. Olten 1973, Frankfurt/M. 1975.

29 Medeas Bitte nach einem Spiegel zu Beginn der Szene folgt der Satz: »Das ist nicht Medea«. Der Blick in den Spiegel ist ausgespart und zu ergänzen.

30 Inge Müller, Wenn ich schon sterben muß, a.a.O., S. 57. – Im Anschluß an Gedanken von Hélène Cixous, die »beschriebene« Frau sei immer die begrabene, verborgene, in die Gruft versenkte (im Grunde die Mutter) und ihre Zerstückelung entspreche dem »Stücke machen«, soll am Ende noch ein prosaischer Blick auf den Tatbestand fallen, daß die Mit-Autorin I.M. in den üblichen Werkverzeichnissen zum Autor H.M. immer seltener auftaucht. – Hélène Cixous hält in einer Seminarankündigung über »Geschriebene Frauen, Frauen in der Schrift« fest, daß es kein Lesen, kein Schreiben ohne Kampf gibt: »Noch müssen wir dagegen arbeiten, daß die im Schatten des Mannes Genannte (die Unterschlagene, die Kore) zerstückelt wird in Theaterstücken, in Büchern, begraben oder verschwiegen wird im Namen.« (H.C. Weiblichkeit in der Schrift, Berlin 1980, S. 22) »Bildbeschreibung« von Heiner Müller kann auch in diesem Sinne als Widerstandsarbeit gelesen werden: Text, der kein »Stück« ist, sondern ein Satz über ein Bild, Übermalung, die den Untergrund durchscheinen läßt.

Sigrid Weigel

Hans Bellmer Unica Zürn
Junggesellenmaschinen und die Magie des Imaginären

I. »Auch der Satz ist wie ein Körper ...«?

Als 1954 die »Hexentexte« von Unica Zürn in Berlin erschienen, ein Buch mit zehn Zeichnungen und zehn Anagrammen und ihre erste echte Buchveröffentlichung,[1] enthielt dieses Buch ein kurzes Nachwort von Hans Bellmer, dem Künstler, dem sie im Jahr zuvor bei einer Vernissage in der Galerie Springer begegnet war, jener Galerie, die dann auch die Publikation der »Hexentexte« besorgte.[2] Bellmers Nachwort enthält eine kleine Theorie des anagrammatischen Schreibens, eines poetischen Verfahrens, in dem er sich selbst geübt hatte[3] und in das er, bald nachdem er sie kennengelernt, Unica Zürn einwies, um sehr schnell von ihr darin überflügelt zu werden, wie die so rasch folgenden »Hexentexte« belegen. In dem Nachwort heißt es:

> »ANAGRAMME sind Worte und Sätze, die durch Umstellen der Buchstaben eines gegebenen Wortes oder Satzes entstanden sind. Es ist verwunderlich, daß seit dem wieder erwachten Interesse an den Sprachbildungen der Geisteskranken, der Medien und der Kinder kaum bisher an jenes anagrammatische Deuten im Kaffeesatz der Buchstaben gedacht worden ist. – Wir wissen wohl nicht viel von der Geburt und der Anatomie des 'Bildes'. Offenbar kennt der Mensch seine Sprache noch weniger, als er seinen Leib kennt: Auch der Satz ist wie ein Körper, der uns einzuladen scheint, ihn zu zergliedern, damit sich in einer endlosen Reihe von Anagrammen aufs Neue fügt, was er in Wahrheit enthält.«[4]

Bellmer beschreibt hier das Anagramm-Dichten als Verfahren der De- und Neumontage am Material der Sprache, wobei er die sprachlichen Erscheinungen als Bild bezeichnet, diesem Bild eine Anatomie zuschreibt, um schließlich den Satz mit einem Körper zu vergleichen: »Auch der Satz ist wie ein Körper«. Damit vergleicht er die Schreibpraxis der Autorin Zürn, die diese unter seiner Anleitung erlernt und in so ungeheurer Geschwindigkeit bis zur Kunstfertigkeit ausgebildet hat, indirekt mit seiner eigenen künstlerischen Praxis, die seit den dreißiger Jahren um die gestalterische De- und Neumontage überwiegend weiblicher Körper kreist. Kernstück und Leitmotiv dieser Praxis sind Bellmers »Puppen«-Konstruktionen, mit denen er 1933 begann, um sie in zahlreichen Variationen zu verändern, fortzuführen, abzubilden und so zu vervielfältigen.[5] Seine Gleichsetzung von Satz und Körper, von sprachlichem und körperlichem Material ist also durchaus wörtlich zu nehmen. Noch deutlicher wird dies, wenn man einen anderen Text Bellmers mitliest, auf den das Nachwort zu den »Hexentexten« Bezug nimmt.

Abbildung 1: Hans Bellmer, »Die Puppe«, 1934.
(aus: Bellmer: Photographien. München 1983, S. 22)

Mit der Schrift »Kleine Anatomie des körperlichen Unbewußten oder die Anatomie des Bildes« liefert er eine Theorie seiner eigenen künstlerischen Produktion. Anfang der vierziger Jahre hatte er begonnen, an diesem Text zu arbeiten, und ihn schließlich – angeregt durch die Begegnung mit Unica Zürn – in den Jahren 1953/54 fertiggestellt.[6] Nicht nur die Rede von der Anatomie des Bildes im Nachwort zu den »Hexentexten« ist ein Zitat aus dieser Schrift; auch die Aussage, welche Satz und Körper vergleicht, ist schon in dieser Schrift enthalten – allerdings mit einer entscheidenden Umkehrung.

Heißt es im Nachwort zu Zürns Anagrammen, »auch der Satz ist wie ein Körper«, so beginnt die so ähnlich klingende Aussage in der »Anatomie des Bildes« dagegen: »Der Körper, er gleicht einem Satz (...)«.[7] Ausgangs- und Vergleichsobjekt sind also in ihrer Stellung im Satz vertauscht. Die folgende Einladung, ihn zu zergliedern, geht demnach dort, wo Bellmer direkt über seine eigene künstlerische Produktion spricht, primär vom Satz aus und erst im übertragenen Sinne, dadurch daß der Körper dem Satz gleichgestellt wird, vom Körper. Im Text über die Anagramme aber, in dem Bellmer nur indirekt über seine eigene Tätigkeit spricht – denn nur für eingeweihte Leser, die seine Zeichnungen, Graphiken, Photos oder Konstruktionen kennen, ist der Bezug der Aussage zum Verfasser des Nachwortes als Praktiker einer Tätigkeit des Zergliederns und neu (Zusammen-)Fügens von Körper(teile)n unübersehbar – hier *verspricht* sich das Begehren des Künstlers: »(...) wie ein Körper, der uns einzuladen scheint, ihn zu zergliedern.« Hier geht die Einladung, ihn zu zergliedern, *unmittelbar* vom Körper aus. Verschwiegen bleibt allerdings, daß es sich dabei um einen weiblichen Körper handelt, während diese Tatsache in der »Anatomie des Bildes«, dem Text, in dem die Einladung zur Zergliederung vom Satz ausgeht, immer präsent ist, denn der Abschnitt, dem der Vergleich des Körpers mit dem Satz entstammt, handelt von der »Eva-Synthese«.

Es gibt noch eine weitere kleine, aber sprechende Abweichung zwischen den ansonsten gleichlautenden Formulierungen Bellmers. Während in der »Anatomie des Bildes« der Punkt, bis zu dem der *Satz* zu zergliedern ist, benannt ist – es heißt dort »(...) einem Satz –, der uns einzuladen scheint, ihn bis in seine Buchstaben zu zergliedern« –, so fehlt eine entsprechende Angabe in dem Text über die Anagramme, wo sich die Zergliederung syntaktisch direkt auf den *Körper* bezieht. Die Wendung »bis in seine Buchstaben« fehlt hier und ist auch durch nichts anderes ersetzt, – natürlicherweise möchte man hinzufügen, da sonst ja das Gewaltsame und Blutige des Vorgangs sich unverhüllt aussprechen müßte. Wenn aber das Verfahren der Zergliederung des Körpers auf diese Weise ohne Maß und materielle Grenze erscheint, definiert sich dann das darauf gerichtete Begehren des Künstlers nicht als maßlos, als unendliches Begehren? Wenn der neu zusammengefügte Satz ein Anagramm *ist*, so fragt sich, was der neu zusammengefügte Körper, der metaphorisch als Anagramm beschrieben wird, denn 'eigentlich' sei. Oder bezeichnet das fehlende Substitut für die Wendung »bis in seine Buchstaben« eine Grenze, die dem von Bellmer angestrengten Vergleich zwischen Satz und Körper in versteckter Weise mitgegeben ist? 'Wußte' Bellmer damit von der Differenz, die seiner Figur der Gleichsetzung eingeschrieben ist? Und ist diese Differenz vielleicht gerade der Grund dafür, warum er sich lieber mit den Körpern beschäftigt hat und die Arbeit am Sprachmaterial fortan weitgehend seiner Partnerin überlassen hat.

Es lohnt sich, dem von Bellmer eingeführten Vergleich nachzugehen – nicht nur, weil die darin angesprochene Beziehung zwischen Sprach-Körper und Körper-Sprache heute erneute Popularität genießt und hier an einem exemplarischen 'Fall' historisch untersucht und auf ihre Voraussetzungen und Konsequenzen hin befragt werden kann. Auch das dabei in Frage stehende künstlerische Verfahren der De- und Neumontage, das als 'klassisches' Verfahren der historischen Avantgarde gelten kann, hat in aktuellen ästhetischen Konzepten, fundiert durch eine Theorie der 'Dekonstruktion' und motiviert durch eine Dezentrierung des 'Subjekts' und des Sinns, wieder an Bedeutung gewonnen. Auch die heute zentrale Bedeutung der 'Weiblichkeit' in der Ästhetik erweist sich als eine Wiederholung ihres Ortes in der Avantgarde, auch wenn der männerbündische Charakter der historischen Avantgardebewegungen jetzt partiell aufgebrochen ist.

Mit Bezug auf die produktionsästhetischen Aspekte in Benjamins Allegoriebegriff hat Peter Bürger in seiner »Theorie der Avantgarde« (1974) die Montage als deren künstlerisches Verfahren, aus dem ein nichtorganisches Kunstwerk entsteht, bestimmt: »Materialbehandlung (Herausbrechen von Elementen aus einem Kontext)« und »Werkkonstitution (Zusammenfügen der Fragmente und Sinnsetzung).«[8] Die Fragen, die am Beispiel von Bellmers und Zürns künstlerischer Praxis gestellt werden können, sind die nach der Funktionsweise dieses Verfahrens je nachdem, an welchem 'Material' es operiert, nach den Unterschieden zwischen einer solchen Praxis in der Schrift oder am Bild und danach, ob eine derartige ästhetische Praxis bei einer Künstler*in* von der des Künstlers abweicht. Diese Fragen sollen hier nicht als rein theoretische, sondern am historischen 'Fall' des Künstler-Paares Bellmer und Zürn erörtert werden. Dabei geht es nicht nur um seine Puppenkonstruktion und ihre Anagramme, sondern darüber hinaus um die exemplarische Untersuchung eines männlichen und eines weiblichen Ortes in der Avantgarde. Bellmer und Zürn können ja geradezu als Muster-Paar für das avantgardistische Postulat von der Verbindung von Kunst und Leben betrachtet werden, führten sie doch ein wahrhaft »künstlerisches Leben«. Als Unica Zürn noch im Jahr des Kennenlernens mit Bellmer, der bereits 1938 emigriert war, nach Paris ging, lebten sie dort außerhalb einer gesicherten sozialen Existenz lange Jahre in einem heruntergekommenen Hotel, in Kontakt mit vielen Künstlern aus dem Kreise des 'Surrealismus', ganz mit sich und ihrer Kunst beschäftigt, mittels ihrer Kunst quasi »im Glashaus«.[9] Eine Grenzziehung zwischen 'Kunst' und 'Leben' existiert für sie insofern nicht, als die Gesichter der von Bellmer geschaffenen Körper immer häufiger die Züge von Unica Zürn tragen, er sogar ihren realen Körper als 'Material' benutzt (umschnürt und photographiert, s. »Unica« 1958),[10] während in ihren Texten Gestalten und Namen aus ihrem realen Leben auftauchen, ihre Texte unverkennbare Verweise auf ihren Alltag mit Bellmer enthalten und sie in ihrer Schrift »Der Mann im Jasmin. Eindrücke aus einer Geisteskrankheit« die Geschichte ihrer Krankheit erinnert. Ob dabei allerdings Kunst in Lebenspraxis zurückgeführt wurde, wie im Programm der Avantgarde postuliert,[11] oder ob ihre Lebenspraxis dabei den Gesetzen der Kunst und damit den Strukturen des Imaginären folgte, wird noch zu untersuchen sein.

Da *sie* nicht nur geschrieben, sondern auch gezeichnet hat und *er* nicht nur Zeichnungen, Graphiken, Photos und die »Puppe« hergestellt, sondern auch geschrieben hat, liegt bei Bellmer und Zürn keine reine Arbeitsteilung der verschiedenen Künste vor. Dennoch wird Bellmer in erster Linie als bildender Künstler und Zürn primär als Schriftstellerin – zumindest seitdem einige ihrer Schriften publiziert sind – betrachtet. Während die Texte Bellmers eher ergänzenden, kommentierenden Charakter haben im Hinblick auf seine gestalteten Objekte, nehmen Schreiben und Zeichnen für Unica Zürn wechselnde, sich z.T. überschneidende Bedeutungen in ihrem Leben ein. Bezeichnend ist aber bei der wechselseitigen Besprechung ihrer Arbeiten die Tatsache, daß Bellmer sich im Nachwort zu den »Hexentexten« zu *ihrem Schreiben*, Zürn sich – in ihren literarischen Texten verschlüsselt (»Im Hinterhalt«), in einer Art subjektiver Kunstkritik offen – zu *seinen Zeichnungen* und zur »Puppe« geäußert hat. Wenn er sich dort im theoretischen Diskurs über die Technik der Anagrammproduktion ausläßt, in keinem Satz aber auf Unica Zürn als Schreibende eingeht, dann sind ihre »Remarques d'un observateur« im Gegensatz dazu ganz speziell auf den Künstler Bellmer bezogen, beschreiben seine Produktionen als zart und kalt zugleich und stellen eine Verbindung nicht zur Theorie, sondern zu eigenen konkreten Erfahrungen her. Dabei vergleicht Zürn eines seiner Werke mit dem Zustand einer realen Frau, wie sie sie in der Anstalt gesehen hatte:

> »Eine Nachkommenschaft seines berühmten 'Céphalopode', die Frau-Kopf und Beine-ohne Arme … Sie hat dieses Monster in St. Anne gesehen: eine geistig Kranke, die sich in einer erotischen Krise ihrem imaginären Partner hingibt. Wie wenn Bellmer Prophet wäre; es war schrecklich, die Kranke zu sehen. Alles quoll hervor: Die Beine und der Rücken, bogenförmig, und die schreckliche Sprache; Szenen des Wahnsinns, der Folter und der Ekstase: sind von ihm gezeichnet mit der Sensibilität eines Musikers, der Schärfe eines Ingenieurs, der Rohheit eines Chirurgen.«[12]

Wenn Zürn in ihren subjektiven Beobachtungen und Assoziationen zu seiner Kunst sich im 'sie' maskiert und in der Überschrift als männlicher Beobachter anonymisiert, dann tritt Bellmer in seinem Nachwort zu ihren

Texten mit seinem Namen, d.h. als Autor einer Theorie auf, dann führt er einen Meisterdiskurs anläßlich ihrer Schriften, in dem er sie als Autorin 'vergißt'.

Abbildung 2: Hans Bellmers zweite Puppen-Konstruktion, 1936. (aus: Bellmer: Photographien. München 1983, S. 45)

II. Der Künstler und sein Modell – Vom 'künstlichen Mädchen' zur 'Eva-Synthese'

Mit »der Schärfe eines Ingenieurs«, diese Beobachtung Unica Zürns hat durchaus einen realen Bezug. Hans Bellmer hatte an der Technischen Hochschule Berlins studiert und war Ende der zwanziger/Anfang der dreißiger Jahre als Werbegraphiker tätig. Ende des Jahres 1933 gibt er 31jährig seine berufliche Tätigkeit auf und beginnt mit der Arbeit an der »Puppe« (Abb. 1). Das ist die Nachbildung eines weiblichen Körpers, die aus einem Holzgestell, Metallteilen und -scharnieren entsteht, mit einer von Leim gehärteten Schicht Werk umwickelt und schließlich modelliert wird. Im Innern der Puppe, in ihrem Bauch, wird ein »Panorama« installiert, eine Vorrichtung, die sechs Kästchen mit bunten Bildern enthält, die sich dem Auge des Betrachters der Reihe nach darbieten, wenn er durch das Guckloch, den Nabel des Modells, in dessen Inneres schaut und gleichzeitig einen Knopf betätigt, der auf der linken Brust angebracht bzw. mit der Nachahmung der linken Brustwarze identisch ist. Der handwerkliche Charakter dieser künstlichen Frau wird durch ihre eigentümlich fragile Erscheinung kontrastiert. Hierzu tragen u.a. die mädchenhaften Züge des Gesichts bei, die langen Haare, aber auch die jugendlichen Körperformen.

Mit der Kamera hält Bellmer die verschiedenen Stadien der Entstehung seines Modells fest; als es fertig ist, zerlegt er es wieder, arrangiert es in unterschiedlichen Variationen und Positionen, in mehr oder minder vollständiger Gestalt – mit und ohne Armen, mit und ohne Kopf, geschmückt mit Baskenmütze, Blumen, einem Schuh, schwarzem Tüll oder weißer Spitzenwäsche z.B. – und photographiert auch diese Arrangements. Auf einigen Abbildungen ist die Puppe gänzlich in ihre Einzelteile zerlegt, die dann entweder säuberlich geordnet wie in einem Werkzeugkasten nebeneinander oder künstlerisch/künstlich angeordnet durcheinander auf ein Bett oder auf den Boden gelegt sind. Eine Reihe dieser Photos stellt Bellmer, ergänzt durch einen autobiographischen Kommentar, zu einem Buch zusammen und bringt dies 1934 im Selbstverlag heraus. Während sich in Deutschland niemand für dieses Buch interessiert,[13] löst sein Werk in Paris bei der Gruppe der Surrealisten sofort Begeisterung aus. Bei seinem Paris-Aufenthalt 1934/35 wird er in die Gruppe aufgenommen, die ihn bald an ihren Ausstellungen beteiligt und für die Publikation seiner Arbeiten sorgt. In der Zeitschrift »Minotaure«, die nach der Einstellung der von Péret herausgegebenen »La Révolution surréaliste« (1924-1929) und der von Breton edierten »Le Surréalisme au Service de la Révolution« (1930-33) zum Organ der Gruppe geworden ist,[14] erscheinen noch Ende 1934 achtzehn Aufnahmen der »Puppe« unter dem Titel »Variationen über die Montage einer minderjährigen Gliederpuppe«. Und schon 1936 gibt es eine französische Ausgabe des »Puppen«-Buches.

Zurück in Berlin, beginnt Bellmer sogleich mit einer zweiten Puppenkonstruktion (Abb. 2). Hatte das erste Modell – zumindest als 'vollständiges' – noch Verwandtschaft mit einer überdimensionierten Spiel- oder einer verkleinerten Schaufenster-Puppe, indem es als (notwendig unvollkommene) Nachahmung eines Mädchenkörpers erschien, so treten beim zweiten Modell Montierbarkeit und Beweglichkeit in den Vordergrund, wobei die Ähnlichkeit mit einem natürlichen Körper zurücktritt. Der Körper der zweiten Puppe trägt noch deutlicher mechanische Züge, er gleicht eher einer Maschine als einem menschlichen Wesen. Durch diesen mechanischen Charakter der ganzen Konstruktion ist die kleine Maschine im Bauch der ersten Puppe für Bellmer überflüssig geworden. Deren Einbau hatte er in einer knappen Beschreibung des »Panoramas« damit erklärt, daß sie »wohl aus dem Gefühl heraus« entstanden sei, »daß dem starren Rumpf, also dem Bauch, jegliche Funktion fehlte.«[15] Bei der zweiten »Puppe« erhält der Bauch dagegen eine zentrale Funktion; er wird als Kugelgelenk gebaut, an das in beliebiger Richtung und Kombination Unter- und Oberleib montiert werden können, an diese wiederum, ebenfalls durch Kugelgelenke, Beine, Arme und Kopf. Nur im Ausnahmefall erscheinen auf den Photos, die Bellmer von seinen (De)Montagen der »Puppe« macht, diese Teile in einer dem natürlichen Körper analogen Zusammensetzung. Kopf und Arme sind am seltensten zu sehen, Unterleib und Beine am häufigsten. Wiederholt ist der Kugelbauch mit zwei Unterleibern und vier Beinen montiert und in unterschiedlichsten Stellungen photographiert. Die Füße sind manchmal mit Strümpfen und Schuhen 'bekleidet', hin und wieder gibt es Haare oder eine Haarschleife, z.T. auch ohne den dazugehörigen Kopf. Der mechanische Charakter des Modells bildet hier zu den runden, teils fleischig wirkenden Formen der Einzelteile einen Kontrast. Der Bauchnabel ist in eine deutliche Vertiefung modelliert, am Unterleib springt die Vagina als hoch gezogene wulstige Spalte ins Auge, die Brüste sind kugelrund – aber offensichtlich, seitdem sie nicht mehr den Knopf für die Bedienung der Bild-Mechanik beherbergen, unwichtiger geworden, denn auf den meisten Abbildungen ist der Ober- durch den Unterleib ersetzt. Wenn der obere Unterleib dann häufig verkehrt herum auf den Kugelbauch montiert ist, befinden die runden Pobacken sich an der Stelle der Brüste. Aus der Froschperspektive photographiert, verschwindet der darauf gesetzte Kopf dann z.T. hinter den überdimensional wirkenden Rundungen.

Die Möglichkeiten, die Einzelteile zusammenzufügen und zu arrangieren und den Körper zu verrenken, haben sich bei dieser zweiten Konstruktion sprunghaft vergrößert. Mit der Steigerung der Montierbarkeit des Materials durch die Einführung des Kugelbauchs ist auch die Verfügungsgewalt des Künstlers über sein Objekt erheblich größer geworden, haben sich die Ausdrucksmöglichkeiten seines auf den künstlichen Körper gerichteten Begehrens vervielfacht. Mit dem Bau dieser Gelenk-Puppe hat sich für Bellmer der Übergang vom Techniker zum Künstler, vom Handwerker zum Meister endgültig vollzogen, – obwohl doch gleichzeitig das Produkt technischer, mechanischer geworden ist und sein schriftlicher Kommentar dazu jetzt einem *technischen* Leitmotiv, nicht mehr einem Erinnerungsbild folgt.

Dieser Text, 'Das Kugelgelenk', war ebenso wie eine Serie mit Photographien der zweiten »Puppe« fertiggestellt, als Bellmer 1938 endgültig nach Paris emigrierte. Paul Eluard schrieb dort eine Reihe von Prosagedichten zu den Abbildungen und regte Bellmer an, die Photos zu kolorieren. Alles zusammen erschien dann – allerdings wegen des Krieges verzögert erst 1949 – unter dem Titel »Les Jeux de la Poupée«. Durch die Handkolorierung der Photos sind die Farben, die bei der ersten »Puppe« im Innern ihres Rumpfes verborgen und damit dem Betrachter der *Abbildungen* nicht sichtbar waren, an die Oberfläche getreten. Das Spiel des »Panoramas«, das noch seine Herkunft aus der kindlichen Guckkasten- und Jahrmarktswelt verrät, ist durch die ästhetisierten »Spiele der Puppe« abgelöst. Statt der Wiederholung gibt es nun eine potentiell endlose Reihe reproduzierter bunter Bilder von immer wieder anders arrangierten Teilen eines einem menschlichen Leib nur noch entfernt ähnelnden Modells – dessen Formen dennoch permanent an einen weiblichen Körper erinnern. Aus dem Puppenspiel ist damit endgültig das Spiel des Künstlers mit seinem Geschöpf und den von ihm selbst kreierten Möglichkeiten geworden. Das fragil wirkende künstliche Mädchen der ersten Serie hat sich derweil in eine monströse Gestalt verwandelt, und die Deformation ist dabei zum Prinzip erhoben. Eignet den Abbildungen der »Puppe« z.T. eine ambivalente Zartheit, verweisen sie doch auf das Motiv der gebrochenen Unschuld, so tragen die kolorierten Photos der zweiten Konstruktion deutliche Züge einer obszönen Sexualisierung. Läßt das demontierte erste Modell noch Assoziationen an alte oder zerbrochene Puppen aus Kinderzeiten zu, so rufen einige Abbildungen des Kugelgelenkmodells eher Erinnerungsbilder von Opfern eines Lustmordes wach. Der Blick ist zugleich 'kalt' geworden. Sein Begehren richtet sich nicht mehr auf das Bild, die Erscheinung eines nachgebauten Mädchenkörpers, sondern auf den zerstückelten, deformierten, vervielfältigten, an einzelnen Stellen ausufernden Körper, auf die Verfügung über ihn, seine Darbietung und deren ästhetische Inszenierung. Der Reiz, mit dem die erste Puppe spielt, geht von der Ambivalenz der 'Unschuld' aus: Reinheit und Zerbrechlichkeit. Die Arrangements des zweiten Objekts überschreiten die (Körper)Grenzen in 'polymorph-perverse' Formen der Sexualisierung. Auf einzelnen Bildern setzen sich die Linien der Körperteile in den weichen Formen einer darunterliegenden Bettdecke fort, manchmal wiederholen sie sich als Schatten an der Wand oder auf der Unterlage. Der Verweis auf den ambivalenten Reiz der 'kleinen Mädchen' kehrt auf etlichen Photographien dann aber doch mit den beigefügten Accessoires zurück: mit Haarschleifen, blonden Haarsträhnen, Spitzenwäsche, Söckchen und Lackschuhen.[16]

Auch mit Bellmers Texten, in denen er seine Produktionen kommentiert, hat sich eine Veränderung vollzogen. Während »Die Puppe« eine kurze Beschreibung von Entstehung und Funktionsweise des »Panoramas« und einen autobiographischen Kommentar »Erinnerungen zum Thema Puppe« enthält, der um die 'kleinen Mädchen' kreist, laufen technische sowie Aspekte der Bedeutung in dem Text über »Das Kugelgelenk« in »Die Spiele der Puppe« zusammen. Hier entwickelt Bellmer seine Überlegungen zum ‛Körperalphabet'. Diese werden dann weitergeführt und theoretisch fundiert in jenem Text, an dem Bellmer seit 1942 arbeitet und der dann, angeregt durch die Begegnung mit Unica Zürn, 1953/54 unter dem Titel »Kleine Anatomie des körperlichen Unbewußten oder die Anatomie des Bildes« fertiggestellt wird und 1957 erscheint. In den »Erinnerungen zum Thema Puppe« schon geht Bellmer von der mit der Anziehungskraft des Magischen und der Zauberkünstler vergleichbaren Faszination für die »Genüsse des Abbildens«[17] aus, für die verbotene Bilder und Photographien einen besonderen Reiz ausübten. In dieser Konstellation traten »die jungen Mädchen in meine Gedanken«, erinnert er sich (10). Er beschreibt die ‛kleinen Mädchen' dann als verlockend und beneidenswert, zugleich aber als »nicht recht geheuer« (11), als unantastbar und als Verunsicherung seines jugendlichen Selbstbewußtseins. Liegt die Verlockung für den männlichen Ich-Erzähler offensichtlich im Detail – er spricht von Rüschen, »Zuckungen rosa Plissees«, von den Wölbungen und Bewegungen einzelner Körperteile – so geht die Verunsicherung davon aus, daß die Mädchen als Ganze nicht handhabbar seien:

> »Doch waren die jungen Mädchen – und darauf lief es hinaus – weder Kästchen noch Weckeruhren und boten darum nicht die geringste Handhabe, die Wünsche nach ihrem Reiz in zerstörende oder gestaltende Tätigkeit umzusetzen.« (12)

Es folgt dann eine sehr konkrete und detaillierte Begründung für den Bau der Puppe aus dieser an den ‛kleinen Mädchen' entstandenen und irritierten Lust, in deren Verlauf das technische Vermögen den Triumph über sie und die Aneignung ihrer Eigenschaften ermöglicht:

> »Bedeutete es nicht den endgültigen Triumph über die jungen Mädchen mit ihren großen beiseite sehenden Augen, wenn der bewußte Blick ihren Charme sich räuberisch einfing, wenn die Finger, angriffslustig und nach Formbarem aus, gliedweise langsam entstehen ließen, was sich Sinne und Gehirn destilliert hatten?
> Gelenk an Gelenk fügen, den Kugeln ihren größten Drehbereich für kindliche Pose abprobieren, den Mulden sacht folgen, das Vergnügen der Wölbungen kosten, sich in die Muschel des Ohres verirren, Hübsches machen und ein wenig rachsüchtig auch das Salz der Deformationen verteilen. Obendrein vor dem Innern beileibe nicht stehenbleiben, die verhaltenen Mädchengedanken entblättern, damit ihre Untergründe sichtbar werden, durch den Nabel am besten, tief im Bauch als Panorama bunt elektrisch beleuchtet. – Sollte nicht das die Lösung sein.« (12/13)

Das Verblüffende an diesem Text ist die Klarheit, mit der der Vorgang vom Künstler selbst beschrieben wird. Seine Verunsicherung durch das 'andere Geschlecht' wird bewältigt und in Lust umgesetzt, indem er sich das, was ihn reizt, aneignet, das Andere als eigenes *ent*wirft und es als Objekt *unter*wirft. Dabei läßt er den natürlichen weiblichen Körper, der ihm als Gefahr erscheint, hinter sich und ersetzt ihn durch ein Kunst-Produkt, welches er zu Recht als sein Geschöpf betrachten kann. Wird die Einbildungskraft dabei in einem Vorgang der Materialisierung tätig, so erhalten der Blick, der »räuberisch« wird, und die Finger, die gestalten und formen, eine zentrale Funktion im künstlerischen Produktionsprozeß. Beide, Blick und Finger, sind hierbei kostend und formend zugleich; im Prozeß der künstlerischen Aneignung des Anderen verbinden sich Aufnahme und Gestaltung, Genuß und Aggression, Einverleibung und Entäußerung; in ihm eröffnet sich ein Feld für die Äußerung ambivalenter Wünsche: Kunstproduktion am Bild und am Körper der Frau. Indem er ein Werk schafft, hat sein Hersteller, der ehemalige Graphiker Hans Bellmer, sich im selben Moment als Künstler konstituiert. Mit dem Bau der Puppe, mit seinem Geschöpf, hat er sich als 'Schöpfer' entworfen, mit der Herstellung seines Modells ist er Künstler geworden. Dieser Vorgang ist durch das Bild weiblicher Wesen motiviert, er vollzieht sich am 'Weiblichen' als Stoff und erscheint als Triumph über die realen, sich dem Besitz und der Verfügung entziehenden (Kind-)Frauen. Insofern kann die Geschichte von Bellmers Puppenkonstruktion als symbolische Szene verstanden werden, in der sich Ort und Funktionsweise des 'Weiblichen' in der männlichen Kunstproduktion verdichten. Bellmer wird Unica Zürn später u.a. deshalb als ideale Partnerin erkennen, weil ihr Bild seinem Modell so unglaublich ähnelt.

> »Das Spiel gehört zur Gattung Experimental-Poesie: das Spielzeug könnte 'Poesie-Erreger' heißen./ Das beste Spiel will weniger auf etwas hinauslaufen, als sich an dem Gedanken seiner eigenen, unbekannten Fortsetzungen wie an einer Verheißung erhitzen.« (29)

Mit diesen Worten beginnt der Text über das Kugelgelenk in den »Spielen der Puppe«. Der »Poesie-Erreger«, das ist sein Kugelmodell, das Spiel mit ihm verdankt seine Faszination der Unendlichkeit, mit der es fortgesetzt werden kann. Technisch vergleicht Bellmer sein Kugelgelenk mit der Wirkungsweise des Kardan-Gelenks in der Mechanik und dem Prinzip des Brennpunkts in der Optik. Deutet er die Idee der kardanischen Aufhängung als »Symbol der Egozentrizität«, so interessiert ihn dieses vor allem wegen seiner Möglichkeit der Umkehrbarkeit, der Anwendung im Sinne einer Zentrizitätstendenz ebensowohl wie im Sinne einer Exzentrizitätstendenz. Die beschriebenen Experimente lassen sich auf diese Weise dann leicht auf den menschlichen Körper übertragen, da er sie mit den möglichen Verlagerungen oder Verschiebungen seines Schwerpunktes bzw. Zentrums vergleicht und so eine Analogisierung von Mechanischem und Organischem vornimmt. Die bei derartigen Schwerpunktverlagerungen entstehende Gestalt des Menschen wird von Bellmer als »Bild seines Körperbefindens« (35) bzw. als Körperbewußtsein begriffen, die Summe der dabei entstehenden Figuren als »Körperalphabet«.

> »Der Körper vermag launisch wie im Traum den Schwerpunkt seiner eigenen Bilder zu verlagern; er tut es unablässig. Er vermag infolgedessen 'Verdichtung, 'Überlagerungen', 'Analogiebeweise, 'Vieldeutigkeiten', 'Wortspiele', artige und fremdartige 'Wahrscheinlichkeitsrechnungen' mit diesen Bildern vorzunehmen, ganz im Sinn einer unbewußten Symbolbildung, die als Körperhaltung, Reflexbewegung, Geste, Ton, Sprache sinnfällig wird und deren Mechanismus vermutlich für alle Ausdrucksformen maßgebend ist./ Der Traum steht nicht am Anfang – die leiseste Reflexbewegung ist als Funktion des Wunsches im Sinn dieser Bildveränderung zu deuten (...) Mit der Kraft des Unwahrscheinlichen allein wird der Ausdruck heraufbeschwören, was er bezeichnet, wenn er zugleich IST was er sagt.« (36/37)

Mit deutlichem Bezug auf Freuds »Traumdeutung« beschreibt Bellmer die Darstellungen des Körpers als Funktions- bzw. Arbeitsweisen, die mit denen des Traums vergleichbar sind: »wie im Traum«. Die »unbewußten Symbolbildungen«, von denen er spricht, gelten ihm als eine andere, im Hinblick auf den Traum weitere 'Sprache' des Unbewußten, womit er Überlegungen zu einer Körper-Sprache vorwegnimmt, die in aktuellen Debatten, besonders unter dem Stichwort der 'weiblichen Ästhetik', keine unwichtige Rolle spielen. In seiner Schrift fällt allerdings auf, daß er keine Unterscheidung trifft zwischen Aussagen über sein eigenes Produkt, das »Spielzeug«, und solchen über reale Körper. Seine Erklärungen zum Körperalphabet enthalten ja nur dann einen Sinn, wenn sie sich auf die Ausdrucksformen eines menschlichen Körpers beziehen. Und das Beispiel, mit dem er diese Überlegungen einleitet, betrifft auch ein »sitzendes kleines Mädchen« (36). Wenn man nun das zweite Modell Bellmers als Darstellung eines Körperalphabets betrachten wollte, dann handelt es sich doch eigentlich um die Nachahmung eines solchen – also wieder um Nachahmung, allerdings nicht mehr um ein 'künstliches Mädchen', sondern um ein künstliches Körperalphabet, die Nachahmung einer als Symbolbildung betrachteten Ausdrucksweise des Körpers. Was den Künstler aber mehr interessiert als die *Deutung* dieses Ausdrucks, sind – in Analogie zur Traumarbeit mit ihren Funktionen Verdichtung, Verschiebung und Darstellbarkeit – die Bildveränderungen des Körpers, seine Morphologie bzw. die sich verändernden Körperformen, und zwar »nach jener Methode, die wie Schachtelsatz, Demontage, Permutation, Durchdringung, Querschnitt, Mosaikbildung, Kolorierung, Ersatz und doppelte Buchführung nicht nur dem Spezialisten oder der Natur gehört« (37). Der Körper wird also »dem Spezialisten oder der Natur« enteignet und in künstlerischen Besitz genommen. Im Titel des Buches »Die Spiele *der* Puppe« mutet das wie ein selbsttätiger, autonomer Vorgang an, denn es müßte ja eigentlich von Spielen *mit* der Puppe die Rede sein. Genauso wie in Bellmers Beschreibung des Körperalphabets der Körper als (launisches) Subjekt seiner eigenen Verschiebungen erscheint, tritt die Puppe, das Spiel*zeug*, im Titel als Akteur des Spiels auf, womit der Vorgang, daß sie zum Material, zum Objekt gemacht wird, in der Sprache zum Verschwinden gebracht ist – ebenso wie die Differenz zwischen Kunst-Frau und Frau 'vergessen' ist.

Im ersten Abschnitt von Bellmers Schrift über die »Anatomie des Bildes« mit der Überschrift »Die Bilder des Ich« werden seine Ausführungen zum Körperalphabet aus »Das Kugelgelenk« im wesentlichen wiederholt und theoretisch systematisiert, wobei die Experimente und Begriffe aus der Mechanik durch einen psychoanalytischen Diskurs und durch Beispiele aus der Kunst ersetzt sind. Inhaltlich hat insofern eine Verschiebung stattgefunden, als er jetzt zwischen »virtuellem« und »reellem Erregungszentrum« im Bild des Körpers unterscheidet, deren Verlagerungen und Vermischung zu einem »doppelschichtigen Bild« ihn besonders fesseln. Die Verlagerungen der Erregung von einem Körperteil auf den anderen werden auf einen »Grundkonflikt zwischen Verlangen und Verbot« zurückgeführt, was zur »Verdrängung des Geschlechts nach Auge, Ohr und Nase hinführen« könne (76). Die Ausdrucksweisen des hysterischen Körpers werden von ihm als Extremfall derartiger Verlagerungen diskutiert, bei denen virtuelle und reelle Erregung jedoch niemals fest bleiben, sondern sich vermischen, »indem sie sich überlagern« (79). Beim menschlichen Körper beobachtet Bellmer eine Umkehrachse, die sich als Horizontale in der Höhe des Nabels befinde, so daß Analogien und Affinitäten zwischen oberen und unteren Körperteilen bestünden. Er greift hierbei offensichtlich Freuds Vorstellung von der »häufigen Verlagerung von unten nach oben« auf, »die im Dienste der Sexualverdrängung steht und vermöge welcher in der Hysterie allerlei Sensationen und Intentionen, die sich an den Genitalien abspielen sollten, wenigstens an anderen einwandfreien Körperteilen realisiert werden können.«[18] Allerdings zitiert Bellmer nicht diese Passage aus der »Traumdeutung«, sondern eine andere, in der Freud auf K. Abels Arbeit über den »Gegensinn der Urworte« verweist, auf die Tatsache also, daß in einigen alten Sprachen ein und dasselbe Wort entgegengesetzte Eigenschaften oder Handlungen bezeichnen kann. Damit hat Bellmer in der Sprache jenes Prinzip der Umkehr entdeckt, das er auch in der Morphologie des Körpers wirken sieht. Dabei verwandelt er die Bewegung, die bei Freud nur in einer Richtung funktioniert, in eine umkehrbare Bewegung, um seine Analogien zwischen Körper und Sprache fortsetzen zu können: der Gegensinn bzw. die Umkehrbarkeit der Körperbilder und -teile.

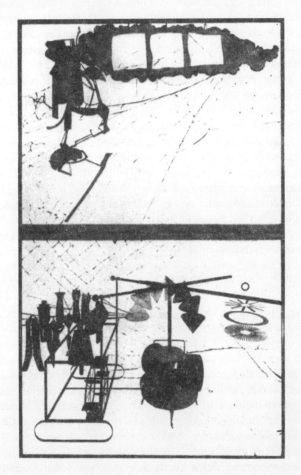

Abbildung 3: Marcel Duchamp,
»Die Braut, von ihren Junggesellen nackt entblößt sogar«,
genannt »Das Große Glas«, 1915-1923, Museum of Art, Philadelphia
(aus: José Pierre, »Lexikon des Surrealismus«. Köln 1976. S. 60)

Es ist kein Zufall, daß diese Überlegungen mit Zeichnungen und nicht mehr mit der »Puppe« illustriert werden. Die Arbeit an dem Text über die »Anatomie des Bildes« beginnt ungefähr zur gleichen Zeit wie Bellmers zeichnerische Tätigkeit. Sein System wird immer vielschichtiger. Konnte die Verlagerung des Schwerpunkts an der Kugelgelenkpuppe praktiziert werden, so sind Überlagerungen und Vermischungen grundlegende Darstellungsprinzipien der von Bellmer *gezeichneten* Körper. In den Zeichnungen und Graphiken ist die Darstellung von Körpern an kein gegebenes Set von Einzelteilen mehr gebunden. Insofern vervielfältigen sich die Möglichkeiten noch einmal gegenüber der zweiten »Puppe«. Die Zusammenfügung und Vermischung, die Vervielfachung und Kombination von Körperteilen ist nur noch durch die Mittel der Darstellbarkeit, Papier und Zeichenstift, begrenzt. Das Ohr in der Hand, das Gesicht im Fuß, die Vagina als Auge bei einer Überlagerung von Gesicht und Gesäß, das Gesäß als Brüste oder die Brüste als Hoden, während der Rumpf einen Phallus formt, viele Körper, die zusammen ein Gesicht bilden, ein Fuß als Nase, eine Vagina im Gesicht – das sind Motive, die auf den Zeichnungen Bellmers immer wieder zu sehen sind. Dabei ist auffällig, wie häufig Mädchen oder weibliche Körper mit einem Phallus ausgestattet sind oder einen Phallus bilden.[19] Auch dieses Phänomen wird von Bellmer selbst im zweiten Abschnitt, »Die Anatomie der Liebe«, in erstaunlicher Klarheit beschrieben und psychoanalytisch gedeutet:

> »Wahrscheinlich überlegte man bisher nie ernsthaft genug, wie weit das Bild der begehrten Frau vom Bilde des Mannes her bedingt ist, der sie begehrt; daß es letzten Endes also eine Reihe von Phallus-Projektionen ist, die progressiv von einem Detail der Frau zu ihrem Gesamtbild gehen, derart, daß (...)«. (86)

Es folgt die Aufzählung einer Reihe von Darstellungsmöglichkeiten von Phallus-Projektionen, gebildet aus dem Körper-Bild der Frau. Einige Zeichnungen Bellmers wirken wie unfreiwillige Illustrationen zu Lacans Rede über den Phallus als 'transzendentalen Signifikanten',[20] so sehr kreist der Phallus auf ihnen von einem Körper(teil) zum anderen. Indem seine Zeichnungen und Graphiken sich um das Bild der phallischen Frau drehen, bearbeitet Bellmer einen Schock, der in dem älteren Text über das Kugelgelenk erwähnt war und sich unschwer als verdeckte Rede über den Schock der 'kastrierten Frau' lesen läßt. Anläßlich eines Kreiselexperiments schreibt Bellmer dort:

> »Wenn die Lösung sich so exemplarisch wie hier des realen Teils der Vollkommenheit bemächtigt, demonstriert sie klar genug, was die Kraft des Erregers ist: sie ist die zugespitzte Art, nur unvollkommen zu sein, um es zu

leugnen, also der Schock zu sein, der die Gewohnheit stört und die Phantasie zwingt, das Unvollkommene zu ergänzen, das Gleichgewicht wieder herzustellen.« (34)

Abbildung 4: Unica Zürn, »Dessin«, 1965.
(aus: »Obliques Nr. 14-15, La femme Surréaliste«. S. 252)

Wird scheinbar in der Darstellung phallischer Mädchen das Bild von der Unvollkommenheit der Frau ins Gleichgewicht gebracht, so geht es für den Künstler darin doch tatsächlich um seine eigene Unvollkommenheit, die er auf dem Wege der Einverleibung des anderen Geschlechts auszugleichen sucht. Diesen Zusammenhang untersucht Xavière Gauthier in ihrer Arbeit über »Surrealismus und Sexualität«, wenn sie Bellmers Werk fetischistische Züge bescheinigt. Der Fetisch sei Ausdruck der Verleugnung der Realität »nach dem traumatisierenden Anblick des weiblichen Geschlechts«, in ihr liege »zugleich der Glaube an die Realität des Fehlens des mütterlichen Penis und der Glaube an die Realität des Phantasmas seiner Anwesenheit«.[21] Mit seiner Verleugnung stellt der Fetischist im Grunde den Geschlechtsunterschied in Frage. Die Frau als Phallus-Projektion wäre somit eine andere Variante oder Ausdrucksform einer Arbeit, die die Differenz auslöscht, als die von Bellmer später beschriebene imaginäre Verwandlung des Mannes in eine Frau. »Ich besaß sie in mir, ehe ich sie besaß«, zitiert Bellmer Joë Bousquet, der in seinen Halluzinationen das weibliche Geschlecht simulierte, und kommentiert:

> »Beide Einblicke bezeichnen den Mann, der die Neugier, das Intimste der weiblichen Natur zu erfahren, auf sich selbst gerichtet hat; sein ganzer Körper ahmt im Krampf den Sinn des Schoßes nach. (...) Das Du verliert von seiner Wirklichkeit zugunsten eines vom Ich beanspruchten Bildes. Er wird innerlich und in praenatalen Tiefen die Frau, die er besitzen will.« (88/89)

Der 'zur Frau gewordene' Mann führt Bellmer auf das Prinzip der Umkehrbarkeit zurück und eröffnet erneute Analogien zwischen Körper und Sprache.

Der Abschnitt über die »Anatomie der Liebe« ist dafür besonders interessant, weil hier endlich der Mann als Bildproduzent in den Text eingeführt ist. So erweitert sich auch das beschriebene Verfahren der Verlagerungen, das im ersten Abschnitt als körperinternes (z.B. zwischen Gesäß und Brüsten) beschrieben wurde, zu einer Verfahrensweise des Ich mit dem Du, genauer des männlichen Ich mit dem weiblichen Körper. Als Grenzfall der ersten (körperinternen) Beschreibungsebene und als Übergang zur zweiten gilt ein Individuum, welches sich ganz »als Erregungsherd empfindet, und dem eine Virtualität entgegenträte, die scheinbar außerhalb des Ich existiert, wie eine Halluzination« (81). Dies wird als Spaltung einer Persönlichkeit verstanden in »ein Ich, das eine Erregung erleidet und in ein Ich, das eine Erregung erzeugt« (82). Dieser Grenzfall mag ebenso der Fall des Halluzinierenden wie der des Künstlers sein. Doch indem der Künstler den Vorgang materialisiert, verfügt er auch über ihn; er eignet sich das Weibliche an, benutzt es als Material, um daraus seine eigenen Bilder herzustellen. Dabei verlagert er seine Erregung auf ein Bild außerhalb seines Ich, das er aber zugleich, da es sein Produkt ist, selbst ist. Auf diese Weise stellt er eine Vollkommenheit dar, die jeglicher Ambivalenz Raum läßt, weil er als Künstler, der sein Bild ist, welches er aber zugleich von sich abgrenzt, eine Symbiose und eine Trennung produziert hat.

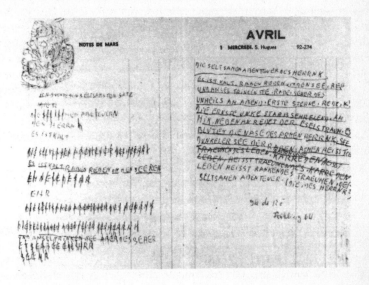

*Abbildung 5: Unica Zürn, Anagramm-Produktion, 1964.
(aus: »Obliques Nr. 14-15, La femme Surréaliste«. S. 264.)*

In seiner psychoanalytischen Betrachtung zu Bellmers Werk »Bellmer et la belle mère« geht Hans-Jürgen Döpp davon aus, daß dessen Thematik »ganz von der Zwiespältigkeit der Wiederannäherungskrise geprägt« sei und daß dessen Phantasie auf »ein frühes, wenig differenziertes Stadium der Persönlichkeitsentwicklung zurück(greift), in dem die seelische Repräsentanz der Mutter regressiv mit dem Selbst verschmilzt und das eigene Gesicht mit dem der Mutter assimiliert.«[22] Aus dieser präödipalen Problematik leitet er die Gegensätze von Verschmelzungs- und Trennungstendenzen in den Darstellungen und Techniken Bellmers ab: einerseits Auflösungen, Fusionierungen und Überlagerungen, andererseits Härte und Zerstörung – Einverleibungen und Introjektionen, Symbiosen, sadistische Phantasien etc. Die sadistische Komponente in den Bildern wertet Döpp als »Bollwerk gegen die verschlingende Mutter« und als Abwehr von Kastrationsängsten.[23] Auch noch der Sadismus stellt sich sowohl in chaotischen Phantasien, z.B. in den Bildern von geöffneten Körpern, beim Blick ins Innere, als auch in geometrischen, versteinerten Formen dar, etwa in dem aus Frauenbeinen gebildeten Kubus oder in einem aus Mauersteinen geformten Bein. Döpp, der sich speziell mit dem zeichnerischen Werk Bellmers beschäftigt, entdeckt darin eine dyadische Praxis, in der sich die Ambivalenz der präödipalen Mutterbeziehung wiederholt.[24] Er deutet das Zeichnen einerseits als »väterliche Technik«, die dem Künstler behilflich sei, sein Bedrohtsein zu bannen, andererseits als lustvollen Vorgang, in dem sich die Erregung über die Hand nach außen verlagere.[25]

Die Umsetzung der Wünsche in eine zerstörende und gestaltende Tätigkeit, von der Bellmer in seiner Erinnerung an die 'kleinen Mädchen' gesprochen hatte und die in seinem ersten Werk als Montage und Demontage seines Modells eine einfache Konkretisierung erfahren hat, ist damit immer komplexer und differenzierter geworden, seine zerstörenden und gestaltenden *Techniken* ebenfalls. Wenn er den Körper wiederholt mit der Sprache vergleicht und seine Zergliederung und neue Zusammensetzung schließlich mit dem Anagramm, dann verschweigt er dabei aber, daß die Techniken, mit denen er über die Körper verfügt, sehr viel vielfältiger sind als die, welche bei der Umstellung von Buchstaben anwendbar sind. Wesentlicher ist aber die Tatsache, daß die Arbeit am Material des Frauenkörpers immer mit der verwischten Unterscheidung zwischen realer Frau und ihrem Bild bzw. einer Nachbildung oder Darstellung ihres Körpers, zwischen Materie und Material, operiert, daß die Darstellungen, die nicht vorgeben, eine reale Frau zu repräsentieren, dennoch ständig mit der Ähnlichkeit und dem Verweis auf den Frauenleib spielen. Bellmer nennt das »die praktische Verschmelzung des Natürlichen mit dem Vorgestellten« (92). In der Konkretisierung erweist sich diese »Verschmelzung« dann allerdings als Gewalt männlichen Denkens über die Natur der Frau. Er fährt nämlich fort: »So zwingt der Mann dem Bild der Frau seine elementaren Gewißheiten auf, die geometrischen und algebraischen Gewohnheiten seines Denkens« (92). Und dies nicht nur in der Zeichnung, als materialisierte Imagination, sondern auch am lebenden Körper. Am krassesten zeigt sich die Gewalt, die der künstlerischen Verfügung über den Körper der Frau innewohnt, wenn der Künstler vor der realen Frau nicht haltmacht und tatsächlich ihren Leib als Material benutzt. Dabei wird dann die stets latente Verwechslung von Kunst-Frau und Frauenleib manifest.

Beispiel hierfür ist jene Photoserie von 1958, in der Bellmer den von ihm geschnürten Leib Unica Zürns abgebildet hat. Er ahmt damit am lebenden Modell ein Erinnerungsbild an ein Opfer nach, das er in der »Anatomie des Bildes« zuvor beschrieben hatte.[26] Auf diese Weise wird Unica Zürn zu seinem Modell, aber nicht zum Vorbild, nach dem sein Werk entsteht, sondern umgekehrt zur lebenden Verkörperung eines bereits vorhandenen Modells, zur buchstäblichen Ver-Körperung eines Bildes. Die Beschreibung des umschnürten Opfers wird in dem Text durch folgende Passage vorbereitet:

> »Das lebende, drei-dimensionale Objekt suggeriert, aber ohne sie zu erleiden, seine Metamorphosen; diese selbst bleiben jenseits der Photographie. Deshalb, um objektive Beweise zu erhalten, wird man sich an den Handwerker wenden müssen, der durch jene menschlichst nachfühlbare und schönste Leidenschaft kriminell wird: die Mauer zu zerstören, die zwischen der Frau und ihrem Bild steht.« (92)

Weil das Innere der Frau sich dem Betrachter nicht enthüllt, »jenseits der Photographie« bleibt, weil er ihre Metamorphosen – ganz offensichtlich handelt es sich dabei um ihre sexuelle Erregung – nicht *sieht*, muß er sich ihr als Handwerker oder als Lustmörder nähern, zwei Funktionen, die Bellmer im Künstler vereint. Weil das Geschlecht der Frau nicht repräsentierbar ist, nicht »eins ist«,[27] muß er ihm die Formen seiner Repräsentation aufzwingen. Auf der Skala der von ihm erfundenen »Verschmelzungen des Natürlichen mit dem Vorgestellten« bilden der geschnürte Leib Unica Zürns den einen und die »Eva-Synthese« den anderen Pol. Mit diesem Namen bezeichnet Bellmer eine seiner Gestalten, die nur aus Beinen, Brüsten und Kopf besteht und die ihn in seinem Text schließlich dazu veranlaßt, dieses Objekt, das er auch als »Frau ohne Herz« bezeichnet, mit einem Anagramm zu vergleichen (95).

An der Rede von der Eva-Synthese wird die Verwandtschaft von Bellmers Geschöpfen mit den sogenannten Junggesellenmaschinen anderer Künstler am sichtbarsten, vor allem mit jenen, die sich mit dem Thema der 'Braut' beschäftigen. Die Darstellung der 'Junggesellenmaschine' als Mythos der Moderne verdankt sich der Studie von Michel Carrouges »Les Machines Célibataires« aus dem Jahre 1954, in welcher der Verfasser sich auf Texte von Edgar Allen Poe, Lautréamont, Alfred Jarry, Raymond Roussel, Franz Kafka u.a. bezieht, um in deren Literatur die Imagination vergleichbarer maschineller Entwürfe zu beschreiben, welche unter Verzicht auf die natürliche Reproduktion einen sich selbst antreibenden Mechanismus kreieren. »Die Junggesellenmaschine ist ein phantastisches Vorstellungsbild, das Liebe in einen Todesmechanismus umwandelt.«[28] Am sinnfälligsten wird dies in den vielen surrealistischen Gemälden, in denen Lustmaschinen als Torturmaschinen erscheinen, besonders in Bildern von Max Ernst und Salvador Dali, auch bei Oscar Dominguez' »Elektrosexueller Nähmaschine« (1934) oder Hans Bellmers »Maschinengewehr im Zustand der Gnade« (1937). Die 'Junggesellenmaschine' funktioniert über die Trennung der Geschlechter, in ihren Bildern gibt es stets eine Entsprechung zwischen dem mechanischen und dem sexuellen Bereich. Als einfachsten

Prototyp der 'Junggesellenmaschine' bezeichnet Carrouges jene Passage aus den »Gesängen des Maldoror« von Lautréamont (1869) welche die Surrealisten als geniale Vorformulierung ihres poetischen Programms betrachtet haben: »Er ist schön (...) wie die zufällige Begegnung einer Nähmaschine und eines Regenschirmes auf einem Seziertisch.« Dazu Carrouges:

> »In dieser scheinbar wunderlichen Zusammenstellung erkennt man den Regenschirm als männliches Symbol, die Nähmaschine als weibliches. Bleibt als drittes Objekt der Seziertisch. Er ist offenbar von massgebender Bedeutung, aber in einem anderen Sinn. Der Seziertisch ist weder ein mechanisches Element noch ein sexuelles. Er übernimmt die spezifische Funktion, die aus dem Doppelsystem von Sex und Mechanik resultiert. An die Stelle des Bettes, der Liebe, die Gemeinschaft und Leben bedeutet, tritt der Seziertisch in der spezifischen Funktion der Junggesellenmaschine: als Bringerin von Einsamkeit und Tod.«

Ausgehend von der Faszination der Surrealisten für die genannte Formulierung Lautréamonts könnte man den Seziertisch als symbolischen Ort für die Herstellung ihrer obsessiven sexuellen Bilder begreifen. Daß diese sich in erster Linie des weiblichen Körpers als Material bedienen, steht nicht im Widerspruch zu ihrem zölibatären Charakter, denn mit ihren phantastischen und mechanischen Inszenierungen halten sie sich den lebendigen Körper der Frau vom Leibe. Auch Bretons Programm der »L'Amour fou« (1937), der wahnartigen Liebe, ist letztlich ein Modell der 'Junggesellenerotik.«[29] Die Kritik der Surrealisten an den Gesetzen der Leistungsgesellschaft, die sie vor allem an der bürgerlichen Form von Liebe, einer zum Zwecke der Reproduktion domestizierten und in die Familienform eingezwängten Sexualität entwickeln, ist noch in ihren Gegenentwürfen mit diesen Gesetzen verbunden, insofern sie sich auf dieselben Bewegungsmodelle stützt: Automatismus, Mechanik, Maschine. So bezeichnet Bazon Brock die Junggesellenmaschine auch als »Signum der Existenz des schöpferischen Unternehmers/Künstlers.«[30] Der Leib erscheint als Maschine, Organisches wird auf mechanische Vorgänge reduziert und darauf abgebildet. Dem Verzicht auf Prokreation korrespondiert dabei eine nahezu totale Sexualisierung aller Dinge.

> »In alle Erfindungen der Zeit wird eine sexuelle und erotische Konnotation hereingelesen, und die technischen Innovationen werden als Metaphern eines kurzgeschlossenen Kreislaufes verwendet: (...) Der 'Mythos der Junggesellenmaschinen' entstand in einer Zeit, als Verzicht auf Prokreation noch ein Lebenskonzept mit einer entsprechend sublimierten Geometrie der Erotik beinhaltete, als Komplexes mittels einer 'simplen' Mechanik ausgesagt werden konnte; in einer Zeit, in der eine dreidimensionale Junggesel-

lenmechanik eine 'abenteuerliche, meist weibliche' vierte Dimension als Relativierung von Gesichtspunkten annimmt, um der Versuchung zur Schaffung erneut überblickbarer Verhältnisse mit all dem Leid, das diese bringen, zu widerstehen.«[31]

So Harald Szeemann im Katalog zu der von ihm organisierten Ausstellung von »Junggesellenmaschinen« 1975, in der die von Carrouges zusammengestellte Beispielserie erheblich erweitert wurde, insbesondere um Beispiele aus der darstellenden Kunst. Auch Hans Bellmers »Puppe« wird hier in der »Chronologie der Junggesellenmaschinen« genannt (104), allerdings ohne daß einer der zahlreichen Artikel des Katalogs näher auf dieses Objekt einginge.

Mit dem Titel 'Junggesellenmaschine' bezog Carrouges sich auf die Bezeichnung, welche Marcel Duchamp dem unteren Teil seines »Großen Glases« gegeben hatte, an dem er in den Jahren 1912-23 gearbeitet und das er mit dem Objekt »Die Braut von ihren Junggesellen nackt entblößt sogar« (Abb. 3) vollendet hatte. Der Titel gibt der Darstellung – man sieht auf zwei voneinander getrennten Ebenen verschiedene Formen und Objekte wie z.B. eine Schokoladenreibe, Haarsiebe, Räder, Stangen u.a. – eine sexuelle Bedeutung. Der untere Bereich gehört den Junggesellen (Mehrzahl!); er zeigt eine selbsttätige Betriebsamkeit, links eine Art Garderobenständer mit neun »männischen Gussformen«, leeren Hälsen, die Duchamp als »Friedhof der Uniformen und Livreen« bezeichnet hat. Der Wagen, auf dem die Gußformen befestigt sind, ist mit einer Art Stangen-Schere und der Schokoladenreibe verbunden, so daß man sich die durch Übertragungsmechanismen zustandekommende Bewegung als eine Art Versspritzung vorstellen muß. Duchamp: »Der Junggeselle zerreibt seine Schokolade selbst.«[32] Der obere Bereich gehört der Braut (Einzahl!); er zeigt eine »fleischfarbene Milchstrasse«, die Hülle oder Haut der Braut, und ein daran herunterhängendes »Skelett«. Die Entkleidung, von der in der Bildlegende gesprochen wird, ist also als Hinrichtung dargestellt. In Duchamps »Grossem Glas« ist das Modell der 'Junggesellenmaschine' komplett: der selbsttätige Mechanismus des männlichen Bereichs als perpetuum mobile, das ohne die Frau auskommt, während diese, entblößt und hingerichtet, in einer abgetrennten Ebene auf die 'vierte Dimension' verweist. In der Entblößung der Braut, ihrer Demontage in Skelett und Hülle, ist die »Epiphanie der Braut«[33] mit ihrer Zerstörung identisch. Das Weibliche, welches in der Mechanik nicht aufgeht und damit auf eine andere, die 'vierte Dimension' hindeutet, ist an einem anderen, abgetrennten Ort situiert. »Einmal ent-wirklicht, das heißt entblößt, wird sie (die weibliche Erscheinung, S.W.) zum Vorwand, ohne sie zu (er-)zeugen,« so Michel de Certeau, der die in die Sprache zurückgeglittenen 'Todesarten', z.B. den erzählenden

Text, mit der Funktionsweise der 'Junggesellenmaschine' vergleicht. Er bezeichnet in seinem Beitrag ein geschlossenes Sprachsystem, ein die Mystik ausschaltendes Schriftsystem, als 'Schreib-Maschine' – »ohne Fortpflanzung, außer einer symbolisierenden, ohne frisches Blut, ohne Frau, ohne Natur«.[34] In der symbolisierenden Prokreation schafft sich der Künstler selbst, er wird zum »männliche(n) Erstgeborene(n) des Werkes, das er einstmals empfangen hatte.«[35] Die Überwindung der Natur, welche im Mythos noch dem Helden zukam, wird nun vom Künstler geleistet. Im Modell der 'Junggesellenmaschine' wird der Artist, der an die Stelle des Heroen getreten ist, zum 'Selbsterreger'.[36]

Über die Tötung, Fragmentierung oder mechanische Handhabung der Braut stehen die Junggesellenmaschinen mit der Darstellung des Lustmordes in Verbindung, wie er in der Malerei besonders nach dem 'Ersten Weltkrieg' als häufiges Motiv auftaucht.[37] Auch hier spielt die Braut eine zentrale Rolle; sie erscheint als Maschine, als zerstückelte Mechanik, als Maschinenlandschaft oder auch als Objekt von Martermaschinen. In den Vorstufen zu Duchamps »Grossem Glas« gibt es z.B. ein Ölgemälde, welches »Die Braut« (1912) als komplizierte Maschine darstellt. In dieser Motivkette, in der sich die 'Junggesellenmaschine' als mechanischer Frauenkörper präsentiert, ist Bellmers Puppen«-Konstruktion kunsthistorisch anzusiedeln. Wenn er dem Bild der Frau die »geometrischen und algebraischen Gewohnheiten seines Denkens« aufzwingt – z.B. in der Gestaltung eines Quaders, bestehend aus weiblichen Körperteilen –, dann kann das als allegorische Darstellung der als 'Junggesellenmaschine' gefaßten Kunstproduktion in der Avantgarde gelesen werden: die Projektion des Beweglichen und Organischen, der 'vierten Dimension', in einen drei-dimensionalen (Kunst)Gegenstand. Dazu noch einmal Bellmer:

> »Wer Demonstrationen mit vorerst verborgener Absicht liebt, wird versucht sein, der anatomischen Multiplikation folgenden Sinn zu geben: die Frau, beweglich im Raum, unter Ausschluß des Zeitfaktors darzustellen. Das heißt den klassischen Begriff der Einheit von Zeit und Raum, der auf die Momentaufnahme hinausläuft, durch den Gedanken einer menschlichen Projektion auf eine zeitlich neutrale Ebene zu ersetzen, auf der sich Vergangenheit, Gegenwart und Zukunft ihrer Bewegungsbilder nebeneinander ordnen und bestehen bleiben.«[38]

Beschreibt Bellmer hier den Versuch, das »unbewegliche Panorama einer Bewegung« (95) festzuhalten, das Abbild der Spur bzw. die erstarrte Matrize vorausgegangener Bewegung und damit ein feststehendes, Zeit eliminierendes Bild von Geschichte zu konservieren, so erscheint dieser Vorgang, wenn er als Produktion auftritt, als eine Schöpfung, die dem Leiblichen, der Zeit und der Frau enthoben ist. Dabei konstituiert sich diese Schöpfung, die sich dem Vergänglichen und dem Tod des Leibes zu entziehen trachtet, über eine (Ab)Tötung des Organischen, eine am Körper der Frau vorgenommene Tötung. »Ganz so möchte man, daß die tragische und genaue Spur eines stürzenden nackten Körpers, vom Fenster aufs Trottoir, als seltsames Objekt erhalten bliebe« (95). Nicht der Leib selbst also, sondern die Dauerspur, welche seine Tötung hinterläßt, bildet das Kunstwerk und mit ihm den Künstler; die Einverleibung des Weiblichen geschieht dabei über dessen Entleib(lich)ung. Das »Weibliche erschöpft sich mit der Vollendung. Es setzt das Werk ins Leben, dann stirbt es ab« (Benjamin).[39]

III. Das Mädchen und sein Magier

Leben und Schriften Unica Zürns korrespondieren den Vorstellungen und Produktionen Hans Bellmers in merkwürdiger Weise. Nicht nur, daß Zürn in ihrem Freitod 1970 das von Bellmer entworfene Bild des vom Fenster aufs Trottoir stürzenden Körpers tatsächlich realisiert hat – dreizehn Jahre nach dem Erscheinen seiner »Anatomie des Bildes« – auch in anderen Momenten mutet ihr *Leben* wie eine Ver-Körperung, wie eine (Re)Materialisierung seiner Imaginationen an, während sich ihre Texte teilweise wie Antworten oder wie Fortschreibungen aus einer eigentümlich ver-rückten Perspektive lesen.[40] Wenn für den Künstler das Weibliche, wie Benjamin formulierte, das 'Werk ins Leben setzt', so ließe sich für Unica Zürn behaupten, daß sie selbst ihr Werk ins Leben gesetzt hat, allerdings in dem Sinne, daß ihr die Imagination zum Leben wurde. Wenn in Bellmers Kunst der Unterschied zwischen realer Frau und Kunst-Frau ständig vergessen wird, die Grenzziehung gegenüber dem schöpferischen Subjekt aber deutlich eingehalten ist, verschwimmt bei Unica Zürn die Grenze zwischen ihrem Leben und ihren Schriften, stellt sich ihr Leben z.T. als Nachahmung ihrer Vorstellungen dar. Reale Gestalten treten in ihren Texten auf, verwandeln und vervielfachen sich dort, und in ihrem Leben begegnet sie Personen, deren Bild sie schon zuvor entworfen hat, so z.B. in der für sie zentralen Begegnung mit Henri Michaux, den sie mit ihrem »Mann im Jasmin« identifiziert. Arbeitet der Künstler am Bild und am Körper der Frau, um seine Ideen zu realisieren, so erkennt Unica Zürn in realen Personen und Situationen ihre Imaginationen wieder, um aus diesen Begegnungen eine Reihe weiterer Bilder, Namen und Figuren zu gestalten. Als 'Erscheinungen' werden Visionen, Halluzinationen, Phantasievorstellungen und die Wahrnehmung lebender Personen zum Verwechseln ähnlich, genauso wie in dem 'sie' des Textes »Der Mann im Jasmin« Autorin, Heldin und Erzählerin ununterscheidbar werden.

Dieser bekannteste Text Zürns, den sie selbst mit dem Untertitel »Eindrücke aus einer Geisteskrankheit« versehen hat, zeigt das komplizierte Verhältnis von Leben und Schreiben bei ihr vielleicht am deutlichsten. Häufig wird dieser Text als autobiographischer, d.h. als Aufzeichnung ihres Lebens, gelesen und 'sie' mit Zürn identifiziert, wobei die Schrift dann als Abbild oder Wiedergabe ihrer Erlebnisse verstanden wird. Der Text stellt sich aber als Versuch dar, die Genese einer 'Krankheit' zu rekonstruieren. Dabei bemüht die Schreibende sich um Reflexion, Distanz und um die Unterscheidung von 'Wirklichkeit' und 'Halluzinationen' wie um die Beschreibung einer chronologischen Abfolge, ohne daß ihr dies allerdings vollständig gelingen will. In dem Satz z.B., »sie ist sich nicht klar darüber, daß sie Halluzinationen hat«,[41] tritt 'sie' als Halluzinierende auf und zugleich als Instanz, die über »den Zustand, in dem sie sich befindet,« urteilt, darüber berichtet und sich somit von deren Wahrnehmungen distanziert. Im nächsten Satz aber schon versetzt die Erzählende sich wieder in die Perspektive, von der sie sich gerade abgegrenzt hat: »Wenn also Bilder im nächtlichen Himmel für sie erscheinen, so sind diese Bilder auch *wirklich* da.« Die Darstellung ihrer visuellen und akustischen Wahrnehmungen und ihre schreibende Vergegenwärtigung, in der diese als 'wirklich' erscheinen, und deren Beschreibung und Bewertung als unterschiedliche Vorstellungsorte stehen hier in einer diskontinuierlichen Beziehung, die in keine klare Ordnung gebracht werden kann. Als Rekonstruktion der Geschichte ihrer Krankheit erinnert Zürn darin ihre Eindrücke und Erlebnisse, so daß das Schreiben diese auch wiederholt – ohne daß diese Wiederholung mit dem Vergangenen identisch wäre. Als Rekonstruktion vollzieht der Text auch eine andere (Re)Produktion. Die Reihe der dort beschriebenen Klinikaufenthalte setzt sich nach der Niederschrift im Leben der Verfasserin fort. »Der Mann im Jasmin«, aufgezeichnet zwischen 1962 und 1965, ist ein Text ohne Ende, offen zum Leben hin; in den »Notizen zur letzten (?) Krise« wird er 1966/67 dann schriftlich weitergeführt. Es ist nicht klar, ob das Fragezeichen hinter dem Wort »letzte« die Hoffnung ausdrückt, die Krisen überstanden zu haben, oder den Zweifel, ob sie die Krise überleben würde. Im Text wird jeweils das Ende ihrer phantastischen Eindrücke, die Konfrontation mit der 'Wirklichkeit', als Sturz beschrieben:

> »Einige ungewöhnliche Tage, einige Nächte mit den erschütternden Erlebnissen der Halluzination, ein kurzer Schwung nach oben, ein Gefühl des sich Ausserordentlich fühlen – und danach der Sturz, die Wirklichkeit, die Erkenntnis der Täuschungen.«[42]

Erst der Sturz aus dem Fenster wird ihr letzter Sturz sein: eine Angleichung ihres Leibes an ihre psychische Realität, zugleich auch die Nachahmung eines Sturzes, den sie in der drei Jahre vor ihrem Freitod geschriebenen Erzählung »Dunkler Frühling« bereits dargestellt hatte, dort als Handlung, in der die Figur des Textes, jenes namenlose, kleine Mädchen, seine Lieblingsphantasie, das Bild vom 'schönen toten Kind', mit dem eigenen Körper materialisiert. Wenn in der Schreibweise der Erzählung diese Materialisierung zugleich eine Zerstörung jenes Bildes bewirkt, so wird diese literarische Destruktion eines starren Klischees im Sturz Unica Zürns aus dem Fenster von Bellmers Wohnung im Leben – mit tödlicher Wirkung – real aufgehoben, womit sich die leibhaftige Demontage eines Weiblichkeitsbildes als Tod der Frau vollzieht.

Damit ist kein kausaler bzw. zwingender Zusammenhang behauptet. Zwar läßt sich das in Bellmers Kunstproduktion par excellence zum Ausdruck kommende ästhetische Konzept als *historische Voraussetzung* für die künstlerische Tätigkeit der Frau in der Moderne beschreiben und an Unica Zürn studieren, wie eine Frau, die in dieses Konzept eintritt, sich darin verstrickt. In *biographischer* Hinsicht ist aber zu beachten, daß Zürn erzählt, bereits vor der Begegnung mit Bellmer Vorstellungen und Bilder entwickelt zu haben, die sie in ihm und dem, was er vertritt, wiedererkennt. Im »Mann im Jasmin« wird berichtet, das 'sein' Gesicht einem gleiche, das 'sie' zuvor in einem Film gesehen habe, gleich dreimal, »um betrunken zu werden an einem bestimmten Gesicht, das nicht das geringste mit dem Gesicht des Mannes im Jasmin zu tun hat« (14). Sie selbst sei diesem Gesicht immer ähnlicher geworden und habe es später in dem Mann erkannt, dem sie begegnet sei. Grund genug für sie, ihm nach Paris zu folgen. Erscheint der Mann hier als ihr imaginäres Ebenbild, so wird die Art und Weise, wie sie mit seinem Bild umgeht, in einem anderen Text, der den Mann beim Namen nennt, als Einverleibung beschrieben:

> »Sie trug das Bild von Hans in ihren Augen, Ohren, Haaren und in ihrem Leib und in ihrer Seele: er war ihr überall gegenwärtig – sie war bezaubert von ihm bezaubert – auf allen Wegen, die sie ging.«[43]

Wie eine Besetzung ihrer ganzen Person mutet seine Überall-Gegenwart für sie hier an. Sie verleibt sich sein Bild ein und läßt sich durch ihn besetzen, Vorgänge, die auch in anderen ihrer Schriften häufiger dargestellt sind. Und auch dies sind Figuren, die wie das Resultat einer verkehrten Anwendung seiner künstlerischen Praktiken wirken. Während der Schöpfer der Puppen-Konstruktionen sich das Weibliche einverleibt, es sich handhabbar macht und in seinen Objekten auf Distanz hält, während also Einverleibung und Distanzierung Aktions- und Funktionsweisen seiner künstlerischen

Tätigkeit darstellen, sind für Unica Zürn 'Distanz' und 'Einverleibung' imaginäre Figuren, die in ihrem Leben wie in ihren Texten gleichermaßen eine Rolle spielen. »Dass es nämlich die DISTANCE/ und nichts als die DISTANCE ist, die das/ Wunderbare für mich bedeutet,« heißt es im zweiten Teil ihres Textes »Das Weisse mit dem roten Punkt« aus dem Jahre 1958,[44] womit eines der auffälligsten Motive ihrer Schriften formuliert ist. Die Distanz, insbesondere die 'Liebe in der Distanz, ist darin als Konstellation entworfen, welche die Erwartung und Sehnsucht vor der Enttäuschung zu schützen hat. Immer wieder werden verschiedene Geschichten über Begegnungen in der Distanz erzählt oder Dramaturgien bzw. Spielregeln für derart körperlose Beziehungen entworfen, so z.B. in der Erzählung »Dunkler Frühling«, in den »Erdachten Briefen« und in »Les Jeux à deux«, einer buchstäblichen Übermalung und -schriftung von Bellinis Oper »Norma«.[45] Die 'Einverleibung' ist in diesem Zusammenhang die Vorstellung einer Vereinigung in symbolischer Form – wenn etwa das kleine Mädchen in »Dunkler Frühling« das Photo seines unerreichbaren Geliebten aufißt – oder in imaginärer Form, als Bild des im eigenen Leib aufbewahrten oder verschlungenen Anderen. Auffällig ist hierbei ein geschlechtsspezifischer Unterschied in der Darstellung. Männliche Figuren, die sich die Geliebte einverleiben, wie 'der Herr' in den »Erdachten Briefen« und Flavius in »Les Jeux à deux«, leisten dabei eine Vernichtungsarbeit. 'Die Dame' dagegen bewahrt den Herrn eher in sich auf, und das Tagebuch schreibende weibliche Ich in den »Notizen einer Blutarmen« läßt die von ihm Bewunderten wie Schätze in sich hineinziehen, damit diese »in einer Zeichnung oder in einem Anagramm – ausgegossen und umgeformt« von Zeit zu Zeit zurückkehren.[46] Die rezeptive Haltung der weiblichen Perspektive kommt auch darin zum Ausdruck, daß Zürn von einer Begegnung gern in passiver Form schreibt: »sich begegnen zu lassen.«[47]

In den »Notizen einer Blutarmen«, einem der ersten Texte, die in Frankreich entstanden sind, reflektiert Unica Zürn ihre Eindrücke des vorausgegangenen Jahres 1957. Es ist das Jahr der zweiten Pariser Ausstellung ihrer Zeichnungen, die wieder wie schon 1953 in der Galerie »Le Soleil dans la Tète« stattfindet, das Jahr, in dem sie die Isolation, in der sie mit Bellmer zusammenlebt, verläßt und viele Pariser Surrealisten kennenlernt: Hans Arp, Victor Brauner, André Breton, Marcel Duchamp, Max Ernst, Leonor Fini, Wifredo Lam, Matta, Man Ray, Dorothea Tanning, Gaston Bachelard – und Henri Michaux.[48] Es ist auch das Jahr, in dem Bellmer und sie das erstemal den Sommer in Ermenonville, einem kleinen Ort in der Umgebung von Paris, verbringen, wo Zürn wieder zu schreiben beginnt. Zugleich ist es aber auch das Jahr ihrer ersten offenen 'Krise'. Im »Mann im Jasmin« schreibt sie dazu:

»1957, in dem Dorf Ermenonville, nicht weit von Paris entfernt, schreibt sie sechs kleine Manuskripte, um zu versuchen, sich von einem zu mächtig gewordenen Eindruck zu befreien, was ihr nicht gelingt.« (10)

Dann zitiert sie aus dem »Manuskript einer Blutarmen« eine Passage, die man in den »Notizen einer Blutarmen« vergeblich sucht, eine Passage, in der 'sie' sich als bewohnt und eingekreist beschreibt:

»Jemand durchquert mich auf seiner Reise in mir. Ich bin seine Wohnung geworden. Draußen, in der schwarzen Landschaft mit der brüllenden Kuh, gibt Jemand vor, zu sein. Von diesem Blick her zieht sich der Kreis um mich zusammen. Von innen von ihm durchreist, von außen von ihm eingekreist – das ist meine neue Situation. Und das gefällt mir.« (10)

Den folgenden Traum findet man mit leichten Abweichungen schon in den »Notizen« von 1957. Er handelt von »einem schönen, gefährlichen Wesen: Mädchen und zugleich Schlange – mit langem Haar«, dem man Augen, Herz, Zunge, Gehirn und Blut nahm, das aber dadurch viel mächtiger und entsetzlicher wurde, »erfüllt von einer Kraft und Wut, die unmenschlich waren«, wie es in den Notizen wörtlich heißt. Und auch der anschließende Bericht über die wunderbare und schockartige Begegnung mit einem Mann, der dem Bild vom »Mann und Jasmin« gleicht, stimmt mit Berichten aus den »Notizen« überein. In den etwa ein Jahrzehnt später entstandenen »Eindrücken aus einer Geisteskrankheit« faßt Zürn diese Begegnung so zusammen:

»Einige Tage später erlebt sie in ihrem Leben das erste Wunder: In einem Pariser Zimmer steht sie dem Mann im Jasmin gegenüber. Der Schock dieser Begegnung ist für sie so gewaltig, daß sie ihn nicht überwinden kann./ Sehr, sehr langsam beginnt sie von diesem Tage an, ihren Verstand zu verlieren./ Das Bild ihrer kindlichen Vision und die Erscheinung dieses Mannes sind identisch. Mit dem einzigen Unterschied, daß er nicht gelähmt ist und daß es hier keinen Garten mit blühendem Jasmin gibt, der ihn umschließt.« (10/11)

Wenn man die Texte, die 1957 und in den darauffolgenden Jahren entstanden sind (mir sind nur fünf bekannt), mit dem »Mann im Jasmin« vergleicht, dann fällt auf, daß die meisten der hier beschriebenen Motive bereits dort enthalten sind, daß sie in dem späteren Text aber in eine lebensgeschichtliche Ordnung gebracht werden und z.T. gegenseitigen Erklärungswert erhalten. Die Erinnerung im »Mann im Jasmin« bezieht sich damit auf Vorstellungen, Träume, Sehnsüchte, Ängste und andere Eindrücke, die in der Text-Reihe aus den Jahren 1957 und folgende zum erstenmal schriftlich festgehalten sind. Die »kindliche Vision« vom »Mann im Jasmin« z.B. ist als »Legende vom Leben zu zweit« in dem gedichtförmigen Text, der eine Ich-Stimme verwendet, »Das Weisse mit dem roten Punkt«, »In grosser Angst geschrieben am 24. Februar 1959«, entworfen. Die »Erdachten Briefe« (1957), ein fiktiver Liebesbriefwechsel zwischen einem Herrn und einer Dame, inszenieren eine 'Liebe in der Distanz', ebenso wie »Les Jeux à deux«, ein Text, der eine solche Liebe als Spiel mit Regeln und einem bestimmten Ablauf konzipiert – eine sonderbare ménage à trois zwischen Norma, ihrem Gatten Pollion und ihrem Geliebten Flavius – entstanden, wie die Autorin in einer Vorbemerkung mitteilt, »unmittelbar nach der Begegnung mit dem weißen Mann«, aber erst »beendet am 22. Februar 67«. Die »Notizen einer Blutarmen« sind in Tagebuchform geschrieben und vom 26. Dezember bis 31. Dezember 1957 datiert, mit drei kurzen Nachwörtern vom 2. Januar, 2. März und 5. Juli 1958. Während einer Krankheit, einer Gelbsucht, ist im April und Mai 1958 »Das Haus der Krankheiten« entstanden, ein Text, der sich wie eine Vorwegnahme von Psychiatrie-Erfahrungen liest, wie sie dann im »Mann im Jasmin« und in den »Notizen zur letzten (?) Krise« als zurückliegende erinnert werden. Im »Haus der Krankheiten« ist Zürns Verfahren der Verleiblichung von Vorstellungen insofern am konsequentesten literarisiert, als sie hier ihre Ich-Erzählerin in einem Haus situiert, das wie eine Anstalt erscheint, dessen Räume zugleich aber Körper-Räume sind: Kopfgewölbe, Kabinett der Sonnengeflechte etc. Die Krankheit, an der die Ich-Erzählerin leidet, ist eine »Augenkrankheit«, ihr sind die Herzen aus den Augen geschossen, und zwar durch einen »Meisterschuß«:

> »Mein Herz hingegen hat sich selbst beschmutzt, ich möchte nichts mehr von ihm hören. Es hat einen widerlichen weiblichen Charakter. Nun bin ich fast erleichtert, daß auch die Augen je ein Herz besitzen. Wenn meine Augenherzen auch fort sind, so haben sie bestimmt mehr getaugt als mein selbstmörderisches Herz. Ich ignoriere von nun an weitere Messerstiche ins Herz. Das bedeutet mir nun nicht mehr, als stäche eine Mücke hinein.«[49]

Die Verlagerung der Herzen in die Augen läßt sich als Bild verstehen, das in der Konstellation einer 'Liebe in der Distanz' seine Bedeutung erhält. Das Ersehnte bleibt in der Distanz, die Gefühle sind in die »weitsichtigen« Augen[50] verlagert, womit die Rede von der Sehn-Sucht wörtlich genommen ist, als Schutz vor dem »widerlich weiblichen Charakter« des Herzens, als Schutz vor Nähe und Ent-Täuschung. Wenn die Emotionen dergestalt von ihrem (metaphorischen) Sitz im Herzen auf die Sinnes-Wahrnehmungen verschoben sind, wird die beunruhigende Intensität akustischer, visueller und leiblicher Wahrnehmungen erklärlich, von denen im »Mann im Jasmin« berichtet wird. Die Vision vom »Mann im Jasmin« wird zu Beginn des gleichnamigen Textes mit einem Leben in Distanz und Passivität in Verbindung gebracht. Die gleiche »Belehrung« ist bereits in den »Notizen einer Blutarmen« 1957 als Reflexion der Tagebuchschreiberin formuliert, als Lebenshaltung der Bewunderung, der Erwartung, des Wartens auf Wunder.

Ob diese imaginären Konstellationen biographisch weiter zurückreichen, ist schwer feststellbar, da an früheren Texten nur das Kinderbuch, die phantastischen Kurzgeschichten, die Zürn in den Jahren 1951 bis 1954 für Berliner Zeitungen geschrieben hat, und die Anagramme der »Hexentexte« überliefert sind. Zwar läßt sich aus diesen frühen Texten eine Neigung zum Wunder(baren) und Phantastischen ablesen.[51] Alle aufgeschriebenen Rückblicke in die Zeit *vor* 1957 sind aber Erinnerungen, die Motive aus der genannten Text-Reihe dieser Jahre aufnehmen, wiederholen, variieren und fortschreiben. Zwar greift Zürn mehrfach auf Kindheitserinnerungen zurück, besonders im »Dunklen Frühling« und zu Beginn vom »Mann im Jasmin«, doch erhalten diese erst ihre Bewertung durch die Einbindung in das Gewebe der dargestellten Figuren, Konstellationen und Motive in der genannten Text-Reihe 1957 und folgende, welche so zum imaginativen Fokus für den lebensgeschichtlichen Rückblick werden. Diese Texte unterscheiden sich in literarischer Hinsicht erheblich von den »Eindrücken aus einer Geisteskrankheit«, da sie deutlich strukturiert sind, z.T. klar erkennbaren Genremustern folgen – Briefwechsel, Tagebuch, Spielbeschreibung – und formal abgeschlossen sind, während die »Eindrücke« als Erinnerung der subjektiven Wahrnehmungen der Schreibenden diese wiederholen und fortsetzen.

Daß sich Unica Zürn die eigenen imaginären Produktionen stärker eingeprägt haben als die Ereignisse, in deren Zusammenhang ihre Entstehung gehört, läßt sich an einem Beispiel belegen. In den »Aufzeichnungen einer Geisteskranken«, einem unveröffentlichten Text, der vermutlich, ebenso wie die »Notizen zur letzten (?) Krise«, als Fortsetzung zum »Mann im Jasmin« gedacht war, wird die Entstehung einer Geschichte erzählt, die Zürn am 11.02.1951 in einer Berliner Zeitung veröffentlicht hatte,[52] die jetzt aber in die Zeit der Begegnung mit Hans Bellmer, d.h. ins Jahr 1953 verlegt ist.[53] Da Zürn die Geschichte aus der Erinnerung wiedergibt, zeigt sich, auch wenn die jüngere Version erhebliche Abweichungen enthält, wie sehr sich ihre Erinnerung auf die eigenen Imaginationen konzentriert. Einmal produzierte Phantasien werden Teil ihres Lebens und strukturieren ihr Leben fortan – das so zu einer fortwährenden imaginären Produktivität führt, die sich in Texten, Zeichnungen und im 'Leben' wechselweise materialisiert.

Damit bewegt sich Unica Zürn dies- und jenseits einer Grenze, mit deren Hilfe, wenn sie klar und fest gezogen wäre, sich eine Autorposition markieren ließe. So aber gelingt es Unica Zürn nicht, 'Autor' zu werden. Nicht nur, daß ihre Texte zu ihren Lebzeiten nicht gedruckt wurden, auch sie selbst schreibt immer wieder darüber, daß sie kein 'Werk' schaffen könne. Schon in den »Notizen einer Blutarmen« heißt es:

> »Ich habe mich in mir um und umgedreht und mich behorcht und betrachtet. Dabei habe ich mich so satt bekommen. Wäre ich ein Mann, hätte ich aus diesem Zustand vielleicht ein Werk geschaffen.« (69)

Und kurz darauf. »Wenn man *das* könnte: ein Gedicht schreiben!« In demselben Text bezeichnet sie dagegen das Schweigen als die »glücklichste Verständigung«, wolle man nicht über sein 'Geheimnis' reden. An mehreren Stellen werden 'ihre' Äußerungen als bedeutungslos, fade und ihre Gedanken als nichtig oder klein bezeichnet. Exemplarisch ist dafür eine Stelle im »Mann im Jasmin«, in der die Erzählerin sich als unfähig, ein Werk zu schaffen, präsentiert:

> »In Wirklichkeit hat sie ein 'Hühner-Gehirn' – zu schwach, zu klein, um eine große Erschütterung mit Stolz zu ertragen, um, wie es zum Beispiel Herman Melville möglich war, ein Werk aus dieser Erschütterung aufzubauen. Ah! – dieser Mangel an Intelligenz – sie ist nicht anders als das Hühnchen, das zu dem kreisenden Adler aufblickt, um sich in hysterischer Bewunderung von ihm den Hals umdrehen zu lassen. Und sie empfindet schmerzlich die Grenzen, die Enge, die Eintönigkeit, die es zuweilen bedeutet, als Frau zu leben.« (53)

Da sie Melville zuvor als Dichter bezeichnet hat, »der aus einer großen Sehnsucht sein Meisterwerk geschaffen hat« (30), und sie immer wieder von der eigenen Sehnsucht schreibt, muß ihr also etwas anderes zum 'Meisterwerk' fehlen. Dieser Mangel wird wiederholt explizit aus ihrer Situation als Frau abgeleitet. In dem 1968 geschriebenen Text »Die Trompeten von Jerichow«, der sich wie eine Aneinanderreihung von Träumen, (Kindheits)Erinnerungen und Märchenfragmenten ausnimmt, gibt es einen längeren Abschnitt, in dem die Ich-Erzählerin sich wie in einem Monolog in der zweiten Person anredet und u.a. über ihr Schreiben reflektiert. Als Kind sei sie ein Dichter gewesen, ihre frühen Gedichte seien aber längst vergessen, da niemand sie aufgezeichnet habe und sie jetzt nur noch über die »vernünftige, phantasielose Sprache aller Leute« verfüge.[54] Überhaupt wird die Kindheit als magischer oder poetischer Ort begriffen – z.B. als »wunderbarer Garten« metaphorisiert (146) – an dem es eine Fülle »schöner Erinnerungen« gäbe, für die die Sprache der Erzählerin aber unangemessen sei, nämlich »arm und ohne Glanz«. Sie könne aber einige »endlose wunderliche Sätze« nicht vergessen, die sie als Kind vor sich hin gesagt habe. Die Versuche, der Erinnerung schreibend habhaft zu werden, werden dagegen als 'Wortmorde' bewertet:

> »Ohne Ehrgeiz werde ich nun das Schweigen lernen. Die Sucht, meine Erinnerungen aufzuzeichnen hat nur schwere, dumme Tintendonner erzeugt und Wortmorde.« (149)

Besitzt die Erzählerin die wunderliche Sprache der Kindheit nicht mehr, so hat sie andererseits an der Sprache der Meisterwerke keinen Anteil, womit sie ihren sprachlichen Ort als Frau im Dazwischen, zwischen der Kindheit und dem (männlichen) Meisterwerk, beschreibt:

> »Lass uns den Moorgesang anstimmen, um uns auf andere Gedanken zu bringen, auf edele, erhabene Gedanken, voller unverständlicher Poesie und vor allem ohne eine Spur des erleichternden Humors. Todernst wollen wir jetzt sein. Der Humor, die Ironie, diese Meisterwerke in der Dichtkunst fehlen mir. Darum lass uns in eine neue Traurigkeit hineinschreiten.« (152)

Ihre Formulierungen bleiben unbestimmt darin, ob diese Position gezwungenermaßen aus eigenem Unvermögen oder absichtsvoll eingenommen wird. An vielen Stellen in Zürns Texten wird das Ende der Kindheit beklagt, und insgesamt drückt sich die Unmöglichkeit aus, sich mit dem Bild einer 'Frau' zu identifizieren. »Wie wohl wäre mir, könnte ich etwas/ sein, das weder Frau noch Mann wäre. Gäbe es das,/ würde ich sogleich darin wohnen möchten.«[55] So lautet eine Wunschvorstellung in dem Text »Das Weisse mit dem roten Punkt«, die auch in anderen Texten wiederholt wird. Neben diesen, in der Abwehr uneinnehmbarer Orte, negativen Bestimmungen – dazwischen, weder-noch – gibt es in den Texten Zürns auch verschiedene Vorstellungen eines positiv bestimmten Ortes: sowohl-als-auch, z.B. Verfolger und Verfolgter, Tiger und die Flucht vor dem Tiger oder Tänzer und Komponist. Für dieses Doppelbild tritt dann das Symbol des Skorpions ein: »Sie ist der Skorpion, der sich selbst tötet.«[56] Diese Doppelrolle als Mörder und Opfer zugleich erscheint als einzige Möglichkeit, sich aus einer schicksalhaft erlebten Opferrolle herauszustellen.

Die Doppelrolle als Tänzer und Komponist läßt sich dabei als bildliche Beschreibung von Unica Zürns Ort in der Kunstproduktion lesen. Im Vergleich mit Breton und seiner Ästhetik des Wunderbaren, wie er sie beispielhaft in »Nadja« entworfen hat, spricht Franziska Schneider davon, daß Unica Zürn in ihrem »Mann im Jasmin« die Rollen von Breton und Nadja zugleich spiele.[57] Sie wäre demnach Autor und Muse in einer Person. In der Beziehung mit Bellmer wird diese Position noch komplizierter, denn für *ihn* tritt sie ja an die Stelle seines Modells, ist ihm also Muse, für *sich* ist sie Muse und Autorin zugleich, denn ihre männliche 'Muse' bleibt ein Bild ihrer Phantasie, das sie sich neben und trotz der realen Begegnungen schafft. Auffällig ist ja, daß Bellmer und auch das Bild, das sie in ihm wiedererkennt, nichts mit dem »Mann im Jasmin« zu tun haben. Auch erlangt sie über das, was sie beunruhigt, nie jenen Triumph, von dem Bellmer sprach, indem er sich die 'kleinen Mädchen' handhabbar machte. In den Texten Zürns nimmt der »Mann im Jasmin« nicht den Ort der Muse, sondern eher den des 'Magiers' ein, während sie sich als Medium begreift. '*Er*' ist die Stimme, 'sie' der Körper, er »ein Meister in der Inszenierung von Wundern«, sie Mimiker, Pantomime, er Hypnotiseur, sie Medium – und im Extrem: er Zeuger ihres Sohnes in einer Form der 'unbefleckten Empfängnis', sie Körper, in dem das Kind »ruht«.[58] Als Schreibende produziert Unica Zürn einen Text, in dem ein Anderer die Stimme führt, Schöpfer ist. Wie soll sie da selbst zum 'Autor' werden?

Der Autor, der sich über sein Werk konstituiert: diese Vorstellung vermag Zürn offenbar – auch wenn sie selbst aktiv, kreativ in den künstlerischen Produktionsprozeß eintritt – auf sich nicht anzuwenden, da ihr die Vorstellung einer 'höheren', die natürliche hinter sich lassenden 'Schöpfung' als Frau gewisse Schwierigkeiten bereiten muß. In diesem von Benjamin so prägnant beschriebenen Schöpfungs-Konzept sind die Funktionen ja geschlechtsspezifisch eindeutig verteilt:

> »Die Schöpfung nämlich gebiert in ihrer Vollendung den Schöpfer neu. Nicht seiner Weiblichkeit nach, in der sie empfangen wurde, sondern an seinem männlichen Element. Beseligt überholt er die Natur: denn dieses Dasein, das er zum ersten Mal aus der dunklen Tiefe des Mutterschoßes empfing, wird er nun einem helleren Reiche zu danken haben. Nicht wo er geboren wurde, ist seine Heimat, sondern er kommt zur Welt, wo seine Heimat ist. Er ist der männliche Erstgeborene des Werkes, das er einstmals empfangen hatte.«[59]

In einer auf diese Weise funktionierenden Produktion von Meisterwerken sind weibliche Positionen nur als solche beschrieben, die zu überwinden sind. Während sich für den Autor dieser Vorgang am anderen Geschlecht vollzieht, müßte *die* Auto*rin* ihn am eigenen vornehmen. Sie fände Momente von sich im Überwundenen wieder, in dem, was in der Vollendung abstirbt (um bei den Formulierungen Benjamins zu bleiben), in der überholten 'Natur', zugleich aber auch in der Überwindung, in der 'Geburt' als Autorin. Damit ist der Struktur nach eine fundamentale Widersprüchlichkeit weiblicher 'Schöpfung' im Symbolischen, ihr brüchiges Fundament gleichsam bzw. ihre notwendige Spaltung beschrieben, deren Perspektive sich mit Irigaray als doppelter Ort der Frauen gegenüber der Sprache[60] kennzeichnen läßt. Die verschiedenen Spielmodelle in Zürns Texten, in denen diverse Doppelrollen entworfen sind, können derart als imaginäre Effekte dieser Struktur gelesen werden, als literarische Konstellationen, in denen die Schreibende ihren unmöglichen Ort als Autor-in ausdrückt und nachahmt. Hieraus entsteht dann u.a. die Vorstellung, »der großartigste Mimiker« aller Zeiten zu sein.[61]

Vor allem die Verwendung der Begriffe von 'Empfängnis' und 'Geburt' im Schöpfungsmodell des 'Werkes' stiftet für die Autorin natürlicherweise einige Verwirrung. In den Schriften Unica Zürns trifft man immer wieder auf Bilder, in denen die Begriffe von leiblicher und symbolischer Schöpfung, die Funktionen von Mutter und Materie, durcheinandergeraten. Im »Mann im Jasmin« hat 'sie' z.B. die Idee, sie müsse die Stadt Berlin neu gebären, eine Vorstellung, die auf die Beziehungen zwischen Stadt- und Weiblichkeitsmythologie referiert[62] und in der die Redewendung, etwas neu entstehen zu lassen, wörtlich genommen und als leibliche Zeugung imaginiert wird:

> »Und sie beschließt heimlich, diese Stadt neu entstehen zu lassen, in einer vollkommenen Einheit. Und *sie* ist es, die diese Stadt gebären wird. Dieser Wunsch wird so ungeheuerlich, daß sie Geburtswehen bekommt – die gleichen Erscheinungen wie bei der Geburt ihrer Kinder. Sie weiß nicht, wie es möglich ist, sich schwanger zu fühlen, von einer ganzen Stadt. Aber seit einigen Tagen hat sie unglaubliche Dinge erlebt, so daß dieser *neue* Zustand ihr beinahe natürlich erscheint.«[63]

Die bei Bellmer beobachtete Verwechslung von Kunst-Frau und Frauenleib läßt sich also auch bei Zürn finden, nur daß sie hier, aus weiblicher Perspektive, am eigenen Leibe geschieht und sich quasi ver-kehrt vollzieht: aus 'ihrem' Leibe entsteht das vollkommene imaginäre Objekt. Aus dieser Szenerie ergibt sich mit einiger Konsequenz, daß die sich dabei ereignenden Empfindungen nicht (mehr) in 'wahre' und 'eingebildete' zu unterscheiden sind – auch wenn der Text »Der Mann im Jasmin« durch das Verlangen nach einer solchen Unterscheidung geprägt ist. Dabei erhalten die Wahrnehmungen der 'anderen' dann die Funktion von Wahrheitsbeweisen, obwohl doch gerade der Wahrnehmungsmodus der Erzählerin sich von dem der anderen extrem unterscheidet. In Texten, in denen die Autorin nicht wie im »Mann im Jasmin« direkt von ihren eigenen Erlebnissen zu reden beansprucht, ist die Einbildungskraft ungebrochener am Werke. Auch dort gibt es Geburtsbilder. Der zwei Jahre vor Zürns Freitod entstandene Text »Die Trompeten von Jerichow« z.B. ist von zwei Geburtsszenen eingeschlossen. Er beginnt mit der an einen Alptraum erinnernden Erzählung einer Ich-Erzählerin, die ein Monster gebiert, und endet mit der witzigen Erzählung von einer Kopfgeburt einer männlichen Figur, deren Kind sich in verschiedene poetische Gestalten verwandelt, sich auflöst, vervielfältigt, verschwindet und zu ihrem Erzeuger zurückkehrt. Es ist wohl kein Zufall, daß diese Erzählungen am Anfang und Ende eines Textes stehen, in dem die Ich-Erzählerin – von der es nach dem 'Traum' heißt, »Sie ist wie ich. Wir sind beide ein einziges Wesen«[64] – sich mit ihrem Schreiben auseinandersetzt, um die Unmöglichkeit, ein (Meister-)Werk zu schaffen, auszudrücken. Die Eingangserzählung handelt von einer einsamen Frau in einem Turm, deren Haß sich auf den Sohn richtet, den sie gebären soll. Er wird als »hässlichstes Kind« bezeichnet, das jemals gesehen wurde, ein Kind von sieben Vätern, deren letzter in seiner Beschreibung an ein Satans-Bild erinnert. Im Verlaufe des qualvollen Geburtsvorganges, dessen Ereignisse schließlich als »furchtbarer Traum« bezeichnet werden, entwickelt die Erzählerin Tötungsphantasien gegenüber dem ungeborenen Monster und an einer Stelle die nahezu erleichternde Vorstellung einer Kopf-, genauer Mundgeburt: »Wenn er schon so weit oben sitzt, vielleicht kann ich ihn durch den Mund gebären« (119). Doch dieser Wunsch läßt sich nicht realisieren; der 'Bastard', dessen letzter Vater eine »reiche, zierliche und phantasievolle Sprache« führte, kommt aus dem »Schoss hervorgestossen«: »So etwas sollte verboten werden. Alle Geburten sollten ab heute verboten werden« (122). Im Unterschied zu dieser traumatischen Erzählung fällt die von Onkel Faladas Kopfgeburt am Ende des Textes eher beschwingt und lustig aus. Er betätigt Nase und Ohr für Empfängnis und Geburt, wird durch Musik dabei angeregt und unterstützt und bringt eine Tochter hervor, die sich als poetisches Geschöpf entpuppt, das wiederum poetische Kinder hervorbringt, wie z.B. einen Knaben aus »der Gattung der Spassgeistkinder«.

Erscheint die männliche Kopfgeburt hier als poetische Kreation, so gerät die Inanspruchnahme des Schöpfungsmodells der Frau zu einem »furchtbaren Traum«. Die schöne Sprache des Vaters zeugt im Leib der Mutter einen monströsen Sohn, bei dessen qualvoller Hervorbringung ihr die Geburt aus dem Mund und die aus dem Schoß durcheinandergeraten. Der Alptraum der Ich-Erzählerin liest sich wie eine symbolische Darstellung des unmöglichen Ortes der Frau in der Kunstproduktion bzw. wie der Ausdruck des monströsen Charakters weiblicher 'Schöpfung' im Symbolischen, dargestellt in der Traumsprache.

Daß in solchen Bildern ein gebrochenes schriftstellerisches Selbstverständnis zum Ausdruck kommt, bedeutet nicht, daß Unica Zürn ihr Schreiben nicht ernst und das Veröffentlichen nicht wichtig genommen hätte. Ein Jahr vor den »Trompeten von Jerichow« – deren 'Musik' deutet sie übrigens im »Mann im Jasmin« als Verkündung eines »großen Untergangs«(19) – berichtet sie z.B. in den von ihr selbst verfaßten biographischen Hinweisen für den Katalog zu einer Ausstellung in der Galerie Brusberg in Hannover von einem 200 Seiten langen Manuskript, das z.Zt. ins Französische übersetzt werde und von dem sie hoffe, daß sie es bei Gallimard veröffentlichen könne. Das Erscheinen von »L'Homme Jasmin« 1971 in Frankreich, sechs Jahre vor der deutschen Ausgabe, erlebte sie jedoch nicht mehr. An eigenen Buchveröffentlichungen erfuhr sie zu ihren Lebzeiten nach den »Hexentexten« nur noch 1967 »Oracles et Spectacles«, eine Zusammenstellung von Anagrammen und Radierungen, in Frankreich und 1969 die Erzählung »Der dunkle Frühling« in der Bundesrepublik. Alle anderen Texte blieben in ihren Heften und werden, seitdem das Interesse an der Literatur von Schriftsteller*innen* deutlich gewachsen ist, erst nach und nach veröffentlicht.[65]

Soweit ihre Schriften heute zu überblicken sind, zeigt sich in ihnen eine schriftstellerische Produktion, die dem Modell der »Junggesellenmaschine« diametral entgegensteht, insofern dabei Sprache und Körper ein gänzlich anderes Verhältnis eingehen: es ist eine Verleiblichung oder imaginäre Verkörperlichung von Vorstellungen, die zum Motiv der 'Distanz' in einem paradoxen Verhältnis steht. Aber in der Verkörperlichung der Liebessehnsucht z.B. enthüllt sich gerade deren Grundkonstellation, die Distanz. In der Wahrnehmungs- und Ausdrucksweise Unica Zürns wird der Körper in vielfältiger Weise ins Spiel gebracht, wodurch – wie oben gezeigt wurde – die Grenzziehung zwischen 'Kunst' und 'Leben' verwischt wird. Insbesondere in den »Eindrücken aus einer Geisteskrankheit« sind akustische und visuelle Wahrnehmungen beschrieben, für die der Körper selbst zum Sinnesorgan wird. 'Sie' hat Erscheinungen, sieht Gestalten und hört Töne und Stimmen, im Raume und in ihrem Körper, wie überhaupt die Musik für sie den Charakter eine Droge annimmt. Die Bezeichnung solcher Wahrnehmungen als 'Halluzinationen' ist nur ein hilfloser Rückgriff auf einen klinischen Begriff. Eindrucksvoller aber als solche Benennungen sind deren Beschreibungen, mit denen das Buch an die Darstellung mystischer Erfahrungen erinnert. Wenn Certeau das 'Junggesellen'-Modell in der Schrift als 'Schreib-Maschine', als 'anti-mystisches Schreiben' deutet, dann läßt sich im Gegensatz dazu das Schreiben Zürns streckenweise als mystisches Schreiben begreifen. Vor allem im »Mann im Jasmin« sind dabei zwei Tendenzen wirksam, eine auflösende und eine gestalt- bzw. sinnbildende Tendenz. Dabei werden herrschende Verabredungen und 'normale' Bedeutungen vernichtet, während andererseits neue, eigensinnige Symbolisierungen vorgenommen werden, zwei gegenläufige Schrift-Bewegungen, die sich aus der Ambivalenz jener Empfindungen und Wahrnehmungen erklä-

Argument Verlag

ren lassen, die als 'Halluzinationen' bezeichnet werden: »Das entzückt und entsetzt sie zu gleicher Zeit« (21).

Immer wieder berichtet 'sie' davon, daß sie trotz der verheerenden Konsequenzen die Erlebnisse ihrer 'Halluzinationen' nicht missen möchte. Die Rückkehr in die 'Wirklichkeit', von der aus ihre Einbildungen dann als 'verrückt' gewertet werden, beschreibt sie als Ernüchterung und als brutalen Sturz aus 'schöner Höhe'. Während das Zeichnen und Musikhören für Zürn mit den Phasen ihrer 'Halluzinationen' in Verbindung stehen, fällt die Tätigkeit des Schreibens eher der 'Gesunden' zu. Dies korrespondiert mit einer mehrfach geäußerten Abneigung gegenüber 'Worten' im »Mann im Jasmin«, wogegen Ausdrucksweisen der Pantomime vorgezogen werden. Dabei fasziniert sie die Verwandlungsfähigkeit des Körpers, der als Mimiker selbst zum Ausdrucksorgan wird, während sie sich in anderen Momenten als »körperlos« empfindet. In der schreibenden Darstellung dieser Erfahrungen stellt sich dann das Problem der 'Übersetzung' in Sprache, genauso wie schon in deren Deutung Unbestimmtes bzw. Unartikuliertes eine Gestalt und damit einen Sinn erhält. Ähnlich wie in der 'mystischen Offenbarung', von der Scholem sagt, daß »sie selbst zwar unendlich sinnerfüllt, aber doch ohne spezifischen Sinn« sei,[66] wird in der Symbolisierung akustischer und visueller Wahrnehmungen, d.h. in deren Transformation in einen verständlichen Ausdruck, das Problem der Autorität virulent. »Diese vagen Töne in ihrem Körper werden in dieser Nacht zur verständlichen Sprache« (20). Mit diesem Übergang von den Tönen zur verständlichen Sprache tritt in der Schrift Unica Zürns auch jene Stimme auf, der 'sie' sich dann als 'Medium' bzw. 'Körper' zur Verfügung stellt. Sie spricht nicht, sondern zu ihr, aus ihr *wird* gesprochen. Und mit der Vorstellung vom 'weißen Mann' erhalten ihre Wahrnehmungen den Charakter einer deutlichen, scharfen Vision, die den Sinn ihrer Einbildungen fortan strukturiert. Vielleicht läßt der 'Meister' oder 'Magier', dem 'sie' sich unterwirft, sich mit dem 'geistigen Führer' vergleichen, der bei manchen mystischen Schulen Schutz vor Verwirrung bieten soll, der zugleich aber die Autorität in die mystische Erfahrung einführt.

Bei Unica Zürn führt die Tendenz zur Symbolisierung zu einem regelrechten Bedeutungswahn. Auch wenn die Deutung von Zahlen und Farben z.B. von ihr nicht im Sinne bestimmter Traditionen vorgenommen wird, sondern eher als ihre ganz eigene, subjektive Magie erscheint, drückt sich darin geradezu ein Zwang aus, alle Erscheinungen zu be-deuten, alle Zeichen in ein persönliches System von Bedeutungen zu zwängen. Auch wenn viele Namen und Bezeichnungen nicht auf einen realen Referenten verweisen und, indem sie in verschiedenen Texten wiederholt, vervielfacht und variiert werden, ein Gewebe von Signifikanten ergeben, sind sie doch in der imaginären Struktur der Schriften Zürns in ein Bedeutungssystem eingebunden, in dem wiederum Festschreibungen vorgenommen werden. Einzig im Rückblick auf die Kindheit kommt eine Sprachmagie zum Tragen, die sich nicht auf die Sinnebene, sondern auf die materielle, klagliche Ebene der Sprache bezieht. Neben den endlosen, wunderlichen Sätzen des Kindes in den »Trompeten von Jerichow«, die für die Erwachsene keinen Sinn mehr ergeben, ist da die Erzählung von der »eingebildeten Klagesprache« im Text »Dunkler Frühling«, wo das Mädchen zusammen mit seiner Freundin im Spiel »schauerliche langgezogene Klagen« ausstößt: »Sie erfinden eine heulende, dramatische Sprache, die den Kummer der ganzen Welt auszudrücken vermag und die niemand versteht außer ihnen. Diese eingebildete Sprache besteht nur aus Vokalen.«[67] Die Erregung, welche diese Artikulationsweise begleitet, spielt auch bei der Herstellung von Anagrammen eine Rolle (Abb. 5). Sie hängt damit zusammen, daß sich die Aussagen, das *Was*, erst mit der Produktion enthüllen, daß die Schreibende, wenn sie beginnt, nicht 'weiß', was sie auf das Papier schreiben wird:

> »Beim Suchen und Finden von Anagrammen und bei dem ersten, allerersten Strich, den sie mit der in schwarze Chinatinte getauchten Feder auf dem weißen Papier macht, ohne zu wissen, was sie zeichnen wird, spürt sie die Erregung und große Neugier, die notwendig ist, um sich mit seiner eigenen Arbeit zu überraschen.« (19)

Auch an anderen Stellen werden das Zeichnen und die Herstellung von Anagrammen in einem Atemzug genannt. In beiden Darstellungstechniken wird nichts abgebildet, nachgeahmt, in beiden ist das Materielle und Sinnliche des Vorgangs – hier weißes Papier und schwarze Chinatinte, dort die Buchstaben eines Satzes – von größter Bedeutung, bei beiden wird der Sinn erst während der Bewegung der Feder oder der Kombination von Buchstaben erkennbar, während er zuvor im Material als 'Geheimnis' verborgen scheint. Zürns Zeichnungen sind z.T. dem 'automatischen Zeichnen' zuzuordnen, sie überschreiten vielfach das Prinzip der Ähnlichkeit (als Darstellungsprinzip der Malerei)[68] und die figürliche Präsentation, sie tragen polymorphe, z.T. ornamentale Züge. Ist die Darstellung hierbei nur durch den Rand des Papiers begrenzt, so bewegt sich die Produktion von Anagrammen in einem strengen Rahmen, der durch die Buchstaben des Ausgangssatzes vorgegeben ist. Innerhalb dieser Begrenzung aber ist das Verfahren potentiell unendlich, abhängig nur von der Ausdauer und den Kombinationskünsten der 'Schreibenden':

> »Unerschöpfliches Vergnügen für sie: Das Suchen in einem Satz nach einem anderen Satz. Die Konzentration und die große Stille, die diese Arbeit

verlangen, geben ihr die Chance, sich gegen ihre Umwelt vollkommen abzuschließen – ja, selbst die Wirklichkeit zu vergessen –, das ist es, was sie will.« (18/19)

Die Lust, einen verborgenen Sinn zu enthüllen, und die Abschließung gegen die Umwelt: das sind die zwei Seiten des Anagramm-'Dichtens', die auch in der Schreibweise von Zürns Prosatexten wiederzufinden sind. *Eingehüllt* in einen Kunstraum, ist sie mit der Arbeit der *Enthüllung* beschäftigt. Da diese Tätigkeit aber bei den Anagrammen an beliebigem vorgegebenem Material sich erproben kann, unterscheidet sie sich von den anderen Texten, in denen immer *auch* eine Geschichte erzählt wird. Man kann das ganze Schreiben Zürns als anagrammatisch betrachten, wenn man die Kombination von Buchstaben im Anagramm mit der Kombination von Symbolen, Namen, Konfigurationen und Gestalten vergleicht, aus denen ihre Prosatexte sich zusammenfügen. Geschieht die Kombination in den Prosatexten am imaginären Material, dann vollzieht sie sich in den Anagrammen am Signifikanten der Schriftsprache, am Buchstaben. Ist der Ausgangssatz einmal aufs Papier gebracht, ist auch das Material vorgegeben und begrenzt. Strenge Disziplin und unendliche Phantasietätigkeit sind in der Herstellung von Anagrammen optimal verbunden. Zudem haftet den Anagrammen traditionell die Aura des Geheimnisses an, fanden sie doch für religiöse Geheimschriften, besonders der jüdischen Kabbalisten, eine weite Verbreitung. Mit der Kabbala verbindet Unica Zürns Sprachpraxis auch die magische Funktion von Namen und Buchstaben. So wird die Tora dort z.T. in ihrem Anfang als Form materieller Buchstabenkombinationen betrachtet.[69]

Im Unterschied dazu geht es im Anagramm-Begriff Ferdinand de Saussures, der sich vor allem auf antike Quellen und indogermanische Traditionen bezog, um das Finden *eines* im Text versteckten Leitwortes oder Namens, d.h. um die Enthüllung des einen Sinns. Doch auch wenn der Saussursche Anagramm-Begriff mit den Anagrammen Unica Zürns nicht identisch ist, gibt es zwischen dem Literaturkonzept der Tel Quel-Gruppe, die sich in den sechziger Jahren u.a. auf Saussure bezog, und der anagrammatischen Poesie Unica Zürns einige Berührungspunkte, so z.B. in der spielerischen Kombination von Strukturen, in der Priorisierung des Signifikanten und in der Auflösung der Linearität.[70] So hatten die Anagramme Zürns durchaus ihren Ort in der zeitgenössischen französischen Avantgarde, so daß sie dort auf eine zumindest geringe Resonanz stießen. Im engeren Umkreis der surrealistischen Freunde dürfte das Interesse an den Anagrammen aber mit der Reihe der 'Wortspiel-' und 'Silbensalatmaschinen' in der Geschichte des Surrealismus zusammenhängen, welche im Unterschied zu den Anagrammen überwiegend mechanischen Charakter haben – wie z.B. das »selbstkonstruierte maschinchen« von dadamax ernst, 1919 – und dem Konzept der 'Junggesellenmaschinen' nahe stehen.[71] Für Unica Zürn dagegen haben viele Wörter, Sätze oder Motive ihrer Anagramme eine magische Bedeutung und werden so auch in ihre Prosatexte eingewoben. »Die Trompeten von Jerichow« z.B. ist in großen Teilen aus Sätzen zusammengefügt, die auch in Anagrammen von Zürn zu finden sind. Fast immer werden in Prosatexten Anagrammzeilen zitiert. Die Sinnproduktion ihrer Anagramme ist dabei durchaus nicht beliebig. Nur in wenigen Anagrammen steht das Lautmalerische so sehr im Vordergrund, wie bei »Orakel und Spektakel«,[72] daß dabei im Hinblick auf die Aussagen 'Unsinn' entsteht. Wohl kommen bei der Umstellung der Buchstaben z.B. Paradoxien und Alliterationen zustande, doch viele der Anagramme kreisen um Motive, die auch aus den anderen Texten bekannt sind. Dafür ein typisches Beispiel:

> »Werde ich Dir einmal begegnen?
> Nach drei Wegen im Regen bilde im
> Erwachen Dein Gegenbild; er,
> der Magier. Engel weben Dich in
> den Drachenleib. Ringe im Wege,
> lang' beim Regen werde ich Dein.«

Daß es der Schreibenden im Kontext ihrer imaginären Konstruktionen dabei durchaus um Sinnproduktion gelegen ist, zeigt sich u.a. daran, daß sie Satzzeichen in die Zeilen einfügt und auf diese Weise syntaktische Einheiten bildet, begrenzt und diese durch verschiedene Satzzeichen wie Doppelpunkt, Fragezeichen, Punkt, Komma, Gedankenstrich etc. auch konnotiert. – Die Herstellung von Anagrammen könnte als beispielhafte Technik für das klassische avantgardistische Verfahren der De- und Neumontage am Material der Buchstabensprache gelten. Sie unterscheidet sich – wie hoffentlich gezeigt werden konnte – allerdings fundamental von der zerstörenden und gestaltenden Tätigkeit, wie Bellmer sie im Sinn hatte. So bezeichnet Roland Barthes die Arbeit am Satz als »etwas sehr Kulturelles«:

> »Die Lust am Satz ist etwas sehr Kulturelles. Das Artefakt, geschaffen von Rhetorikern, Grammatikern, Linguisten, Lehrern, Schriftstellern, Eltern, dieses Artefakt wird in mehr oder weniger spielerischer Weise nachgeahmt; man spielt mit einem außergewöhnlichen Gegenstand, dessen paradoxen Charakter die Linguistik oft hervorgehoben hat: stets gleichbleibend strukturiert und dennoch unendlich abwandelbar: etwa so wie das Schachspiel./ Es sei denn, für gewisse Perverse ist der Satz *ein Körper*?«[73]

Sigrid Weigel

Wenn Bellmer den Satz mit dem Körper vergleicht und dies in seinen theoretischen Schriften mit Überlegungen zur 'Sprache des Körpers' fundiert, dann ist darin vergessen, daß es bei der Rede von der Körper-Sprache ja gerade um eine *andere* Form des Ausdrucks geht, jenseits der symbolischen Ordnung, der Verbalsprache und ihrem Buchstabenmaterial. Die von Bellmer vorgenommene Gleichsetzung verrät die Perspektive desjenigen, der an der Handhabung der (Körper-)Formen viel mehr als am Ausdruck interessiert ist. Für Unica Zürn dagegen besteht die Schwierigkeit, ihre Erfahrungen und Wahrnehmungen, die sich unterhalb der Gattungs- und Formenschwelle bewegen, in einen sprachlichen bzw. künstlerischen Ausdruck zu bringen. In das System, das dafür zur Verfügung steht, kann sie nicht ohne Schwierigkeiten eintreten. Indem die Schreibende einer anderen Stimme die Regie über ihren Körper überläßt, nimmt sie in ihren eigenen Schriften den vorgegebenen Ort des Modells gegenüber dem Meister ein. Das 'Modell' aber enthält seiner Struktur nach immer schon die Tendenz zur Tötung des weiblichen Leibes. In der Herstellung der Anagramme könnte sich der Versuch ausdrücken, in einem klar umrissenen Feld künstlerischer Produktivität sich jenseits des Werk-Konzeptes und jenseits einer Autor-Position als Schreibende zu situieren, den Körper hierbei ganz aus dem Spiel zu lassen und sich nur auf das Material der Verbalsprache, die Buchstaben, zu beziehen, um sich daran einmal selbst als Magier zu erproben – vielmehr als Magier*in*, die kein Modell (ver)braucht. Das Darstellungsprinzip der Schrift, die Differenz, wird dabei extensiv genutzt. Es fragt sich, ob die Tätigkeiten von Auflösung und Sinnbildung dabei die Person der Schreibenden unangetastet lassen könnten und dergestalt – im Vergleich mit den ebenfalls erregenden und sie von der ernüchternden 'Wirklichkeit' abschließenden 'Halluzinationen' – weniger zerstörerische Auswirkungen für sie haben könnten. Aber auch die Anagramme werden, wie im »Mann im Jasmin« beschrieben ist, von Zürn noch in die Strukturen des Imaginären eingebunden und dann z.T. der Stimme eines Anderen zugeschrieben. Sind paradoxerweise die Anagramme die ersten 'Werke' Unica Zürns, die von der literarischen Öffentlichkeit überhaupt wahrgenommen wurden, so sind das weitaus größere Interesse und die Faszination, mit der auf den Text »Der Mann im Jasmin« reagiert wurde, auf die darin zum Ausdruck kommende Verstrickung einer Schreibenden in die Strukturen der Einbildungskraft und die daran gebundene Unmöglichkeit einer (Ab-)Trennung von Werk und Autor gerichtet. Der Tod der Schreibenden, auf den sich der Text sichtlich zubewegt, spielt dabei m.E. keine unwesentliche Rolle.

Anmerkungen

1 Wenn man von dem Bilderbuch mit dem Titel »Wenn man allein unterwegs ...« mit Illustrationen von Edith Witt absieht, das in der Hochschule für Bildende Künste in Berlin gedruckt wurde (o.J., o.S.), offenbar aber nicht über den Buchhandel vertrieben wurde.
2 Nach Franziska Schneider: »Unica Zürn. Zu ihrem Leben und ihrem Werk.« Unveröffentlichte Lizentiatsarbeit, Zürich 1979, S. 12ff. Bei den biographischen Angaben über Zürn folge ich der Darstellung Schneiders.
3 S. z.B. seine Anagramme in »Die Puppe«. Frankfurt/M., Berlin, Wien 1983, S. 97.
4 Zit. nach »Hans Bellmer«. Obliques, numeró spécial (o.J., o.O.), S. 108.
5 Vgl. dazu Hans Bellmer: »Die Puppe«, s. Anm. 3.
6 Paris 1957 (Verlag »Le Termin Vague«)
7 »Die Puppe«, S. 94.
8 Peter Bürger: »Die Theorie der Avantgarde«. Frankfurt/M. 1974, S. 94.
9 Vgl. diese Formulierung bei André Breton: »Nadja« (1928). Frankfurt/M. 1983, S. 15. Ähnlich Walter Benjamin 1929 in seinem Aufsatz »Der Surrealismus. Die letzte Momentaufnahme der europäischen Intelligenz«. In: »Gesammelte Schriften«. Hg. von Rolf Tiedemann und Hermann Schweppenhäuser. Frankfurt/M. 1980, Bd. wa 4, S. 298: »Im Glashaus zu leben ist eine revolutionäre Tugend par excellence.«
10 Abgebildet in Hans Bellmer: »Photographien«. München 1984, S. 117-127.
11 Vgl. dazu grundlegend Peter Bürger, s. Anm. 8.
12 Aus dem Nachlaß veröffentlicht in »La femme Surréaliste«. Obliques Nr. 14-15 (o.J., o.O.), S. 257. In deutscher Übersetzung in Unica Zürn: »Das Weisse mit dem roten Punkt«. Hg. von Inge Morgenroth. Berlin 1981, S. 221/2.
13 Kein einziges Exemplar davon soll verkauft worden sein. So Alain Sayag in seinem Vorwort zu Hans Bellmer: »Photographien«, S. 7, s. Anm. 10.
14 Maurice Nadeau: »Geschichte des Surrealismus« (1945). Reinbek bei Hamburg 1986, S. 187.
15 »Die Puppe«, S. 14.
16 Ich beziehe hier die nicht in die Ausgabe von 1949 aufgenommenen Photos mit ein. Vgl. die Abbildungen in »Photographien«, s. Anm. 10.
17 »Die Puppe«, S. 9. Die im Text folgenden in Klammern genannten Seitenzahlen beziehen sich auf diese in Anm. 3 genannte Ausgabe.
18 Sigmund Freud: »Die Traumdeutung« (1900). Studienausgabe. Frankfurt/M. 1972, Bd. II, S. 379.
19 Vgl. hierzu grundlegend Hans-Jürgen Döpp: »Bellmer et la Belle Mère«. Unveröffentlichtes Manuskript. Frankfurt/M. 1983.
20 Vor allem »Die Bedeutung des Phallus« (1958) in Jacques Lacan: »Schriften II«. Olten 1975, S. 119-132.
21 Xavière Gauthier: »Surrealismus und Sexualität. Inszenierung der Weiblichkeit« (1971). Berlin 1980, S. 266.
22 Döpp, S. 30/31, s. Anm. 19.
23 Ebenda, S. 40/41.
24 Ebenda, S. 63.
25 Ebenda, S. 51 u. 60/61.
26 Zur Analogie von künstlerischen Darstellungen und realer Gewalt vgl. Renate Berger: »Pars pro toto. Zum Verhältnis von künstlerischer Freiheit und sexueller Integ-

rität«. In: Dies./Daniela Hammer-Tugendhat (Hg.): Der Garten der Lüste. Zur Deutung des Erotischen und Sexuellen bei Künstlern und Interpreten«. Köln 1985, S. 150-199.
27 Vgl. Luce Irigaray: »Das Geschlecht, das nicht eins ist« (1977). Berlin 1979.
28 Zit. nach »Junggesellenmaschinen/Les Machines Célibataires«. Hg. von Jean Clair/Harald Szeemann. Zürich 1975, S. 21.
29 Vgl. Günter Metken (Hg.): »Als die Surrealisten noch recht hatten«. Hofheim ²1983, S. 13.
30 Bazon Brock: »Jungfrauenzeugung und Junggesellenmaschine – Von der Gottwerdung des Menschen und der Menschwerdung des Gottes«. In: »Junggesellenmaschinen/Les Machines Célibataires«, S. 82, s. Anm. 28.
31 Harald Szeemann: »Junggesellenmaschinen«. In: Ebenda, S. 7 und 9.
32 Zit. nach Eberhard Roters: »Die Opferung und Verklärung der Braut«. In: »Androgyn. Sehnsucht nach Vollkommenheit«. Berlin 1986, S. 138.
33 Ebenda, S. 141.
34 Michel de Certeau: »Anti-mystisches Schreiben«. In: »Junggesellenmaschinen/Les Machines Célibataires«. S. 84 und 92.
35 So Benjamin in seinem Denkbild »Nach der Vollendung«. In: »Gesammelte Schriften«. wa 10. S. 438. Vgl. dazu meinen Beitrag »Die Verdopplung des männlichen Blicks und der Ausschluß von Frauen aus der Literaturwissenschaft«. In: Karin Hausen/Helga Nowotny (Hg.): »Wie männlich ist die Wissenschaft?« Frankfurt/M. 1986, S. 43-61.
36 Diesen Begriff verwendet Klaus Heinrich, in Anlehnung an Benn, in seiner Besprechung von Wagners Mysterienspiel. »La Fiamma di Costanti Affetti. Notizen über die italienische Oper«. In: »Notizbuch« Nr. 5. S. 93-99.
37 Vgl. dazu Roters, s. Anm. 32.
38 »Die Puppe«, S. 93. Die im Text in Klammern folgenden Seitenzahlen beziehen sich wiederum auf die in Anm. 3 genannte Ausgabe.
39 Benjamin, s. Anm. 35.
40 Zu Zürn vgl. meinen Beitrag »'Wäre ich ein Mann, hätte ich aus diesem Zustand vielleicht ein Werk geschaffen.' – Unica Zürn«. In: I. Stephan/R. Venske/S. Weigel: »Frauenliteratur ohne Tradition? Neun Autorinnenporträts«. Frankfurt/M. 1987.
41 Unica Zürn: »Der Mann im Jasmin. Eindrücke aus einer Geisteskrankheit«. In: »Der Mann im Jasmin. Dunkler Frühling«. Frankfurt/M., Berlin, Wien 1982, S. 17.
42 Ebenda, S. 92.
43 »Aufzeichnungen einer Geisteskranken«. Zit. nach Schneider, S. 12/13, s. Anm. 2.
44 Im Band gleichen Titels. S. 85, s. Anm. 12.
45 »Les Jeux à deux« und »Dunkler Frühling« in »Der Mann im Jasmin. Dunkler Frühling«, s. Anm. 41. »Erdachte Briefe« in »Das Weisse mit dem roten Punkt«, s. Anm. 12. – Vgl. zur Distanz auch Eva Meyer: »Befleckte Empfängnis«. In: Versprechen, ein Versuch ins Unreine«. Basel, Frankfurt/M. 1984, S. 15-21.
46 »Das Weisse mit dem roten Punkt«, S. 57/58.
47 »Der Mann im Jasmin«, S. 15.
48 So die Aufzählung von Namen in den von Zürn selbst verfaßten biographischen Hinweisen im Ausstellungskatalog der Galerie Dieter Brusberg, Hannover »Unica Zürn. Hans Bellmer. 28.4.-4.6.1967«, S. 2.
49 »Der Mann im Jasmin«, S. 161.
50 »Das Weisse mit dem roten Punkt«, S. 75.

51 Schon in dem Kinderbuch hieß es: »Wenn man allein unterwegs ist ... geschehen die Wunder«. Zit. nach Schneider, S. 67, s. Anm. 2.
52 »Im Pechsee stand ein schwarzer Fisch«. In: »Die neue Zeitung«, 11.2.1951. Berlin, S. 9/10.
53 »Das Weisse mit dem roten Punkt«, S. 175-183.
54 Ebenda, S. 159/60.
55 Ebenda, S. 83.
56 »Der Mann im Jasmin.«, S. 77.
57 Schneider, S. 77.
58 Alle diese Vorstellungen finden sich im »Mann im Jasmin«.
59 Benjamin, s. Anm. 35.
60 Irigaray, S. 78, s. Anm. 27. Zu diesem doppelten Ort der Frau vgl. meinen Beitrag »'Das Weibliche als Metapher des Metonymischen' – Kritische Überlegungen zur Konstitution des Weiblichen als Verfahren oder Schreibweise«. In: »Die Stimme der Medusa. Schreibweisen in der Gegenwartsliteratur von Frauen«. Dülmen-Hiddingsel 1987.
61 »Der Mann im Jasmin«, S. 87.
62 Vgl. meinen Beitrag »'Die Städte sind weiblich und nur dem Sieger hold.' Zur Funktion des Weiblichen in Gründungsmythen und Städtedarstellungen«. In: Gudrun Anselm/Barbara Beck (Hg.): »Weiblichkeit und Emanzipation in der Metropole Berlin«. Berlin 1987 (im Druck).
63 »Der Mann im Jasmin«, S. 25.
64 »Das Weisse mit dem roten Punkt«, S. 130.
65 Neben den bereits genannten Veröffentlichungen in »Der Mann im Jasmin. Dunkler Frühling« und »Das Weisse mit dem roten Punkt« erschienen »Im Staub dieses Lebens. Dreiundsechzig Anagramme«. Berlin 1980. »Das Haus der Krankheiten«. Berlin 1986.
66 Gershom Scholem: »Zur Kabbala und ihrer Symbolik«. Frankfurt/M. 1973, S. 48.
67 »Der Mann im Jasmin«, S. 180.
68 Zur Unterscheidung zwischen und zu den Übergängen zwischen Malerei und Schrift vgl. Michel Foucault: »Dies ist keine Pfeife«. Frankfurt/M., Berlin, Wien 1983.
69 Scholem, S. 98, s. Anm. 66.
70 Zu Saussures Anagramm-Studien vgl. Peter Wunderli: »Ferdinand de Saussure und die Anagramme«. Tübingen 1982. Jean Starobinski: »Wörter unter Wörtern. Die Anagramme von Ferdinand de Saussure«. Frankfurt/M., Berlin, Wien 1980. – Zu Zürn vgl. Gisela von Wysocki: »Weiblichkeit als Anagramm – Unica Zürn«. In: »Die Fröste der Freiheit. Aufbruchsphantasien«. Frankfurt/M. 1980, S. 37-54.
71 Vgl. Gilbert Lascault: »Mechanisches, Bumsen, Nicht-Bumsen, Malerei, Wortspiele, usw. ...«. In: »Junggesellenmaschinen«, S. 115-129, s. Anm. 28.
72 »Das Weisse mit dem roten Punkt«, S. 13.
73 Roland Barthes: »Die Lust am Text«. Frankfurt/M. 1974, S. 76.

Nach Fertigstellung meines Beitrags erschien von Luce Irigaray »Eine Geburtslücke. Für Unica Zürn«. In: »Zur Geschlechterdifferenz«. Wien 1987, S. 141-149.

V. Frauen – Literatur – Politik

Marlene Müller

»Wir müssen uns erinnern, sonst wird sich alles wiederholen«[1]
Anregungen zum Nachdenken über das Geschlechterverhältnis, angeleitet von Jacques Lacan

»'Es gibt kein Geschlechterverhältnis.' – Erklären Sie mir das.

Das heißt zum Beispiel, Mann und Frau verhalten sich nicht zueinander wie Schlüssel und Schloß.

Da sich allerdings Männlich und Weiblich einer Art zusammenschließen, sind sie für ihre Reproduktion erschlossen. Das ist ein Verhältnis ...

Ganz recht, und im Unbewußten existiert nichts, was dem entspricht.

Im Unbewußten sind wir nicht männlich oder weiblich? Das werden Sie mir nicht weismachen.

Das Subjekt des Unbewußten hat zweifellos ein Geschlecht, aber es entspricht keinem Gegenstück.

Das ist unfreudianisch. Aktiv und Passiv sind wechselseitig bezogen. Sie stellen die männliche Position dar und die –

imaginär, imaginär, und schon vom Alltag widerlegt. Es ist ja wohl Freud, der feststellt, daß das Symbol der Libido ein einziges ist und daß es phallisch ist.

Ja – das ist der misogyne Freud.

So verstanden, ist Lacan das nicht. Aber es ist ein – sagen wir, empirisches – Faktum, (...) daß das Subjekt sich plaziert durch sein Verhältnis zum Phallus. Das ist sein einziges Gegenstück.

(...) der Phallus ist eine Funktion, und das Subjekt schreibt sich darin als Variable ein.

(...) Aber wenn es kein Symbol der Frau gibt ...

(...) Wenn es keinen Signifikanten der Frau gibt, nun, dann gibt es auch nicht 'die' Frau.

Noch mehr Neuigkeiten.

(...) es gibt nur Frauen – eine, und noch eine, und noch eine – aber nicht 'die' Frau'.«

(Jacques-Alain Miller in *Ornicar?* 22/23, 1981, 1. Übersetzung M.M.)

Jacques Lacan hat sich in dem, was von seinem Werk bis zum Zeitpunkt dieses Vortrags in deutscher Übersetzung vorliegt, nur spärlich zum Geschlechterverhältnis geäußert. Der Ort aber, an dem er die als männlich oder weiblich etikettierten Grundzüge des Individuums ansiedelt, ist ein besserer Ausgangspunkt für fruchtbare Theorieentwicklung auch feministischer Ansätze als alles, was orthodoxe Psychoanalyse je zu diesem Thema zu sagen hatte: *Jenseits anatomischer Unterschiede sind die Bestimmungen Mann vs. Frau im Imaginären beheimatet.*

> »Im übrigen ist das Geschlechterverhältnis den Zufällen auf dem Feld des Anderen ausgeliefert. Es ist den Erklärungen ausgeliefert, die man ihm gibt. Es ist jener Alten ausgeliefert, von der Daphnis – das ist keine leere Geschichte – zu lernen hat, was man zu tun hat, um Liebe zu machen.« (*Seminar XI*, 209)

Das »Feld des Anderen« ist sowohl Feld der Sprache als auch Feld der Sprachwirkungen. Es ist das Feld des Unbewußten. Zusammengestückt aus historischen Wechselfällen und gestützt von Mythen, bestimmen dessen Strukturen das Verhalten des Individuums weit stärker als »bewußt« getroffene Entscheidungen.

Wie oft sich der Wiederholungszwang durchgesetzt hat, kann erst im Rückblick bewußt werden oder wird nur deutlich in der Beobachtung anderer – und dann meist mittels Schuldzuweisung abgeschoben oder als Tücke des Schicksals interpretiert, nach dem gängigen Muster: »Daß der/die (*ich*) aber auch immer wieder auf dieselben Frauen/Männer hereinfällt!« Um nicht blind immer dieselben Kreise zu ziehen, ist aber mehr gefordert als *intellektuelle* Auseinandersetzung, die zudem häufig dem unsichtbaren Diktat des Nichtwahrhabenwollens Folge leistet. Das Imaginäre regiert deshalb so unangefochten, weil es so gern und so gut als »authentisch« daherkommt.

Lacan betont, daß das *Ich* sich aus Identifikationen bildet, die einander im Laufe der »Geschichte« eines Individuums ablösen. (Zur »Geschichte« einer individuellen »Entwicklung« werden sie durch nachträgliche interpretative Verknüpfungsleistungen.) Was in dieser als Zusammenhang gesehenen Ereignisabfolge als das »Weibliche« erscheint, hat die Funktion einer Maske: Die Maske beherrscht jene Identifikationen, in denen die Verweigerungen des Anspruchs sich auflösen (*Schriften II*, 131f.). Das Bild vom Weiblichen schließt demnach jede Verweigerung der Frau aus. Der Anspruch, um den es dabei immer geht, ist der Anspruch auf Liebe. Er ist unmöglich einzulösen und niemals voll erfüllt. Kurzfristige Bedürfnisbefriedigungen verstärken ihn eher als daß sie ihn aufheben könnten.

Den Begriff der Maskerade übernimmt Lacan von Joan Rivière. Sie berichtet in einem Aufsatz (*La Féminité en tant que mascarade*) über Fälle, in denen Frauen das von ihnen erwartete »weibliche« Verhalten wie eine Maske verwenden, hinter der sie Ängste zu bewältigen suchen und mit der sie der befürchteten männlichen Rache entgehen. Betroffen sind besonders

»Wir müssen uns erinnern, sonst wird sich alles wiederholen«

Frauen mit spektakulärem Erfolg im intellektuellen Bereich. Gerade bei ihnen ist auffällig, wie ein betont »weibliches« Verhalten (Unterwürfigkeit, Naivität, Flirten) für ihre »phallischen« Leistungen Wiedergutmachung leisten soll. Lacan verweist darauf, daß die Weiblichkeit durch die Verdrängung ihr Refugium in der Maske findet. Die Maske ist Schutz gegen den allgegenwärtigen Verdacht, keine »richtige« Frau zu sein. Die Frau kann dem an sie gerichteten Anspruch nicht entgehen, wohl aber sich hinter der Maske verstecken – hinter der Perfektionierung ihrer gesellschaftlichen (zugewiesenen) Funktion.

[Ein weiterer interessanter Aspekt hinsichtlich der Schwierigkeiten, die öffentliche Erfolge für Frauen mit sich bringen, soll hier als kleiner Exkurs erwähnt werden. Bekanntlich hat Freud den Ödipus-Komplex am Muster des männlichen Kindes konturiert. Nancy Friday verweist in ihrem neuen Buch *Jealousy* darauf, wie sich die Hindernisse für ein kraft- und lustvolles Ausagieren von Kompetenzen jeglicher Art in Konkurrenzsituationen bei Mädchen herausbilden: Für den Jungen mag die Konkurrenz mit dem Vater um die Mutter zwar (Kastrations-)Angst auslösen; er wird aber entschädigt durch Aufnahme in die Männergemeinschaft und darf – per Verzicht auf sexuelle Inbesitznahme – sein erstes Liebesobjekt behalten.

Für das Mädchen ist die ödipale Situation viel komplizierter. Wie kann es seine erste Liebe plötzlich als Rivalin betrachten? Wenn es zu ihr in Konkurrenz tritt, verliert es den Menschen, von dem die Abhängigkeit aufgrund von Liebe und notwendiger Identifikation am größten ist. Eine Entschädigung (wie die Männergemeinschaft für den Sohn) ist auch nicht in Aussicht. Die meisten Väter ziehen sich, spätestens in der Pubertät, vorsichtig und verunsichert, von deutlich erotisch durchsetzten Annäherungen ihrer Töchter zurück, die sich dann vollends alleingelassen fühlen und in ihrer Konfusion zum ersten Liebesobjekt zurückkehren, sicherheitshalber.

Während der erwachenden Sexualität des Jungen eine gewisse schulterklopfende Anerkennung des Vaters (»einer von uns«) sicher ist, kann das Mädchen kaum mit einem Glückwunsch für seine erwachende Sexualität rechnen. Auch wird die Tatsache einer Konkurrenz nicht offen verhandelt. Offen ausagierte töchterliche Koketterie verweist die Mutter auf das ungelöste oder ambivalente Thema ihrer eigenen Sexualität. Zudem ist das symbiotische Band zwischen ihr und der Tochter durch Konkurrenz bedroht. Das Thema ist zu gefährlich und wird verdrängt. Und das geschieht schon vor der Pubertät:

> »Fathers take cues from wives where daughters are concerned. It's women's business. 'Stop crawling all over your daddy', says the mother. Recognizing her tone of voice, the man walks away. That is unfortunate.

'When a father stands up for his daughter against the mother', says psychoanalyst Erika Freeman, 'those daughters can never fail'.« (238)

Die Konkurrenz findet nicht statt, weil die Gefahr des Verlusts der wichtigsten Bezugsperson droht, ohne Aussicht auf Stützung von anderer Seite. – Dies beleuchtet nicht nur die weibliche Scheu vor offenen Konkurrenzsituationen, sondern auch den Vorrang, der dem Erhalt sozialer Beziehungen vor allen anderen Sublimationsleistungen (wie z.B. Arbeitserfolgen) eingeräumt wird. Die Entscheidung dafür findet früh statt – und ist eigentlich keine wirkliche Wahl.]

Auch so gesehen kann also die weibliche Funktion gar nicht anders denn als Maskierung übernommen werden. Wenn dieser Begriff immer die Konnotation des Aufgesetzten hat, verweist das hier auf eine nicht wirklich vollzogene Identifikation, die Unmöglichkeit derselben. Was aber außerdem noch maskiert wird – und hier kommt die Funktion des Männlichen wieder ins Spiel – ist der Mangel im anderen. Der Schein (wir bewegen uns ja auf der Ebene des Imaginären), der dazwischentritt, hat

> »zur Folge (...), daß er die idealen oder typischen Erscheinungsformen des Verhaltens beider Geschlechter, bis zur äußersten Grenze im Akt der Kopulation, ganz ins Komödienhafte projiziert.
> Diese Ideale erhalten ihre Kraft aus dem Anspruch, den sie zu befriedigen vermögen, und der immer Liebesanspruch ist ...« (*Schriften II*, 130)

Der zu maskierende Mangel ist ein Mangel im Sein. Symbolisiert wird dieses Sein bei Lacan durch den Phallus. Die Vorstellung, »dem anderen alles zu sein«, entspräche dem am ehesten: Phallus zu sein. Der Anspruch auf Liebe möchte, daß das Subjekt *ist*. Das ist auch präsent in dem Wunsch, »um seiner selbst willen« geliebt zu werden. Angesichts dieses Anspruchs zählt das, was das Subjekt *hat* (was es an Realem hat, das diesem Phallus entspricht), nicht höher als das, was es *nicht* hat. So drehen sich die Geschlechterbeziehungen um ein Sein und ein Haben.

Der Grund für diese Struktur wird gelegt, wenn das Kind – männlich oder weiblich – erkennt, daß es der Mutter (oder der Person, die es versorgt) *nicht* »alles« sein kann. Dieser Wunsch hat eine sehr reale Quelle: »alles« zu sein für den, der einem selbst »alles« ist – nämlich lebensnotwendig im wörtlichen Sinn – sichert die Bedürfnisbefriedigung. Reift aber die Erkenntnis, daß die Mutter noch Wünsche hat, die über das Kind hinausgehen, wird das Brüchige, Imaginäre der erlebten »Symbiose« sichtbar. Die Mutter hat ein Begehren über diese »Symbiose« hinaus – das verweist das Kind auf die Existenz eines Dritten, die Existenz der Geschlechtsbeziehungen. Damit wird der Phallus zum Symbol für das, was das Kind verkörpern müßte, um sich den paradiesischen Zustand zu sichern.

> »Man kann sagen, daß die Wahl auf diesen Signifikanten fällt, weil er am auffallendsten von alledem, was man in der Realität antrifft, die sexuelle Kopulation ausdrückt wie auch den Gipfel des Symbolischen im buchstäblichen (typographischen) Sinn dieses Begriffs, da er im sexuellen Bereich der (logischen) Kopula entspricht.« (*Schriften II*, 128)

Dieses Symbol hat einen weiteren wichtigen Bezug – den Bezug zur Sprache. Er ist dadurch gegeben, daß im Anspruch an den anderen immer schon eine Verfehlung impliziert ist, und zwar durch den Zwang zur Festlegung auf sprachliche Zeichen. Diese Verfehlung läßt zu wünschen übrig. Und über jeden einzelnen, geäußerten Anspruch hinaus ist etwas anderes angezielt als dessen jeweilige Befriedigung. Der Andere hat das Privileg, zu gewähren oder vorzuenthalten. Dies Privileg (in unserem Kulturkreis vorwiegend dem Weiblichen zugeordnet, einfach weil Frauen Kinder versorgen)

> »umreißt so die radikale Gestalt der Gabe dessen, was es nicht hat, das heißt dessen, was man seine Liebe nennt.« (*Schriften II*, 127)

Daher kann Lacan die Frau bezeichnen als diejenige, die in der Liebe das gibt, was sie nicht hat. Der an sie gerichtete Liebesanspruch zielt auf etwas, das nur in der Maske – zur Karikatur verzerrt – als Schein, ein anders nicht existierendes Geschlechterverhältnis aufrechterhalten kann; zielt auf das totale Gewähren.

Das *Begehren* entsteht aus der ständigen Differenz zwischen dem Appetit auf Befriedigung und dem Anspruch auf Liebe.

> »Man begreift, wie die sexuelle Beziehung dieses geschlossene Feld des Begehrens einnimmt und ihr Los hier ausspielen wird. ... weder das Subjekt noch der Andere (für jeden der Beziehungspartner) (können) sich damit zufriedengeben, Subjekte des Bedürfnisses oder Objekte der Liebe zu sein, sondern einzig und allein damit, Statthalter zu sein für die Ursache (causa) des Begehrens.« (*Schriften II*, 128)

Die oben knapp skizzierte Heranbildung dieser Struktur durch die frühesten Erfahrungen des Kindes sorgt für die Einrichtung einer unbewußten Position im Subjekt,

> »ohne die dieses weder sich mit dem Idealtypus seines Geschlechts identifizieren, noch ohne die Erfahrung tiefer Ungewißheit auf die Bedürfnisse seines Partners in der sexuellen Beziehung antworten (...) könnte.« (*Schriften II*, 121)

Marlene Müller

Die unausweichliche Bestimmung als Geschlechtswesen – so imaginär alle damit verbundenen Inhalte verwurzelt sein mögen – leitet den Mangel ein:

> »Jedes Subjekt verliert etwas, wenn es zum Zweck der Reproduktion durch den Geschlechterzyklus hindurch muß (...), was vorher nur künftiges Subjekt war, gerinnt zum Signifikanten.« (*Seminar XI*, 208)

Die ewige erste Frage »Junge oder Mädchen?« fixiert schon die geballte Ladung des Imaginären auf die kaum ausgebildete Wahrnehmung des Neugeborenen.[2] – Diese Frage des Habens oder Nicht-Habens, auf deren Niveau damit offenbar die Frage nach Haben oder Sein gekommen ist, verlangt im Ödipuskomplex – wenn dessen Überwindung gelingen soll – Anerkennung der Kastration und Verzichtleistung *von beiden Geschlechtern*. Zu *haben* ist der Phallus, Symbol des Seins, auch für das männliche Kind nicht. Wichtiger ist aber noch die Entdeckung der »Kastration« der Mutter: zu sehen, daß es gar nicht in ihrer Macht steht, die Privilegien zu gewähren oder zu entziehen; über An- und Abwesenheit zu verfügen; dem unbedingten Liebesanspruch zu genügen oder sich zu verweigern.

Und – hier drückt Lacan sich vorsichtig aus – *wenn* jede Männlichkeit kastriert ist, fordert der Mann seine Anbetung von einem Ort, von dem aus auch die Kastrationsdrohung kam – jenseits des mütterlichen Ebenbildes (*Schriften III*, 232). Die geforderte Anbetung (Lacan: »*hinter dem Schleier*«), im Zusammenhang gesehen mit allen gesellschaftlichen Privilegien des Mannes, scheint mir folgendes Problem zu ergeben.

Da die Rollen (Masken) von Mann und Frau als differente angeordnet sind auf den Phallus (Haben/Sein vs. Haben/Nicht-Haben), kompliziert sich das Geschlechterverhältnis für den Mann weiterhin, indem er zwar Träger der physiologischen Entsprechung dieses Signifikanten der Macht ist, dieser ihm aber auch real nicht gehört/gehorcht. (Der Phallus ist als Symbol immer zu unterscheiden vom Organ; insofern ist er nicht zu *Haben*.) Der Phallus untersteht nicht der männlichen Macht, sowenig wie das Organ, dessen Symbol der Signifikant ist, seinem *Willen* gehorcht. Auch hier ist alles dem Geschlechterverhältnis unterstellt. Die organische Funktionsfähigkeit tritt auf als Reagens auf Erscheinungsformen des Weiblichen und insofern als stärker von der Frau abhängig als vom Mann. Eher schon scheint die Funktionsfähigkeit (sie als *Potenz* zu bezeichnen, verrät schon das Wunschdenken) vom Wunsch abhängig: das Imaginäre, dessen Kern das Phantasma ist, das die je spezifischen Begehrensstrukturen des Individuums repräsentiert, konzentriert Strukturen und Bahnen der Reaktion des unbotmäßigen Organs. Doch auch nicht im strengen Sinne im Dienst der Frau – deren Phantasmen in diesem Zusammenhang eine geringe Rolle zu spielen scheinen –, sondern allein im Dienst der *Funktion* als solcher – und sie untersteht der Fortpflanzung.

Wenn sich also die vermeintliche Macht hier auf etwas gründet, das keinem individuellen Willen und keiner kollektiven Anstrengung gehorcht, kann die Anfälligkeit und prekäre Balance der Geschlechterverhältnisse auf diesem zugrundeliegenden Bruch basieren, der durch imaginäre Überbauten ständig kaschiert werden muß. Was im Realen die Abhängigkeit des Mannes von seiner Bestimmung als Geschlechtswesen ist, erscheint im Imaginären als seine Abhängigkeit von der Frau (stark unterstützt durch den kulturellen Brauch, Kinder von Frauen erziehen zu lassen). Diese Dichotomie muß sich negativ auf das Geschlechterverhältnis auswirken. Abwehrreaktionen auf dieses Phänomen belasten die Geschlechterbeziehungen um so stärker, als der Umgang damit von gesellschaftlichen Verhaltensdiktaten gegängelt wird, deren Vermittlung vorwiegend Frauen übertragen ist. Sie erscheinen so als Wächterinnen der Differenz und Stellvertreterinnen des Gesetzes – das im Namen des Vaters ergeht – mit all dessen Entfremdungserlebnissen.

Die Verdunkelung des ursächlichen Zusammenhangs, bei dem es nicht um die Abhängigkeit der Geschlechter voneinander geht, sondern um deren beider Abhängigkeit vom Faktum, *Geschlechtswesen zu sein*, um ihre Beziehung zum Signifikanten, resultiert in jener besonderen Blindheit, die als Abwehrreaktion Unterdrückung und Gewalt gegen Frauen zur Folge hat; erwächst also, wie fast jede Brutalität, aus Leidenschaft für die Unkenntnis und *Ablehnung des Anderen*.

Der Mensch kann nicht den Anspruch erheben, »ganz« zu sein, sobald in Ausübung seiner Funktionen seine Beziehung vom Signifikanten markiert ist (*Schriften II*, 128). Die Universalität des Kastrationskomplexes liegt darin, daß ein ursprünglicher und chronischer Zustand der Unvollständigkeit, ein individueller Mangel, die Entsprechung bildet, die das Unbewußte zu jeder vorstellbaren Form sexueller Beziehungen hat.

Anmerkungen

1 Marguerite Duras in einem Interview mit »Die Zeit«, Herbst 1985.
2 Wie erstaunlich früh diese einschränkende Festlegung Wirkungen zeigt, beweist ein Experiment, auf das Nancy Friday (1986) verweist: Kinder, die eben erst Laufen gelernt haben, können das Geschlecht Gleichaltriger *an deren Art, sich zu bewegen*, feststellen (ebd., S. 297; Exp. by Tom Bewer, Univ. of Edinburgh).

Marlene Müller

Literaturverzeichnis

Lacan, Jacques, 1973: Schriften I. Olten.
ders., 1975: Schriften II. Olten.
ders., 1980: Schriften III. Olten.
ders., 1978: Das Seminar, Buch XI. Olten.
ders., 1980: Das Seminar. Olten.
Friday, Nancy, 1986: Jealousy. Toronto, New York, London, Sydney, Auckland.
Miller, Jacques-Alain, 1981: Ornicar?
Rivière, Joan, 1964: La Féminité en tant que mascarade. In: Psychoanalyse 7. Paris.

Rike Felka

Das Labyrinth – eine Textfigur »weiblichen« Schreibens

»... man muß sich verlieren. Du wirst schon lernen. Ich möchte eine Anweisung, um mich zu verirren. Man muß ohne Hintergedanken sein, bereit sein, nichts von dem wiederzuerkennen, was man kennt, muß seine Schritte zum feindseligsten Punkt des Horizonts lenken, einer Art Wüste von Sümpfen entgegen, durch die nach allen Richtungen tausend Böschungen ziehen, es ist nicht zu sehen, weshalb.«[1]

Wenn Marguerite Duras sich Direktiven wünscht, eine »indication«, um sich zu verlieren, Leitmarken, die sie einer gewissen Orientierungslosigkeit aussetzen und die das sprechende Ich dazu verleiten, seine Disposition der Verlorenheit auf sich zu nehmen, so verrät dieser Wunsch zugleich das Produktionsgesetz »weiblichen« Schreibens. Via Textproduktion stellt sich das poetische Subjekt, jenseits der biologischen Frau, in Frage und gewinnt in dem Maße an Geortetheit, wie es sich dem Unberechenbaren ausliefert. Das Terrain »weiblichen« Schreibens erzeugt sich im Zuge einer labyrinthischen Schreibbewegung, entsteht durch Umwege im Hinblick auf ein Zentrum, durch Aufgabe eines Fixpunktes, es ersetzt die überschaubare Geometrisierung des Raumes durch eine andere Ordnung, die sich nur im Unterwegssein erschließt, durch das »Wegsein des Weges« (Heidegger), welches nicht auf Beherrschung des Raumes zielt. Entgegen den Ansprüchen der instrumentellen Vernunft auf Kontrollierbarkeit, Austauschbarkeit und vollständig bestimmte Rede setzt das Subjekt, das schreibend eine labyrinthische Lokalität hervorbringt und abschreitet, seinen Selbstverlust in Gang. Als unterweltliche Topographie erinnert die Figur des Labyrinths an den »anderen Schauplatz« Freuds, dessen »Architektur«[2] ein rhythmisches Moment innewohnt. Auch der Grundriß des klassischen kretischen Labyrinths entstand vermutlich durch eine rhythmische Bewegungsfigur, durch den rituellen Geronos-Tanz. Eine Hypothese besagt, daß tanzend Planetenbahnen mimetisch nachgeahmt wurden.[3] Vorausgesetzt, man überläßt sich dem mimetischen Vermögen, ergibt diese extramundane Körperschrift im Aufriß das Labyrinth.

Der labyrinthische, nicht allein durch Linearität geregelte und den damit verbundenen Kriterien folgende Text setzt in statu nascendi die »Regressionsfähigkeit« des schreibenden Subjekts voraus, das sich »gehen läßt«, seinen unbewußten Widerständen und Verhinderungen via Aufschub folgend, und sie dadurch erkundet. Schützt sich das Subjekt einerseits vor dem Bedrohlichen der eigenen Textarbeit durch Unterbrechungen, Umwege, Abweichungen und Ausweichmanöver, welche die labyrinthische Textstruktur kennzeichnen, so ermöglicht diese andererseits gerade ein Umgehen der Widerstände, die das Erinnerbare verriegeln. Die Widerstände werden erkundet, indem man ihnen folgt. In einer Kommunikation von Unbewußt zu Unbewußt vermag sich der regrediente und zugleich progrediente Züge tragende Entstehungsprozeß, vom literarischen oder theoretischen Produkt getragen, dem mimetisch Lesenden anzuverwandeln. Aber nur der betritt das Labyrinth, der im Besitz des Ariadnefadens ist. So wie die Anlage nur durch den Faden durchlaufbar wird, Pfand einer »zurückbehaltenen Rückhaltlosigkeit« (Derrida)[4], geht der Text weder aus dem absoluten Kontrollverlust noch aus der Beherrschung des Stoffs hervor, sondern ist Kalkül und Verausgabung des Unbewußten in einem. Der Irrgang gelingt nur anhand des Diskursfadens, durch den im Zuge des Hin- und Herlaufens ein Flechtwerk aus Korrespondenzen entsteht und dessen Verlust bedeuten würde, daß man aus der Textur nicht mehr zurückkehrt. Joyce schrieb über den *Ulysses*: »Ein durchsichtiges Blatt trennt es (das Buch) vom Wahnsinn.«[5]

Es gibt Texte von Männern und Texte von Frauen, die sich als labyrinthisch bezeichnen lassen. Wieweit trägt die Inanspruchnahme des Begriffs des »Weiblichen« für eine Darstellungsweise, die sich zwischen dem Intelligiblen und dem Desorientierenden bewegt? Gibt es eine Differenz zwischen dem »Weiblichen« im Text eines Mannes und dem »Weiblichen« im Text einer Frau, insofern sich das Eingeschriebene und damit die Entzifferung der Erinnerungsspuren unterscheidet? Ist nicht insbesondere der literarische Text – als materieller Träger der Aussage – per se »weiblich«, nonlinear, mehrdeutig, ein intertextueller, unabschließbarer Transformationsprozeß, der sich nur auf Gattungsgrenzen bezieht, um sie überschreiten zu können? Wovon läßt sich das »weibliche« Schreiben, reduziert man es nicht aufs Anatomische, absetzen? Denn »Weibliches« kann sich durchaus von der »Frau« unterscheiden. Es versteht sich als »Verfahren« (Meyer)[6] »ohne« Subjekt, während die »Frau« als Schreibende, als konkretes Ganzes das »Verfahren« mit dem Träger vereint. Die prinzipiell mögliche Unterschiedenheit von »Frau« und »weiblich« sei aber hier festgehalten. Als im Verfahren des Weiblichen begriffen können jene Texte gelten, die die eigene Erzeugung in die Arbeit mithineinnehmen und einen Selbstbezug herstellen, der den »Körper« vom Prozeß des Sinns nicht mehr ausschließt, unter anderem durch eine Privilegierung der Materialität von Sprache. Dies Materielle – so Kristeva – das bei der ersten Symbolisierung von Zeichen und Urteil verworfen wurde, wird aus dem Unbewußten in die Sprache befördert als Veränderung der sprachlichen und logischen Linearität und Idealität, die sich keinem »Ich« zuschreiben läßt. Wenn im Verfahren des Weiblichen gesprochen wird, so artikuliert sich – das Begehren der Frau.

Im Unterschied dazu schreibt Cixous, daß die »männlichen Konstruktionen nur in der Verdrängung des Körpers verfaßt werden können«, daß diese Konstruktionen »vom Gegenüber ausgehen, spiegelhaft, spekulär bei der Form beginnen, die erfüllt werden muß ... Ein männlicher Schriftsteller, der von einer Konstruktion aus produziert, braucht zuerst einmal einen Plan wie ein Architekt, der danach baut ... ein Denkmal ... er ist geschrieben in Verbindung mit einer Form von Angst: wenn man wissen will, wo man langgeht, wenn man einen Plan haben muß, dann deshalb, weil man Angst hat sich zu verlaufen; die Angst vor der Nicht-Rückkehr; und es stimmt, daß ein Text aus Weiblichkeit gerade (!) Wege bahnt, die keine Rückkehr versprechen, und eine ganz und gar abenteuerliche Lesweise ermöglichen; eine Lesweise, von der man nicht berichten kann, die man nicht beherrschen kann, eine Lektüre, die gerade bewirkt, daß man der Schrift so nah wie möglich ist, und einzig und allein sie muß man riskieren; daher kommt es auch, daß man oft sagt, diese Texte seien 'unleserlich', man könne sie nicht zusammenfassen ...«[7] Es wird nicht entgangen sein, daß eine derartige Gegenüberstellung von männlich/weiblich Festschreibungen mit sich bringt. Denn das labyrinthische Schreiben ist nicht allein die Erfahrung eines Mangels an Konstruktion, es handelt sich nicht allein um Diffusität oder Disparatheit, sondern gewinnt im Durchgang Bedeutung und Strukturalität, so wie umgekehrt die Bezugnahme auf einen Plan erst seine Überschreitung ermöglicht. Als Grenzgang zwischen dem Gestalteten und dem Intransigenten oszilliert Textproduktion im emphatischen Sinne zwischen den Oppositionen, um »im Verfehlen und Gelingen die Vorstellung einer Grenze selber zu thematisieren« (Meyer). Wobei nicht oft genug betont werden kann, daß es sowohl Männer gibt, die »weiblich« schreiben, als auch Frauen, die »männlich« schreiben beziehungsweise agieren. Das Labyrinth ist unter anderem Textfigur, immanente Poetik, Metapher der Schriften Derridas. »Das Labyrinth ist ein Weg, der seinen Ausweg in sich birgt, der seine eigenen Ausgänge in sich begreift, der seine Pforte öffnet, das heißt, der sie auf sich hin öffnet und schließt, wenn er seine eigene Öffnung denkt.«[8] Wäre es an dieser Stelle nicht zu überlegen, die Überschrift »weiblich« für eine zugleich dargebotene und verschlüsselte Darstellungsweise abzulösen durch eine andere Unterschrift, die etwa von Kristeva als ein Sprechen des triebbewegten Körpers im Text wahrgenommen wird? Als Effekt der Wiederaufnahme des vorsprachlichen und rhythmischen mütterlichen Raumes, welcher mit dem Eintritt ins väterliche Gesetz und dem damit einhergehenden Triebverzicht im Zuge der psychosexuellen Entwicklung an den anderen Schauplatz gedrängt wurde, artikuliert sich das textuelle Unbewußte in Form von Stasen, Brüchen und Rhythmen in der geordneten Rede. Als Absetzung von und Entfaltung einer Kombinatorik mit Kristevas »strenger« Begrifflichkeit liegt es nahe, diese durch Derridas Theoriebildung und Umgangsweisen mit dem »Unbewußten« zu erweitern: komplexe Mechanismen der Einschreibung zeitigen die Möglichkeit einer Entzifferung von Erinnerungsspuren. Textproduktion als Erinnerungsarbeit privilegiert nicht nur die Lücken und den ihr eigenen Mangel, sondern ebensosehr alle Formen der Entäußerung von Sedimentiertem: Überschüssiges, auftauchende Erinnerungsbilder, Wiederkehrendes. Dennoch ist das Herausstreichen des Unverständlichen, »die radikale Unlesbarkeit, von der wir sprechen« – so Derrida – »... nicht die Irrationalität, der verzweifelte Unsinn, all das, was die Angst vor dem Unverständlichen und Unlogischen hervorbringen kann.«[9]

Die abschreitende Affirmation der labyrinthischen Bahnen galt in der Antike als eine Schwellenerfahrung mit kathartischer Wirkung, die einen Übergang markierte: diejenige, die das Labyrinth durchlaufen hatte, ging als »wiedergeboren« daraus hervor. Symbolisch wiederholt wird der Geburtsvorgang und der Effekt eines Bruches, der sich fortsetzt in der post-natalen Not – »Angst ... Geburtsasphyxie ... Kälte ... Schwindelgefühl im Ohrlabyrinth ...« (Lacan).[10] Durch die ursprüngliche Wiederholung der Situation löst sich das Subjekt aus ihr. Die eingeschriebene Erfahrung des Abgetrenntwerdens und Ausgesetztseins, die fundamentale Kastration, ist die Bedingung der Möglichkeit von Textproduktion wie Abwesenheit die Bedingung der Wörter ist, zu bedeuten. Der Text ist die Spur des Geburtsweges, die sich selbst hervorbringt und zugleich ein Phallus-Ersatz, dessen, der ihn als fehlend wahrnimmt. Der Mangel wird ausgelagert in den Text und, da er sich dort materialisiert, aufgehoben. In gewisser Hinsicht nimmt damit die Textfigur des Labyrinths einen Fetischcharakter an. Auch Kristeva stellt sich die Frage, ob die Kunst, der poetische Text, nicht der Fetisch par excellence ist? »Zwar trifft die poetische Funktion auf den Fetischismus, doch identifiziert sie sich nicht mit ihm. Was sie vom Mechanismus des Fetischismus abhebt, ist die Beibehaltung der Bedeutung.«[11] Das Labyrinth als bedeutende Topographie ist zugleich mimetische Affirmation eines Verdrängungszusammenhangs wie Erlösungsfigur. »Alles, was sich unter der alten Herrschaft niemals hat denken lassen, wird möglich: die Durchlässigkeit der Grenzen, die nicht mehr vereinnahmen oder ausscheiden, sondern eben diesen klassischen Dichotomiezwang durchkreuzen und auf verschiedenen Wegen und nicht in sich selbst die jeweils verdrängten (Ge)Schichten wiedereinholen und das Äußerste mit dem Innersten zu einem vielfältigeren Ordnungsnetz verschränken. Und von dort aus zu sich zurückkehren wie zu ihrer eigenen Geortetheit.«[12] Die labyrinthische Niederschrift erfolgt via intertextueller Erinnerung, deren Weg das Subjekt von der Vorausgabe eines Zieles und der Fixierung auf den einen Anfang entbindet, um sich im Heraustanzen aus dem Labyrinth durch die Wiederbesetzung des mütterlichen Raumes den Effekten eines Bruches auszusetzen, Ablösungsprozesse in Gang zu bringen und der symbolischen Entwicklung anzuverwandeln, um eben jene Differenz von Kastration und Non-Kastration auf sich zu nehmen – zugleich inbegriffen und abwesend, unterwegs und am exzentrischen Ort. Denn die Frau, Ariadne, »ist« nicht nur das Verdrängte ihres Helden, sondern hat auch ihr Eingeschriebenes zu entäußern.

Anmerkungen

1 Duras, Marguerite, 1984: Der Vizekonsul. Frankfurt/M., S. 7.
2 Meyer, Eva, 1986: Architexturen. Basel, Frankfurt/M.
3 Kern, Hermann, 1982: Labyrinthe. München. Vgl. Koerner, Joseph Leo, 1983: Die Suche nach dem Labyrinth. Frankfurt/M., und Kerényi, Karl, 1966: Labyrinthstudien. In: Humanistische Seelenforschung. München, Wien.
4 Derrida, Jacques, 1976: Randgänge der Philosophie. Frankfurt/M., West-Berlin, Wien, S. 27.
5 Joyce, James, zitiert nach Derrida, Jacques, 1972: Die Schrift und die Differenz. Frankfurt/M., S. 53.
6 Meyer, Eva, 1983: Zählen und Erzählen. Für eine Semiotik des Weiblichen. Wien, West-Berlin, S. 117.
7 Cixous, Hélène, 1980: Weiblichkeit in der Schrift. West-Berlin, S. 78f.
8 Derrida, Jacques, 1972: Die Schrift und die Differenz. Frankfurt/M., S. 448.
9 Ebd., S. 119.
10 Lacan, Jacques, 1980: Schriften III. Olten, S. 50.
11 Kristeva, Julia, 1978: Die Revolution der poetischen Sprache. Frankfurt/M., S. 74.
12 Meyer, Eva, 1984: Versprechen. Basel, Frankfurt/M., S. 12.

Drucknachweise

Susanne Amrain: Der Androgyn. Das poetische Geschlecht und sein Aktus. In: Frauen – Weiblichkeit – Schrift. Hg. von Renate Berger, Monika Hengsbach, Maria Kublitz, Inge Stephan und Sigrid Weigel. Argument Sonderband 134. Berlin: Argument Verlag 1985. S. 119-129.

Gisela Ecker: Poststrukturalismus und feministische Wissenschaft. Eine heimliche oder unheimliche Allianz? In: Frauen – Weiblichkeit – Schrift. Hg. von Renate Berger, Monika Hengsbach, Maria Kublitz, Inge Stephan und Sigrid Weigel. Argument Sonderband 134. Berlin: Argument Verlag 1985. S. 8-20.

Rike Felka: Das Labyrinth – eine Textfigur »weiblichen« Schreibens. In: Frauen – Literatur – Politik. Hg. von Annegret Pelz, Marianne Schuller, Inge Stephan, Sigrid Weigel und Kerstin Wilhelms. Argument Sonderband 172/173. Hamburg: Argument Verlag 1988. S. 100-114.

Gertrud Koch: Blickwechsel. Aspekte feministischer Kinotheorie. In: Feministische Literaturwissenschaft. Hg. von Sigrid Weigel und Inge Stephan. Argument Sonderband 120. Berlin: Argument Verlag 1984. S. 66-75.

Marlene Müller: »Wir müssen uns erinnern, sonst wird sich alles wiederholen«. Anregungen zum Nachdenken über das Geschlechterverhältnis, angeleitet von Jacques Lacan. In: Frauen – Literatur – Politik. Hg. von Annegret Pelz, Marianne Schuller, Inge Stephan, Sigrid Weigel und Kerstin Wilhelms. Argument Sonderband 172/173. Hamburg: Argument Verlag 1988. S. 23-29.

Genia Schulz: »Bin gar kein oder nur ein Mund«. Zu einem Aspekt des »Weiblichen« in Texten Heiner Müllers. In: Weiblichkeit und Avantgarde. Hg. von Sigrid Weigel und Inge Stephan. Argument Sonderband 144. Berlin, Hamburg: Argument Verlag 1987. S. 147-164.

Inge Stephan: »Bilder und immer wieder Bilder ...« Überlegungen zur Untersuchung von Frauenbildern in männlicher Literatur. In: Inge Stephan und Sigrid Weigel: Die verborgene Frau. Sechs Beiträge zu einer feministischen Literaturwissenschaft. Argument Sonderband 96. Berlin: Argument Verlag 1983. S. 15-34.

Dies.: »Da werden Weiber zu Hyänen ...« Amazonen und Amazonenmythen bei Schiller und Kleist. In: Feminstische Literaturwissenschaft. Hg. von Sigrid Weigel und Inge Stephan. Argument Sonderband 120. Berlin: Argument Verlag 1984. S. 23-42.

Sigrid Weigel: Frau und »Weiblichkeit«. Theoretische Überlegungen zur feministischen Literaturkritik. In: Feminstische Literaturwissenschaft. Hg. von Sigrid Weigel und Inge Stephan. Argument Sonderband 120. Berlin: Argument Verlag 1984. S. 103-113.

Dies: Hans Bellmer Unica Zürn. Junggesellenmaschinen und die Magie des Imaginären. In: Weiblichkeit und Avantgarde. Hg. von Sigrid Weigel und Inge Stephan. Argument Sonderband 144. Berlin, Hamburg: Argument Verlag 1987. S. 187-230.

Dies.: Der schielende Blick. Thesen zur Geschichte weiblicher Schreibpraxis. In: Inge Stephan und Sigrid Weigel: Die verborgene Frau. Sechs Beiträge zu einer feminstischen Literaturwissenschaft. Argument Sonderband 96. Berlin: Argument Verlag 1983.S. 83-137.

Susan Winnett: Sich krank schreiben lassen. Dora und Ottilie in den Handlungen der Meister. In: Frauen – Weiblichkeit – Schrift. Hg. von Renate Berger, Monika Hengsbach, Maria Kublitz, Inge Stephan und Sigrid Weigel. Argument Sonderband 134. Berlin: Argument Verlag 1985. S. 35-51.

Hiltrud Bontrup
"... auch nur ein Bild"
Krankheit und Tod in ausgewählten Texten Theodor Fontanes
Argument Sonderband AS 276 · ISBN 3-88619-276-8

Selbstmorde, Duelle, Hysterie, Herz- und Fieberkrankheiten: Die Motive Krankheit und Tod durchziehen in vielfacher Gestaltung Fontanes Erzähltexte. Sie verweisen dabei nicht nur auf ein Leiden der Figuren unter sozialen Normen, sondern ihre Darstellung ist auch aufs Engste mit Themen der Kunst und der Konstruktion der Geschlechter verknüpft. Die sich dabei ergebenden Schnittstellen werden in einer methodischen Verbindung von Diskursanalyse und Close Reading daraufhin befragt, wie Individualitätskonzepte, Muster der Wahrnehmung und Kunstrezeption sowie poetologische Fragen in den Texten bewertet werden. Die Brüche und Leerstellen in deren Repräsentationsformen lassen eine Absage an kollektive Sinnstiftungen und überzeitliche ›Wahrheiten‹ erkennen und stellen die untersuchten Texte in den Kontext der beginnenden Moderne.

Jan Christian Metzler (Hg.)
»Mir ward es seltsam kalt«
Weiblichkeit und Tod in Heinrich Manns Frühwerk
Argument Sonderband AS 275 · ISBN 3-88619-275-X

Die Bandbreite weiblicher Todesarten in Heinrich Manns Frühwerk ist auffallend groß und bildet hier erstmals den Gegenstand einer systematischen Untersuchung. Sie reicht von den Figurationen der Femme fragile, Meerjungfrau und Vampirin bis hin zum Lucretia- und Pygmalion-Mythos. Vor dem Hintergrund von Elisabeth Bronfens Thesen aus Nur über ihre Leiche sowie neueren Erkenntnissen der Gender Studies und der Diskursanalyse wird der Konnex von Weiblichkeit und Tod als der Ort im Schreiben Heinrich Manns identifiziert, an dem in selbstreflexiver Weise die Bedingungen künstlerischen Schaffens ausgestellt werden. Aus der ambivalenten, zwischen Kritik und Affirmation changierenden Verwendung dieses Konnexes erwächst das kritische Potential von Manns Texten und damit auch ihre herausragende Bedeutung für das Verständnis der Kultur der Jahrhundertwende. Sie sind zugleich Ausdruck und Kommentar ihrer Epoche.

www.argument.de